KB151735

붉은 왕조

프랑스인이 본 북한의 겉과 속

붉은 왕조
ⓒ중민출판사 2019

초판 1쇄 인쇄   2019년 02월 20일
초판 1쇄 발행   2019년 02월 25일

지은이   파스칼 다예즈-뷔르종
옮긴이   김주노 · 원용옥

발행인   한상진
펴낸곳   중민출판사
주 소   서울특별시 관악구 관악로13길 25, 602호 (봉천동, 세종오피스텔)
전 화   02.875.8474
Email   jmpublisher@naver.com
등 록   제2018-000058호. 2018년 10월 2일

ISBN 979-11-966142-0-1
값 19,000원

Printed in KOREA
본 컨텐츠는 문화체육관광부와 한국출판회의의 kopub/ 순서체를 사용하고 있습니다.

이 도서의 국립중앙도서관 출판예정도서목록(CIP)은
서지정보유통지원시스템 홈페이지(http://seoji.nl.go.kr)와
국가자료공동목록시스템(http://www.nl.go.kr/kolisnet)에서
이용하실 수 있습니다.(CIP제어번호: CIP2019005194)

붉은 왕조

프랑스인이 본 북한의 겉과 속

저자 파스칼 다예즈-뷔르종

역자 김주노 · 원용옥

중민 출판사

탁월한 역사가이자 우정의 동반자인
임지현 교수에게 이 책을 바칩니다.

차례

붉은 왕조
프랑스인이 본 북한의 겉과 속

*일러두기

이 책에 나오는 인명, 지명 등 북한의 고유 명사를 표기할 때에 두음법칙을 적용하는
우리나라 표기법에 따랐음(예: 리설주→이설주, 로동당→노동당 등).

한반도 탈바꿈 시대에 책을 펴내며

한상진(서울대 명예교수)

종종 그렇듯이 뜻밖의 우연이 이 책을 펴내는 계기가 되었다. 2016년 9월 중순이었다. 장소는 프랑스 남쪽, 지중해안의 액스-마르세유Aix -Marseille대학. 당시 나는 중국 베이징대학교의 초빙교수 자격으로 유럽연합이 지원하는 '유럽-중국 자유주의 비교연구'에 참여하는 행운을 얻은 상태로 4년간 연구의 마지막 해였다. 오전 발표를 마치고 우리는 캠퍼스 근처의 식당으로 갔다. 파란 하늘, 맑은 공기, 시원한 바람은 이 지역의 생명이자 건강을 상징한다. 참여자들과 함께 다들 유쾌한 기분이었다. 식당에 도착하니, 앞뜰에 차려진 아담한 식탁이 우리를 기다리고 있었다. '평등 지향 자유주의'(egalitarian liberalism)를 연구하는 클로드 가멜 Claude Gamel 경제학 교수가 바로 내 앞에 앉았다. 나는 그의 이론을 경험적으로 검증한 논문을 오전에 발표했기 때문에 마음이 통하는 사이였다.

그런데 그 교수가 갑자기 색다른 얘기를 꺼냈다. 며칠 전 북한에 관한 책을 읽었는데, 너무 흥미로워 단숨에 다 읽었다는 것이었다. 2016년 3월, 프랑스에서 출간된 문고판 《붉은 왕조》가 그 책이다(원래는 2014년 출간, 약간의 보완을 거쳐 문고판으로 다시 나왔다). 책의 제목은 음산한 느낌을 주었다. 그도 그럴 것이 당시 북한은 핵실험과 미사일 발사 등으로 인해 국제사회가 도저히 용인할 수 없는 악당으로 낙인찍혀 온갖 비난과 응징을 퍼붓는 대상이었다. 북한에서 흥미로운 점을 찾는 것은 심리적으로 어려울 때였다. 그래서 어떤 점이 흥미로웠는지가 꽤 궁금했다. 가멜 교수는 한반도에 대한 지식이 매우 짧다는 점을 먼저 밝히면서, 한국의 긴 역사와 문화, 전통, 신화, 대중의 기억을 풍부하게 살려 북한 권력의 형성과 세습을 설명하는 방식이 너무도 흥미로웠다고 말했다.

그 순간 나에게 꽂히는 것이 있었다. 전통과 문화의 눈으로 북한을 읽는다! 이것은 분명 새롭고 신선한 방법일 수 있겠다는 느낌이 들었다. 더욱이 이 책의 저자는 서울 주재 프랑스 대사관에서 대학교육담당관으로 일한 적이 있는 외교관이자 역사가이며 작가라는 것이 아닌가? 호기심이 생기지 않을 수 없었다.

나는 즉각 책을 구입했고, 한국학-불문학을 전공하는 대학원생을 조교로 삼아 책 내용을 검토했다. 프랑스 작가다운 좌충우돌의 자유분방한 접근과 신선한 표현들이 눈에 띄었다. 단군 이래 고구려 역사와 한반도의 변화를 꿰차면서 적재적소에 서양의 문헌들을 등장시켜 동서양을 넘나드는 시각이 인상적이었다. 살펴보니, 이 책은 사회주의를 표방하면서도 3대에 걸쳐 권력을 세습하는 참으로 기이하고 잔인하기 짝이 없는 독재왕조체제의 부조리와 모순을 사정없이 파헤치는 책이었다. 그렇지만 우리가 흔히 발견하는 이념적, 정치적 고정관념으로 북한을 비판한 책은 전혀 아니었다. 오히려 이런 통념의 한계와 과오 또는 무지를 극복의 대상으로 설정했다. 대신, 이 책은 처음부터 북한 주민들의 '자발적 복종'을 북한 역사 연구의 핵심으로 삼았다. 자발적 복종의 방점은 자발성에 있다. 그 복종을 북한 독재정권이 강제한 것, 또는 대중의 공포심 등으로 설명하는 것만으로는 북한 체제의 특성을 설명할 수도 없고 대중심리를 이해할 수 없다는 것이다. 어떤 흥미로운 논쟁이 기저에 흐르고 있다는 느낌을 받았다. 그리고 이 논쟁은 인간사회의 보편적 현상인 '지배'의 문화적, 사회적 토대를 연구하려는 사람들에게 매우 시사적이고 충분히 검토할 가치가 있는 것처럼 보였다.

이렇게 출판 준비를 시작했지만, 곧 문제를 발견했다. 이 문고판의 역사 서술은 사실상 2015년에 끝난다. 최근의 지각 변동을 생각하면, 이런 역사 이야기는 한국 독자에게는 그야말로 '앙꼬 없는 찐빵' 같은 것이었다. 그 뒤를 다루는 '후기'가 절대로 필요했다. 저자는 이에 동의했고 2018년 3월에 후기를 집필했다. 당시 트럼프 미국 대통령은 3월 8일, 북한 김정일 국방위원장을 머지않아 만날 것이라고 발표한 상태였다. 이런 '충격적인 뉴스'를 듣고 저자는 후기를 썼다. 그러나 정작 엄청난 변화는 그 뒤에 일어났다. 우리가 잘 알고 있듯이, 한반도 탈바꿈의 제1차 실험은 2000년 6·15 평양 남북정상회담으로 시작했다. 이때 북한 김정일은 남한 김대중의 보조적인 역할을 하는데 그쳤다. 그러나 18년 뒤, 2018년 6·12 싱가포르 북미정상회담으로 시작한 탈바꿈의 제2차 실험을 보면, 북한 김정은은 미국 트럼프와 함께 탈바꿈 열차의 운전석에 나란히 앉아있는 모습이다. 게다가 그는 종횡무진의 정열과 전략적 판단으로 중국을 넘나들고 북한의 산업 현장을 돌아보면서 경이로운 변신의 모습을 보이고 있다. 남북한 정상회담도 2018년 4월부터 9월까지 짧은 기간에 세 번이나 파격적인 방식으로 열렸다. 이런 전대미문의 변화는 저자가 3월에 썼던 후기를 무용지물로 만들었다. 그래서 후기를 다시 써

달라고 요구했고, 저자는 2018년 12월에 집필된 후기에 '변화의 시간이 왔다'는 제목을 달아 보내왔다. 이런 과정을 거쳐 책의 후기를 저자와의 짧은 인터뷰와 함께 책의 맨 뒤에 싣게 되었다.

책을 펴내는 입장에서 보자면, 원래는 고민하지 않았던 여러 생각을 하지 않을 수 없게 되었다. 나는 원래 북한에 대한 상투적 접근에 별 매력을 느끼지 못한 터라, 문화와 전통의 눈으로 북한을 보는 것도 의미 있겠다는 생각으로 책을 내고자 했던 것이었다. 그런데 뜻밖에도 엄청난 탈바꿈의 진통과 소용돌이가 몰아치는 대전환의 시점에 이 책을 내게 되었다. 도대체 북한은 어떻게 변하고 있고 또 어디로 갈 것인가? 비핵화를 둘러싼 북미 간 협상은 어떤 결과를 낼 것인가? 동북아 정세는 어떤 방향으로 진화할 것인가? 남북한의 관계는 어떻게 변할 것이며 남한은 자유민주주의의 정체성을 어떻게 발전시켜갈 것인가? 질문이 꼬리에 꼬리를 문다. 이 책을 손에 쥘 독자들도 대부분 마음속에 이런 질문을 던질 것이다.

오늘의 북한을 이해하는데, 이 책은 어느 정도 유용한 길잡이 역할을 할 수 있지 않을까 한다. 우선 이 책은 북한 세습 체제의 특징인 독재, 억압, 부패, 차별, 인권 탄압을 흥미 있는 역사 이야기로 풀어가는데 부족함이 없다. 그러나 이것은 권력정치의 외양, 즉 겉에 불과하다. 이와 함께 이 책은 북한 주민의 마음을 잇는 영화, 축제, 가요, 군사행진, 교육 등을 통해 역사의 상상력, 민족의 자존심, 정권의 정당성, 사람다운 삶, 미래의 꿈같은 가치가 어떻게 공유되고 확산하는가를 보여주는데 탁월한 솜씨를 보인다. 이런 상징정치의 촘촘한 그물망 효과는 직접 눈에 보이지는 않지만, 북한 주민의 삶을 구성하는 내부, 즉 속에 해당한다. 이 책의 매력이자 핵심은 북한 정치의 겉만이 아니라 속을 흥미롭게 살피는데 있다.

그렇다면, 이념이나 정치의 딱딱한 접근 대신, 보다 흥미로운 북한 왕조체제의 실제 이야기를 통해 이 체제의 겉과 속이 어떻게 작동하는가를 열린 눈으로 검토하면 어떨까? 아마도 얻는 점이 많을 것 같다. 물론 북한의 주민은 우리가 말하는 시민이 아니다. 그러나 길게 보면, 북한 주민을 이해하는 것은 우리의 중요한 과제가 아닐 수 없다. 우리가 산업화, 도시화, 민주화, 세계화의 시대 흐름에 맞게 훨씬 더 개명된 삶의 혜택을 누리고 있지만, 그런데도 이런 급격한 변동을 거치면서 우리가 유실한 많은 가치가 북한 주민의 삶 안에는 아직도 건강하게 살아있다고 볼 이유가 있기 때문이다. 우리의 잣대가 아니라 북한 주민의 잣대로 그들의 삶을 이해해야 할 필요성은 아무리 강조해도 부족하다.

아울러 이 책이 설정한 목적, 즉 북한 주민의 자발적 복종을 어느 정도 제대로 설명했는가를 검증하는 눈으로 이 책을 읽을 수도 있을 것이다. 저자의 시도는 참신하다. 조선조 말 이래의 난세에 변화를 원하는 욕망의 주체로서의 주민의 모습은 잘 드러나 있다. 그러나 김일성의 시대를 지나 김정일, 김정은의 시대로 오면 주민의 소리는 거의 들리지 않는다. 위로부터의 접근은 풍부하지만, 주민의 관점을 반영하는 아래로부터의 접근은 취약한 것처럼 보인다. 물론 자료가 부족하기에 이해할 수 있는 현상이다. 그러나 우리는 간격을 응시할 수 있어야 한다. 위로부터 제조된 상징 질서가 북한 주민의 마음 안으로 얼마나 강하게 침투했는지, 아니면 이 질서와 주민의 생활세계 사이에 간격이 점차 커지고 있는지를 예의 살펴야 한다.

사실 오늘의 커다란 역설은 북한의 핵 도발이 불러온 의도치 않은 결과로 한반도의 탈바꿈이 시작한다는 데 있다. 핵 도발은 불행한 결과지만, 이것이 꽉 막힌 길을 뚫는 탈바꿈의 계기가 되고 있다.[1] 이보다 더 큰 역설이 어디 있겠는가? 따라서 비핵화는 탈바꿈의 중요한 과제다. 그러나 탈바꿈의 의미는 이보다 훨씬 더 깊고 광범하다. 일제 한반도 식민 지배와 그 뒤를 이은 분단, 전쟁, 냉전으로 뒤틀린 왜곡을 넘어 한반도와 동북아의 평화를 지향하는 우리의 고유한 보편적 가치, 즉 3·1 운동에서 배태한 미완의 광복의 꿈을 완성하려는 의미가 있다. 그만큼 역사를 보는 새로운 눈, 미래를 보는 새로운 시각이 요구된다.

한 가지 보탠다면, '붉은 왕조'라는 책의 제목이다. '붉은' 이라는 낱말의 색감에는 어딘지 불안하고 음산한 느낌이 있다. 이것을 희석하고자, '프랑스인이 본 북한의 겉과 속'이라는 부제를 달았다. 겉은 드러난 권력의 모습이라면 속은 드러나지 않은 문화의 역동성을 가리킨다. 그럼에도 이 용어에 거부감을 느끼는 분이 적지 않을 것이다. 그렇지만 유쾌한 연상도 떠오른다. '붉은 악마!'가 그것이다. 2002년, 붉은 티셔츠에 붉은 머리띠와 배너로 몸을 장식한 수백만의 젊은이, 시민들이 전국 방방곡곡에서 우리 축구팀을 응원했다. 일곱 번 경기 때마다 나도 광화문 광장에 나가 응원했다. 미국 축구팀과 경기할 때는 억수 같은 장대비가 내

---

1) Han, Sang-Jin, "Ulrich Beck and the Metamorphosis of the Korean Peninsula," *Journal of Asian Sociology*, Vol. 48 (1), 2019 참조.

리쳤다. 그 비를 다 맞고 경기가 끝났을 때 쓰레기를 다 치우고 귀가하는 시민들을 보았다. 그때도 시비가 적지 않았다. 왜 하필 '붉은 악마'인가? 북한의 악마성이 희석되지 않을까, 걱정하는 사람들도 많았다. 그러나 돌아온 대답은 간단명료했다. "우리는 축구 팬클럽이다. 붉은색은 정열, 영광, 기쁨을 뜻한다. 우리는 이념 전쟁에 관심 없다!"

자, 우리는 '붉은 왕조'에 대해서도 이 같은 유연성과 자신감을 보일 것인가? 북한이 핵무기를 개발했다고 해서, 이것을 완벽하게 폐기하지 않는 한, 우리의 장래는 진정 암울한 것일까? 붉은 왕조가 실속 없는 겁주기를 한다고 하더라도 우리는 자유와 민주, 평화의 힘으로 이를 이겨내는 의연함과 용기를 보일 것인가? 현실은 훨씬 유연하고 변화의 가능성은 열려있다. 우리는 이제 한반도 탈바꿈의 장기적인 안목으로 우리의 미래를 생각해야 할 때가 되었다.[2]

끝으로 이 책의 편집에 관해 두어 가지 밝히고자 한다. 이 책은 역사 교과서 같은 책이 아니라, 이야기로 푼 북한 역사다. 역사는 '사실'에 기초하지만, 이야기에는 또한 '상상'이 작용한다. 저자의 상상력은 매우 뛰어나다. 다만 자료의 신빙성을 따질 필요가 있다. 우리가 경각심을 갖는 '가짜 뉴스'가 많이 있을 수 있기 때문이다. 그래서 저자와 상의하여 출

---

2) 영국 케임브리지 대학 존던 교수의 관점과 제안이 매우 흥미롭다. Han Sang-Jin, "The Legacy of Kim Dae-jung and the Future of Korea: Dialogue with John Dunn on Denuclearization," *Theory, Culture and Society*, Annual Review (the Global Public Life Section) Vol. 36 (7-8) 2019. 이 대화는 Theory, *Culture and Society Online First Sage Journals* https://journals.sagepub.com/toc/tcs/0/0 웹사이트에 미리 게재 예정임.

처가 없거나 신빙성이 매우 약한 일부 진술은 삭제했음을 밝혀둔다. 신빙성이 의심스럽지만 출처가 제시된 것들은 그대로 유지했다. 그런데도 한국 독자의 눈에는 가짜 뉴스 같은 것들이 있을 것이다. 이에 관해서는 작가의 자유라는 관점에서 너그럽게 대해주면 좋겠다. 아울러 북한 왕조를 이루는 3대에 걸친 족보상 인물들의 이름 표기나 생년월일 등에 관해 다소의 혼선이 있을 경우, 우리 정부의 공식 자료에 맞게 통일했다.

아울러 이 책을 펴내기까지 수고와 협력을 아끼지 않은 분들께 감사의 뜻을 표하고 싶다. 누구보다 먼저 두 번에 걸쳐 후기를 쓰고 인터뷰도 해준 저자, 파스칼 다예즈-뷔르종 씨의 노고와 친절에 감사의 뜻을 표한다. 훌륭한 번역을 해준 김주노, 원용옥 씨에게도 감사한다. 저자와 오랜 친분을 맺은 임지현 교수의 진솔한 저자 소개가 인문학적 향기를 풍긴다. 이에 경의와 감사를 표한다. 또한 일면식도 없지만 선뜻 뒷표지의 추천 문구를 써준 러시아 출신 한반도 전문가 안드레이 란코프 교수에게 감사드린다. 출판 초기 단계의 많은 업무를 헌신적으로 수행한 딜라일라 북스 한지원 대표에게 감사를 표한다. 아울러 책의 교정, 편집, 제작 등 출판 관련 일을 해준 도서출판 SUN 정선모 대표께 심심한 감사의 뜻을 표한다. 이 책을 내기까지 모든 과정을 헌신적으로 관리하고 챙겨준 아내이자 동료, 심영희 교수께 심심한 고마움을 표한다.

파스칼 다예즈-뷔르종과 서울에서 나눈 기억

임지현(서강대 교수)

　내가 파스칼 다예즈-뷔르종을 처음 만난 것은 그가 주한 프랑스대사관의 대학교육담당관으로 일할 때였다. 2005년 어간의 일이 아닌가 싶다. 당시 방한 중인 프랑스의 걸출한 러시아사 연구자이자 대중역사가인 마크 페로Marc Ferro를 모시고 파스칼이 한양대학의 내 연구실로 와서 우리는 처음 수인사를 나누었다. 유럽의 역사교육에 대한 페로의 강연도 물론 기대만큼 흥미로웠지만, 뒤풀이 자리에서 파스칼과 나눈 대화는 더 재미있었다. 왕성한 지적 호기심과 위트 넘치는 화법 때문에 외교관치고는 참 독특한 사람이라 생각했다. 서로 비슷한 게 많았던 모양이다. 우리는 쉽게 의기투합했다.

　파스칼이 파리 국립사범대학(Ecole Normale Supérieure)에서 역사를 공부하여 대학교수 자격시험인 아그레가시옹Agrégation을 따고, 다시 정치대학(Sciences Po)과 국립행정학교(Ecole Nationale d'Administration)로 이어지는 그랑제꼴만 세 군데를 거쳤다는 것을 안 것은 나중의 일이었다. 엘리트 관료로 출세하기 위한 정통 코스를 밟은 셈인데, 그는 관료의 이미지와는 가장 거리가 먼 사람 중 하나였다.

　한 사람의 인간으로서 혹은 역사가로서의 파스칼 다예즈-뷔르종을 이해하려는 독자들의 편의를 위해 그와 얽힌 몇 가지 내밀한 이면의 역사를 밝히고자 한다. 무엇보다 먼저 그는 '홍대 입구' 팬이었다. 2000년대 초 홍대 입구는 인디밴드 등이 움직이고, 재즈바나 작은 카페들이 생기기는 했지만, 외국인 관광객들과 온갖 버스킹으로 시끌벅적한 지금의 홍대 입구와는 많이 달랐다. 그는 누구보다 홍대 입구 골목들을 사랑했다. 단골 음식점과 바도 그랬지만, 프랑스의 대표적인 지식인들이 방한하면 지금은 없어진 '서교호텔'에 방을 예약했다. 한국을 잘 모르는 프랑스 지식인들에게 홍대입구야말로 서울의 생동감 넘치는 문화를 잘 보여준다고 생각했던 것이다.

그가 주선하여 당시 내가 일하던 한양대학교 비교역사문화연구소에 강연을 하러 온 프랑스 역사가들도 대개 서교호텔에 짐을 풀었고 그래서 자연스레 홍대 입구의 밤을 같이 누빈 적이 많았다. 앙리 루소Henry Russo, 비에비오르카Wieviorka 삼 남매, 알랭 델리센Alain Delissen, 파브리스 달메이다Fabrice d'Almeida 등이 그때 이런저런 경로로 같이 홍대 입구의 밤을 누비던 프랑스의 역사가들이었다. 어떤 경우는 한국의 공동 호스트인 시내 유명 대학의 교수가 어떻게 홍대 입구 같은 곳에 이리 유명한 손님을 모실 수 있냐고 항의를 해서 시내의 고급호텔로 숙소를 옮긴 경우도 있었다. 그는 어쩔 수 없다는 제스처로 어깨를 들썩였지만, 그의 눈에 한국 학계의 그 고답적인 경직성이 어떻게 비추었을지는 능히 짐작할 수 있었다.

그가 들려준 노무현 정부 당시 한·불 수교 120주년 기념행사와 관련된 일화도 여전히 생생하다. 프랑스 파리의 행사에서 소개될 한국의 문화 프로그램을 사전 조율하는 과정에서 '부채춤'과 같은 전통문화를 선호하는 한국 관계자들과 〈올드 보이〉같은 한류문화를 소개하자는 파스칼과의 사이에 약간의 의견 차이가 있었던 모양이다. 결국 전통문화 공연이 채택되었지만, 한국인의 기대와는 달리 프랑스 관중 대부분은 공연을 보면서 지루해했다고 한다. 파스칼은 영화 〈올드 보이〉의 원작이 일본 만화라는 점 때문에 생기는 심리적 불편을 이해하면서도 대중의 마음을 사로잡는 개방적 문화를 한국이 발전시켰으면 하는 바람을 보였다.

한국 음식에 대한 그의 취향도 독특했다. 파스칼은 선천적으로 후각이 약해 고기의 씹는 질감을 통해 맛을 느끼는 사람이다. 그런데 그가 꼽는 최고의 고기 맛은 개고기다. 씹는 맛으로 소고기나 양고기는 개고기에 비할 게 아니라는 것이다. 한양대 후문으로 나와 왕십리역으로 가는 길에 있는 조그만 개고기 식당에서 한국의 보신탕 문화에 대해 혐오 발언을 서슴지 않는 프랑스 여배우 브리지트 바르도의 문화적 문맹을 비꼬며 소주잔을 기울인 기억이 새롭다. 파스칼은 또 멍게와 해삼을 특히 좋아하여 포장마차를 자주 찾고는 했다. 며칠 전에는 오랜만에 이메일을 보내, 요즈음 너무 바빠 한국을 오지 못하니 한국의 멍게와 해삼에게는 얼마나 다행인 일이냐며 너스레를 떨 정도이다.

파스칼은 한국학이나 동양학 전문가의 길을 걷지는 않았다. 그는 비잔틴제국의 역사로 박사학위를 받았다. 프랑스의 역사 전문 출판사 페렝 Perrin에서 발간된 《비잔틴 역사의 비밀》은 그런 지적 배경 덕분에 가능한 것이었다. 그런데 파스칼이 한국학 전공 훈련을 받지 않았다는 것이 어떤 면에서는 다행인 측면도 있다. 학문의 답답하고 공식적인 틀에서 벗어나 내밀한 감정에 충실할 수 있기 때문이다. 이번에 출간되는 《붉은 왕조》뿐만 아니라 《한국인들》, 《한국의 역사》 등 한국 4부작은 한국 사회와 문화에 대한 내밀한 관찰자의 시선을 충실히 드러내 준다. 파스칼처럼 동시대의 한국인들과 부대끼며 같이 살면서 과거로 시간여행을 해본 내밀한 경험이 없다면, 한국학 전문가라고 해서 쓸 수 있는 이야기가 아니다. 여행기나 신문 기사, 연극과 영화, 탈북자의 증언 등을 폭넓게 넘나들며 꾸려가는 파스칼 다예즈-뷔르종의 《붉은 왕조》는 북한의 보통사람들에 대한 애정과 불의에 대한 분노가 절묘하게 얽혀 있다. 거장의 솜씨로 끌고 나가는 이 '친밀한 비판' 덕분에 북한의 역사는 살아있는 역사로 다가온다.

홍대 입구와 개고기를 좋아하고, 부채춤보다 한류 문화를 더 좋아하는 파스칼 다예즈-뷔르종이라는 역사가가 한국인의 친구라는 게 21세기 우리들에게 적지 않은 행운이다.

저자 서문

한국 독자들을 위하여

프랑스에서는 한국에 대한 관심이 날로 증가하고 있다. 그러나 한국을 잘 알고 있느냐는 별개의 문제다. 프랑스인들에게 한국은 여전히 '유명한 나라 중에 가장 안 유명한 나라'이기 때문이다. 우리는 한국이 아시아 대륙 끝에 위치하고, 한국전 이후 냉전체제에 의해 분단되었으며, 남한은 '경제 기적'을, 북한은 '퇴행적인 독재자'를 만들어냈다는 사실은 알고 있다. 하지만 딱 거기까지다. 많은 사람은 여전히 삼성이 일본 회사라고 생각하며, 중국처럼 한국도 표의문자를 쓴다고 믿고 있다. 심지어 2018년 동계올림픽 기간 내내 프랑스 방송 해설자들은 평창과 평양을 아무 생각 없이 혼동할 정도였다.

나의 경우는 프랑스 대사관에서 연수를 받기 위해 서울을 처음으로 방문한 1997년 1월 이후 모든 것이 바뀌었다. 나는 한국의 역사와 문화, 사람들에게 곧바로 매료되었다. 그 후로 저작과 강연회를 통해 끈질기게 남아있는 한국에 대한 편견을 교정하고, 한국을 다시 묘사하는 등 나의 열정을 프랑스인들과 공유하기 위해 노력하고 있다. 특히 역사가로서 한국의 과거와 현재의 관계에 초점을 맞추고 있다. 현재의 한국을 이해하기 위해서는 다른 시절의 한국을 알아야만 하기 때문이다.

나는 총 4권의 한국 관련 책을 출간하였는데, 먼저 현재의 한국을 다룬 《한국인들》과 한국과 관련된 편견을 설명하는 《서울에서 평양까지》, 그리고 현재 프랑스에서 유일한, 한국의 전체 역사를 다룬 《한국의 역사-그 기원에서 현재까지》, 마지막으로 지난 70여 년에 걸쳐 북한을 지배하고 있는 김씨 일가에 관한 《붉은 왕조》이다. 프랑스인들에게 북한은 수수께끼 자체다. 어떻게 사회주의 공화국에서 권력이 아버지에서 아들로 승계되는 것이 가능한지? 어떻게 북한 사람들은 그런 지도자에 맹목적으로 복종하며, 심지어 찬양할 수 있는지? 그것에 대한 설명은 대부분 비슷비슷하다. 김씨 일가가 미쳤다거나 혹은 북한 정권이 부조리하다거나. 결국 북한은 이해가 불가능한 나라라는 것이다.

나는 좀 더 심층적인 분석, 특히 역사적 기능 속에서 그것을 이해하고 설명하고자 시도했다. 물론 북한의 독재자와 숙청, 강제수용소 등을 변명하려는 생각은 조금도 없다. 그러나 조선과 고려, 일본 식민지 시대 그리고 1950년의 전쟁 등을 모르고 북한을 이해한다는 것은 불가능하며, 아울러 프랑스를 비롯한 유럽 등과 비교도 가능하다고 생각한다. 왜냐하면 각각의 역사에는 보편적인 양상 또한 존재하기 때문이다. '붉은 왕조'는 북한의 특수한 상황이지만, 그러나 동시에 보편적인 권력과 자유에 관한 문제고, 프랑스의 인문주의자 에티엔 드 라 보에티의 위대한 개념 '자발적 복종'에 대한 설명이기도 하다.

처음 이 책의 한국어 출간을 제안받았을 때 사실 좀 망설였다. 어떻게 프랑스의 역사가가 한국인들에게 한국 역사, 특히 단군과 이순신, 홍길동과 같이 한국인이라면 모르는 사람이 없는 역사적 인물을 설명할 수 있겠는가 하는 의구심이 들었기 때문이다. 그러나 이 책이 다양성의 원리에 따른 것이며, 또한 시간과 공간에 대한 비교를 통해 북한의 김씨 일가를 분석하는 데에 독특한 방식으로 기여할 수 있다고 생각해 그 제안을 받아들였다. 종종 다른 관점은 현상을 더 잘 이해하는데 도움을 줄 수 있기 때문이다.

　마지막으로 출판을 결정해준 중민출판사에 감사드리며, 역자와 특히 한국 독자들에게 고마움을 표하고 싶다. 어쩌면(프랑스 독자들을 위한) 간략화된 설명으로 인해 많은 것을 배울 수 없을지도 모른다. 그러나 적어도 프랑스인들이 한국의 역사와 문화에 관심을 가지는 방식은 알 수 있을 것이다.

2019년 1월
파스칼 다예즈-뷔르종

과연 누가 나에게 설명해줄 수 있는가? 어떻게 그렇게 수많은 사람과 도시들, 국가와 민족들이 독재자의 전제정치를 참고 견디는 일이 항상 일어나고 있는가? 독재자는 다른 사람들이 그에게 부여한 그 이상의 권력을 가지고 있지 않다. 인민들이 그를 참고 견디는 만큼, 독재자는 그들에게 동일한 정도의 해악을 저지른다. 따라서 인민들이 모든 해악을 감수하지 않고 참고 견디는 태도를 옳지 않다고 생각하면, 독재자는 인민들에게 어떤 해악도 끼치지 못할 것이다. 정말로 놀라운 사실은(그러나 너무 흔해서 그것에 놀라기보다는 한탄해야 하는데) 수백만의 사람들이 비참하게 굴복하고, 고개 숙여 복종하며, 통탄할 속박의 굴레에 묶여있는 것은 철권이 두려워서가 아니라, 말하자면 혼자인데다 모든 사람에게 비인간적이고 잔인해서 사랑을 받을 수가 없기 때문에 두려워할 필요도 없는, 그 한 사람의 이름에 마법이 걸리고 매혹되었기 때문이라는 것이다.

에티엔 드 라 보에티: 〈자발적 복종에 대한 담론〉 중에서

왕이 죽었다, 국왕 만세!

서론

왕이 죽었다, 국왕 만세![1]

평양의 국상

2011년 12월 28일. 밤새 내린 눈으로 하얗게 뒤덮인 북한의 수도 평양은 침울하고 무겁게 내려앉은 분위기 속에 잠에서 깨어났다. 마치 연출이라도 된 듯 그것은 상황에 꼭 들어맞았다. 왜냐하면 바로 이날 전 인민의 아버지이며, 최고사령관이자, 탁월한 스승, 강철같은 지도자, 백전백승의 장군, 21세기의 태양, 인류의 찬란한 빛, 사상의 최고봉, 희망의 등대이며, 또한 지난 20여 년간 노동당과 인민군 그리고 국가의 수반이었던 경애하는 지도자 김정일 동지의 장례식이 거행될 예정이었기 때문이다.

이미 열흘 전부터 2,500만 명의 북한 주민들은 자신들이 고아가 되었음을 실감하고 있었다. 12월 17일 아침, 북한 TV 뉴스의 종신 진행자인 이춘희가 검은 상복을 입은 채 그녀에게 아시아는 물론 전 세계적인 명성을 안겨준 그 특유의 애절하면서도 전투적인 낭음법으로 그 소식을 공표했다. "조선노동당 총비서이시자, 조선민주주의인민공화국 국방위원회 위원장이시며, 조선인민군 최고사령관이신 위대한 영도자 김정일 동

---

1) 역주 : 이 표현은 1498년 프랑스 국왕 샤를 8세가 파리 생드니 성당에서 즉위식을 거행할 때 처음으로 사용되었으며, 이후 선왕이 죽고 새로운 왕이 즉위할 때마다 외쳐진 문구이다. 선왕의 유해를 담은 관에 뚜껑이 덮이는 바로 그 순간, 새로운 왕의 즉위를 선포하는 선언이 동시에 진행된 것이다. 이는 한 생물 개체로서 왕의 삶은 다하더라도 정치 권력으로서 왕조는 권력의 공백이나 누수 없이 이양돼야 한다는 철학이 담긴 표현이라고도 한다.

지께서 12월 17일 8시 30분에 현지 지도의 길에서 급병으로 서거하셨다는 것을 가장 비통한 심정으로 알립니다."

소식은 순식간에 나라 전체를 충격 속에 빠트렸다. 수백 수천의 남자, 여자, 어린이, 노인들은 집과 직장에서 나와 자신들이 악몽을 꾸고 있는 것은 아닌지 확인하기 위해 거리로 몰려나왔다. 단 몇 시간 만에 전 국민은 망연자실의 상태에 빠져들었다. 관공서와 일반 상점들은 문을 닫았으며, 기차와 전동버스들은 차고로 돌아갔다. 이러한 집단적 감정이입은 서거한 지도자를 향한 순수한 애정 때문인가? 아니면 불확실한 미래에 대한 두려움 때문인가? 김정일의 서거로 인한 고통은 점점 더 또렷해졌다.

정부는 10일 국장을 선포하며, 인민들에게 집으로 돌아가 평정을 유지하고 애도할 것을 권유했다. 12월 20일, 3일 동안의 가족과 측근들을 위한 애도 기간이 지난 후 김정일의 유해는 평양 북쪽에 거대하게 솟아 있는 금수산궁전에서 공개되었다. 수천 수만의 추종자들은 공산주의의 상징인 농부의 낫과 노동자의 망치 그리고 북한이 추가한 예술가와 지식인의 붓이 함께 수놓아진 자주빛 염포로 뒤덮인 사자의 영구대 앞에서 무릎을 꿇고 참배했다.

12월 28일, 마침내 인민에게 사랑받았던 경애하는 지도자를 위한 마지막 추모의 순간이 왔다. 장례식은 군 열병식으로 시작되었으며, 새벽부터 만여 명의 군인들이 금수산궁전 앞 광장으로 모여들었다. 정각 10시, 자를 대고 칼로 그은 듯 질서정연하게 도열한 병사들은 애도의 표시로 전원 군모를 벗은 채 먼저 김정일의 초상을 향해 오랫동안 절을 했다. 대규모 관현악단이 장송곡풍으로 국가를 연주하는 동안, 빛나는 군도를 높이 쳐든 장교 한 명은 도열한 병사들을 사열하며 천천히 나아갔다. 참석자 모두는 왼쪽 가슴에 손을 얹은 채 엄숙하게 국가를 들었다.

얼마간의 침묵이 지나자 장례행렬이 구성되었다. 흰색 상장으로 장식된 사자의 초상화를 내건 검정색 리무진이 선두에 서자, 만일의 사태에 대비하고자 휴대용 기관총을 어깨에서 허리로 둘러맨, 전투복 차림의 인민군 정예요원을 태운 다섯 대의 지프차들이 오각형 대열을 이루며 뒤따랐다. 그 뒤 100m 후방엔 세 아들을 포함한 가족들과 최측근을 태운 검정색 세단 40대가 정렬했다. 지붕이 개방된 리무진 영구차 안에는 붉은색 휘장으로 뒤덮인 김정일의 유해가 단순하고 우아한 검은색의 빛나는 관에 누운 채 하얀색의 국화로 장식된 단 위에 올려져 있었다. 이 모든 것은 장례행진을 위해 금수산궁전을 떠나는 김정일의 유해를 전송하기 위해 마련된 것이다.

군악대의 트럼펫과 북이 연주를 시작하자 모든 행렬은 장엄하게 행진을 시작했다. 셋째 아들 김정은은 일곱 명의 고관들에 둘러싸인 영구차의 전방 오른쪽에서 행렬의 선두에 섰다. 이러한 영광은 바로 그가 아버지의 뒤를 이어 '경애하는 지도자'의 자리에 올랐기 때문이다. 그 뒤로 김정은의 고모부 장성택(이때만 해도 그가 2년 후 참혹한 숙청의 대상이 되리라는 것을 누가 예상이나 했겠는가?)과 최고인민회의 의장인 연로한 김영남, 정무원 총리 최영림이 뒤따랐다. 영구차 왼쪽으로는 차수이자 김정일의 오른팔이었던 이용호 국방상을 비롯한 정부 각료들이 뒤를 이었다.

추위와 오랜 기다림에도 불구하고 모여든 수십만의 북한 주민들은 기나긴 장례행렬이 평양시의 주요 대로를 관통하는 동안 깊은 슬픔에 오열을 터트렸다. 대부분은 눈물을 흘렸으며, 일부는 무릎을 꿇고 주먹으로 바닥을 내려치며 고개를 숙이고 있었다. 국영 TV의 진행자는 중간중간 흐느끼며 "오늘은 북한 역사상 가장 슬픈 날"이라고 보도했다.

북한 전 지역에도 이에 응답하는 물결이 퍼져나갔다. 사자와의 마지막 순간을 함께하기 위하여 군, 민간 주도의 장례행사가 전국적으로 조직되었다. 북한 전 산하에 걸쳐 무려 35,000여 개가 넘는다는 김일성, 김정일 부자의 동상 앞에도 애도의 꽃다발이 쌓였다. 북한이 사상과 미신을 자발적으로 혼동하는 체제인 만큼 모두가 이미 잘 알고 있는 김정일과 관련된 감동적인 일화들에 대한 진술이 뒤따랐음은 물론이다.

심지어 평양의 방송은 "붉은 볏의 학들이 김정일의 동상 주위를 세 번 선회하고 날았으며, 거대한 흰 비둘기 한 마리는 그의 초상화 위에 쌓인 여러 겹의 눈을 털어내기 위해 날개를 펄럭였고, 한 떼의 부엉이들은 김정일의 유해를 밤낮으로 지키기 위해 금수산 영묘의 지붕에 둥지를 틀었다."고 보도하기에 이르렀다. 북한은 그저 한 명의 지도자를 잃거나 그들 중 뛰어난 존재를 잃은 것이 아니었다. 그들은 자신들의 최고 수호신을 잃어버린 것이다.

혁명은 김일성 혈통에 대한 영원한 충성을 서약한다

김정일 서거가 불러일으킨 충격은 외부 세계로 퍼져나갔다. 북한 정부는 쏟아지는 유언비어들을 차단하기 위해 김정일의 장례식을 철저하게 국내 행사로 치르고, 외부 사절단의 조문을 거절했다. 평양에 체류 중인 외교관들에게도 신중을 기해 행동해줄 것을 당부했다. 심지어 김정일의 사적 조문객들, 예를 들어 남북 화해와 협력 관계의 새 장을 연 김대중 전 대통령의 부인 이희호 여사와 오랫동안 북한 경제발전에 기여한 현대그룹의 현정은 회장마저도 장례식 전날 서울로 돌아와야만 했다.

반대로 전 세계의 방송들은 북한 국영 언론사가 흔쾌히 제공한 장례식 이미지들을 마치 생중계하듯 연달아 내보냈다. 그리고 이 영상들은 예상대로 커다란 충격파가 되었다. 프랑스 언론인 다니엘 쉬네데르망 Daniel Schneidermann[2]은 "잔인한 독재자 김정일의 서거 소식을 접한 북한 주민들이 보이는 집단적 슬픔의 히스테리는 21세기를 살고 있는 우리 유럽 사람들의 눈으로 보면 절대 이해할 수 없는 이미지들을 선사했다." 고 논평했다. 혹자는 한국 사람들이 유달리 감정 표현에 뛰어나다거나, 또는 막강한 비밀경찰들의 엄중한 감시하에 놓여있기 때문이라 말할 것이다. 하지만 어떠한 설명도 단지 핵폭탄을 보유하기 위해 북한 전체를 기아와 빈곤 속으로 몰아넣은 지도자의 죽음에 대한 전 인민의 처절한 절망을 적절하게 표현하기에는 충분하지 않다.

더욱 충격적인 것은 서양의 통념적 의식을 비웃는 듯이 보이는, 북한의 놀라운 권력 이양 방식이다. 스탈린식 군사행진의 위풍당당함과 왕정 국가의 그것처럼 부자연스러운 화려함이 결합된 성대한 장례식이 끝났

---

2) 다니엘 쉬네데르망 '김정일, 경애 받았던 독재자' 2012년 1월 2일 《리베라시옹》. Daniel Schneidermann, "Kim Jong-il, dictateur adoré", *Libération*, 2 janvier 2012.

을 때, 북한식 권력 승계에 대한 의심은 더 이상 허용되지 않았다. 1994
년 7월, 김일성을 계승한 김정일처럼 이번에는 김정일의 아들 김정은이
권력을 물려받았다. 북한 역사상 두 번째로 권력이 아버지에서 아들로
이어진 것이다. 바야흐로 조선민주주의인민공화국은 이제 세습 독재국
가가 된 것이다.

사실, 김정일이 서거한 17일부터 TV와 라디오, 《노동신문》 등의 국
영 언론매체들은 "이제 국가 혁명의 전위를 형성한 김정은 동지의 권위
에 당과 군 그리고 모든 인민이 절대적으로 복종할 것"을 요구했다. 이
를 아직 명확히 이해하지 못한 사람들을 위해 김정일의 장례식 다음날인
12월 29일, 10만 명의 당원과 간부, 군 장교 그리고 고위 관료들은 평양
의 중심부에 자리한 김일성광장에 모여 새로운 지도자에게 충성을 맹세
했다. 이후 '위대한 후계자', '젊은 동지', '새로운 최고사령관'이란 이름
들이 검붉은 글씨체로 체계적으로 다시 쓰여졌다. 그 의미는 명확한 것
이다. 중세의 비잔틴제국에서처럼 평양에서도 자줏빛 붉은색은 통치자
를 위한 색이었다.

과연 북한을 전통적인 군주제라 부를 수 있을까? 사실 군주제는 카멜
레온 같은 존재로, 상황에 따라 언제든지 민주주의라는 환경에 적응하는
법을 알고 있다. 칭호를 가지고 군림은 하지만 더 이상 통치는 하지 않
는 현재 대부분의 유럽 왕실이 바로 이러한 경우다. 또한 이것은 때때로
왕조적 운명의 모험을 무릅쓰려는 공화제 국가에서도 찾아볼 수 있다.
물론 가벼운 시도에 불과했지만, 미국의 경우 케네디Kennedy가家와 부시
Bush가家의 예에서 보듯이, 이런 시도는 고통스러운 결말과 함께 쉽게 전
복될 수 있다. 인도의 경우를 보면, 독립 이래 인도는 도저히 떨쳐낼 수
없는 간디 가문과 쫓고 쫓기는 관계를 계속하고 있지만, 어쨌든 민주주

의는 유지하고 있다.

또한 군주제는 전제주의 체제 속으로도 퍼지고 있다. 검은 황금으로 벼락부자가 된 중동의 전제적 에미르들과 저개발 국가들에 광범위하게 퍼져있는 독재자들이 이 군주제의 매력에 눈길을 던지고 있다. 물론 1976년부터 1979년까지 중앙아프리카의 황제였던 보카사Bokassa처럼 상스럽게 군주의 자리를 갈망하는 사람들은 이젠 더이상 찾아볼 수 없다. 그러나 자신의 후손에게 권력을 물려주려는 시도는 여러 국가에서 발견할 수 있다. 예를 들면, 과거 1937년에서 1979년까지 니카라과의 철권 사령관이었던 소모자Somoza와 1957년에서 1986년까지 아이티의 독재자로 군림한 뒤발리에Duvalier를 들 수 있다. 가봉의 대통령 봉고Bongo와 토고의 에야데마Eyadema, 아제르바이잔의 알리에프Aliev가家 등은 현재까지도 그 목표에 도달하기를 갈망하고 있다. 하지만 그들이 그 목표에 집착하면 할수록 그들의 야망은 한편의 드라마로 돌변하기도 한다. 시리아의 독재자 바샤르-알 아사드Bachar-al Assad의 경우 부자간의 권력 승계는 참혹한 내전으로 그 값을 톡톡히 치르고 있다.

이에 반해, 군주제와 혁명은 절대 병존할 수 없는 관계이다. 프랑스 혁명 당시의 국민의회는 루이 16세의 목을 잘랐으며, 볼셰비키들은 러시아의 차르 가족을 학살했다. 스탈린과 마오쩌둥 같이 소위 '붉은 황제'라 불리는 공산주의 지도자들은 세습적인 권력 승계를 전혀 염두에 두지 않았다. 루마니아의 니콜라에 차우셰스쿠가 그것을 꿈꾸었고, 불가리아의 토도르 지프코프Todor Jivkov가 만약 암으로 갑작스러운 죽음을 맞지 않았더라면 자신의 딸 루드밀라Ludmilla에게 권력을 이양했을 것이라는 설은 있다. 2006년, 피델 카스트로Fidel Castro는 자신의 동생 라울 카스트로Raul Castro에게 권력을 넘겨주고 은퇴하기도 했다. 하지만 쿠바는 아주 예외적인 경우로, 라울은 20대 초반부터 피델과 함께 쿠바 혁명의 중심인물이었다. 피델과 마찬가지로 공식적인 아들이 없었기 때문에 세습적 권력 이양은 처음부터 논의의 대상조차 되지 못했다. 결국 아직까지는 군주제와 혁명은 양립할 수 없다는 법칙이 지켜지고 있다. 이는 마르크스주의자들에게는 아직도 군주에 대한 충성이 종교와 마찬가지로 인민을 타락시키는 아편과 같은 존재이기 때문이다.

그러면 북한의 경우는 어떠한가? 여전히 사회주의 국가임을 표명하면서도 한편으로는 고대의 태수처럼 행동하는 북한 정권은 무엇을 의미하는가? 김정일이 비록 김일성을 승계했지만, 그는 20여 년 동안 아버지 밑에서 북한의 2인자로 군림했으므로 어느 정도 예상이 가능했다. 하지만 포동포동한 얼굴에 어리둥절한 표정의 30세도 되지 않은 김정은으로 이어진 비밀스러운 권력 승계는 어떻게 설명할 것인가? 외부 세계에서는 이러한 권력 이양을 매우 의심스러운 눈길로 주시하고 있다. 동북아 정세의 안정을 위협하는 사건으로 판단, 이 사건을 설명하기 위해 베이징과 도쿄, 워싱턴의 외교관들과 전문가들이 총동원된 것은 물론이다. 김정일 사망 당시 비무장지대(DMZ)를 사이에 두고 분단되어 있는 남한은 즉시 전군에 비상 경계령을 내렸으며, 휴전선의 감시를 강화하는 한편, 탱크와 대포 그리고 병사들의 총에 화약을 장전하게 했다. 이와 함께 아시아 증권시장은 폭락으로 장을 마감했다.

하지만 변한 것은 아무것도 없다. 김정은은 당과 정부, 군의 고삐를 쥐고 있으며, 마치 그것이 세상에서 가장 당연한 일인 것처럼 행동하고 있다.[3] 권력승계 후 3년이 지났지만 김정은은 여전히 최고지도자이며, 심지어 북한 정권은 이러한 권력체제를 발전시키고 있다. 2013년 6월, 노동

---

3) 파스칼 다예즈-뷔르종, '북한의 왕 서거, 새로운 왕 만세!', 《리베라시옹》 2011년 12월 29일
Pascal Dayez-Burgeon, "Le roi de corée est mort, vive le roi !" *Libération*, 29 décembre 2011.

당은 사상 전환의 일대 전기를 마련할 '유일사상체계 확립의 10대 원칙'을 새롭게 개정하기로 결정했다. 새로운 10대 강령이 명확하게 규정하고 있는 것은 바로 '우리는 이제부터 당과 혁명을 영원히 김씨 혈통에 위임한다.'는 것이었다. 세습적 권력 이양이 공식화된 것이다. 조선민주주의인민공화국은 이제 '왕조'에 의해 통치되는 군주제가 되었다. 전 세계에 그 유례를 찾아볼 수 없는 오직 단 하나의 '붉은 왕조'로.

어떻게 이해할 것인가?

사회주의 군주제라고? 용어 사이의 자체 모순이 너무나 터무니없이 크다 보니 용어 자체가 오히려 매혹적인 것으로 인식되기도 한다. 모순을 강조하면 할수록 북한 인민의 망상은 이제 알파요, 오메가가 되기에 이르렀다. 프랑스 언론인 제라르 뒤퓌Gérard Dupuy[4]는 2000년 평양 방문을 "이데올로기적인 광기와 그로테스크하고 비극적이며 말로 형언할 수 없는 인상에 의해 질식 상태에 이른, 쥬라기 공원 같은 공산주의 테마파크에서의 체류"라고 기록했다. 또한 소설가 장-뤽 코아탈렘Jean-Luc Coatalem[5]은 "지도자들의 미친 듯한 광기에 절대 복종하는 이러한 스탈린식의 가면무도회에서는 부조리가 첫 번째 규칙이다."라고 논평했다. 어쨌든 만약 알프레드 자리Alfred Jarry가 김씨 일가를 알았더라면 그는 결코 《위뷔왕Ubu roi》[6]을 쓰지 않았을 것이다.

좋다. 비록 이러한 표현들이 매우 우아하고 뛰어나기는 하지만, 우리의 이해를 돕지는 못한다. 프랑스의 한국 관련 잡지 《단군Tan'gun》[7]은 위와 같은 표현들에 대해 "그들은 북한을 설명하면서 조지 오웰, 편집증, 정신분열증, 미친 왕조, 영화를 좋아하며 자신의 작은 키에 고통 받고 있는 지도자 따위의 똑같은 말을 반복 재생한다."고 비판했다. 믿을 만한

---

4) 제라르 뒤퓌, '북한 주민의 비극, 최악의 공상 과학 영화 시나리오를 연상시키는 스탈린주의의 마지막 국가', 《리베라시옹》, 2000년 4월 19일 Gérard Dupuy, "Tragique pour ses habitants, le dernier réduit stalinien est digne du pire de scénario de science-fiction", *Libération*, 19 avril 2000.

5) 장-뤽 코아탈렘, 《평양 냉면》, 파리, 그라세 출판사, 2013년 출간 Jean-luc Coatalem, *Nouilles froides à Pyongyang*, Paris, Grasset, 2013.

6) 《위뷔왕Ubu roi》은 1896년 알프레드 자리가 쓴 초현실주의적 부조리극으로 주인공 위뷔왕은 전제 독재자이자 부조리한 인물의 전형으로 그려지고 있다.

7) 계간지 《단군》, '조선민주주의인민공화국은 어디로 가고 있는가?', 파리, 라르마탕 출판사, "où va la République populaire démocratique de Corée?", *2013 Revue Tan'gun*, Paris, L'Harmattan, 2013.

정보가 부족하고 가짜 뉴스가 북한뿐 아니라 그들에게 비판적인 사람들 사이에서도 만연하고 있다.

이러한 부정적인 일화들은 북한을 이해하는데 별다른 도움을 주지 못한다. 북한은 확실히 압제적이며 전제적인 독재국가다. 그러나 최악의 시련들, 즉 공산주의 블록의 붕괴와 와해된 경제 시스템, 식량난, 국제사회의 경제 제재 등을 극복하기 위해 북한의 2,500만 인민은 그들의 정치 상황에 적응해야 했다. 김씨 일가의 편집증과 기상천외함 그리고 마키아벨리즘만으로 이 모든 상황을 설명하기에는 충분치 않다. 에이브러햄 링컨의 명언 "우리는 잠시 동안 모든 사람을 속일 수 있으며, 약간의 사람을 항시 속일 수 있지만, 결코 모든 사람을 영원히 속일 수는 없다."를 기억해보자.

혹자는 한국 사회의 문화적 특수성을 내세울 것이다. 확실히 한국은 근본적으로 씨족적인 사회이며, 그가 누구든 지도자를 향한 격세유전의 문화를 떠받드는 뿌리 깊은 유교 문화를 보유하고 있다. 사실 오랫동안 남한은 북한의 독재를 부러워할 필요가 없었다. 이는 초대 대통령 이승만과 그 후의 박정희가 북한의 김일성과 김정일에 못지않은 철권의 독재자였기 때문이다. 서울 역시 왕조체제의 유혹에 무감각하지 않다. 삼성과 현대, 그리고 LG와 같은 거대 재벌기업들은 전 세계를 상대하며 이익을 벌어들임에도 불구하고 경영권은 가족 승계의 범위를 벗어나지 않고 있다. 또한 2012년 12월에 대한민국의 대통령으로 선출된 박근혜는 1961년부터 1979년까지 남한을 힘으로 다스린 박정희의 딸에 지나지 않는다.

공산주의에 적대적인 극우주의자들은 북한의 이러한 상황이 북한 주민들의 소극적 태도 때문이 아니고 그들 정권 자체의 유해성 때문이라고 반박한다. 그들에게 조선민주주의인민공화국의 노동당과 인민군, 마르크스-레닌주의적 레토릭, 그리고 극심한 개인 우상화는 1917년에 출발해 1991년에 땅속에 묻혀 사라져버린 소련의 마지막 흔적 그 이상도 이하도 아니다. 즉 북한은 공산주의가 최후의 순간으로 치닫는 모습을 매일매일 보여줄 뿐이다. 결국 공산주의자들과의 싸움은 정당했으며, 공산주의가 다시 태어나는 것을 막기 위해 모든 수단을 동원해야 할 필요를 확인시켜줄 뿐이라고 주장한다.

그러나 이러한 극단주의자들의 이데올로기적인 분석은 북한을 그들이 보여주는 것보다 더 도구화한다. 전 세계의 스탈린주의 모델이 모두 무너져내렸음에도 불구하고 어째서 북한은 그 모델에 충실하게 남아있는지를 설명하지 못한다. 더 나아가 북한 정권의 실제적 진화, 즉 사회주의의 누더기를 걸치고 있지만 실상은 점차 일종의 파시즘, 극단적인 민족주의, 심지어는 전체주의적인 인종차별주의로 빠져들어 가는 상황을 은폐한다. 어쨌든 이것이 미국의 한국학자 브라이언 레이놀즈 마이어스 Bryan Reynolds Myers[8]의 혁신적인 테제이다. 북한의 프로파간다를 분석하는 작업에 헌신한 그는 냉전체제에 의해 흐려진 극단주의자들의 시각을 고발한다.

이러한 상황하에서 전체주의의 부조리나 한국적 관습의 특이성, 혹은 이데올로기의 과부하에만 초점을 맞추는 단편적인 분석들을 극복하려면 어떻게 해야 하는가? 우리는 좀더 포괄적이고 전체적인 접근을 시도할 필요가 있다. 그것은 바로 북한의 역사는 김일성에서부터 시작되었으며, 자신들은 외부의 간섭이 필요없는 완벽하게 주체적인 나라라고 주장하는 평양의 지도자들에 주목하는 것이다. 우리는 그들이 하는 말을 믿

8) 브라이언 레이놀즈 마이어스, 《북한 주민들이 자신들을 보는 방식과 문제점》, 뉴욕, 멜빌 출판사, 2010, Brian Reynolds Myers, *How North Koreans see themselves and why it matters*, New York, Melvile House publishing, 2010. 프랑스에는 《순결한 민족*La race des purs*》이라는 제목으로 번역 출간되었다.

을 필요는 없다. 그러나 북한이 물려받은 역사적 유산을 고려하지 않고, 또한 북한 정권이 주변의 초강대국들과 지속적으로 상호작용한다는 사실과 심지어 이러한 상호의존 관계를 이용한다는 사실을 이해하지 않고서는 우리는 북한 정권에 대한 수사학이나 선입견에 갇히게 될 위험이 있다.

불변하는, 진정한 사회주의 모델의 구현과는 거리가 먼 북한은 사실 자신들을 둘러싸고 있는 주변 세계에 적응하려는 노력을 결코 중단하지 않았다. 북한은 공산주의가 자신들의 생존에 필수적이었기 때문에 그것에 동조했으며, 그것이 더 이상의 이익을 가져다주지 않게 되자 그 대열에서 이탈한 것처럼 가장했다. 이제는 세계화에 맞서기 위해 민족주의를 무대 위로 올리고 있다. 그러므로 군주제로의 이행은 신경쇠약에 걸린 폭군의 시대착오적인 변덕의 결과가 아니라 변혁의 필요에 대한 그들 특유의 대답인 셈이다.

한국의 속담에 빗대자면, 한국은 중국, 일본, 러시아 그리고 미국이라는 거대한 고래들 사이에 낀 불쌍한 새우라 할 수 있다. 그러면 그 거대한 소용돌이 속에서 어떻게 살아남을 것인가? 평양은 군주제에서 그 해답을 찾은 듯하다. 항구적으로 끓어오르는 주변 정세, 즉 마르크스주의가 그 수명을 다하고, 자유민주주의는 삐걱거리며, 제국주의적 경쟁자들이 날을 세우고 있는 상황 속에서, 근 한 세기 동안 평양의 권좌에 앉아 있는 김씨 가문만이 연속성과 질서, 그리고 안정을 구현할 수 있다고 믿기 때문이다.

오해가 없기를 바란다. 김일성과 김정일, 김정은을 관통하는 이 첫 번째 전기는 추악한 범죄로 가득 찬 독재정권을 어떠한 방식으로도 정당화하려는 것이 아님을 밝혀둔다. 반대로 이 책은 북한 정권 작동체계의 분석을 목표로 삼고 있다. 북한의 '붉은 왕조'는 정치적 착오의 산물이 아니다. 북한 주민들의 망상이나 스탈린주의적 전이는 더더욱 아니다. 북한의 변신은 단지 권력을 유지하기 위해서라면 무엇이든 할 수 있는 기회주의적인 정권의 당연한 귀결이다. 이 책은 북한의 결정적인 체제 변신의 다섯 단계를 5부에 걸쳐 소개한다. 구원자를 기다리는 20세기 초의 한국, 구원자로 현신한 김일성(1912~1960), 세습 왕조의 해결책을 제시하는 김일성(1960~1994), 핵폭탄의 위력 위에 군림한 김정일(1994~2011), 마지막으로 김정은(2011~)이 과연 이상의 유산으로부터 결실을 맺을 수 있을지를 논할 것이다. 미래가 모든 것을 말해줄 것이다. 그러나 이미 김정은 정권은 탄탄한 궤도에 올라있다.

제1부

한민족이 기다려온 왕자

김씨 왕조 이전의 한국

제 1 부

한민족이 기다려온 왕자
김씨 왕조 이전의 한국

정치 지도자들은 두 얼굴을 가진 로마의 신 야누스와 비슷하다. 그들은 과감하게 미래를 내다보지만, 결코 과거의 시각을 잃지 않는다. 나폴레옹과 드골, 또한 스탈린에서 마오쩌둥까지 그들 모두는 이전 시대의 폐단을 되풀이하지 않을 것을 약속하며 모두에게 새로운 질서를 강요했다. 그러나 그것이 전제적이든 민주적이든 혹은 사회주위적이든 민족주의적이든, 이들 모두는 자신들의 혁명이 역사의 부식토 속에 확고하게 뿌리박고 있음을 주장했다. 변화? 새로운 건설이 더 나은 결실을 맺는다는 조건이면 동의할 수 있다. 북한도 이러한 규칙에서 벗어나지 않는다.

북한 정부의 공식 정치선전에 따르면, 김일성 이전의 한국은 몽매주의와 예속 상태에 오랫동안 잠겨있었다. 그들은 김일성이 이러한 상태를 일소하면서 북한 정권이 성공을 거두었다고 주장한다. 그러나 이러한 미사여구는 찰나의 눈속임에 불과하다. 사실 어느 나라도 북한만큼 과거를 내세우는 정권은 없다. 북한은 과거를 끊임없이 불러내고 파렴치하게 사용하며, 결국엔 정권 유지를 위해 소비한다. 그것은 완전히 새로운 북한을 건설하기 위해서라기보다는, 전 국토를 분할하듯 세워진 수천 개의 김일성 동상으로 우리를 초대하거나, 오직 그의 영웅적인 행적을 찬양하는데 사용될 뿐이다. 지난 3,000여 년 동안 한반도는 수없이 많은 참극을 겪었지만, 그들은 매번 불사조처럼 다시 일어섰다. 결국 북한의 붉은 왕조는, 권력을 위해 사회주의 국가임을 가장하지만, 과거 영웅적 행위의 연장선상에 있는 것이다. 그 외에는 다른 정통성을 찾을 수 없었다. 1945년 8월, 한국인들은 마침내 그토록 기다리던 독립을 맞았다. 이제 정의와 평화, 그리고 질서가 자리잡기를 희망했다. 김일성은 혁명적인 지도자임과 동시에 그 이전의 모든 왕처럼 하늘의 아들이며, 백전백승의 장군, 사려 깊은 군주, 영적 안내자이자 백성의 구원자인 것처럼 행동했다. 사람들이 그에게 기대한 역할을 수행함에 있어서 그는 실제로 최적임자인 것처럼 보였다.

1. 하늘의 아들

단군

비록 한반도는 지난 반세기 동안 분단되어 있지만, 남한과 북한은 공통의 문화유산을 물려받았다. 예를 들어, 이웃 국가인 중국이나 일본과는 확연히 다른 언어를 비롯하여, 15세기에 만들어져 세종대왕에 의해 반포된 정교한 한글, 관습, 그리고 다채롭고 재미있는 신화와 전설 등이 그렇다. 만약 한국인들에게 남한과 북한의 가장 근본적인 공통점이 뭐냐고 물어본다면, 그들 대부분은 확고한 목소리로 "물론 최초의 한국인인 단군이지요. 우리 한민족은 모두 단군의 자손입니다."라고 대답할 것이다. 이 신화는 모든 한국인에게 여전히 소중한 것이다. 따라서 이 책에 기술할 만한 가치가 있다.

세상이 열린 이래 최고의 신 환인은 하늘과 지상의 만물을 다스리며 그의 신민들로부터 경배를 받아왔다. 그런데 어느 날, 그는 자신의 아들 환웅이 뜨거운 눈물을 흘리며 울고 있는 것을 발견했다. 젊은 왕자는 "이 하늘의 구름 위에서 지상의 인간들이 마치 들짐승처럼 살아가는 것을 볼 때마다 저는 통절을 금할 수 없습니다. 부디 제가 인간들 사이로 내려가 그들에게 평화와 정의로운 삶을 가르치며 살기를 허락하여주십시오."라고 청원했다. 어린 아들의 이런 '홍익인간' 정신에 감명받은 천신은 그것을 허락하고, 그를 도와 인간 세상을 다스릴 바람과 비, 구름의 신 등 모두 3,000명의 신하들을 동행케 했다.

환웅은 신하들과 함께 천상의 제국을 떠나 한반도에서 최고로 높이

솟아있는 거대한 하얀 머리를 가진 산, 즉 2,774m의 백두산 꼭대기에 정착했다. 여기에서 그는 인간들에게 법과 정의, 도덕, 농경, 약제를 비롯해 그 외 수많은 문명의 혜택을 아낌없이 베풀었다. 오늘날, 북한의 프로파간다와 점차 활성화되고 있는 관광산업을 보면, 백두산은 구름이 걸린 봉우리들과 신록의 초지, 경치 좋은 곳에 세워진 통나무집을 배경으로 한 스위스풍의 조악한 그림처럼 묘사되고 있다. 하지만, 옛적에는 범접할 수 없는 산꼭대기, 무시무시한 괴물이 자리잡고 있는 신비스러운 호수와 더불어 1898년 가을과 1903년 봄까지 힘차게 불을 뿜은 화산의 분노 등으로 알려졌었다. 이 올림푸스 산은 또한 베수비오산이기도 했기 때문이다.

얼마 지나지 않아 환웅의 거룩한 위엄에 감명받은 호랑이 한 마리와 곰 한 마리가 그를 찾아와 사람이 되기를 간청했다. 이에 환웅은 그들에게 쑥 한 단과 마늘을 주며 100일 동안 동굴 안에서 지낼 것을 명령했지만, 호랑이는 이 시험을 통과하지 못하고 야생의 상태로 돌아가버렸다. 이와 반대로 곰은 고통스러운 시련을 견뎌내 마침내 아름다운 여자로 변신하고, 환웅과 결혼해 아들을 낳았으니 그가 바로 단군이다. 그의 이름은 풍요의 상징으로 여겨지고 있는 나무에 대한 경의의 표시로 '박달나무의 왕자' 단군이라고 불렀다. 우랄 알타이어의 탕그리가 그 기원이며, 지금도 같은 어족語族의 터키어에서는 탕그레가 신을 나타내는 명사로 쓰이고 있다.

한국인들은 단군에 의해 한민족이 탄생하고, 한국의 역사가 시작되었다고 믿고 있다. 때문에 이 신화는 아주 중요한 의미를 갖는다. 성인이 된 단군은 자신의 아버지처럼 인간들 사이에서 조화로운 삶을 살고 싶은 욕망을 느낀다. 환웅의 허락을 받은 단군은 백두산을 내려와 현재의 평양 근처에 있는 아사달에 도읍을 정하고 최초의 한민족 국가인 '청아한 아침의 나라' 조선을 건국했다. 점성가들과 학자들은 그때를 기원전 2333년으로 보고 있으며, 현재 한국에서는 10월 3일을 단군이 처음으로 나라를 세운 날로 기념하고 있다. 단군은 거의 2,000여 년 동안 조선을 통치하며 한반도의 모든 사람에게 계승된 일가를 형성한 후 산신이 되어 사라졌다.

하지만 단군 신화가 구원자의 모습으로 극적으로 되살아나는 때는 한국이 절체절명의 위기에 처했을 순간이었다. 13세기 말, 몽고의 대군이 한반도 전역을 엄습한 것이 한 예이다. 이후 불교 승려 일연은 그의 저서 《삼국유사》에 처음으로 단군신화를 기록으로 남겼다. 1905년부터 1945년까지 일본이 한반도를 점령했을 때 단군은 자주독립국의 신성한 정통성의 증거로써 민족주의자들에 의해 한민족의 영웅으로 다시금 떠올랐다. 단군을 '민족의 신성한 시조'로서 숭배하는 종교인 대종교가 1909년에 설립되었으며, 그 본당은 수도 서울 한복판에 자리잡고 있다. 또한 1919년 3월 1일, 민족대표 33인이 서울 탑골공원에서 발표한 〈독립선언서〉는 한국의 역사를 '단기 4252년'으로 선포함으로써 일본 점령군의 광기어린 탄압을 불러일으켰다. 이처럼 다양하게 이용된 신화를 북한의 김씨 왕조가 무관심하게 내버려두지 않았음은 물론이다.

영광스러운 백두의 혈통

우연의 일치로 김일성은 젊은 날의 대부분을 백두산의 지맥에서 보냈다. 한국과 중국의 국경을 가로질러 솟아있으며, 겨울에는 접근조차 할 수 없는 백두산은 일본 식민지배를 거부하는 모든 사람에게 이상적인 도피처를 제공했다. 김일성 또한 1930년대의 대부분을 그곳에서 숨어지내며 점령군을 향한 기습 공격을 준비했다. 이후 북한은 김일성이 그때 이미 일본군이 절대로 찾아내지 못할 곳에 비밀 주둔지, 즉 병영과 창고, 무기고, 병원, 심지어 인쇄소 등을 설립했다는 식의 윤색을 멈추지 않고 있다. 사실이든 아니든, 어쨌든 이 저항운동의 거점에서 김일성은 장차 자신을 유명하게 만들 항일투쟁을 시작했다. 1960년대, 평양과 냉랭한 관계에 놓여있던 중국은 백두산의 4분의 3을 중국 영토로 삼겠다고 협박했는데, 그것은 김일성 신화의 뿌리를 잘라내기 위해서는 백두산을 독점해야 한다는 사실을 알고 있었기 때문이다.

　일찍부터 김일성은 자신을 전설적인 존재로 만들기 위해 백두산을 이용하기 시작했다. 북한의 학교 교과서에는 "백두산은 무적의 영웅, 즉 초인간적인 능력으로 우리나라를 독립의 길로 영도한 빛나는 장군 김일성 사령관의 은덕으로 유명하다."고 쓰여있다.[1] 더불어 북한 정권의 공식 백과사전은 "수천 년 전, 동아시아 중앙에 있는 훌륭한 반도에 최초의 인류 중 하나인 한민족이 출현했다. 그들에게는 단군이라는 위대한 지도자가 있었으며, 그는 평양을 도읍으로 삼고 조선이라는 나라의 틀

---

1) 파트릭 모뤼스, 《우화를 통해서 본 한국》, 아를르, 악트 쉬드 출판사, 2012, Patrick Maurus, *La Corée dans ses fables*, Arles, Actes Sud, 2012.

안에서 모든 한민족을 통합했다."고 명시하고 있다.[2] 비교 대상이 누구인지는 이제 명백하다.

영국인들에게 윈저 왕조가 그들 왕실의 상징으로 표현되는 것처럼, 백두산도 북한 인민들에게 그들 왕조의 상징으로 구현될 것인가? 북한의 공식 성명이나 언론매체에서는 김씨 일가를 지칭할 때 '영광스러운 백두의 혈통'임을 상기시키는 것을 선호한다. 1992년에 개정된 헌법 168조는 북한의 휘장들 위에 '혁명의 신성한 이미지'로서 백두산 산봉우리 능선을 형상화한 도안을 표시하도록 규정하고 있다. 여권과 신분증, 지폐에 백두산 그림이 인쇄됨은 물론이며, 지도자의 환심을 사기 위해 백두산 건축연구소와 백두산 담배, 백두산 소주 그리고 벤츠 자동차의 북한식 모델인 백두산 리무진 등이 연달아 출현했다. 더불어 몇 년 전부터는 백두산 생수도 시판되고 있는 상황이다. 대영제국의 우아한 상표들이 '여왕으로부터 부여된' 왕실 문장을 자랑스럽게 과시하듯 북한에서는 백두산을 그렇게 이용한다.

김정일은 바로 이 방면에서 최고의 연금술사였다. 아버지 김일성의 정통성에 자신의 이미지를 고정시킬 방법을 고심하던 김정일은 마침내 자기 스스로 백두산의 영웅이 되어야 함을 깨달았다. 권력의 자리에 점차 가까워짐에 따라 그는 사람들에게 자신이 백두산에서 태어났다는 소문을 퍼트렸다. 하지만 그는 1940년 초반, 김일성이 일본군에 밀려 퇴각한 소련에서 태어났다. 연해주의 항구 도시 블라디보스토크에서 태어났다는 몇몇 증언도 있지만, 좀더 가능성이 높은 것은 아마도 시베리아 철로가 남쪽으로 운행하기 위해 급격하게 꺾여드는, 그리고 그때 이미 국

---

2) 브라이언 레이놀즈 마이어스, 《북한 주민들이 자신들을 보는 방식과 문제점》, 뉴욕, 멜빌 출판사, 2010, Brian Reynolds Myers, *How North Koreans see themselves and why it matters*, New York, Melvile House publishing, 2010. 프랑스에는 《순결한 민족 *La race des purs*》이라는 제목으로 번역 출간되었다.

제적인 도시로 성장하고 있던 아무르 강변의 도시 하바롭스크의 근교에서 태어났다는 증언일 것이다. 아버지 김일성은 자신들을 받아준 소련 정부에 감사하기 위해 심지어 그의 이름을 러시아식으로, 즉 유리 일세노비치 김Yuri Irsenovitch Kim[3]이라고 지었다. 여러 증인과 연관 상황들에 따르면 김정일이 하바롭스크 출생임이 확실하지만, 북한 정권은 그가 백두산의 비밀 기지에서 태어났으며, 유아 시절의 대부분을 그곳에서 보냈다는 일화를 선전하기 시작했다. 소문은 점차 평양의 공식 도그마가 되었다. 심지어 그가 태어난 곳으로 여겨지는 장소에 작은 통나무 오두막을 건설하기에 이르렀다. 아울러 정권은 모든 북한 주민에게 이 놀라운 한국판 구유를 방문하도록 고무하고 있다. 김정일이 단군이나 혹은 아기 예수라도 된단 말인가?

이후 김일성이 늙어감에 따라 그의 후계를 준비해야 할 상황에 이르렀을 때 김정일은 다시 한번 백두산의 전설을 만들었다. 1992년, 백두산의 명칭을 변경한 것이다. 즉 자신의 아버지를 기리기 위해 산의 최고봉인 장군봉은 김일성 장군봉으로 개칭되었다. 또 다른 봉우리는 자신의 어머니인 김정숙을 위해 햇빛봉으로 불렀다. 세 번째 봉우리는 수령봉이 되었는데, 그것은 물론 김정일 자신을 위한 것이었다. 그것으로도 부족했는지 그는 심지어 그곳에 '백두산은 혁명의 신성한 산'이라는 거대한 문장을 새기도록 지시했다. 그리스의 올림포스 신들처럼, 이 세 사람을 위한 봉헌은 더 나아가 백두산 주변의 행정지역 이름마저 그의 아버지와 어머니, 김일성의 외삼촌 이름으로 변경하기에 이르렀다. 선사 시대 이래로 한국인들은 신성한 백두산의 밑자락에 조상들의 봉분을 만들었지

---

3) 슬라브족 계통의 이름에는 누구누구의 아들을 뜻하는 접미사 ovitch를 붙여 중간 이름을 만드는 전통이 있다. 즉 김정일의 경우 '일성의 아들'을 의미하는 irsenovitch를 가운데 이름으로 사용하고 있다.

만, 평양의 김씨 일가는 봉분으로는 만족할 수 없었다. 그들은 아예 한국의 최고봉을 사유화해 버린 것이다.

1993년 1월, 김일성 영웅화 작업의 최종 완수를 위해 북한의 고고학계는 또한 단군의 무덤을 발견했다고 발표했다. 무덤은 평양에서 동쪽으로 30km 정도 떨어진, 김씨 왕조의 사치스러운 저택들이 있는 곳에서 멀지 않은 강동 지역에 있었음이 밝혀졌다. 이 소식은 김일성마저 놀라게 만들었는데, 아마도 정치선전이 너무 멀리 나갔다고 생각했음이 분명하다. 신화에 따르면 단군은 죽지 않고, 산신이 되었다. 이 무덤에 대한 과학적 사실 관계가 어떻든, 북한 정권은 이 발굴 현장 위에 평양의 궁전들과 비슷한, 그러나 좀 더 고대풍의 흰 대리석으로 만들어진 계단 형태의 거대한 피라미드를 세우는 것을 잊지 않았다. 공식적으로는 한민족의 시조인 단군을 기념하기 위한 것이라고 발표했지만, 실상 그것은 새로운 단군으로 추앙받고 있는 김일성 자신을 명예롭게 하기 위한 것이었다.

샤먼 왕자

신성한 산과 마술적인 식물들, 여자로 변신하는 곰 등 우리가 그것에 믿음을 부여하든 그렇지 않든, 단군 신화는 매우 오래된 애니미즘, 즉 수많은 봉헌물과 주술로 타협해야만 하는 신비스럽고 영적인 힘을 가진 식물, 동물, 산, 별들에 대한 숭배 문화를 증언한다. 물론 한반도에도 유교와 불교, 기독교와 같은 여러 종교의 물결이 차례로 밀려들었지만, 애니미즘의 오래된 뿌리는 역사의 격동 속에서도 사라지지 않았다. 샤먼은 여전히 매우 활동적인 역할을 맡고 있으며, 대략 5만 명으로 추산되는 그들을 대한민국의 거리에서 쉽게 찾을 수 있다. 북한의 경우 그 존재에 대한 평양 정부의 공식적인 부인에도 불구하고 특히 농촌 지역에 여전히 샤먼이 존재하고 있음을 알 수 있다. 심지어 평양 정부는 부지불식간에 그러한 믿음에 아부하는 경향마저 보이고 있다. 왜냐하면 북한은 여러 면에서 샤먼적인 체제이기 때문이다.

북한의 공식 언론기관에 따르면 김씨 일가 또한 초인간적인 힘을 보유하고 있다. 일본군에 승리할 때 김일성은 군대의 사기 진작을 위해 바람처럼 날아가 여러 전선에서 동시에 모습을 보였다고 한다. 또한 공기처럼 가벼워 가랑잎을 타고 강을 건넜으며, 축지법을 사용해 하루 만에 수백km를 달릴 수 있었다. 오랜 게릴라 활동 기간 동안에 단 한 번도 체포되지 않은 것은 위험이 다가올 경우 두꺼운 안개가 스스로 일어나 적들의 눈을 속였기 때문이다. 똑같은 기적이 김정일에게도 일어났음은 당연하다. 그가 태어날 때 백두산의 얼음은 아름다운 멜로디를 울리며 부서졌고, 쌍무지개가 산등선 위로 솟아올랐다고 한다. 또한 미국의 함대가 북한을 공격하기 위해 다가오고 있을 때에도 김정일은 지도 위에 잉크병을 뒤엎는 것으로 충분했다. 곧바로 검은 태풍이 몰아쳐 침략자들의 함대를 흩어놓았기 때문이다. 참으로 뻔뻔한 정신착란적 정치선전이 아닐 수 없다. 그러나 한편으론 우화와 전설에 집착하는 한국적 상상력의 명백한 준거이기도 하다.

그들의 선전 목록에는 동물적 상징 또한 풍부하게 포함되어 있다. 전통적으로 한반도 자체가 대륙을 향해 포효하는 호랑이로 표현되는 만큼—비록 일본 관변 학자들은 대륙으로 도망가려는 토끼로 묘사했지만—김씨 일가가 뛰어난 사냥꾼으로 묘사되는 것은 어찌 보면 당연한 일이다. 북한의 공식 발표에 의하면 백두산에는 소수의 호랑이와 곰 같은 사나운 동물들이 여전히 남아있으며, 김씨 일가는 그러한 동물들을 추적해 사냥할 만큼 뛰어난 사냥꾼이라는 것이다. 그들은 또한 자신들이 말을 잘 탄다는 사실 또한 널리 알리고 싶어 했다. 북한 전역에는 중력의 법칙을 뛰어넘는 자세로 말을 타는 김씨 일가를 표현한 대형 벽화와 동상들이 셀 수도 없을 만큼 많이 있다. 그들의 암시는, 그리스 신화의 페가수스에 해당하는 한국의 전설 속 천리마—하루에 천리를 달릴 수 있는 말—를 김씨 일가가 길들일 수 있다는 것이다. 1956년, 첫 번째 집단 노동 캠페인을 전개했을 때 김일성은 그것을 '천리마 운동'이라 명명했다. 신화에 공산주의를 적용시켜 예술로 승화시킨 것이다.

동물 뿐 아니라 식물도 정치선전의 도구가 되었다. 자연의 비밀을 깨우친 김씨 일가는 재탄생의 중요 원리를 구현한다는 것이었다. 일화는 무수히 많다. 김일성이 시골을 산책할 때 그의 발걸음 아래에서 얼음이 녹고, 나무들이 새싹을 틔웠으며 새들이 노래를 불렀다는 것을 시작으로 1997년 10월 8일, 김정일이 노동당의 제1 비서관이 되었을 땐 배나무들이 저절로 꽃을 피웠다는 이야기도 전해진다. 사실 모든 인민의 아버지이면서, 역설적으로, 동시에 위대한 어머니로 간주되는[4] 김일성의 공적에는 꽃과 관련된 부분이 적지 않다. 1945년 10월, 광복 후 처음으로 가진 김일성의 공식 연설은 '모란의 언덕'이라는 뜻을 가진 평양의 유명한 공원 모란봉에서 열렸다. 1989년 5월에 개관된 거대한 능라도 경기장은 김일성 자신의 지시에 의해 거대한 목련꽃의 형태로 건설되었다. 1965년에는 김씨 왕조의 건설자에게 난초과의 접시꽃이 김일성화라는 이름으로 헌정되었다. 1999년 이래 매년 평양에서는 김일성을 기리기 위한 김일성화 품평회가 열리고 있다. 1988년 김정일 역시 자신의 이름을 딴 꽃을 갖게 되었는데, 진홍색 베고니아에 김정일화라는 이름이 붙여졌다. 가까운 시일 내에 김정은화도 곧 꽃을 피울 것임을 단언해도 좋을 것이다.

이러한 꽃의 상징이 내포하고 있는 것은 발아와 계절의 회귀, 요컨대 시간에 대한 아시아적 윤회 관념이 담긴 순환의 원리다. 북한은 자신들을 하나의 순환, 즉 무한히 재생되는 영원한 현실의 현대적인 아바타로 간주하고 있다. 그렇기 때문에 김일성의 60회, 80회 생일 및 탄생 100주년이 중요한 것이며, 그것은 지도자의 단순한 자기 만족을 위한 것만은 아니다. 또한 한 세대에 해당하는 30년 주기도 중요하다. 자신의 정통성을 강조하기 위해 김정일은, 조작했다는 의심까지 받으며, 자신의 생일을 김일성의 30세에 해당하는 1942년생이라고 주장했다. 같은 이유로 김정은은 30세에 권좌에 올라야 했다. 북한에서는 상징이 모든 것을 지배한다.

---

4) 브라이언 레이놀즈 마이어스, 《북한 주민들이 자신들을 보는 방식과 문제점》, 뉴욕, 멜빌 출판사, 2010, Brian Reynolds Myers, *How North Koreans see themselves and why it matters*, New York, Melvile House publishing, 2010. 프랑스에는 《순결한 민족 *La race des purs*》이라는 제목으로 번역 출간되었다..

이러한 맥락에서 북한 체제는 또한, 서양의 관찰자들은 이해할 수 없는, 우주적 상징을 자신의 특징으로 이용한다. 별들, 특히 북두칠성은 지금도 샤머니즘적 믿음에 있어 중심을 차지하고 있다. 서양인들에게는 비웃음을 살지 몰라도, 김일성은 북한에서 '20세기의 태양'으로 인정받고 있다. 이것은 사실 1930년대 독립투쟁 당시 일본 경찰들을 피하기 위해 잠시 사용한 가명에서 비롯되었다. 1920년대, 독립운동가였던 김혁은 그에게 '한별'이라는 별칭을 지어주었다. 한자로는 '일성一星'[5]이며 '첫 번째 별' 혹은 '큰 별', '한낮의 별' 나아가 '태양'을 뜻하기 때문이다. 김일성 사후 아들인 김정일과 손자인 김정은도 이와 유사한 상징을 얻게 되었다. 만약 이러한 최상급의 비교가 단지 권력자에 아부하려는 의도라면 그것은 정말로 조롱당해 마땅할 것이다. 김일성은 루이 14세와 같은 '태양왕'이 아니다. 그러나 신화의 관점에서 보면 이러한 비유의 의미는 명확하다. 그것은 김씨 일가를 하늘과 땅의 중개자, 또는 세대에서 세대로 되풀이 되는 우주적 균형의 수호자로 승격시키는 것이었다.

붉은 왕조는 또한 그들의 군사적 야망을 달성하기 위해 조상 전례의 신앙을 이용했다. 미사일과 위성, 핵폭탄 등은 국제정치무대에서 북한의 위치를 확고하게 만들었을 뿐만 아니라 북한 내에서도 신화적 정통성을 부여했다. 우주 공간을 정복했다는 사실이 그들이 하늘의 손자인 단군의 훌륭한 후예라는 것을 증명하는 게 아니고 무엇이겠는가? 이러한 순환을 증명하기 위해 김일성의 탄생 100주년이 우주 정복의 해가 되어야 함은 필연적인 것이었다. 비록 100주년 기념식의 일환으로 2012년 4월 13일 발사된 위성은 대실패로 끝났지만, 김정일 서거 1주기인 같은 해 12월에 발사된 위성은 확고한 성공을 거두었다. 김정일의 별칭인 광

---

5) 초기에는 발음이 똑 같은 一星과 日成이 같이 사용되다 독립 후 평양에 돌아와서 日成으로 고착되었다.

명성이라는 이름을 단 위성은 현재도 우주 궤도를 돌고 있다. 중요한 것은 결국 이 사실이다. 위성 발사를 성공시키던 바로 그날 김정은은 상징적으로 평양의 새로운 태양이 되었다.

위대한 그리스 학자 폴 비엔Paul Veyne은 자문한다. "과연 그리스인들은 그들의 신화를 믿었는가?" 이 질문을 북한에도 던질 수 있다. 북한 사람들은 프로파간다의 과잉에 잘 속아 넘어가는 사람들인가? 과연 그들은 단군이 다시 돌아오고, 백두산의 신성한 혈통이 마술적인 힘을 보여줄 것으로 믿는단 말인가? 한편으론 이 질문들이 과연 적절한 것인지 의문이 들기도 한다. 우리 프랑스 사람들도 당나귀 가죽(peau d'ane)[6] 전설을 정말로 믿는 것은 아니다. 그러나 역시 유명한 우화 작가인 장 드 라 퐁텐Jean de la Fontaine은 이 우화를 들었을 때 거기에서 '카타르시스'를 느꼈다고 서술했다. 아마도 이러한 감정이 바로 북한 정권의 목표일 것이다. 세기에 세기를 거쳐오며 한국인들은 영혼을 단련하고, 집단적인 기억들과 꿈 그리고 향수 등을 만들어냈다. 김일성과 그의 후예들은 그것들을 끊임없이 이용한다. 결국 그러한 집단 감정을 더 많이, 더 자주 어루만짐으로써 그들은 마침내 그것을 구현하는데 성공했다.

---

6) 〈장화 신은 고양이〉로 유명한 프랑스의 우화 작가 샤를 페로Charles Perrault가 1695년에 지은 우화로 신데렐라와 유사한 내용을 담고 있다.

2. 북에서 온 장군

북한은 언제나 존재했다

우리는 종종 북한을 냉전 체제의 비상식적인 부산물로 간주한다. 특별히 틀린 말은 아니다. 조선민주주의인민공화국은 1945년 8월, 일본의 속박으로부터 독립한 한반도의 미래를 두고 미국과 소련이 벌인, 무기력하게 실패한 협상의 산물로서 1948년 9월에 탄생했다. 북위 38도에 그어진 남한과의 국경선으로 말하자면, 당시로선 일시적인 중재의 산물이라 여겼지만, 결국 70여 년이 지난 지금까지도 존재한다. 케네디와 존슨 행정부에서 국무부 장관을 지냈던 딘 러스크Dean Rusk는 말년에, 워싱턴에 갓 부임한 젊은 외교관에 불과했던 자신이 어떻게 1945년 8월 10일에서 11일로 넘어가던 긴박한 밤에 《내셔널 지오그라픽》의 지도를 되는대로 스케치하며 38도 선을 구상하게 되었는지 회고한 바 있다. 전개된 상황이 어떻든 이후 분단된 두 한국은 잃어버린 반쪽을 찾아야 하는 운명에 처해졌다.

그러나 역사와 지리학은 우리에게 다른 이야기를 들려준다. 비록 이십만km², 즉 프랑스의 3분의 1에 지나지 않는 작은 크기지만 한반도는 다양한 지형적 특색을 가지고 있다. 한반도의 남쪽, 특히 남서쪽은 풍광이 뛰어나며, 햇볕이 많고, 농사에 적합하며, 인구도 조밀한 편이다. 반면, 북쪽, 특히 북동쪽은 거대하고 위압적인 백두산을 비롯해 험준하고 척박하며 주민들도 많지 않은 바위 고원으로 이루어져 있다. 비록 한반도가 오랫동안 하나의 정치체제를 형성했지만, 거기에는 이미 두 개의 한국이 존재하고 있었다. 남쪽은 바닷가의 모래사장과 누런 벼들이 자라는 평야, 그리고 나즈막한 언덕 등 매력적이고 든든한 선망의 대상이었다. 반면, 북쪽은 깊은 골짜기와 가파르고 접근하기 어려운 높은 산들, 야생적이며 혹독한 추위로 인해 살기에 부적합한 결핍의 상징이었다.

결국 두 개의 한국은 주어진 자연환경 등에 의해 두 개의 운명을 갖게 되었다. 지정학적인 관점에서 볼 때, 한반도는 끝없이 펼쳐진 몽골 고원과 남쪽의 중국, 그리고 만주의 평야 지대와 흑룡강 너머 시베리아로 통하는 요충지로서의 역할을 수행하고 있다. 그것은 또한 일본 제도와 남쪽 바다로 나가는 최종 부교이자 항구이며 화물 집산지로서 사람들이 모여들고 물건들이 하역되며 교환되는 장소였다. 이러한 구도에서 북한은 오랜 기간 동안 자신들의 좁은 해안 지대를 통해 남과 북으로 향하는 모든 것, 즉 사람과 산물, 사상들을 통제하는 중개자의 역할을 수행했다. 북한은 상거래 혹은 훌륭한 사상의 경우 환대했지만, 한반도를 침략하거나 파괴하려는 경우에는 재빨리 바위산 꼭대기의 성채로 퇴각한 다음 항전의 채비를 갖추고 거센 반격으로 응수했다.

두 한국이 이러한 환경의 영향을 받아 서로 다른 기질을 보이는 것은 당연하다. 남쪽의 곡창 지대에서는 사람들이 자신의 일에 종사하며, 번창하고, 시상을 떠올리며 사는 반면, 북쪽의 스파르타에서는 사람들이 동원되고, 전쟁에 익숙해지며, 침략에 대비하기 위한 준비를 멈추지 않는다. 남쪽의 사람들은 너그럽고 평화로우며 호기심이 많고 더불어 수다스럽고 쾌활하여 정치선전에 쉽게 넘어가지 않는다. 반면 북쪽의 사람들은 경계하며, 규율이 바른 전사들이다. 또한 조용하고 무뚝뚝하며 수장의 명령에 무조건적으로 복종한다. 남한은 자신들이 선출한 지도자들을 거리낌없이 비난하지만, 북한은 계승된 장군들에 아낌없는 박수갈채를 보낸다. 결국 북한은 김일성을 위해 만들어졌으며, 김일성은 북한을 위해 만들어졌다.

평양 정권은 북한 주민들의 이러한 야생적이고 호전적인 기질에 영합하는 방법을 완벽하게 이해하고 있다. 김일성과 관련된 모든 전설은 그러한 기질에 대한 울림에 지나지 않는다. 그는 전투원으로서 그리고 레지스탕스의 자격으로 권좌에 오를 수 있었다. 김일성이 북한 주민들에게 항구적인 동원령을 명령하기에 이르렀을 때 그들은 이미 오래 전부터 준비가 된 상황이었으며, 결과는 놀랄 만한 수준이었다. 100만 명의 현역 군인과 800만에 달하는 예비군의 과잉 병력, 언제나 호전적인 그들의 태도, 그리고 현기증이 날 정도의 방위비는 프리드리히 대제 당시의 프로이센을 연상시킨다. 그것은 나라가 군대를 통제하는 것이 아니라 군대가 나라를 통제하는 상황이다. 김일성이 지휘했던 항일 빨치산 군대의 경우도 마찬가지다. 프랑스의 경우 레지스탕스 부대는 1944년 8월, 정규 군대로 편입되었지만, 북한의 경우 이와 반대로 항일 빨치산 군대가 정규군으로 승격되었다. 그들은 언제나 항일투쟁 당시의 게릴라처럼 행동한다.

우리는 자주 김씨 일가가 추위와 기아, 극심한 궁핍에도 불구하고 권력을 유지하고 있는 상황에 놀라곤 한다. 의회민주주의 국가는 말할 것도 없고 심지어 독재국가에서도 이런 상황하에서 정권을 유지한다는 것은 거의 불가능하다. 하지만 북한과 같은 게릴라국가에서는 아주 당연한 일이다. 정치적, 환경적 상황에 의한 고난은 항시 존재했으며 그때마다 그들은 전열을 정비할 줄 알았기 때문이다. 오랜 전력난이 그들에게 문제가 되었는가? 한반도 북쪽의 겨울은 혹독하다. 평균 영하 20도에 그 이하로 내려가는 경우도 허다하며, 1933년 1월 백두산 자락에 위치한 도시 혜산의 기온은 무려 영하 43도를 기록했다. 김일성이 그곳에서 항일투쟁을 벌인 것과 마찬가지로 주민들 또한 생존하는 방식을 알고 있으며, 그것은 지금도 계속되고 있다. 극심한 식량난의 경우도 마찬가지다. 스탈린식의 계획경제 혹은 정권의 무능, 부정부패 그 이유가 무엇이든 북한 주민들은 언제나 허리띠를 졸라맬 줄 알고 있으며, 또한 그것을 자랑스럽게 생각한다.

매우 역설적이게도 정치선전은 이러한 시련에서도 이득을 취한다. 북한 정권의 명백한 실패로 보이는 이러한 궁핍을 숨기는 대신 평양은 오히려 그것을 훌륭하게 역이용한다. 문학 작품과 영화, 특히 주민들을 선도하기 위해 거의 모든 공공장소를 뒤덮고 있는 거대한 프레스코화는 이러한 고난이 단지 적대적인 주변 정치 환경과 변덕스러운 기후, 홍수 같은 자연환경의 광란일 뿐이라고 선전한다. 더불어 지도자들의 영웅적 희생 덕택으로 북한 주민들은 이러한 고난에 용감하고 결단력 있게 맞설 수 있다는 것이다. 물론 수없이 많은 다른 초상화도 있지만, 북한에는 김정일이 광란하는 말에 올라탄 채 몰아치는 눈보라를 뚫고 백두산을 등정하는 모습의 그림이 존재한다. 물론 그것은 고전주의 화가 다비드의 명화 '말을 타고 알프스를 넘는 나폴레옹'을 뻔뻔하고 우스꽝스럽게 표절한 것이다. 그러나 북한 주민들에게 그것은 모든 고난을 헤쳐나가는, 무서울 것이 하나도 없는 확고한 지도자로서의 김정일이라는 메시지로 다가간다.

눈 또한 북한 프로파간다가 즐겨 사용하는 소재다. '하얀 머리의 산', 즉 백두산에 대한 영원한 숭배의 소재로써 눈은 북한 인민들의 강인한 영혼과 고난을 극복하는 능력, 정권의 비타협성을 상징한다. 또한 눈의 색깔이자 순수함의 상징인 하얀색은 북한 정치선전이 집착하는 색이다. 평양은 물론이고 지방의 주요 도시에는 하얀 대리석 건물이 주를 이루며 그것은, 특히 눈에 덮였을 때, 유령 도시 같은 기괴한 분위기를 조성한다. 2011년 12월, 김정일의 장례식 때 하염없이 눈이 내렸는데, 우리에게 그것은 을씨년스럽고 서글프게 보였지만, 북한 주민들에게는 장대한 광경으로 비춰졌다. 그들은 심지어 백두산마저 서거한 영도자에게 조의를 표하고 있다고 생각했음이 분명하다.

고구려[7]

한국 사람들은 그들의 언어와 예의 범절, 역사 등이 너무 복잡하여 외국인들은 쉽게 이해할 수 없을 것이라고 속단하는 경향이 있다. 순진한 자만심이다. 더 복잡하거나 더 단순한 역사는 없다. 단지 역사가들의 혼동이나 지나치게 단순화된 설명이 있을 뿐이다. 한국 역사의 이해를 힘들게 하는 것은 그것의 도구화이다. 중국인들은 한반도를 그들의 거대한 제국에 붙어있는 혹 정도로 생각하며, 하나의 민족 자치구 정도로 여긴다. 일본 역시 한국을 자신들의 영광스러운 운명에 혼란을 일으키는 오래되고 촌스러운 존재로 여기는 것은 중국과 마찬가지다. 이에 대한 반작용으로 한국인들은 그들이 만주 전역은 물론 베이징 부근까지 중국의 북쪽을 지배했으며, 일본을 이주 식민지로 삼았을 정도로 동북아의 강자였던 과거의 꿈을 꾼다. 이러한 역사의 도구화 뒤에 민족주의가 숨어있음을 주의하라!

이 위대한 한국의 꿈은 고구려라는 이름으로 알려진 시대에 부합한다. 동북아시아에서는 문명이 국가-정부 수준으로 굳어지게 되기까지 수천 년의 세월을 필요로 했다. 기원전 2,000여 년경 황하강 유역에서 최초의 왕국이 출현했으며, 이 나라들은 오랜 혼란과 전쟁 끝에 진秦과 한漢 시대에 이르러 마침내 통일된 제국을 이루었다. 중국 역사가 시작되고 처음으로 만리장성 너머로 힘을 확장하던 한제국은 고조선을 침략, 기원전 108년에 현재의 평양 지역에 낙랑이라는 군령을 설치했다.[8] 이후 4세기 동안 중국 문화의 전진기지였던 낙랑은 또한 동시에 고조선의

---

7) 왕조 초기에는 '고려', '구려', '고구려', '고리' 등 여러 이름으로 불리었으며, 5세기 경에 이르러 '고려'가 공식 국호로 정해졌다. 현재에 통용되고 있는 명칭 '고구려'는 10세기에 건설된 왕씨 고려와 구분하기 위해 사용하는 것이다.

8) 이 낙랑군의 위치 문제는 현재까지도 동북아 고대사의 최대 논쟁거리다.

멸망 이후 병존하던 주변 한민족 소국들의 발전을 자극했다. 한제국이 붕괴되고 낙랑군이 고구려에 통합되면서 한반도는 남서쪽의 백제, 남동쪽의 신라, 그리고 한반도 북부와 만주 대부분의 고구려, 즉 삼국 시대를 맞이하게 되었다. 이때 이미 남과 북의 이분이 형성된 것이다.

고구려는 북한의 전형적인 특징을 가지고 있다. 남쪽의 백제와 신라가 농업과 어업, 수공업과 교역을 영위할 때 고구려는 때때로 약탈도 일삼는 산악지대의 전사 국가였다. 서기 313년, 낙랑을 점령한 후부터 5세기에 접어들 무렵 그들은 이미 전성기를 구가하고 있었다. 그들은 귀족들로 구성된 뛰어난 기병부대와 위력적인 궁수들로 구성된 보병대를 보유하고 있었다. 병사의 총수는 전체 인구의 약 5%인 30만 명 정도로 오늘날의 북한 정규군과 거의 비슷한 비율이었다. 평양 주위에 조성된 수많은 왕족들의 고분에서 발견된 벽화들은 그들이 현무와 봉황의 민족이며 환상적인 전사였음을 보여준다. 또한 그것은 가무를 애호하는 우아한 문명과 전투와 승마, 활쏘기 및 호랑이 사냥 등의 스포츠로 유명한 호전적인 문명의 증거이기도 하다.

고구려를 영광스럽게 만든 두 명의 대왕은 여기에 언급할 가치가 있다. 첫 번째는 왕국의 전설적인 개국자다. 강의 요정과 천상에서 내려온 왕자 사이의 사랑의 열매인 그는 알에서 태어났으며, '위대한 궁수'라는 뜻의 '주몽'이라는 이름을 얻게 되었다. 그 후 활쏘기는 한민족과 그들의 영웅을 상징하는 재능으로 계승되었다. 그의 존재를 질투하던 배다른 형제들에 쫓겨 만주 남동부의 산악지대로 도망간 주몽은 그곳에서 고구려라는 이름의 나라를 건국했다. '요새화된 장소' 혹은 '자유로운 사람들의 나라' 등의 의미로 해석하는 사람들도 있지만, 아마도 그 이름은 나라 건국의 기초를 이룬 아홉 부족 또는 주몽의 아홉 신하의 연합체와 더 관련이 있음을 알 수 있다. 그는 사후에 동명, 즉 '동방의 빛'이라는 시호를 받았다. 천상으로부터의 신비스러운 기원, 산악 왕국, 전사 군주, 어디서 많이 듣던 이야기 아닌가!

두 번째 위대한 왕은 5세기의 전반기, 즉 391년부터 413년까지 통치한 광개토대왕이다. 그의 업적은 아들 장수왕에 의해 세워지고, 1875년에 발굴된 기념비를 통해 알려졌다. 위대한 장군이었던 그는 왕국을 동북아의 최강자로 만들었다. 한반도 남쪽으로는 일본 해적들을 섬멸하고 백제와 신라의 항복을 받아냈으며, 북쪽으로는 흑룡강까지 전 만주 벌판을 정복했다. 중국제국의 분열과 혼란을 이용해 산둥반도와 베이징 근처의 국경 성채들을 탈취하는 한편, 몽골 고원까지 그 영향력을 확대했다. 오늘날 한국이 이 찬란했던 시대에 열광하는 것은 이해할 만하다. 특히 북한의 경우 한반도 남쪽을 정복하고 만주를 지배했으며, 중국도 벌벌 떨게 한 이 왕조에 대한 찬양을 어떻게 멈추겠는가.

그러나 고구려는 배신당했다. 7세기 초, 한반도 남동쪽의 왕국 신라는 그즈음 중국을 통일한 당과 동맹을 맺었다. 이 동맹은 먼저 백제(660년)를 정복한 다음 고구려(668년)를 멸망시켰다. 신라는 평양지역을 차지했지만, 나머지 땅은 중국에 탈취당했다. 그 후 2세기 동안 만주 동부와 연해주를 중심으로 일어난 발해가 그럭저럭 만주의 한민족 공동체를 유지시켰지만, 거란족의 침입과 백두산의 급작스러운 대폭발로 인한 경제 파탄으로 결국 붕괴되었다. 그러나 역사는 같은 원인과 같은 결과를 유발하며 순환한다. 10세기 초, 중국의 당제국은 자신들의 무게를 감당하지 못하고 무너졌으며, 동맹자 신라 또한 쇠퇴의 길로 들어섰다. 이때 혼란한 상황을 바로 잡고, 질서를 재건한 사람이 바로 현재의 북한 개성 출신인 왕건이었다. 918년, 왕좌에 오른 그는 역사에 경의를 표하며 과거 위대한 왕조의 이름을 재건했다. 그렇게 한국은 '고려'라는 이름을 갖게 되었다. 다시 한번 한국은 북에서 온 장군에게 경의를 표한 것이다.

이후 두 세기 만에 한반도는 과거의 아우라를 되찾았다. 비록 고려는 백두산을 중심으로 동과 서로 흐르는 두만강과 압록강 너머로의 영토 확장을 포기했지만, 반대로 교역과 문화의 중심지가 되었다. 특히 그들은 동식물의 세련된 모티브와 더불어 담녹색 빛깔의 신비스러운 유약을 바른 청자를 제작해 고려라는 이름을 서양에까지 유명하게 만들었다. 외국의 상인들은 고려에서 'Korea'라는 이름을 뽑아냈으며, 그 이름은 지금까지도 한국의 공식 명칭으로 사용되고 있다.

물론 재건된 고려가 고구려만큼 영광스럽지 않았다는 것은 확실하다. 중국과 마찬가지로 한반도도 13세기 초 칭기즈칸에 의해 시작된 몽고의 대침략에 맞설 수 있는 규모가 아니었다. 1232년, 몽고의 유목민들은 개성을 함락하고 고려를 보호국으로 삼았다. 이후 한 세기 동안 고려는 몽고의 곡식 창고로, 거대한 종마 사육장으로 변모했으며 체계적으로 수탈당했다. 1351년, 마침내 몽고의 점령자들을 쫓아냈지만, 고려 역시 쇠락의 길을 걸었다. 그러나 고려의 기억은 북한 애국주의자들의 가슴에 깊이 남아있다. 북쪽이 한반도를 지배했으며, 경제, 문화적으로 강력했고, 존경을 받았던 시절이었기 때문이다.

고려의 귀환

우리는 프랑스가 오랜 옛날에 '골'이라는 이름으로 불려졌다는 사실을 모른 채 프랑스를 잘 안다고 말할 수 없다. 이것은 북한의 경우에도 마찬가지다. 북한을 방문하는 외국인에게 '고려'라는 준거는 사실 집요하다. 오래 전부터 그들은 평양의 '고려호텔'을 이용했다. 일제 강점기에 건립된 후 한국전쟁 당시 파괴되었으며, 그 후 재건된 것을 1989년에 전체적으로 새 단장한 이 호텔은 높이 143m에 43층으로 구성되었다. 두 개의 건물에 총 500여 개의 객실과 거대한 접견실을 갖춘 모던 평양의 상징과 같은 건물이다. 제임스 처치James Church라는 신비에 싸인 작가는 2006년 이후 북한을 배경으로 한 놀라운 탐정소설들을 발표했다.[9] 소설의 주인공인 오 형사가 첫번째 모험을 벌이는 곳도 바로 이 고려호텔이다.

또한 '고구려'라는 이름은 민족주의적 정치선전의 일상적인 대상이 되었다. 학교 교과서는 '고구려 당시 우리나라는 동아시아에서 가장 강력했다.'라고 설명한다. 북한의 모든 학생은 한반도를 구하기 위해 그들의 조상들이 벌인 결정적인 전투들이 북한의 영토에서 일어났음을 배운다. 평양에서 멀지 않은 살수강에서 고구려(612년)의 장군인 을지문덕은 적들을 유인하기 위해 미리 쌓아놓은 댐을 이용해 중국의 30만 대군을 섬멸했다. 귀주대첩의 경우도 마찬가지다. 고려(1018년)의 장군인 강감찬은 4만 명의 군사를 이끌고 평양과 중국 국경 사이에 있는 귀주에서 3배나 많은 병력의 거란족을 물리침으로써 나라를 구했다. 정치선전의 메시지는 자명하다. 바로 김일성이 이러한 위대한 장군들의 기질을 물려받았

---

9) 1992년부터 국적 항공사는 이전의 CAAK(Civil Aviation Administration of Korea)를 대신한 '고려항공'이다. 북한 여행의 창구 역할을 하는 곳은 베이징에 있는 '고려여행사'인데, 평양의 전적인 신임을 얻은 영국인이 운영한다.

다는 것이다.

북한은 고구려와 관련된 것은 모두 이용한다. 왕국은 소위 9개의 원시 부족 연합체의 결과물이었다. 1954년, 김일성은 지방행정단위 개혁을 단행하여 백두산 산간지역에 자강과 양강, 2개의 도를 추가한다고 공표했다. 이제 북한 자신이 9개의 지방으로 나뉘게 된 것이다. 그는 1956년에는 산업을 활성화하기 위해 고려의 오래 전 토템으로 일종인 페가수스인, 천리마의 영혼에 구원을 청했다. 정치선전 역시 북한 지도자들과 보조를 맞추었다. 2012년, 북한 과학아카데미는 일단의 고고학자들이 동명왕의 반신화적인 동굴을 찾아냈으며, 그것을 '유니콘의 동굴'이라 명명했다고 발표했다. 이 어이없는 소식을 접한 남한의 네티즌들은 북한이 유니콘의 화석도 발견했다고 조롱했지만, 서양에서는 그 허풍을 사실로 믿는 사람이 생기기도 했다.[10] 21세기도 10여 년이 지난 김정은 치하에서도 고구려는 여전히 정치선전의 수단이 되고 있는 것이다.

사실 남한에 대해서도 고구려와 고려는 중대한 역사적 무게를 갖는다. 그런데도 마치 남한보다는 북한이 더 한국적이기라도 한 양, 그것은 평양정권에 더 많은 정통성을 부여한다. 게다가 한국전쟁의 결과도 북한 정권에 유리하게 작용했다. 1945년 당시, 왕건 고려의 수도이자 아직까지도 한국 전체를 통틀어 고고학적인 보물로 남아있는 개성은 38도 선 아래, 즉 남한에 위치하고 있었다. 그러나 1953년 7월, 판문점 정전협정은 국경선을 뒤흔들었고, 개성을 북한의 영역으로 넘겨버렸다. 김일성은 한국 역사상 가장 중요했던 두 수도, 즉 평양과 개성을 손에 넣게 되었으며, 그는 그것을 매우 섬세하게 이용할 줄 알았다.

1960년 4월, 남한이 해방 후 근 15년 동안 권좌를 차지하고 있던 이

---

10) 세바스티앙 팔레티, '김정은과 유니콘의 비밀', 《피가로》, 2012년 12월 4일, Sébastien Falletti, "Kim Jong-un et le secret de la licorne", *Le Figaro*, 4 décembre 2012.

승만 대통령을 마침내 쫓아냈을 때, 그리고 1980년, 1961년부터 1979
년까지 남한의 주인이었던 박정희 대통령이 암살당한 뒤에, 평양은 '고
려민주주의연방공화국'의 이름 하에 개성을 수도로 하는 한국통일을 제
안했다. 당연히 이 아슬아슬한 제안을 어떻게 처리할지 자문을 구하기
위해 외교 전문가들이 총동원되었다. 그러나 남한 정부에게 이 제안의
함정은 너무도 명백했다. 김일성이 남쪽의 왕국인 신라를 정복하고 한반
도를 통일한 고려의 재건자 왕건을 꿈꾸고 있다는 사실이 자명했기 때문
이다. 서울은 이 허풍스러운 제안을 못들은 척 거부했다. 결국 고려의 귀
환은 이루어지지 않았다.

　비록 개성은 새로운 통일 한국의 수도라는 지위를 얻지는 못했지만,
두 한국 간 평화교류의 진앙지가 되었다. 2004년, 개성이 최초의 남북한
경제협력지구로 선정된 것이다. 매일 수만 명의 북한 노동자들이 이 개
성공단의 소비재, 전자 및 기계 분야의 공장에서 한국 회사들을 위해 일
한다.[11] 비록 예상했던 것보다 수익이 많지 않고, 가동 상황이 평양의 변
덕에 좌우되기는 하지만, 이 경협지구는 확실히 남북 화합의 구체적인
첫 번째 결과물이다. 해가 갈수록 북한 경제 재건에 도움을 주고 있는 이
개성공단은, 아직 안정적인 경지에 이르지는 못했지만 차후 한반도의 통
합된 경제구역이 될 가능성도 있다. 요컨대, 비록 김씨 왕조가 남쪽을 다
시 정복하지는 못했지만, 어쨌든 고려의 기억에서 많은 이득을 취한 것
은 사실이다.

---

11) 역주: 개성공단은 2016년 2월 북한의 핵실험과 장거리 미사일 발사로 인해 가동이 중단되
었다.

3. 유교상의 왕자

청아한 아침의 나라, 조선

13세기 동안 흑해에서 중국까지 전 유라시아 대륙을 통일한 몽고제국은 자신의 크기를 감당하지 못하고 폐허와 무질서를 남긴 채 붕괴되었다. 모든 것을 다시 세워야만 했다. 빈농의 아들로 태어나 곧 고아가 되었던 한 농부가 그 위업을 달성할 야망을 가지고 있었다. 농민들의 가난과 참혹한 상황을 마주한 주원장은 곧 농민 반란군에 가담하고 머지않아 무리의 지도자가 되었다. 뛰어난 전술적 선견지명과 과단성을 갖춘 그는 결국 경쟁자들을 물리치고 중국의 권좌를 차지했다. '홍무'라는 이름으로 황제의 자리에 오른 그는 어둠을 몰아내고 빛을 세우겠다는 약속을 지켰으며, 빛을 뜻하는 중국어 명明을 국호로 삼았다. 5세기가 지난 후 주원장의 이 영웅적인 운명을 꿈꾸는 사람이 있었으니 바로 마오쩌둥과 중국 역사를 잘 알고 있었던 김일성이었다.

그러나 명의 건국자는 단순한 모험가 이상이었다. 아시아의 나폴레옹으로 비견되는 그는 제국을 밑에서부터 꼭대기까지 재건해야 했다. 번영은 질서의 유지에 달려있다는 믿음을 가진 그는 중국에 실제적인 직업 군인들과 대규모의 해양 선단, 전권을 휘두르는 정치경찰의 토대를 세웠다. 우리 서양인들에게는 마르코 폴로Marco Polo가 묘사한 고대 국제도시로 유명한 칸발릭의 폐허 위에, '북쪽의 도시'라는 이름의 신성한 수도 베이징을 재건했다. 이러한 새로운 질서를 완성하기 위해 홍무는 공자의 가르침을 토대로 한 도덕 혁명을 정치 이념의 지주로 떠받들었다. 서양의 예수회 선교사들이 'Confucius'라 부른 공자는 거의 동시대 사람이었던 플라톤과 아리스토텔레스가 서양 지성사에 미친 영향보다 더 큰 영향을 아시아의 정신 세계에 미쳤다.[12]

하지만 유학의 출현 이후 대략 2,000년의 세월 동안 너무나 많은 주석을 거치면서 공자의 최초 철학은 수없이 많은 수수께끼 같은 변형 혹은 분파들로 세분되었다. 명이 받아들인 철학은 오늘날 소위 '성리학'이라 불리는 것으로 공자의 초기 가르침으로 회귀하는 것이었다. 종교개혁을 연상시키듯 모든 것이 조화를 이루는 이 논리는 군왕과 신하의 관계, 부자간의 관계, 부부간의 관계, 형제들간의 관계, 마지막으로 친구와의 관계를 유지하는데 기본이 되는 '오륜'을 최고의 덕목으로 재정립했다. 학문 이전에 인본주의를 더 중시한 유교에서 이 덕목들은 양식있는 사람들이 갖추어야 될 일종의 도덕 규범이었다. 결국 명 시대에 이 덕목들은 사회의 기초 단위인 가족의 도덕질서가 되었고, 가장 기본적인 규범에 대한 복종을 요구하는 의무가 되었다.

명나라의 이 도덕 혁명은 엄청난 반향을 일으키며 점점 제국의 구석구석까지 퍼져나갔고, 결국 한반도까지 이르렀다. 1351년, 몽고 점령자들이 쫓겨난 후 고려는 북방의 여진족과 일본 해적들에 의한 약탈로 극심한 고통을 겪고 있었다. 몽고의 허수아비였던 고려의 왕들은 이 난국을 헤쳐나갈 수가 없었다. 이때 나타난 사람이 바로 이성계로 이번에도 역시 북에서 온 장군이었다. 남과 북의 침략자들을 용감하게 물리친 그는 마침내 권력을 차지하고, 1392년 '태조'의 이름으로 왕위에 올랐다. 고려의 색깔을 지우기 위해 그가 중국의 명제국을 모델로 삼았음은 의심의 여지가 없다. 그는 새로운 왕국의 이름을 단군이 세운 한민족 최초의 고대국가와 똑같은 이름인 '조선'으로 정했다. 한국은 다시 '청아한

---

12) 공자 BC 551~479, 플라톤 BC 428~368, 아리스토텔레스 BC 384~322.

아침의 나라'가 된 것이다. 여기서 밝혀둘 것은 '조용한 아침'이 아니라 '청아한 아침'이라는 것이다. 천문대를 설립하고 화성의 인공수로를 발견했으며, 후에 명왕성 발견에 기초를 놓았던 퍼시벌 로웰Percival Lowell은 1883년, 일본과 한국을 여행하고 난 후《Choson, the Land of the Morning Calm》이라는 책을 출간했다. 한자를 몰랐던 그는 여기에서 '청아한 아침'의 나라 조선朝鮮을 '고요한 아침'의 나라로 번역하는 실수를 저질렀다. 이후 그것은 서양에서 한국을 상징하는 표현으로 굳어졌다. 특히 여행서들은 현재까지도 이 표현을 짜증이 나도록 되풀이하고 있다. 한반도가 언제 조용했던 적이 있기나 했었나?

중국의 명제국처럼 새 왕조도 질서를 재확립하고 농업 생산과 상업의 발전을 도모했다. 새 왕국이 이데올로기적 바탕을 성리학에 둔 것도 중국과 마찬가지다. 불교는 고려 시대에 국가 속의 국가를 이룰 정도로 엄청난 발전을 거듭했지만, 새 정부는 토지 개혁을 단행, 절과 불교사원으로부터 농지를 빼앗아 개국공신과 중산층 농부 등 새 왕조에 동조하는 신흥 세력에게 분배했다. 가족에 대한 숭배, 그리고 연장자, 아버지, 특히 군주에 대한 존경은 이후 사회의 가장 중요한 가치로 자리잡았다. 6세기가 지난 지금까지도 한국인들은 근본적으로 이 사상에 얽매여 있다.

중국의 명과 한국의 조선은 매우 긴밀한 관계를 유지했다. 이웃이자 가끔은 경쟁자였던 두 나라는 초기부터 인적, 물적, 사상적 교류를 멈추지 않았다. 거기에 이제 유교적 군신 관계가 추가되었다. 명의 체계를 따르며 조선은 중국의 동생처럼 처신했다. 중국을 존경하고 숭배한 것이다. 그러나 이러한 시스템은 우리 서양인들이 오해하는 중세의 봉신이나 충성 조약과는 아무런 연관이 없다. 중국 또한 형으로서 한국을 보호해야 할 의무를 가지지만, 간섭이나 참견의 권리는 많지 않았다. 명과 조선의 궁전은 정기적으로 대규모 사절단을 교환해 많은 선물을 주고받았으며, 그것은 상호 존중 관계를 빛내기 위한 관대함의 경연이었다. 조선에 새로운 왕이 즉위했을 때 명제국의 허락을 요청했지만, 이것은 정치적 관습 그 이상은 아니었다. 베이징은 언제나 그들의 보증을 확인해주었으며, 이러한 의례적 절차의 교환은 결국 화친 조약의 연속성으로 이어졌다.

이러한 유교적 외교관계는 중국과 마찬가지로 조선에도 두 세기에 걸친 평화와 번영을 가져다주었다. 또한 한국이 역사상 가장 참혹한 비극으로부터 살아날 수 있게 해주었다. 권력 투쟁에서 승리하여 일본의 새로운 권력자가 된 도요토미 히데요시는, 막강한 라이벌 군벌을 억제하고 과밀한 인구 압력으로부터 탈출하기 위해 1592년과 1598년, 조선 침공을 결정했다. 수군을 비롯한 의병들의 영웅적인 저항에도 불구하고 한반도의 운명은 그야말로 풍전등화의 상태였다. 이때 10만 명에 달하는 명나라 군사들의 개입으로 상황은 역전되고, 침략자들은 다시 바다로 쫓겨났다. 명나라 역시 유교적 군신관계를 충실하게 이행한 것이다.

17세기 초, 이번에는 명나라가 만주족의 침입으로 위급해진 상황에서 조선에 구원을 요청했다. 한국인들은 기꺼이 그 요청에 응했지만, 결과는 참담한 패배로 끝났다. 1638년, 조선의 국왕은 삼전도의 치욕을 당하며 만주족에 항복했다. 6년 후 만주족은 마침내 전 중국을 정복했으며, 명나라는 무너져버렸다. 이것은 조선에 커다란 충격이었다. 유교적 상호 공경이 이제 야만족과의 비참한 종속관계로 대체되었기 때문이다. 조선은 그런 정치적 상황을 마지못해 받아들였지만, 여전히 명의 이상에 매달렸다. 중국이 야만족에 점령되고 명의 이상이 사라진 지금, 조선이 그것의 최종 수호자가 되었다고 생각했기 때문이다. 조선의 문관들이 오랫동안 자부했듯이 '청아한 아침의 나라'는 마침내 '작은 중국'이 되었으며 명나라의 마지막 충신으로 남게 되었다.

조선공화국

저서 《철학과 역사에 대한 연구》에서 헤겔은 역사의 위대한 사건과 인물은 두 번 되풀이되는 경향이 있다고 정확하게 지적했다. 카를 마르크스 Karl Marx[13]는 여기에 "한번은 비극으로, 또 한번은 코미디로 반복된다."라고 빈정거리듯 덧붙였다. 사실 조선과 북한 사이의 유사성은 우연으로 치부하기에는 너무 뚜렷하다. 먼저 이름부터가 그렇다. 1945년 일제의 압제로부터 해방된 한반도는 국호의 개명 문제에 직면했다. 남쪽은 한국을 식민상태로 몰아넣은 케케묵은 시대를 청산한다는 의미에서 한민족의 선조적 표현인 '한韓의 나라', 즉 한국으로 정했다. 그러나 북한은 조선에 매달렸다. 민주주의인민공화국이 추가되었지만 여전히 '청아한 아침의 나라'로 남았다. 패러독스인가? 숨겨진 이면을 고려하면 역사적 의미나 유교적 이상에 충실하다는 의미에서 그것은 절대 역설적이지 않다.

이 시나리오는 사실 데자뷰에 불과하다. 몽고의 지배 후에 탄생한 조선에, 일본 식민통치 후에 탄생한 또 다른 조선이 대답한 것이다. 중국의 경우, 농민 출신의 지도자가 몽고를 몰아낸 후 명나라를 건설했으며, 역시 농민 출신인 마오쩌둥이 일본군을 몰아내고 공산주의 중국을 건설했다. 그의 저서 《마오주석 어록》(1964년)을 요약하면 성리학의 바탕 위에 마르크스-레닌주의를 중국 전통에 적용하자는 것이다. 한국의 경우도 이와 유사했다. 불굴의 장군 이성계는 몽고의 허수아비에 불과한 고려의 나약한 왕들을 폐위하고 자신의 왕조 조선을 건국했다. 일본에 저항한 김일성 장군 역시 일본 점령군과 타협했던 친일파 계급을 타도하고 새로운 조선을 탄생시켰다. 이러한 원리에서 그가 자신의 새로운 왕조를 구축할 것이

---

13) 카를 마르크스, 《루이 보나파르트의 브뤼메르 18일》, 1853. Karl Marx, *Le 18 Brumaire de Louis Bonaparte*, 1853.

라는 사실은 명확했다. 그것이 바로 역사의 순리였기 때문이다.

북한의 정권도 역시 사회질서를 구축하기 위해 유학의 이상을 이용했다. 비록 유학을 명시하지는 않았지만, 정치선전은 가족 단위를 규범의 준거로 승격시켰다. 즉 아버지, 형 혹은 연장자에 대한 존경과 지도자에 대한 복종은 최고의 덕목이자 애국적인 의무가 되며, 이러한 가치들은 결국 붉은 왕조와 동일시되었다. 김씨 일가는 한국적 가족의 원형으로 구현되었다. 김정일은 자신의 아버지 김일성에 가장 깊은 경의를 바쳤고, 그 헌신의 대가로 권력을 승계할 수 있었다. 김정은의 경우도 마찬가지다. 북한의 모든 가족은 이러한 모델을 본받도록 부추겨졌다. 이것은 또한 은유적으로 나라 전체가 김일성과 그의 두 계승자를 아버지이자 큰 형이며 경험 많은 스승으로 삼고, 그들의 조언에 복종해야 하는 한 가족이 되었음을 뜻한다.

당연히 새로운 조선, 즉 북한은 옛 조선으로부터 정치선전의 모델들을 끌어냈다. 그 준거는 모든 한국인의 존경을 받는 세종대왕이다. 그가 조선을 통치한 15세기 초(1418~1450)에 한반도는 역사상 최고의 평화와 번영을 누릴 수 있었다. 그는 또한 근대적인 사상의 소유자였으며, 과학과 실용 기술에 대한 관심도 높았다. 또한 1446년, 집현전 학자들에게 일반 백성들도 쉽게 이해할 수 있는 한글을 창제하도록 명령했다. 이것은 그때까지 중국의 한자 표의문자에 매여있던 아시아에서 그 전례를 찾아볼 수 없는 획기적인 혁명으로 오늘날까지 한반도 최고의 독창성으로 남아있다.

의심의 여지없이 세종대왕은 김일성에게 영향을 미쳤다. 조선의 연대기에 따르면 왕은 농민들의 어려움을 살피기 위해 혹은 무기 제조를 감찰하기 위해, 농토와 병기창 같은 현장 방문을 잊지 않았다고 한다. 김일성도 마찬가지였다. 농업의 근대화와 중공업 육성을 위해 김일성은 수시로 현장을 방문했다. 40여 년 동안 그가 방문하지 않은 집단농장과 작업장, 공장이 거의 없을 정도였다. 그는 현장 상황에 대한 전반적인 보고를 받고 그 자리에서 세심하고 부드러운 태도로 조언과 칭찬을 아낌없이 퍼부었다. 과거 한국의 양반과 학자들처럼 중국어를 쓰고 말할 줄 알았으며, 틈틈이 서예에 몰두하기도 했던 김일성이지만, 그는 한글과 한국 문화의 열렬한 수호자였다. 심지어 그는 언론과 행정 부분에서 한자를 추방함과 동시에 남한에서 만연하고 있던 영어 중심주의도 철저히 배척했다.

마침내 북한과 중국은 조선과 명의 관계로 회귀했다. 항일 저항의 영혼이며, 아시아적 사회주의의 본산인 중국은 보호자이자 사상의 안내자 역할을 다시 떠맡게 되었고, 북한은 그것에 따르기만 하면 되었다. 만약 펑더화이를 사령관으로 하는, 100만 명의 중공군 지원병들이 1950년 11월, 한국전쟁에 뛰어들지 않았다면, 김일성 정권은 호전적인 맥아더 MacArthur 장군이 이끄는 UN군의 공격을 막아내지 못했을 것이다. 또한 소련의 붕괴 이후, 북한에 대한 중국의 재정과 특히, 에너지 지원이 없었다면 평양은 아마도 체제 유지에 커다란 어려움을 겪었을 것이다.

반면 북한에 대한 베이징의 과도한 영향력은 남한 정부를 점차 불안하게 했다. 서울은 북한을 단지 중국의 한 위성국으로 폄하했지만, 평양 정권은 미국에 몸을 맡긴 채 현재까지도 3만 명의 미군을 주둔시키고 있는 남한이야말로 미국의 식민지라고 반박했다. 게다가 이러한 남한의 비난은 평양과 베이징이 유지하는 유교적 형태의 관계를 멸시하는 것이었다. 남한에서 뭐라고 하든 북한은 자신을 중국의 봉신이 아닌 동생으로 여긴다. 이러한 상황하에서 평양은 베이징의 우의와 도움을 요구할 권리가 있는 것이다. 누가 옳고 누가 그른가? 유교적 체계에서 김씨 일가는 충분한 논거를 가지고 있다.

유교: 만능 해설용 텍스트

유교 사상은 그러나 매우 불분명하다. 유교가 평화를 조성하며 사회의 질서를 세우는데 기여했다면, 그것은 또한 사회를 구속하는 기제로써 사용되었다. 명과 조선은 유교 사상에서 자신들이 세운 질서만을 행복과 동일시하는 보수적인 텍스트를 만들었다. 북한 또한 이러한 해석을 자신들의 최후 방어수단으로 밀어붙였다. 공식적으로는 아직 여전히 혁명 중에 있지만, 북한은 그런데도 지구상에서 가장 보수적인 체제가 남아있다. 아버지, 형, 연장자, 지도자에게 보여야 할 복종의 이름으로 북한은 나이가 능력보다 앞서는, 또는 승계된 권력이 선출된 권력에 앞서는 전제적인 과두정치 체제로 전환되었다. 가족에 대한 숭배는 중국에서 정치와 경제를 주무르고 있는 '태자당'[14] 같은 카스트 류의 귀족체제를 북한에 만들어냈다. 지도자와 장교들, 당 간부들, 심지어 예술가와 지식인들의 지위조차 아버지에서 아들로 승계된다. 동시에, 일제 시대 부역자로 낙인찍힌 사람들, 또는 김씨 일가에 반대하는 적들은 세대에 세대를 이어 고통을 당한다. 이러한 시스템 하에서 신념이나 능력은 더 이상 중요치 않다. 각자는 이제 가족의 신분 척도에 의해 평가된다. 결국 유교 사상은 더 이상 존재하지 않는다.

모든 것은 사실 해석의 문제다. 공자의 가르침을 바탕으로 사서오경에 대한 주해가 성행하면서 유교 사상은 변질되기에 이르렀다. 도덕적 약속으로서 권장된 사회적 의무들은 심지어 부조리해 보일 정도로 형식적이고 허례허식적인 의식으로 혼동되었다. 결국 주석을 둘러싼 심오하면서도 격렬한 논쟁을 불러일으켰다. 역사의 긴긴 세월 동안 조선은 하

---

14) 아네스 앙드레시, 《붉은 왕자들, 중국의 새로운 권력》, 파리, 라르마탕, 2004. Agnès Andrésy, *Princes rouges, les nouveaux puissant de Chine*, Paris, L'Harmattan, 2004.

찮으면서 모호한, 그러나 상대방을 죽이거나 치욕을 주고, 음모를 꾸미기에 충분할 정도로 신랄한 논쟁을 펼치는 유림들의 경쟁관계 속에서 흔들거렸다. 프랑스의 철학자 볼테르는 쓸데없는 신학 논쟁으로 스스로를 망가뜨린 비잔틴제국을 경멸했지만, 그가 조선의 당파 싸움을 몰랐음이 분명하다.

북한 붉은 왕조의 시대도 바뀐 것은 아무것도 없다. 이데올로기적 혹은 민주주의적 목표의 부재는 오직 모호함과 암시, 과장법이 득세하는 계기가 되었다. 2009년 9월, 브라이언 레이놀즈 마이어스Brian Reynolds Myers는 사업상 북한에 잠시 체류했던 한 대만 사업가가 몰래 찍은 사진 몇 장을 예로 들면서 설명한다. 그 사진에는 평양 외곽의 한 공장에 붙여진, 젊은 장군 김정은의 천부적 재능을 찬양하는 포스터가 찍혀있었다. 판에 박힌 아첨? 그렇다면 전혀 놀랄 일은 아니다. 하지만 그 포스터에는 김정은의 이름이 붉은색의 글자로 쓰여있는데, 붉은색은 오직 김일성과 김정일의 이름에만 사용되던 색이다. 어떠한 공식 발표도 나오지 않은 상황이었지만, 그런 방식으로 우리는 김정은이 후계자로 결정되었음을 짐작할 수 있게 된 것이다. "신은 디테일 속에 숨어있다." 《마담 보바리》의 저자 플로베르Flaubert가 즐겨 사용한 표현이다. 북한의 김씨 일가도 그러하다.

반대로 한 장군 혹은 당의 고위 간부가 갑자기 연단이나 특별석에서 사라졌다면, 그것은 면직 혹은 숙청, 심지어 비밀스러운 처형의 표시였다. 왜냐하면 어둠의 극장인 북한에서는 모든 것이 러시안 룰렛 게임이기 때문이다. 잘못된 행동 하나, 의혹을 드러내는 눈빛 하나, 혹은 그저 지도자의 변덕 하나에 어제의 총신이 바로 강제수용소의 후보자로 탈바꿈한다. 그들의 협력자와 심지어 가족들도 북한식 굴라크Gulag에 해당하는 강제 노동수용소로 끌려감은 물론이다. 조선 궁중을 소재로 한 남한의 TV 드라마에서는 군주의 총애를 잃어버린 후궁이 왕의 은총을 간청하며 "죽여주시옵소서."라고 외친다. 북한은 지금도 그런 상황이다. 붉은 왕조는 독단적인 칙령과 핏빛 처형을 사용해 북한을 공포로 통치하고 있다. 2013년 12월에 발생한 김정은의 고모부 장성택에 대한 무시무시한 처형은 누구도 안전하지 않다는 것을 증명했다.

정치 시스템이 궁정으로 전환된 것이다. 김씨 왕족들은 평양의 거대한 집무실에서 또는 지방에 있는 그들의 수없이 많은 궁전에서 그것을 진화시킨다. 본성에 의한 것인지 직책의 필요성 때문에 가장한 것인지는 알 수 없다. 그들은 수많은 여성 편력을 자랑하며 많은 자식들의 아버지임을 과시한다. 서양의 민주적인 군주제에서는 가십거리에 불과한 이러한 문제들이 평양에서는 매우 중대한 것임이 입증되었다. 각각의 승계 후보자들은 자신들의 이해관계에 따라 합류할 수도 떠날 수도 있는 도당에 해당한다. 두 번째 부인의 성화에 밀려 김일성은 한동안 후처 소생의 둘째 아들을 선호한 적이 있다. 결국 김정일은 이 경쟁자를 떼어내는데 10년의 세월을 필요로 했다. 김정일의 세 아들 사이에도 똑같은 경주가 시작되었고, 결국 막내인 김정은이 마지막 승리를 쟁취하게 되었다. 그도 또한 서둘러 아들을 낳아야 할 것이다. 왜냐하면 유교에서 딸은 승계의 법칙에서 제외되기 때문이다. 자! 평양의 궁정이 무엇과 닮았는가? 오스만제국의 하렘이다. 이데올로기는 단지 벽에 걸려있는 장식품에 지나지 않는다.

이러한 왕조적 경향은 또한 중국과의 관계에 영향을 미쳤다. 방탕한 동생으로서 북한은 이제 경제적 재난, 군사적 지출 혹은 그저 지도자의 변덕을 충족시키기 위한 비용의 청구서를 베이징에 보내는 버릇을 들였다. 평양은 어쨌거나 중국이 지불할 것이라는 신념을 가지고 있다. 공산주의자 동생을 지원해줄 의무가 형에게 있지 않은가? 만약 형이 얼굴을 찌푸리면 이것 또한 문제다. 그렇게 되면 북한은 조선 시대 만주족의 침입 때처럼 자신들 속으로 퇴거해 다시금 유교 원리를 사수하는 '작은 중국' 노릇을 할 것이기 때문이다. 옛적에 명나라의 충신은 이제 사회주의의 보루가 된 것이다. 만약 중국이 유교적 의무를 저버린다면 그것은 마오쩌둥의 후계자들이 자본주의에 의해 타락했기 때문이다. 그러나 북한은 결코 혁명을 배신하지 않을 것이다.

반대의 상황은 차라리 더 구차하다. 평양을 구슬리기 위해, 베이징은 당연히 당근과 채찍을 사용했다. 중국은 자신들이 제공하는 신용 지원과 석유 공급에 대해 북한이 광물자원으로 보상할 것을 강경하게 요구했다. 북한의 도발이 지나칠 경우 눈살을 찌푸리는 일도 서슴지 않았다. 2013년 2월, 북한이 제3차 핵실험을 단행했을 때 중국의 외교부는 이에 "단호하게 반대한다."고 선언했다. 평양의 지도자들이 외화 획득의 통로로 사용하는, 마카오를 통한 우회적 지원을 중단해버렸다. 중국은 심지어 소수의 붉은 왕족, 즉 김정일의 장남 김정남과 김정일의 매제인 장성택 등을 자신들의 영향력 아래에 두려고 노력했지만, 이러한 시도는 두 사람의 목숨만 허비한 채 별다른 성과를 거두지 못했다. 평양은 베이징이 필요하지만, 그렇다고 나라의 열쇠를 베이징에 넘겨줄 정도는 아니다. 북한의 붉은 왕조에게 그것은 자신들의 생존과 신념에 관련된 문제이기 때문이다. 북한과 중국은 친구이자 동맹자가 되어야 했지만, 그 이상도 그 이하도 아니다. 확실히 유교 이념은 어디에도 쉽게 적용되는 만능 해설용 텍스트이다.

4. 영적 지도자

미륵불

1999년 10월 12일, 서울은 전례 없는 사건에 큰 충격을 받았다. 서울 한복판에 자리잡고 있으며 평상시에는 지극히 조용한 조계사 주위에서 예상치 못한 소요 사태가 발생했기 때문이다. 각목과 돌, 깨진 유리병, 출세의 욕망으로 무장한 수백 명의 승려들이 자신들 종교의 상징과도 같은 승복을 벗어던진 채 상대방에게 주먹질과 욕설을 퍼부으며 그야말로 일대 전투를 벌이고 있었다. 목적은 물론 서울에서 가장 많은 부와 명성을 보유하고 있는 성전의 권력을 차지하기 위한 것이었다. 화들짝 놀란 주민들의 요청에 경찰이 출동했고 사태가 진정되기까지 몇 시간이 소요되었다. 사태의 끝은 처참했다. 수십 명의 승려들과 참배객들이 부상을 당했으며, 유서 깊은 건물들이 파손되었다. 그러나 가장 깊은 상처를 받은 것은 불교 그 자체였으며, 불교 신자들 또한 이 사건을 불교 쇠퇴의 또 다른 증거로 받아들였음이 분명하다.

참담한 사건임은 분명하지만, 그렇다고 사건이 전혀 새로운 사실을 폭로한 것은 아니다. 불교 승려들이 금욕주의적 철학에 매진하는, 황색 승복 차림의 평화주의자들이라고 생각하는 사람들은 사실 우리 서양인들 뿐이다. 회색빛 장삼을 걸친 성직자들은 보통 속세를 등지고 명상에 헌신하지만, 때때로 과감하고 열의에 넘치는 승려들은 사회, 정치, 환경 문제 등에 깊이 관여하거나 혹은, 군과 권력의 편을 드는 것도 주저하지 않는다. 이러한 양면성을 인정하지 않고는 그것이 북한 정권과 김씨 일가의 출현을 이해하는데 결정적인 열쇠를 제공한다는 사실을 간과하게 된다.

우리는 불교의 평화적인 측면과 해탈의 철학, 조화의 미덕, 금욕적 신비함 등을 쉽게 인지할 수 있다. 종교의 창시자인 싯다르타 왕자가 입적하고 8세기가 지난 뒤 뒤늦게 소개된 불교는, 그러나 빠르게 한반도에 뿌리를 내렸다. 개방적이고 관용적이며 연방주의적인 불교의 사상들은 절제와 충성을 설파하고 사회적 평화에 기여했으며, 기존의 애니미즘에 별다른 충돌 없이 녹아들었다. "군주에 충성하고, 부모를 공경하며, 전우에 신의를 지켜라. 또한 이유 없이 생물을 해치지 말며, 전투에서는 절대로 물러나지 말라."는 가르침은 고대 로마 시절의 황제 친위대처럼, 신라의 화랑제도를 예고했다. 이런 제도는 한반도 남동쪽 신라왕국에서 탄생했으며 죽을 때까지 군주들에게 충성을 바쳤다.

이 종교에 대한 심취의 증거들은 오늘날까지 남아있는 수많은 사원과 불교 유적들에서 볼 수 있다. 가장 잘 보존되어 있고 접근하기도 쉬운 중요한 사원들은 주로 남한에 있다. 그중 가장 유명한 사원은 신라의 옛 수도인 경주에 있는 불국사일 것이다. 오랫동안 종교를 금기시했던 북한도 최근에 들어 자신들의 종교 유적을 복원하기로 결정했다. 옛적에 한반도를 통틀어 가장 명망이 있었던 사원 중의 하나였으며 아직까지 그 아름다움을 간직하고 있는 평양 북쪽의 보현사를 자랑스럽게 재건한 것이 그 예이다.

기도와 학업의 전당이며, 여행자와 환자, 빈자들의 안식처이자 교류와 순례의 장소이기도 한 이러한 사원들은 불상이 놓인 법당과 신성한 석탑, 그리고 본당 주위를 둘러싸고 있는 자급자족하는 공동체로 이루어져 있다. 부처의 완전함에 대한 경배를 표현하기 위해 귀한 목재나 돌,

귀금속으로 조각된 불상은 잔잔한 미소와 명상의 빛을 띤 채 연꽃 제단 위에 앉아있거나 서 있는 형상을 하고 있다. 부처는 오랜 세월 동안 자신의 지위와 고요함에 걸맞게 담대하고 후덕한 거상의 모습으로 나타났다. 대표적인 예는 남한의 경주에 있는, 5m에 달하는 경이로운 은자의 모습을 한 석굴암의 불상이다.

그런데 여기까지는 우리가 알고 있는 모습이다. 김일성은 한국인의 순수성과 자기 희생, 용기를 상기시키기 위해 끊임없이 농촌과 수공업 공동체를 방문했다. 또한 상냥하고 위로하는 듯한, 거대한 풍채의 수많은 거상들과 평양에 있는 22m에 달하는 초상은 김일성을, 그리고 그 이후의 후계자들을 옛적의 부처에 대한 반향으로 만들었다. 이러한 암시는 모순적인 면이 있다. 무신론을 공식적인 강령으로 삼고 있는 북한 정권은 실제로 종교와 미신들을 격렬하게 비난했었다. 그러나 모든 상황은 이런 암시를 풍긴다. 김씨 일가에 대한 우상화와 그들을 둘러싸고 벌이는 숭배의 제의, 그리고 그들에게 보내는 청원들은 과거 조상들의 믿음을 상기시킨다. 부처는 신이 아니었지만, 명상과 삶, 죽음의 완벽한 모델이었다. 또한 죽음 후에도 그는 자신의 추종자들을 조화와 해탈의 길로 인도하기 위해 신비롭게 부활했다. 이것은 붉은 왕조에서도 마찬가지다. 그들은 세대에서 세대로 북한 주민들이 자신의 운명을 완성하도록 이끌고 있는 것이다.

우리가 잘 모르는 사실은 한국 불교의 전투적인 측면을 김씨 왕조가 어떻게 이용했느냐일 것이다. 잘 알려져 있듯이 부처는 과거의 부처를 비롯 지식과 명상, 영감, 그리고 연민의 부다 등 수많은 아바타를 가지고 있다. 하지만 한국인들에게 가장 많이 언급되는 부처는 미륵이라 불리는 미래의 부처다. 미륵불은 친절하고 너그러운 부처로 7세기 초 한국 예술사상 가장 우아한 조형 예술의 탄생에 영향을 주었다. 국보 83호 반가사유상으로 불리는 이 금동의 젊은 남자 입상은 얼굴에 희미하게 미소를 머금은 채 아주 미묘하게 머리를 오른손 위쪽으로 숙이고 있는 모습이 흡사 로댕의 〈생각하는 사람〉을 방불케 한다. 미륵불은 또한 희망과 재생의 부처로 정치적, 사회적 변혁과 새로운 도덕의 갈망을 표현한다. 결국 미래의 부처는 혁명의 부처인 것이다.

　서양의 기독교가 클뤼니와 시토, 탁발수도회를 거쳐 종교개혁까지 규칙적으로 개혁적 운동을 전개해 나간 것처럼, 사실 한국과 중국의 불교는 지속적으로 해탈과 궁극성을 쇄신하고자 기원으로의 회귀를 주장하는 분파의 계승자일 뿐이다. 미륵불 역시 한국이 몽고의 침략이나 임진왜란, 병자호란, 혹은 19세기 말 개항 등 위기에 직면할 때마다 기승을 부린 종말론적 이단 종교에 대해 전열을 정비하는 집합 신호로써 이용되었다. 시나리오는 매번 똑같다. 역사의 부침을 바로잡기 위해 구원자가 필요하며, 그가 정의와 평화의 새로운 시대를 열 것이라는 메시지다. 이와 마찬가지로 북한의 붉은 왕조 역시 자신들의 행동을 정당화하기 위하여 이러한 움직임에 슬그머니 스며들었다. 혁명가 김일성? 어쩌면 그는 미륵불을 꿈꿨는지 모른다.

동방의 예루살렘

남한을 처음 방문하는 사람들에게 충격적으로 다가오는 것이 있다면 그것은 바로 기독교가 차지하고 있는 자리일 것이다. 밤이 내리고 도시와 마을들에 불이 켜지면 사방 곳곳에서 붉은 십자가가 일어나 마치 온 나라가 교회에 의해 체계적으로 구획된 것처럼 보인다. 하지만 인상은 종종 기만적이다. 비록 그들의 열성과 번성이 한국에서 기독교도가 대다수를 차지하고 있는 것처럼 보이게 하지만, 한국의 가톨릭교와 개신교는 전체 인구의 3할을 웃도는 정도만을 차지할 뿐이며, 아직 많은 수의 불교도들 또한 존재한다. 특히 아주 특이한 사실은, 대한민국 국민의 과반수가 자신을 무신론자라고 생각한다는 것이다.[15] 무신론은 북한에 해당한다고 믿는 우리들에게는 무척 뜻밖의 사실이다. 하지만 그렇다고 해서 한국이 아시아 제일의 기독교 국가라는 사실이 달라지는 것은 아니다. 그것은 역사적 유산이다.

사실 19세기 기독교는 혁명을 유발하지 않으면서 동시에 근대화 정신에 잘 맞아떨어졌다. 중국에 기반을 둔 천주교 선교사들이 한반도에 관심을 돌린 것은 단순히 그들의 야심 때문만은 아니었다. 그것은 그들의 메시지가 중국보다 더 잘 받아들여졌기 때문이었다. 그 증거로 수많은 노비와 소작농들, 중인들이 평등과 박애, 그리고 더 나은 삶을 설파하는 이 종교의 가르침에 매료되어 급속히 개종했다는 사실을 들 수 있다. 또 다른 증거는 공적 권력이 즉각적으로 기독교에 대한 피의 탄압을 펼쳤다는 것이다. 1801년을 시작으로 1839년, 1846년, 1866년에 벌어진 가차없는 피의 숙청 당시 수천 명의 천주교 선교사와 개종자들이 체포되어

---

15) 2010년에 발표된 CIA의 World Fact Book 자료.

처형당했다. 서구 열강, 예컨대 프랑스는 이러한 처형을 막기 위해 1866
년에 한국 침략을 결정할 정도였다.

10년 후 서구 열강의 압력에 의해 강제 개항될 무렵 조선 정부는 종
교의 자유를 허용했으며, 이에 따라 천주교는 도시 변두리 지역과 인구
가 과밀한 평야 등 한반도의 가장 열악한 지역에서 빈농과 노동자들을
빠르게 개종시켜 나갔다. 이러한 상황은 한반도 남쪽의 경우 오늘날까
지 이어지고 있다. 1898년 서울의 한복판에 건설된 명동성당은 1970,
80년대 군사독재 기간 동안 모든 정치, 사회 문제에 대한 대규모 시위
장소로 이용되었다. 1997년에서 2007년까지 한국을 통치했으며 사회
문제에 가장 많은 관심을 보였던 김대중과 노무현 대통령은 모두 천주
교 신자였다.

19세기 말에 도착한 개신교 선교사들은 천주교를 점차 밀어내며 기
독교의 후광에 새로이 가담했다. 보다 덜 형식적이고 당대의 사회 문제
에 보다 적극적으로 개입하는 개신교는 서양 문물에 경도된 진보적 학자
들과 자신들의 역할을 자각하기 시작한 중산층, 그리고 좀 더 넓게는 유
교적 전통의 무게에서 벗어나려는 젊은 세대를 유혹했다. 그들의 최우선
과제는 학교와 대학, 병원 등의 연결망을 설립해 한국을 근대화하는데
있었다.

천주교와는 반대로 개신교는 특히 북한에 더 확고하게 이식되었다.
중국 또는 미국에서 건너온 선교사들은 처음에는 용연과 순천 같은 북한
서부 해안가의 항구들에, 그 후엔 함흥과 원산과 같은 동부 해안의 도시
들에 자리잡았다. 그들은 이후 대담하게 평양으로 진출했고 거기서 열렬
한 환영을 받았다. 1894년, 청일전쟁으로 파괴되었던 평양은 폐허에서
다시 일어서고 있었다. 평양은 중국 국경에서 부산까지 남북으로 가로지

르고, 동해안과 서해안의 주요 항구인 원산과 남포를 연결하는 철도상의 교차점에 위치한다. 처음엔 이곳이 직물업의 중심지로, 그 다음엔 그 지역에 풍부한 석탄을 이용한 제련업의 중심지이자 한반도의 공업 수도로 부상하고 있었다. 몇 년 후 노동자 계층이 대동강 좌안에 정착하는 동안 외국인 지구는 무역업자와 기술자 등 중산층을 끌어들이며 평양 서쪽의 중앙역과 동쪽의 구시가 사이에 자리를 잡았다.

전통적 귀족 세력과 왕궁의 음모가 판치는 서울을 포기하고, 대신 개신교는 한국의 새로운 지식 중심지를 건설하기 위해 평양의 공업적 활력을 이용했다. 평양 사람들은 개신교의 새로운 신념을 근대화 이념과 동일시하게 되었다. 1910년 8월 일본의 한국 강점 당시 평양 시민의 4분의 1일이 개신교로 개종하기에 이르렀다(다른 지역의 개신교 비율은 단 1%에 머물렀다). 일본 정부는 개신교가 사상적으로 천주교보다 더 위험하다고 판단했으며 심지어 독립운동을 지원한다고 의심했다. 그럼에도 불구하고 개종운동은 일제 강점 기간 동안 내내 가속화되었다. 마침내 평양은 '동방의 예루살렘'이라는 별칭을 갖게 되었으며 그것은 해방 때까지 지속되었다.

김일성은 메시아적이고 동시에 진보적이며 저항적인 이러한 복음주의로부터 지대한 영향을 받았음을 결코 숨기지 않았다. 장로교 선교사가 설립한 평양 숭실학교에서 수학한 그의 아버지는 열렬한 개신교도였다. 프랑스의 마리-피에르에 해당하는 '반석'이라는 이름으로 세례를 받은 그의 어머니는 개신교 목사의 딸이자 동생이었으며 오랫동안 교구의 사무를 보조하는 일에 봉사했다. 그의 회고록《세기와 더불어》에 따르면 어린 시절 김일성은 매주 일요일을 교회에서 보냈지만, 차츰 갑갑함을 느꼈다고 한다. 하지만 그는, 특히 어려운 상황에 마주쳤을 때, 기도를 시작하고 신에게 간청하는 습관은 유지하고 있었다. 그에게 결정적인 영향을 미친 사람은 어린 시절 놀이 동무인 손원태의 아버지이자 유명한

항일 투사였던 손정도 목사였다. 그는 김일성을 애국적인 저항운동에 투신하도록 이끌었다.[16]

38도 선 이북의 모든 개신교도가 김일성의 깃발 아래 연합한 것은 물론 아니었다. 많은 사람이 자신들의 목숨을 담보로 김일성 정권에 저항하거나 또는 남한으로 망명했다. 그중의 한 사람이 평화주의적 운동을 벌여 '한국의 간디'라는 별명을 얻게 된 경이로운 학자 함석헌(1901~1989)이었다. 그는 김일성과 동시대 사람이다. 출생 신분도 장로교적인 성장 분위기도 비슷했다. 그러나 그는 김일성과는 극단적으로 다른 길을 선택했다. 그는 서울에서 일종의 퀘이커 교도가 되었으며, 군사독재 기간 내내 민주주의와 인권을 위해 투쟁했다. 하지만 그도 자신과 유사한 성장 과정을 거친 김일성이 기독교적인 메시지를 이용해 권력을 쟁취하고 '동방의 예루살렘'을 마르크스-레닌주의의 메카로 만드는 것을 막을 수는 없었다.

---

16) 손원태, 《김일성과 한국의 투쟁: 최초의 직접적인 증언》, 제퍼슨 (노스 캐롤라이나), 맥파랜드 출판사, 2003년. Sohn Won-tai, *Kim Il-sung and Korea's struggle: An Unconventional Firsthand History*, Jefferson(NC), McFarland & Co. Inc, 2003.

김일성교敎

1843년에 출간된 저서 《헤겔 법철학 비판》에서 카를 마르크스는 "종교는 억압된 생명체의 탄식이며 무심한 세상의 망령이다. 그것은 인민의 아편이다."라는 그 유명한 표현을 사용했다. 마르크스-레닌주의의 신봉자인 김일성은 권력에 오르자마자 즉각적으로 이 아편을 공격했다. 조선 왕조의 건국자 태조가 했던 것처럼, 김일성은 가장 먼저 불교 사원으로부터 특권을 빼앗고, 토지는 국유화시켰다. 재원을 박탈당한 불교 승려들은 그들의 믿음을 포기하거나 망명의 길에 올랐고, 결국 몇 년 만에 500여 개에 달하던 사원의 수는 60여 개로 줄어들었다. 그나마도 노동당의 산하기관인 조선불교연합의 관리를 받게 되었다. 당연히 속세에서의 불교식 장례식과 구걸 행위도 금지되었다.

이제 기독교 차례가 되었다. 6만 명에 달하는 천주교 신자들의 신분은 빠르게 봉인되었다. 원산 부근에 있던 덕원 수도원을 비롯하여 많은 수도원들이 당국에 의해 폐쇄되었으며, 성직자들은 이산되었다. 예컨대 평양의 교구장이었던 홍영호 프란시스 주교는 1949년 숙청의 대상으로 정해진 후 행방불명되었다. 바티칸의 교황청은 지금까지도 상징적인 차원에서 그 후임을 정하지 않고 있다. 그의 가족 관계를 고려하여 김일성은 개신교에 대해서는 처음부터 주의를 기울였다. 그는 개신교도들을 움직이기 위해 그의 외가 쪽 친척인 목사 강양욱을 조선 기독교연맹의 수장으로 임명했으며, 모든 신자로 하여금 이 연맹에 가입하도록 촉구했다.

그러나 1946년 5월, 강양욱 목사의 아들이 남한의 극단주의자에게 암살되는 사태가 벌어지면서 불교사원에 행해졌던 박해가 교회를 향하게 되었다. 이러한 공격은 한국전쟁 동안 더욱 기세를 부려, 15만 명에 달하는 개신교도들은 미국의 첩자라는 누명을 쓴 채 조직적으로 숙청당했으며, 평양의 유명한 YMCA를 비롯 대다수의 개신교 연합체들이 해산되었다. 대부분의 신자들은 종교를 버리거나 숨겼으며 또는 남한으로 망명했다. 마침내 김일성은 북한의 종교 마당을 텅 비게 만들었다. 단 10년 만에 그의 권력에 방해가 될 염려가 있는 교회는 단 하나도 남지 않게 되었다. 자! 마침내 그는 유일무이한 영적 지도자가 되었다.

공산주의 국가에 영적 지도자? 그렇다. 왜냐하면 김일성의 반교권주의가 그렇다고 무신론을 지향하는 것은 아니기 때문이다. 그의 권력은 교회 또는 사원들과 싸우는 것이지 종교적 열정과 싸우는 것은 아니다. 정치선전은 영원한 북한을 만들기 위한 개혁과 충성 그리고 자기희생을 요구하며 신성한 김씨 일가에 대한 개인 숭배 등을 계속적으로 반복한다. 이 모든 것은 결국 과거의 오래된 믿음을 초월하고 종합하는 일종의 신비주의적 국가로 수렴된다. 단군, 부처 그리고 예수는 결국 선지자에 지나지 않는다. 이제부터 최고의 존재는 북한 민족인 것이다. 그리고 이에 대한 증거로 정권을 '백두산의 눈 덮인 정상처럼 깨끗한'[17] 한민족의 순수함과 친절함, 영혼의 위대함에 봉헌한다. 김일성과 그를 계승한 그의 아들은 심지어 한민족을 '숭배한다'고 언급하는 습관을 들이기에 이르렀다. 독재자의 이름으로 수십만 명의 주민을 강제수용소로 보내고 아울러 수백만 명을 굶주리게 만드는 그들에게서 우리는 이런 냉소주의의 증거들을 보게 된다. 사실 이것은 신앙 선언이다. (북)한민족은 위대하며, 김일성은 그들의 예언자다.

하지만 그들의 경제 상황이 악화됨에 따라 점증하는 불만을 무마하기

---

17) 파트릭 모뤼스, 《우화를 통해서 본 한국》, 아를르, 악트 쉬드 출판사, 2012, Patrick Maurus, *La Corée dans ses fables*, Arles, Actes Sud, 2012.

위해 정권은 일종의 물타기 작전에 들어갔다. 평양은 국제 종교재단들에 좋은 인상을 주고 그들의 구호 프로그램으로부터 지원을 받기 위해 북한 내의 종교 건축물들을 재건하기 시작했다. 과거의 주요 불교사원들이 새롭게 문을 열었으며 또한 몇몇 개신교 교회와 두세 개의 천주교 교회, 심지어 그리스정교 교회 하나도 세워졌다. 나아가 1992년의 헌법 개정은 종교의 자유를 인정하기에 이르렀다. 비록 평양 정부는 공식적인 발표를 보류하고 있지만, 정권의 통계를 믿는다는 가정하에, 북한에는 여전히 만 명 정도의 불교도들과 비슷한 수의 개신교도 그리고 4,000명 정도의 천주교 신자들이 있는 것으로 알려졌다. 믿을 만한 통계인가? 아니면 김씨 일가를 숭상하는 정신적 토대를 전복시킬 위험이 없는 한도 내에서 허용되는 믿음에 대한 관용인가?

평양 정권은 심지어 일반적으로 이단으로 분류되는 종파들과도 관계를 맺기에 이르렀다. 이들 종파들은 그들의 뿌리 깊은 공산주의 혐오증에도 불구하고, 선으로 악을 물리친다는 이념하에, 그리고 정권이 붕괴될 경우를 대비해 어차피 무엇인가 해야 한다면 미리 한쪽 발이라도 북한 땅에 들여놓는 것이 중요하다고 생각했음이 분명하다. 평양이 이러한 상황으로부터 실질적인 이득을 취한 것은 물론이다. 1990년대 초, 미국의 저명한 TV 복음가인 빌리 그레이엄Billy Graham이 설립한 후원재단인 '착한 사마리아인 기금'은 북한의 TV 방송망을 현대화하고, 치과 및 중환자 병동을 평양에 건설했다. 미국에서 엄청난 세력을 구축하고 있는 그 유명한 문선명의 통일교 역시 똑같은 인심을 베풀었다. 북한 출신인 그가 한국에서 엄청난 영향력을 행사한다는 점에서 이 사건은 특별히 주목할 만하다. 통일교는 먼저 막대한 양의 의약품을 제공했으며, 더 나아가 북한과 합작으로 남포항에 평화자동차 공장을 건립하기에 이르렀다.

그러나 김일성은 언제나 더 멀리 나아갔다. 1991년 12월, 김일성은 끊임없이 무신론 공산주의를 저주하며 미국 찬양에 앞장섰던 문선명 목사를 성대하게 맞아들였다[18]. 40여 년 전 김일성이 문선명을 거의 사형선고나 다름 없는 흥남의 집단수용소에 처넣었던 사실은 두 사람의 기억에서 때맞춰 사라진 모양이었다. 역사의 편류란 정말로 드라마틱한 것이다. 1992년 4월에는 빌리 그레이엄 목사가 방북해 공개 대중 설교를 벌였으며, 그의 방문은 1994년 6월에도 이어졌다. 아마 북한의 지도자들은 '우리의 정치선전을 도와줘 고맙습니다.'라고 그들에게 감사했을 것이다.[19] 이후 그들 사이의 좋은 관계는 더욱 확고해졌다. 문선명은 김일성의 장례식에 참석했으며, 김일성의 손자 김정은은 2012년 9월 타계한 문선명의 장례식에 위로의 전문을 보냈다. 그레이엄 목사 역시 여전히 북한과 비공식적인 관계를 유지하고 있다.

이러한 우정의 과시적 드러냄은 한편으로 많은 의미를 내포한다. 그 것은 관대한 투자자에게 보내는 외교적 차원의 감사를 뛰어넘어 공감, 심지어 일종의 형제애를 증명하는 것이다. 특히 통일교와의 관계는 충격적인 것이다. 북한의 지도자 김일성과 통일교의 스승인 문선명 사이에는 놀랄 만한 운명의 공통점이 존재한다. 두 사람 모두 북한 출생이며, 항일운동을 적극 지원했던 개신교 중산층 출신이었다. 두 사람은 대중을 동원하는데 뛰어난 능력을 이용해 권력의 최고 자리에 도달했다. 왕관 같은 머리 모양을 한 문선명 목사가 주례를 보는 엄청난 규모의 집단 결혼

---

18) 아민 로젠, '북한을 개방하기 위해 문선명이 벌인 획기적인 캠페인', 《아틀란틱》, 2012년 9월 6일. Armin Rosen, 'Sun Myung Moon's Groundbreaking Campaign to Open North Korea', *The Atlantic*, 6 septembre 2012..

19) 미셸 A. 뷔, 프랭클린 그레이엄: '김일성은 나의 아버지를 좋아했다', 《크리스챤 포스트》, 2006년 7월 8일. Michelle A. Vu, Franklin Graham: 'Kim Il-sung Liked My Father', *The Christian Post*, 8 juillet 2006..

식은 통일교를 전 세계적으로 유명하게 만들었다. 그것은 바람에 휘날리는 군기 아래 대규모 군사행진을 지휘하는 평양의 김일성 원수에게도 적용된다. 두 사람은 또한 왕조를 건설했다. 문 목사 사후 둘째 아들인 문형진은, 그의 어머니가 행사하는 섭정이 끝나면 그의 아버지를 계승할 것이다. 이러한 지위 덕분에 그는 2011년 12월, 김정일의 장례식에 참석했으며, 자신의 아버지 이름으로 사후에 제정된 '한국평화상'을 수상하기 위해 2012년 평양을 재차 방문하기도 했다.

자, 여기에서 우리는 북한의 붉은 왕조를 이해하기 위한 중요한 단서 하나를 발견한다. 그것은 북한 정권도 지도자에 대한 광신과 종교적 신비주의를 바탕으로 하고 있다는 것이다. 자신의 실체를 가리기 위해 의도적으로 세상과 사회를 불투명하게 비춘다는 것이다. 북한은 그저 단순한 독재국가가 아니다. 그것은 또한 이단 종파이다. 현재 남한에는 24,000명의 탈북자들이 존재한다. 서구의 개인주의적 생활방식에 당황하고, 자신들을 위해 아무런 준비도 되어있지 않은 상황에 동요된 그들은 점점 더 열렬한 활동을 펼치는 의심쩍은 교회 단체에 기대고 있다. 그것은 마치 북한의 이단 종파인 김씨교에서 떨어져 나온 것을 위로받기 위해 또 다른 의심스러운 기독교 종파를 필요로 하는 것과 마찬가지다.

5.구원자

'셔먼호' 사건

"나의 죽음을 적에게 알리지 말라." 이것은 16세기 말 정유재란 와중에 일본군의 총탄에 맞은 이순신 장군이 임종의 고통 속에서 했다는 마지막 말이다. 이순신을 위대한 영혼과 용기의 최고 본보기로 여기는 한반도의 많은 학생들은 이 문장을 외우고 있을 뿐만 아니라 어느 전쟁놀이 도중 자신의 차례가 돌아왔을 때 반은 진지하게, 그리고 반은 꾸민 말투로 장난스럽게 이 문장을 되풀이하며 즐긴다. 물론 이 장면이 모든 사극과 영화에서 최고조의 감정을 이끌어냄은 물론이다.

1592년 임진년 봄에 시작된 일본의 조선 침략은 서울을 불태워버렸고, 평양을 약탈했으며 한반도 전역을 황폐화시켰다. 1597년 정유년 여름에 시작된 재침은 그 다음해인 1598년까지 이어져 한반도는 극심한 고통 속에 놓이게 되었다. 이러한 일본의 침략에 맞서 효과적으로 대항한 유일한 사람이 바로 이순신 장군이다. 그는 갑판 위에 덮개를 씌운, 거북선이라는 시대를 앞서간 뛰어난 무기를 준비한 천부적인 재능의 전략가였다. 1597년 10월 26일, 한반도 최남단 서쪽의 명량 해협에서 수적으로 열 배나 많은 일본의 함대를 전멸시킨 이순신 장군은 다음해인 1598년 12월 16일, 여수에서 멀지않은 노량해협에서 기나긴 전쟁에 종지부를 찍을 마지막 전투를 맞이했다. 트라팔가 해전 당시 넬슨 제독처럼, 이순신 장군도 적의 탄환에 치명적인 부상을 입었으며, 결국 전투가 끝나기 전에 사망했다. 그러나 그는 자신의 죽음을 숨기도록 지시했고,

그의 부하들은 마침내 긴 전쟁에 마침표를 찍는 대승을 거두었다. 일본의 침략자들은 만신창이가 된 채 자신들의 섬으로 돌아갔다.

이후 이순신 장군은 국민적 영웅의 원형이 되었다. 침략자들을 한반도에서 몰아낸 역사상 위대한 장군들의 목록에서도 최고의 자리를 차지하게 되었다. 그를 기리기 위해 한반도 각지에는 수많은 기념비와 동상들이 세워졌으며, 충청남도 아산시에 그를 위한 웅대한 사원이 헌정되었다.

일본의 약탈에 커다란 고통을 겪었던 국민들이 그를 찬양하는 노래를 불렀음은 물론이다. 왜냐하면 이순신은 고통받는 사람 사이에서 태어난 사람이기 때문이다. 하급 공무원의 아들로 태어난 그는 말단의 직책을 전전했으며 위대한 승리를 거둔 뒤에도 죽을 때까지 궁정의 귀족과 고위 무관들의 음모와 시기의 대상이었다. 무능하고 비겁한 왕과 귀족들이 나라와 백성을 버리고 부리나케 도망가기에 바빴을 때, 그는 일본 침략군에 맞서 용감하게 저항한 모든 계급의 사람과 비천한 백성에게 정의를 되돌려주었다. 그의 사후 4세기가 지난 오늘날까지도 이순신 장군은 남과 북을 통틀어 한국 대중문화, 예를 들어 소설과 영화, TV 드라마, 만화 그리고 비디오 게임 등에 가장 많이 등장하는 인물로 남아있다.

그러나 이순신 장군이 완전히 몰아낸 것처럼 보였던 일본 침략자들의 망령은 결국 다시 떠오르게 되었다. 1876년 5월, 마치 거북선에 대해 때늦은 반격이라도 하는 양 일본 군함 운요호가 부산 앞바다에 나타나 조선 정부에 개항과 더불어 일본 제도와의 외교관계 수립을 요구했다. 조선 정부의 묵묵부답에 모욕감을 느낀 그들은 8월, 수도 서울로 통하는 한강의 입구 강화도로 몰려들었고 그곳에서 소규모 전투를 벌였다. 결국 이 사건을 구실로 삼아 일본은 한국의 양보를 얻어냈고, 1876년 2월, 조선은 일본과 우호조약을 체결했다. 이로써 조선은 철저한 고립으로부터 벗어났다. 비록 이 우호조약이 공식적으로는 무역에 한정된 것이었지만,

이 조약 뒤에는 음흉한 의도가 숨어있었다. 일본은 사실 한반도에 침투할 명분이 필요했고, 결국 한 세대 후 그들은 한국 정부를 장악하는 상황에 이르렀다.

조선 정부는 일본의 영향력에 대한 균형추를 맞추기 위해 당시의 모든 서구 열강에 문호를 개방하는 정책으로 대응했지만, 일본은 한 단계 더 빠른 행동과 계략을 사용했다. 1895년 4월, 한반도를 황폐화시키며 벌어진 청일전쟁에서 패한 청나라는 한국과의 오래된 동맹 관계를 포기하고 군대를 철수시켰다. 더불어 대만과 만주 동부를 일본에 할양하기에 이르렀다. 중국이 제거되자 이제 러시아가 나섰다. 청일전쟁 10년 후인 1905년 5월 29일, 쓰시마 해협에서 일본제국 해군은 러시아 함대를 모두 침몰시켰다. 이제 구슬릴 상대는 미국만 남게 되었다. 같은 해 7월 워싱턴은 필리핀을 차지하는 조건으로 일본의 한국 침략을 못 본 척 눈감아버렸다. 모든 장애물이 제거되자 일본은 본색을 드러내기 시작했다. 1905년 11월, 일본은 조선에 보호조약을 강요하고, 1910년 8월, 마침내 한반도를 조건없이 완전히 점령했다.

두려움과 치욕감에 휩싸인 한국은 이제 이 악몽을 끝내줄 새로운 이순신 장군, 즉 민중 속에서 태어나고, 한반도를 독립으로 이끌기에 충분한 권위를 가진 구원자를 희망할 수밖에 없는 처지에 몰리게 되었다. 많은 애국자들이 시대의 부름에 동참했다. 임진왜란 때처럼, 이 20세기 초의 일본 침략에 맞서 전국 각지에서 의병이 조직되고 저항운동이 펼쳐졌다. 그중 가장 유명한 사람은 비천한 신분 출신의 신돌석 의병대장으로 그는 '태백산 호랑이' 의병대를 조직, 매복을 당해 최후를 맞은 1908년 11월까지 수많은 일본군 시설을 파괴했다. 물론 똑같이 용감하고 똑같이 비극적으로 생을 마감한 수많은 다른 의병장들도 소개해야 마땅할 것이다. 그러나 그 누구도 이순신 장군처럼 침략자들을 다시 바다로 몰아내지 못했다. 결국 일본군은 1945년 8월까지 한반도를 강점하게 되었다.

　이러한 상황은 김일성과 같은 수많은 젊은이들에게 시대의 과제로 다가왔다. 그는 그 부름에 응해 조숙하고 과감한 레지스탕스로서 스스로를 입증해 보였다. 전 민족이 소망하던 구원자의 역할을 잘 수행해낸 것이다. 그러나 그는 다른 많은 항일운동가 중의 한 사람이었을 뿐이다. 그의 미화된 업적조차도 이순신 장군의 그것과 비교하기에는 낯간지러운 수준이었다. 그러면 그의 역할을 더 웅대하게 만들기 위해 무엇을 해야 하는가? 결국 북한의 정치선전은 '셔먼호' 사건을 부풀리며 그 과업을 훌륭하게 소화해냈다. 건국자의 신화를 창조해낸 것이다. 자! 그들이 어떻게 했는지 확인해보자.

　19세기 산업자본주의의 발전과 더불어 서구 열강들은 그들의 시장을 확대하고 원자재 공급을 공고히 하기 위해 국가 간의 모든 장벽을 제거해나갔다. 동아시아에서는 제1차 아편전쟁(1842년)을 치른 중국, 페리Perry 제독의 무력에 항복한 일본(1853년), 그리고 마침내 한국의 차례가 되었다. 영국인들(1816. 1832)과 프랑스인(1846년)들에 이어 미국인들(1853. 1855. 1865년)이 탐험을 시도했지만 모두 실패로 돌아갔다. 그러다 1866년 7월, 187톤급 증기선인 제너럴 셔먼General Sherman호가 대동강을 거슬러 평양으로 올라가 통상조약 체결을 요청하는 새로운 시도를 벌였다. 평양 관리의 거절에도 불구하고, 자신의 대포를 과신한 셔먼호는 대동강 상류로 올라가 그 주변에 조성되어 있던 고려 시대의 무덤들을 도굴하기 시작했다. 적어도 그러한 소문이 평양에 퍼져나갔다. 팽팽한 긴장이 감돌았으며, 마침내 대포들이 움직이기 시작했다. 셔먼호는 불타버렸고, 강물로 뛰어든 선원들은 마지막 한 사람까지 모조리 학살되었다. 비록 피로 얼룩진 충돌 사건이긴 했지만 특별할 것까지는 없는 일이었다.

그 당시 군함을 이용한 외교는 매우 민감하고 위험한 사항이었기 때문이다. 3개월 후 강화도 앞에서 한국과 프랑스 사이에 또 다른 소규모 전투가 벌어졌으며, 10년 후 일본의 운요호가 그 뒤를 이었다.

오랫동안 잊혀졌던 '셔먼호' 사건이 다시 수면 위로 떠오른 것은 바로 북한의 정치선전 때문이다. 1960년대 초반, 북한의 역사가들은 아주 기막힌 타이밍으로 '셔먼호' 사건의 지휘자가 보통의 양반들처럼 비겁하고 우유부단했던 평양 지사가 아니라, 젊은 애국자 김응우였다는 확인되지 않은 사실을 발견해냈다. 젊은 애국자 김응우는 누구인가? 바로 김일성의 증조 할아버지이다. 결국 김씨 일가에게 외세 저항운동은 유전적으로 물려받은 미덕인 것이다.

몇 년 후인 1968년 1월, 김일성의 직접적인 명령을 받은 북한군은 위험천만하게 북한 해역을 항해하던 미국의 소형 함정 USS 푸에블로Pueblo호를 나포했다. 셔먼호가 침몰한 곳으로 추정되는 장소에 정박되어 있던 푸에블로호는 2012년 이래로 전쟁 박물관 앞 선창가에서 관람객들을 맞이하고 있다.[20] 역사학자들이 발견한 증거가 사실로 재탄생된 것이다. 김일성이 이순신 장군과 동급이 될 수 없음은 분명하다. 그러나 그의 정통성은 이제 더 이상 의심의 여지가 없다. 왜냐하면 그의 조상은 이미 3대에 걸쳐, 그것도 일본 점령군이 도착하기 10년 전부터 이미 국가적 외세 저항운동의 전초 역할을 수행했기 때문이다. 구원자 김일성은 이미 구원자 가문의 일원이었던 것이다.

20) 역주: 푸에블로호는 원산 앞 해상에서 북한 해군에 의해 나포되어 동해안에 정박되어 있다가 1998년 평양의 대동강변으로 옮겨져 전시되어 있다.

홍길동

한국의 어린이들이 이순신 장군 놀이를 할 때, 조금 더 나이가 많은 청소년들은 한국의 로빈후드이자 돈후안이며 모험가 땡땡이기도 한 홍길동을 선호한다. 16세기 말, 천부적이고 다재다능한 시인 겸 소설가이자, 고위 관료였던 허균의 상상력 넘치는 붓에서 탄생한 홍길동은 오늘날까지 남북한을 통틀어 가장 인기있는 영웅으로 남아있다. 당시의 사회적 신분체제를 고려했을 때 양반 귀족과 첩 사이에서 서자로 태어난 홍길동에게는 오직 하찮은 운명만이 예정되어 있었다. 그러나 그는 그러한 운명을 받아들이지 않았다. 소년은 모든 폭도의 악명 높은 지도자로 변신했다. 악덕 지주 양반을 약탈하는 것으로 시작된 그의 모험은 차츰 비천한 사람들의 고통을 덜어주기 위한 투쟁으로 변해갔다. 이후 정치에 환멸을 느낀 홍길동은 새로운 모험에 나서 중국을 돌아보고 남해를 횡단한 끝에 마침내 외딴 섬에 정착하여 그곳을 각 개인이 출생 신분이 아닌 용기와 재능으로 인정받는 평화와 정의의 이상향으로 변모시켰다. 만약 이 이야기가 한글로 쓰여지지 않았다면, 우리는 그것을 볼테르의 우화나 스위프트의 소설쯤으로 생각했을 것이다.

홍길동의 영웅적 행위들이 오늘날까지도 여전히 인기를 끌고 있는 것은 무슨 이유에서일까? 의심할 여지 없이 그 또한 잘못을 바로잡는 정의롭고 저항적인 구원자였기 때문이다. 그러나 그는 특별한 종류의 구원자, 즉 모든 것이 무너져내릴 때 사람들이 꿈꾸게 되는 이상적이고 해방적이며 계시적인 구원자였다. 19세기 말 조선의 상황이 정확하게 이 경우에 해당되었다. 영·정조 시절의 번영을 뒤로하고 모든 것이 사그라지고 있었다. 탐욕스러운 양반 관료들은 자신들의 특권을 움켜쥐고 대다수의 농민들을 극한의 빈곤 상태로 몰아넣었다. 크고 작은 농민 봉기가 전국 각지로 들불처럼 번졌다. 그중 몇몇 민란은 혁명의 수준으로 발전했다. 1811년부터 1812년까지 평안도 지방이 불타올랐으며, 질서가 회복되는데 몇 달이 소요되었다. 1833년에는 수도 한성이 배고픔에 허덕이던 시민들의 폭동으로 마비되었다. 1862년에는 한반도 남동쪽 경상도 지역이 화염과 피로 얼룩졌다. 부패와 무능으로 왕조가 허수아비로 전락하면서 쿠데타와 궁정의 계략들이 꼬리에 꼬리를 물고 일어났다. 1884년 12월과 1894년 여름, 젊고 진보적인 양반 관료들이 근대화 개혁을 추진하려 했지만, 그들 역시 얼마 지나지 않아 일소되었다. 절망에 빠진 한반도는 결국 근대의 홍길동이 재림하기를 기다리는 수밖에 없었다.

이러한 상황에서 많은 사람이 동학운동에 관심을 기울였다. 동학은 처음에는 전통적인 샤머니즘에 불교, 유교 심지어 도교를 뒤섞은, 소위 '동양의 지혜'를 숭상하는 일종의 천년왕국설 같은 종파였다. 양반 관료들의 학정에 고통을 겪고 있던 대다수의 사람들은 신비로운 평등주의를 설파하는 동학에 매료돼 1862년 농민 반란을 일으켰으나, 1864년 교주 최제우가 체포되어 처형된 후 그 기세가 한풀 꺾이는 듯 보였다. 그러나 동학은 비밀스러운 저항 활동으로 농민들뿐만 아니라, 동학의 교의를 평등과 조세 정의 그리고 토지의 재분배 등으로 해석한 진보적인 학자들과 중인 계급까지 지지세력으로 끌어들였다.

한 세대 후 동학은 새로운 혁명을 일으키기에 충분할 정도로 규모가 커지게 되었다. 드디어 1894년 1월, 작은 키로 말미암아 '녹두장군'이라는 별칭으로 불리게 된 전봉준 장군이 이끄는 동학혁명군은 한반도 남서쪽에서 조세 착취와 빈곤에 대항한 대봉기를 일으켰다. 그들은 착취를 일삼아온 관료와 지주들을 학살하고 그들의 토지를 몰수했으며, 차례차례로 여러 고을들을 점령해나가 마침내는 충청도를 비롯한 한반도 남서쪽 대부분을 차지하기에 이르렀다.

그해 여름 혁명군은 수도 한성을 위협할 기세였다. 깜짝 놀란 고종이 청나라에 급히 원군을 요청하자 그들은 2,000명의 군인을 신속히 파견했다. 이것은 결국 두고두고 후회할 최악의 선택이었음이 드러났다. 어떻게든 한반도에 발을 들여놓을 구실을 찾고 있던 일본이 자신들의 재산을 보호한다는 명분으로 결국 한반도로 진군한 것이다. 일본은 이처럼 공식적인 이유를 내세워 사실상 한반도를 점령하고 정부를 그들의 영향력 아래에 두었다. 그러자 이제 한반도 전역이 들고 일어났다. 몇몇 지방에서는 무기력한 공권력을 대신해 동학의 지도자들이 저항세력을 조직하기에 이르렀다. 그중 하나가 바로 평양 남쪽의 황해도 평야지대에서 18세의 나이로 농민군을 지휘한 김구였다. 과연 그가 한민족이 소망하던 바로 그 구원자였을까?

저항의 열기는 그러나 곧 사그라들었다. 훈련받은 군대와 장비가 부족했던 동학군은 체계적인 일본군과 근대식 무기의 적수가 되지 못했다. 마침내 11월 초, 동학혁명의 지도자들은 사생결단의 절박한 시도를 단행했다. 그들은 10만여 명에 달하는 혁명군을 충청남도 우금치 전투에 투입했지만, 곡괭이와 몽둥이로 무장한 농민군은 일본군의 신식 기관총 앞에 무수히 죽어나갔고, 녹두장군을 비롯한 동학의 지도자들은 몇 달 후 체포되어 모두 처형당했다. 이후 동학의 제2대 교주 최시형마저 처형당하자 결국 동학군은 와해되고 말았다. 몇 달이 지나 한반도는 다시 질서를 회복했지만, 그것은 일본군의 군홧발에 의해서였다. 전투에서 항복하기를 거부한 사람들은 산속으로 피신해 항일 의병부대에 합류했다. 이제 사회적 이상향 건설보다 독립투쟁이 더 중요해진 것이다. 홍길동의 모험은 이순신 장군의 무훈에 자리를 내주어야만 했다.

'셔먼호' 사건과는 달리 북한은 김씨 왕조의 조상이 동학운동에서 지도적인 역할을 담당했다는 식의 정치선전은 결코 만들어내지 않았다. 하지만 1862년 농민봉기와 1894년 동학혁명이 1945년에 김일성에 의해 전개된 진정한 유일 마르크스 혁명을 예고했다는 식의 의미를 부여하기는 했다. 심지어 평양 정권은 동학의 정신을 이어받아 1905년에 새롭게 재건된, 서양인들에게는 약간 괴기스러운 '천상의 도에 이르는 종교'라는 뜻의 천도교로부터도 김씨 혈통을 강조하기 위한 단편들을 긁어모았다. 공식적으로 농민들의 이상향을 추구하는 천도교는 1946년에 정치 정당을 설립했으며 그것은 북한에 오늘날까지 존재한다. 하지만 그것은 노동당의 하위 조직으로 북한에도 종교적 다원주의가 존재한다는 선전도구에 불과한 것으로 그것에 속아 넘어갈 사람은 아무도 없다. 그래도 어쨌든 간접적이지만 동학은 여전히 북한의 정신 속에 남아있다. 결국 김일성은 해방자이자 구원자인 홍길동과 동학혁명의 계승자가 된 셈이다.

은둔자의 왕국

비록 한반도가 섬은 아니지만 한국인들은 섬나라 멘탈리티를 갖고 있다. 이 정신세계는 중국과의 국경이 수세기에 걸쳐 확고하게 굳어진 조선 시대 이후 후천적으로 획득된 것이다. 백두산이라는 자연적인 성채와 그곳에서 발원해 각각 동서로 흐르는 두만강과 압록강 뒤에 숨어있는 조선은 오랫동안 관계를 맺어온 중국을 제외한 모든 외부 세계를 당혹한 눈길로 쳐다보았다. 조선은 그들에 매혹을 느끼면서도 동시에 불안해했다. 조선은 그들과 관계를 맺고, 경제활동을 하며 동맹들과 원만한 관계를 유지하려고 노력했지만, 아울러 외부 세계의 유해한 영향력과 지속적인 탐욕으로부터 자신들을 보호해야만 했다. 외부에서 오는 모든 것은 매혹적인 동시에 의심스러운 것이었다. 그러나 이러한 매혹과 불신이 언제나 똑같은 역할을 한 것은 아니었다. 동아시아 정세가 안정된 상황에서의 한반도는 개방적이고 호기심 넘치며 역동적이었지만, 그 반대의 경우에는 문을 걸어 잠그고 자신들 속으로 퇴각하기 일쑤였다.

몽고 시대 때 그 대비가 특히 두드러졌다. 고려 왕조는 몽고의 침략 전까지는 매력적이며 혁신적이고 상업이 발전했지만, 13세기 말 쿠빌라이 칸에 정복된 후엔 퇴락하고 찌그러진 변방의 속국으로 전락하고 말았다. 원나라의 위대한 칸을 위해 17년 동안(1274~1291) 제국의 변방들을 탐험했던 마르코 폴로는 한반도를 지나가듯 언급만 했을 뿐 방문할 계획조차 세우지 않았다.

조선 시대 때도 마찬가지다. 세종대왕 시절의 조선은 평화롭고 창조적이며 번영의 길을 걸었지만, 500년이 지난 19세기 말에는 모든 것이 무너져내렸다. 16세기 말에 침략한 일본은 조선의 부를 강탈하고 기술자들을 납치했으며 경제를 붕괴시켰다. 두 세대 후에는 만주족이 침입해 한반도에 거의 똑같은 피해를 입혔다. 조선은 고통스럽게 자신들 속으로 침잠했으며 외부와의 교류를 최소한으로 제한했다. 그러나 이것은 조선 만의 상황은 아니었다. 일본 또한 자신들의 영토에 외국인의 출입을 금했으며, 중국 또한 점차적으로 자신들의 문을 닫았다. 비록 아무도 관심을 두지 않는 변방 취급을 받긴 했지만, 이 기간 동안 한반도는 점차 안정을 되찾았다. 평화는 농업 생산량을 늘리고 상업을 발전시켰으며, 아울러 다시 외부 세계로 호기심 어린 눈길을 던지기 시작하는 중산층의 증가를 유발시켰다.

여기에 19세기 내내 한반도를 괴롭힌 딜레마가 있다. 조선은 어떻게 해야 할 것인가? 먼저 새로운 사상에 문호를 개방하고 서양의 기술에서 영감을 받으며, 가능하다면 그들의 분야에서 서구인들과 경쟁해야 하는가? 이러한 분위기는 자신들의 기득권을 지킨 채 조국을 근대화시키려는 야망을 품고 있던 양반 귀족의 젊은 자제들을 흥분시켰다. 그들은 즉시 한 세대 먼저 발전해 있던 일본 유학에 나섰으며, 미국이나 유럽을 여행하기도 했다. 그러나 나이 먹은 세대나 대다수의 지방 사람들은 반대의 해결책으로 기울었다. 서양의 위협, 즉 대포와 파괴적인 사상에 대항하여 옛날부터 효과가 증명된 방법, 즉 쇄국에 의지한 것이다.

이것이 중앙권력의 최초 선택이었다. 1864년부터 1873년까지 어린 아들인 고종 대신 수렴청정을 하던 대원군은 근대화주의자들을 몰아내고, 서구 사상의 전초기지와 같은 천주교에 대한 탄압을 재개했다. 고귀하고 장엄한 왕조 재건을 위해, 그는 1592년 임진왜란 당시 일본군의 방화로 소실되었던, 수도 서울 한복판에 자리잡고 있는 경복궁을 천문학적인 비용을 들여 다시 건설했다. 그는 영원한 왕조를 세우는 것이 위기에 대응하는 유일한 방법이라고 생각했음이 분명했다.

이러한 쇄국정책을 이해할 수 없었던 당시의 서양 세계는 한국을 '은둔자의 왕국'에 비교한 미국인 선교사 윌리엄 그리피스William Griffis의 말을 의식 속에 간직하게 되었다. 이 편견은 지금까지도 일부 이어지고 있다. 궁정의 음모에 의해 대원군이 축출되자 이번에는 백성들이 그 배턴을 이어받았다. 농민층의 대부분은 외부에서 온 모든 것에 대해 점점 더 적대감을 표했으며, 서구화된 도시 부르주아를 공공연히 비난했다. 이것은 결국 사회적 이상향에 적당량의 외국인 혐오증을 혼합한 동학혁명의 성공을 대변한다. 1894년 동학혁명은 "농민의 권리를 보호하며 일본군과 외세를 척결하고 우리 민족의 순수성을 지킬 것"을 강력하게 천명했다.

1894년 동학혁명은 실패했지만, 그 이상은 약화되지 않고 결국 민족주의로 전환되었다. 서구의 근대주의와 일본의 제국주의에 대항해 한국은 자신들의 모든 고유한 것, 즉 얼마 전까지도 학자들에게 무시되던 한글을 비롯 언어, 역사 등에 관심을 기울이기 시작했다. 그때까지는 그저 친근한 전설로 치부되던 한민족 최초의 왕국인 고조선과 전설적인 건국자 단군은 이제 의심의 여지가 없는 종교적 힘을 얻게 되었다. 한국인들은 정복자의 야심을 숨기지 않는 일본의 거만함에 저항하기 위해 소극적인 평화주의와 원시적 순수함을 과장되게 내세웠다. 일본의 군홧발과 총검에 비침략주의 전통과 순교자의 사명을 대립시킨 것이다. 힘으로 외세에 맞서는 것은 선택지가 아니었다. 반대로 한국 전통의 순수함을 보존하기 위해 쇄국하고 외부와의 접촉은 최소화하며 외세를 멀리하려고 했다. 그것은 민족주의였지만, 왜곡되고 전복된, 즉 허울뿐인 민족주의였다.

이러한 정신 상태가 바로 김씨 붉은 왕조의 성공을 만들어냈다. 20세기 초, 식민지배의 깊은 늪에 빠져있을 때, 한민족은 그 어느 때보다 더 절망적으로 구원자를 기다리고 있었다. 예속 상태를 뿌리 뽑아줄 정치적 구원자를, 불평등을 끝내줄 사회적 구원자를, 그리고 특히 외세의 감염으로부터 그들의 나라를 보호해줄 민족의 구원자를 말이다. 그런데 김일성은 위의 세 가지를 한꺼번에 할 줄 알았다. 그는 자주독립을 위해 싸운 레지스탕스이자 정의로운 질서를 세우는 혁명가, 한국을 원시적 순수함 속에 보호하는 최후의 보호자로서 자신의 권위를 내세웠다.

우리 서양인들의 눈에는 김씨 일가의 붉은 왕조가 북한을 거대한 감옥으로 변환시킨 것처럼 보인다. 의심의 여지가 없다. 강제수용소, 비밀경찰, 일반화된 밀고는 북한이 과거 '은둔자의 왕국'의 전체주의적 아바타에 지나지 않는다는 것을 나날이 증명하고 있다. 그러나 우리는 그들이 밖으로 나가는 것을 금지하는 것만큼, 외부인이 북한으로 들어가는 것도 싫어한다는 사실을 알아야만 한다. 분명 평양이 실용주의에 의해 희석된 것은 사실이다. 전에는 소련 군사전문가들과 중국의 병사들이, 오늘날에는 관광객들과 투자자들이 공식적으로 환영을 받고 있다. 그러나 평양은 위대한 국가, 문화의 독창성, 심지어 민족의 순수성을 강조하는 집착에 가까운 정치선전을 계속하고 있다. 그들은 모든 흐름에 문을 연 채 워싱턴의 지배를 받으며 서양문화에 의해 부패된 남한과는 달리, 북한은 불멸의 한국을 구현한다고 생각한다. 나라의 문을 걸어 잠근 채 김일성과 그의 후계자들은 사형집행인으로 군림하지만, 자신들이 마치 보호 방패라도 되는 것처럼 가장한다.

제2부

권력 후보자
권력으로의 행진 1912~1960

제 2 부

권력 후보자
권력으로의 행진 1912~1960

자신의 출생에 헌정한 빅토르 위고의 시 〈가을 잎(Les feuilles d'automne)〉
은 아직까지도 프랑스의 가장 유명한 시 가운데 하나로 남아있다. "이번
세기도 벌써 2년(1802년)이 되었다. 황제를 꿈꾸는 로마가 군인들의 스파
르타를 대체했듯이, 프랑스 공화국의 보나파르트 장군은 벌써 나폴레옹
황제의 냄새를 풍기고 있다." 시인은 프랑스 역사의 중요한 해인 1802
년에 태어났다. 그는 이제 갓 태어나 '생기도, 눈의 초점도, 목소리도 없
는' 신생아이자 '내일조차 기약할 수 없는' 허약한 젖먹이에 불과했지만,
영광의 날개에 의해 떠받들어질 운명을 타고난 셈이다. 김일성도 똑같
은 운명이었던가? 그가 태어났을 때 20세기는 12세(1912년)였고, 2년 전
에 일본의 식인귀가 이미 삼켜버린 작은 나라의 이름없는 아이에게 미래
라는 것은 없어 보였다. 하지만 그 당시 아시아를 비롯한 전 세계는 인류
역사상 전례가 없었던 격동의 시기에 접어들고 있었다. 수백만의 목숨을
앗아갈 세계대전과 더불어 영원할 것으로 믿었던 모든 가치의 종말이 예
정되어 있었다. 의심할 여지없는 이러한 대 격동의 시대에 야심가들은
자신들의 운명을 담금질할 기회를 엿본다.

　실제로 40년이 지난 후 김일성은 한국의 절대적 주인으로서 인정받게

된다. 물론 현재까지도 미국의 지원과 감독을 받고 있는 남쪽은 빼고 말이다. 그러나 그가 소유한 것은 아주 유용한 한국, 즉 자원과 재능, 역사적인 정통성을 가지고 있는 북한이었다. 대다수 동시대 사람들처럼, 그도 언젠가 '그날', 즉 해방이 되는 날이 올 것을 믿었고 그때는 자신이 한반도 전역을 지배하게 될 것이라고 확신했다. 그도 역사의 바람에 실려온 것인가? 1912년, 한국은 절망적으로 구원자를, 해방자를, 그리고 빛을 비춰줄 사람을 필요로 했다. 김일성의 개성과 기회주의, 행운 등은 그 자신이 이러한 역할자로 구현되는 것을 가능케 했다. 유소년기, 항일 저항기, 제2차 세계대전기, 한국전쟁기 그리고 냉전시기 등의 다음 5장을 통해 어떻게 김일성이 그러한 역할들에 도달하게 되었는지를 살펴보자.

6. 지도자의 유년시절

'타이타닉'의 해

1912년 4월 15일 새벽 2시 40분, 대서양 횡단 여행사인 화이트 스타라 인사社가 거만하게도 타이타닉호號라 명명한 사상 최대의 여객선은, 자신의 최초 항해에서 거대한 빙산과 충돌한지 3시간 만에 신대륙 앞의 난바다에 비극적으로 침몰한다. 이와 함께 승객의 3분의 2에 해당하는 1,500여 명이 얼음장 같이 차가운 바닷속으로 사라졌다. 사상 최악의 해상 조난사건을 연일 떠들어대는 언론 보도에 대중들은 모두 공포에 사로잡혔다. 같은 날, 시차를 고려하면 거의 비슷한 시각, 대동강 상류에서 몇km 떨어진 곳에 위치한 한 마을에서 김일성이 조용히 태어났다.

거의 알려지지 않은, 정말로 놀라운 우연이 아닌가? 매년 평양은 김일성의 출생 기념일을 호화찬란하게 기념하지만, 이 사실에 대한 어떠한 암시도 하지 않는다. 물론 평양은 북한을 압제와 기아의 빙산에 부딪힌 스탈린적인 타이타닉호에 비유하는 어떠한 시도도 회피할 것이다. 타이타닉의 비극적 일화는 그 당시의 분위기를 회상하게 만든다. 1912년의 세상은 마치 유럽의 아름다운 시절(Belle Epoque)이 타이타닉과 함께 가라 앉기라도 할 것처럼 상실의 시대로 휘몰아쳐 들어갔다. 사라예보에서 점화된 발칸 전쟁은 장례식의 예행 연습 같은 것이었다. 그 혼란 속에서 레닌은 볼셰비키 정당과 그 기관지 《프라우다》를 창건하며 혁명을 준비하고 있었다.

극동에서는 조난이 이미 진행되고 있었다. 그것은 먼저 한국의 오랜 왕조를 집어삼켜버렸다. 섭정인 대원군의 전제주의적 개혁 시도는 실패로 돌아갔으며, 고종은 상황에 따라 갈팡질팡하는 지푸라기 신세에 지나지 않았다. 1895년 10월, 자신의 일가만을 위해 음모를 일삼던 명성황후가 일본 자객들에 의해 암살당하는 사건이 발생했다. 그러자 고종은 러시아 대사관으로 몸을 피해야만 했다. 이 사건을 무마하기 위해 2년후 일본 정부는 고종의 대한제국 황제 칭호 사용을 받아들였지만, 그것은 허울뿐인 보상이었다. 고종은 1905년 11월, 을사보호조약을 승인해야 했으며, 마침내 1907년 7월에는 허수아비에 불과한 그의 아들 순종을 내세운 일본 정부에 의해 강제 양위당했다. 이 사건은 겨우 숨만 붙어 있던 조선의 목숨에 최후의 일격을 날린 셈이었다. 1909년 10월, 일본 공사인 이토 히로부미가 한국의 독립투사 안중근에 암살당하자 일본은 모든 것을 갈음하기로 결심했다. 1910년 8월 22일, '대한제국의 황제' 는 "한국 영토와 지배권에 대한 모든 권리를 일본제국의 황제에게 전적으로 양도한다."고 선언했다. 물론 강요된 발표였지만 어쨌든 한민족의 자주권은 이제 사라져버린 것이다. 순종 황제는 1926년, 후사를 두지 못한 채 서거했다. 그의 동생 영친왕은 일본제국군에 복무하게 되면서 이제 한반도에는 왕조 재건을 위한 계승권 주장자가 더 이상 없게 되었다.

만약 한국의 상황을 예행연습으로 본다면, 본 행사는 이듬해에 중국에서 벌어졌다. 근 50여 년 동안 중국의 옥좌는 여자의 치맛자락 속에 놓여있었다. 함풍제의 후궁으로 1860년에 권력을 장악한 서태후는 1895년의 청일전쟁과 1900년 여름, 베이징에서 발생한 양인 배척운동에 잘못 대응하여 청나라를 파탄으로 몰아넣었다. 1908년 11월, 죽음을 눈앞에 둔 그녀는 마지막으로 당시 3세였던 푸이를 황제로 만들었다. 후에 거장 베르나르도 베르톨루치Bernardo Bertolucci 감독은 향수 어린 영웅의 말년을 장엄하게 그려낸 바 있다. 그러나 이제 자금성과 그곳의 내시들, 음모들은 모든 신용을 잃어버렸다. 각 지방의 군대들도 변화의 물결, 즉 무능한 청나라를 몰아내려는 진보주의자들의 명분에 합류했다. 마침내 1911년 12월, 청 왕조는 중화민국이 되었으며 총통직은 쑨원 의사에게 위임되었다.

이 사건은 아시아 역사상 전례를 찾아볼 수 없는 일로 청천벽력과 같은 충격을 주었다. 역사가 시작되고 수천 년 동안 중국의 황제는 우주의 중심이었고, 지상에 있는 모든 궁륭의 열쇠를 가지고 있었다. 이제 불변의 질서를 수호하던 황제가 사라졌으니 모든 것이 가능해졌다고 야심가들은 생각했다. 민주주의와 진보주의자들의 이론이 혜성의 꼬리처럼 즉시 쏟아졌다. 10년 후에는 마르크스주의 또한 퍼지기 시작했다. 이제 모든 야심가가 백주 대낮에 자신들의 야망을 표현하기에 이른 것이다. 과거 조선 궁정 주재 청나라 대사였으며, 1912년 2월 쑨원에 이어 중화민국의 제2대 총통이 된 위안스카이袁世凱 장군은 3년 후 자신의 이름을 딴 제국을 건설하려는 음모를 획책했다. 하지만 그의 제국은 100일을 채 넘기지 못했다. 그의 사후 중국은 소위 전쟁 군주라 불리는 지방 군벌에 의해 작은 왕국으로 조각조각 잘려나갔다. 이를 기회로 변두리 지역, 티베트와 몽고 등은 독립을 선포했다. 특히 몽고는 지역 불교의 정신적 지도자 복도 칸Bogdo Kahn을 황제로 내세웠다.

1912년 7월, 요시히토는 메이지 천황으로 유명해진 그의 아버지 무쓰히토를 이어 일본의 권좌에 올랐다. 일본의 왕만이 아시아에서 유일하게 안정된 자리를 차지하게 되었다. 그 이유는 국가의 공업화, 잘 훈련된 군대 등과 함께 일본 왕조의 이미지가 확고하게 근대화되어 있었기 때문이다. 다른 지역에서는 누구나 힘과 역량이 있다면 권력을 잡을 수 있었다. 과거에는 왕의 정통성이 천상의 위임에 있었다. 이제 중국의 마지막 왕조가 무너졌으니 하늘은 새로운 후보자를 찾고 있다는 믿음이 퍼져나갔다. 공화국이든 왕정이든 새로운 통치의 형태는 부차적인 것이었다. 중요한 것은 누가 차지하느냐였다. 김일성은 이 가르침을 깊이 간직했다. 그의 정권이 세습 공화국이든 주석제 왕정이든 아무런 상관이 없었다. 왜냐하면 그는 하늘의 위임을 얻었기 때문이다.

국가의 기둥

어린 시절의 김일성이 그처럼 커다란 야망을 품었는지는 확실하게 알 수 없다. 하지만 반세기 후, 아첨꾼들은 그의 비범한 운명을 예고하는 수없이 많은 선지자적 증거들을 나열했다. 그는 천재적이고 빛나는 아름다움을 가진 소년으로 등장했으며, 타고난 재능뿐 아니라 상상을 뛰어넘는 조숙함을 일찍부터 선보였다. 학교에 입학하기도 전에 읽고 쓸 줄 알았으며, 그의 총명함과 박식함은 동급생은 물론 학교 선생들까지 감동시켰다. 김일성은 자연스럽고 매우 대중적인 통솔력을 타고났지만, 묵상하기 위해 홀로 있기를 좋아했다. 사람들이 장래희망을 묻는다면, 그는 "무지개를 잡는 것"이라고 대답했을 것이다. 프로파간다는 계속해서 이어진다. 그러나 실상 우리에게는 그의 어린 시절을 증언해줄 믿을 만한 자료는 거의 없다. 다만 양차 세계대전 사이, 아시아 학생의 전형적인 모습으로 매우 짧은 머리에 부드럽고 둥그런 얼굴을 한 그의 어렸을 때 모습이 담긴 학급 사진 몇 장만이 남아있을 뿐이다.

범상한 어린 시절? 그러나 가족까지 그렇지는 않았다. 비록 확언할 수는 없지만, 김일성의 조상들은 한반도 남서쪽인 전라도 전주 지방의 변변찮은 양반 가문 출신들이었던 것 같다. 보잘 것 없는 처지였던 그들은 19세기 초반부에 평양 주변으로 이주했음이 분명하다. 김일성의 증조부인 김응우金膺禹는, 비록 정치선전에 의해 민족의 영웅으로 받들어 올려졌지만, 묘지기에 불과했다. 그의 아들 김보현, 즉 김일성의 조부는 평양 서쪽에 위치한 만경대 언덕의 발치에 있는 얼마 안 되는 농경지를 경작하는 것으로 만족했다. 1955년, 거의 100세에 가까운 나이로 사망할 당시 그의 손자인 김일성은 벌써 10년 가까이 권좌에 올라있었지만, 단 한 차례도 김일성 주위에 자랑스럽게 소개된 적이 없었다.

1884년에 출생한 그의 아버지 김형직의 때에 이르러야 모든 것이 변하기 시작했다. 재능이 뛰어난 그는 평양에 막 문을 연 장로교계 숭실학교에 입학했다. 사회적 신분체계가 더 현저한 서울이었다면 이러한 기회를 갖지 못했을 것이다. 그러나 '동방의 예루살렘'은 사상적으로 더 근대적인 도시였다. 김일성의 조부에게 있어서 이것은 상당한 비용이 드는 투자였지만, 충분히 해볼 만한 가치가 있는 일이었다. 김형직은 그곳에서 자기 자신이 교사가 되기에 충분한 학위를 취득했으며 전통의학과 약초 전문가로서 자신을 특화시켰다. 교사와 의사는 한국을 근대화시키는 데 필수적인 직업으로 그의 미래는 낙관적으로 보였다. 그의 결혼은 이러한 미래를 더욱 확고히 했다. 1910년, 그에게 평양의 근대적인 부르주아지 계층으로 향하는 문을 열어준 것은 목사의 딸인 강반석이었다. 그의 장인인 강돈욱은 3년 전, 당시로서는 일종의 대학 역할을 하며 평양에서 가장 유명한 학교 중 하나로 성장 중이었던 창덕학교를 설립한 사람이었다.

이처럼 만사가 순조롭게 진행되던 가족에서 김일성이 태어난 것이다. 지금도 수많은 북한 주민들이 경건하게 방문하는 만경대의 김일성 생가는 정치선전의 일환으로 소박한 시골집처럼 꾸며져 있지만, 이것은 사실과는 거리가 멀다. 김일성 가족은 창덕학교 근처에 있는 외조부의 집에서도 머물렀다. 김일성 가족은 레닌의 가족과 같은 상황, 고위 관료로서 귀족 작위를 받은 울리아노프의 집과는 달랐지만, 그렇다고 후난성의 가난한 농부인 마오 가족 같은 상황 또한 아니었다. 보통 10여 명의 자식들을 낳고 그들 중 서넛은 병으로 일찍 죽는 빈농들과는 달리, 김형직은, 모두 성인의 나이까지 잘 자란, 단 3명의 자식만을 두었다. 한국 양반들은 각 세대를 구별 짓기 위해 오행의 원리에 따른 돌림자 이름을 아들들에게 붙여주는 전통이 있다. 김형직의 장남은 '튼튼한 기둥'을 의미하는 '성주'라는 이름으로 불렸는데, 그가 바로 미래의 김일성이다. 1914년에 태어난 둘째 아들은 철주, 1920년에 태어난 막내 아들은 영주라는 이름으로 불렸다.

조부모가 사는 시골 마을과 아버지가 교사로 근무하는 대도시 평양 사이에서 김일성은 행복하고 안전한 유년기를 보냈다고 그는 자신의 회고록에서 밝히고 있다. 그의 기억을 의심할 이유는 없다. 그는 부족한 것이 없었으며, 적절한 교육과 함께 성장했다. 그것은 바로 어린 나이에 벌써 한문에 능통한 그의 재능으로 나타났다. 적어도 그 당시까지 아시아 지식 세계에서 한문은, 서양의 라틴어가 갖는 것과 같은 막중한 역할을 담당하고 있었다. 그는 만년에 많은 한시를 서예로 남김으로써 그것을 증명했다. 그의 부모는 김일성을 개신교 서클의 일원이 되도록 이끌었다. 사상을 위해 또한 근대화 달성을 위해 김일성이 저명인사의 운명을 갖게 되기를 희망했다.

그러나 당시의 정치 상황은 그들을 다른 방향으로 몰아갔다. 결국 김형직 또한 한국의 대의명분에 이끌려 들어갔다. 동시대 사람들과 마찬가지로, 그는 일본인들과 그 협력자들이 모든 경제, 행정기관직을 독점하고 자신은 기껏해야 부차적인 역할만 하게 되리라는 것을 인식했다. 그는 도덕적으로 엄격한 사람이었기에 자신의 의무로부터 도망칠 사람이 아니었다. 그의 믿음, 교육 그리고 의학 능력은 비밀조직에서 활동하는 데 아주 유용한 것으로 드러났다. 1916년, 그는 백두산 발치의 도시 혜산에 머물며 독립운동가들과 접촉하기 시작했다. 항일운동의 자금을 조달하기 위해 아편 상자들을 밀수하기 시작했다. 1917년 3월, 그는 또한 자신의 제자들과 함께 비밀 애국 모임을 조직했는데, 그 일이 발단이 되어 몇 달 동안의 수감 생활을 해야만 했다. 북한의 정치선전은 김형직을 독립운동의 선구자로 치켜세웠다. 비록 그가 비겁한 사람은 아니었다 해도, 그것은 매우 과장된 것이다. 이 시점에서 중요한 것은 김형직 가족이 언제부터 마르크스주의는 아니더라도 사회적 진보운동에 대한 열정을 갖게 되었는지를 확인하는 일일 것이다.

1919년 모든 상황이 가속화되었다. 제1차 세계대전이 끝나고, 주권을 옹호하는 미국 대통령 윌슨의 독트린이 발표된 후 한국인들은 다시금 희망을 갖게 되었다. 3월 1일, 서울에서 이틀 후에 열릴 고종의 장례식을 위해 운집한 거대한 군중들은 33인 민족 대표들의 독립선언서 낭독을 신호로 만세운동을 전개했다. 한반도 전역에서 거의 200만 명에 달하는 국민들이 일본의 지배에 항거하는 행진을 벌인 것이다. 김형직 역시 평양에서 이 운동에 참여했다. 북한 정권은 그가 아직 7세밖에 안 된 장남 김일성과 함께 행진의 선두를 지휘했다는 믿기 어려운 정치선전을 만들어냈다.

일본은 언제나 가능한 최대로 잔혹하게 대응했다. 한 달 동안의 광폭한 진압으로 46,000명의 한국인이 체포되어 수감되었으며 고문당했다. 7,500명은 재판도 없이 사형당했다. 그중에는 후에 한국의 잔 다르크라고 불리게 되는 17세의 여학생 유관순도 있었다. 만세운동 당시 체포되어 몇 개월 간의 감옥 생활을 마친 김형직은 더 이상 견뎌나갈 힘이 없었다. 1919년 가을, 그는 가족과 동생들을 이끌고, 당시의 많은 한국인들처럼 만주로 이민을 떠났다. 김일성은 이제 8세로, 그 후 20여 년에 걸친 만주의 모험이 막 시작된 것이었다.

머나먼 서부, 만주

2008년 한국에서 큰 성공을 거둔 김지운 감독의 영화 〈좋은 놈, 나쁜 놈, 이상한 놈〉을 두고 약간 당황한 프랑스 비평가들은 그것을 '아시아식 서부영화' 혹은 '머나먼 서부를 대신한 만주 벌판'이라고 설명했다. 아주 적절한 표현이다. 양차 세계대전 사이의 만주는 사실 엘도라도였다. 끝없이 펼쳐진 벌판에서는 보리와 콩이 무수히 자라고, 막대한 매장량의 석탄은 채굴이 용이했다. 특히 만주는 러시아와 중국, 서양과 동양 그리고 대륙과 해양을 연결하는 곳으로서 전략적으로 매우 중요한 지역이었다. 1859년, 청나라로부터 연해주를 양도받은 러시아는 블라디보스토크, 즉 '동방의 군주'라는 그 이름에서 알 수 있듯이 매우 중요한 전략적인 항구도시를 건설했다. 그곳을 모스크바와 연결시키기 위해 15년간의(1891~1904) 공사 끝에 전장 9,000km가 넘는 시베리아 횡단철도를 놓았다. 이 시베리아 횡단철도의 전략적인 구간은 1903년에서야 개통된 만주 지역이었다. 그것은 베이징과 동양의 지브롤터라 불리던 여순항(Port Arthur), 즉 현재의 뤼순 그리고 심지어 서울에까지 연결되었다.

만주 횡단열차의 환승역인 하얼빈은 단 몇 년 만에 20만 명의 인구와 수천의 회사들, 그리고 16개 국의 영사관이 자리잡은 다국적 대도시가 되었다. 만주의 다른 도시들, 중앙의 창춘과 남서부의 무크덴(중국어로 선양) 또한 10여 년 만에 무기력한 시골 농촌에서 근대화된 도시로 탈바꿈하고 있었다. 이 같은 상황은 세계 각지로부터 여행객들, 특히 아주 대담한 모험가들을 끌어들였다. 프랑스 사람들을 예로 든다면, 블레스 성드라르Blaise Cendrars, 조셉 케셀Joseph Kessel 그리고 피에르 브누와Pierre Benoit 같은 작가들이 소설 형식으로 기행문[1]을 썼다. 이를 통해 대담한 무기 밀매상과 의심스러운 은행가들, 일확천금을 노리는 모험가들의 세계를 환상적으로 묘사했다.

이러한 잠재력에 이끌린 주변의 강대국들이 만주로 시선을 돌린 것은 당연했다. 중국은 만주를 제국의 추진 동력으로 여겼다. 러시아는 태평양 세계로 진출할 교두보로 삼았고, 일본의 경우 이미 강점하고 있던 한반도의 지정학적 연장선으로 여겼다. 그러나 사실 만주는 중국 혁명 이래로 당시 가장 강력한 군벌 중의 하나였던 장쭤린의 손아귀 안에 놓여 있었다. 중국 군벌과 일본 제국주의자들, 러시아 백군, 러시아 공산주의자들 그리고 지역 마피아 세력들은 각자 군대를 소유한 채 모든 전선에서 도박을 벌였다. 그것은 당시 상황에서 필수적인 것이었다. 장쭤린은 제국을 꿈꾸며 1926년 여름, 베이징을 점령한 후 스스로 주석임을 선포했지만 곧 장제스에게 밀려났고, 결국 1928년 6월 폭탄 테러로 사망했다. 곧바로 아직 30세가 채 되지 않은 그의 아들 장쉐량이 젊은 원수라는 칭호를 달고 그의 뒤를 이었다. 이제 16세가 된 김일성은 이러한 급변하는 사태들을 모두 주의 깊게 관찰했다. 물론 아직까지 그는 자신도 젊은 나이에 권력을 쟁취하고 그것을 장남에게 물려줄 것이라는 생각은 전혀 하지 않았을 것이다.

만주의 이러한 소란스러운 상황 속에 1919년 가을, 김형직의 가족이 정착했다. 물론 만주에 정착한 이는 그 혼자만이 아니었다. 청제국의 발원지로서 오랫동안 출입이 금지되었던 만주는 이제 이민의 문을 활짝 개

---

1) 블레스 성드라르, 《시베리아 횡단 열차와 프랑스 아가씨 잔의 산문》, 1913; 조셉 케셀, 《시베리아의 밤》, 1928; 피에를 브누와, 《한밤의 태양》, 1930. Blaise Cendrars, *La Prose du Transsibérien et de la petite Jehanne de France*, 1913; Joseph Kessel, *Les Nuits de Sibérie*, 1928; Pierre Benoît, *Le Soleil de minuit*, 1930.

방했다. 중국의 농민들은 넓고 기름진 농토들에 이끌려 대거 만주로 이주해 정착했다. 20세기 초에는 일제의 압제에 의해 한반도에서 쫓겨난 한국인들이 그 뒤를 이었다. 이들은 오랜 옛날 고구려와 발해 왕국의 테두리 안에서 공존했지만 이제 만주 동부에 집중적으로 정착해 인구가 거의 40만 명에 달하게 되었다. 김일성의 가족 또한 한국인들이 많은 이곳에 정착했다. 그러나 그것은 일시적인 피신이지 나라를 완전히 떠난 것은 결코 아니었다.

김일성 가족은 이사에 이사를 거듭했다. 처음에는 만주쪽 백두산 지역, 압록강이 굽이치는 린장의 초등학교에서 1920년을 보냈고, 그 다음 1921에서 1923년까지는 더 남쪽의 바다오거우에서 지냈다. 이러한 산악지대에서의 생활은 힘겨운 것이었지만, 그렇다고 빈궁한 것은 아니었다. 김형직은 시골에 조그만 의원을 열어 식구들을 부양했다. 장남의 중국어 수학을 뒷받침하기 위해 가정교사를 들이기도 했다. 또한 그 자신은 비밀리에 몇 차례의 한국 방문을 했으며, 만주 전역은 물론 중국까지 여행했다. 김일성의 회고록에 따르면 김형직은 심지어 상하이까지 여행해서 쑨원을 만났다고 한다. 물론 이 여행을 확증할 어떠한 증거도 없다. 이러한 만남은 사실이 되기에는 너무도 극적이고 아름다운 것이었다. 상황이 어떠하든 이러한 이야기는 그들의 열정이 민주주의에 있는 것이었지, 공산주의는 아니었음을 입증한다.

초등교육이 끝남과 동시에 선도자로 향하는 어린 김일성에게 고난의 시간이 시작되었다. 1923년 3월, 중등학교에 입학할 자격이 갖추어지자 그는 외조부가 교장으로 근무하고 있던 평양의 학교로 보내졌다. 김일성이 만주에서 출발해 평양으로 이어지는 철도역이 있는 개천까지 홀로 도보 횡단했다는 전설이 이때 만들어졌다. 북한의 정치선전은 보름에 걸친

400km 상당의 이 여정을 '천리역정'이라 명명했다.

아직 11세가 되지 않은 어린 소년이 동행도 없이 어떠한 교통수단도 사용하지 않고, 도보로 여행했다는 것을 사실로 믿기는 쉽지 않다. 그러나 이 일화에는 당시 한국의 모든 존경받는 영웅이 의무적으로 거쳐야 하는 일종의 입문적 통과의례 같은 여행이 담겨있다. 열렬한 독립운동가 장지락의 비극적인 일생을 《아리랑》이라는 책으로 엮어낸 헬렌 포스터 스노우[2]에 따르면 장지락은 14세 때 하얼빈에 가기 위해 전 만주를 도보로 횡단했다. 또 다른 일화는 현대그룹의 창립자인 정주영의 이야기다. 그 역시 동해안 근처의 고향에서 서울까지 도보로 갔으며, 거기에서 여러 일들을 전전하다 마침내 부를 일구어냈다. 도보 일화가 사실이든 아니든, 평양에 도착한 김일성은 다시 평온하고 근면한 중학생이 되었다.

그는 평양에서 2년 동안의 중등교육을 받았다. 1925년 1월, 독립군과 접촉하기 위해 용감하게 국경을 넘나들던 김형직은 일본군에 체포되어 고문을 당했다. 그러나 그는 탈출에 성공하여 다시 만주로 피신하면서 김일성 역시 아버지가 피난해 있던 푸송撫松으로 돌아가야만 했다. 이때 압록강 국경을 건너면서 김일성 일화 전집에 올라갈 새로운 장면이 연출되었다. 그는 한국의 자주독립을 쟁취하기 전에는 다시 돌아오지 않겠다고 맹세한 것이다. 현재 이 장소에는 여행 단지와 휴양 캠프가 설립되어 있다. 아울러 그가 행한 장엄한 맹세는 이곳을 방문하는 모든 북한 청소년들의 마음속에 새겨지고 있다. 가족들과 재회의 기쁨을 나눈 후 그는 다시 푸송의 중학교에 등록했다. 그때 그는 이제 겨우 13세의 소년이었다. 이듬해인 1926년 6월 5일, 그의 아버지 김형직이 고문의 후유증

---

2) 헬렌 포스터 스노우, 필명 님 웨일스(1907~1997)는 마오의 대장정을 취재해 소개한 《중국의 붉은 별》의 저자 에드가 포스터의 부인으로 더 잘 알려져 있다. 《아리랑: 중국 혁명에 참가한 한국 공산주의자의 기록》, 1941. Helen Foster Snow, dite Nym Wales(1907~1997), *The Song of Arirang: A Korean Communist in the Chinese Revolution*, 1941.

으로 41세의 이른 나이로 세상을 떠났다. 푸송의 주민들이 보름 동안의 애도 기간을 가졌던 것으로 보아 망자는 존경받는 명사였음이 분명하다. 이 사건은 김일성의 일생에 전환점이 되었다. 14세의 소년은, 울먹이는 고아가 아닌, 벌써 성인의 의무를 짊어진 가장이 되었다. 그리고 이제 어느 정도 고난에 익숙해져 갔다. 사람들이 말하길, 그의 아버지는 그에게 권총 두 자루를 물려주었다고 한다. 이것은 김일성 역시 조국의 독립을 위해 싸우게 될 운명임을 나타내는 전조였다.

7. 게릴라

용기는 나이와 상관없다

애국적 투신의 희망에 부풀어 오른 가슴으로 김일성은 1926년 6월 만주의 남동쪽, 푸송시 북쪽에 위치한 화뎬에 도착했다. 그곳에는 쑨원과 장제스가 광동에 설립한 육군사관학교와 몇 년 전 만주에 세워진 신흥무관학교를 모델로 하여, 만주의 한인 애국인사들이 독립투쟁을 이끌어갈 장교들을 양성하기 위해 화성의숙이라는 학교가 세워져 있었다. 아버지 김형직은 사망하기 바로 전에 연줄을 통해 이곳에 김일성의 입학 허가를 받아냈다. 그러나 학교 체류는 길지 않았다. 천도교 설립자들 중 한 명이 운영하는 이 학교가 김일성의 눈에 너무 엘리트주의적인 데다, 현실과 동떨어져 보였기 때문이 아닐까 싶다. 입학 후 4개월이 지난 10월, 화성의숙 학우들과 함께 반제국주의 친목회를 결성하려고 노력했지만, 별 소득 없이 끝나면서 그의 열정 또한 시들어버렸다. 북한의 정치선전은 이 사건을 북한 공산당의 탄생으로 미화하고 있지만, 사실과는 거리가 멀다.

다음 해 1월, 김일성은 유원중학교[3]에서 수학하기 위해 만주의 한국인 중심지 지린에 도착했다. 성도인 창춘과 철로가 연결되어 있는 지린은 사람과 자본, 사상의 교류가 이루어지는, 활력이 넘치는 장소였다. 김일성은 이러한 분위기에서 많은 것을 얻었지만, 학업을 진행하는 동안은 다소 조용한 생활을 보냈다. 그는 학교 사서가 되어 문학 클럽을 운영하고 토론과 강연회를 주최했으며 교지를 발행했다. 또한 자신의 아버지와

---

3) 김정일은 2010년 8월 26일 이 학교를 방문해 평양의 창덕학교와 자매결연을 맺도록 후원했다.

개신교 서클 출입으로 맺어진 사람들과의 친분을 바탕으로 반제국주의 한국청년연맹을 발족시켰다. 다음은 자신보다 2살 많고 이웃에서 살았으며, 후에 남한으로 내려가 김일성에 대해 최초의 증언을 한 손원태의 당시 회고다.

"아버지의 교회에서 한국청년연맹이 모임을 갖는다는 소식을 듣고 나는 저녁을 급히 마치고 서둘러 모임에 참석했다. 수많은 소년, 소녀, 청년들이 벌써 마당에 모여있었다.…(중략) 많은 독립투사들과 부모들이 청년들의 활동을 축하하고 그들을 격려하기 위해 참석해 교회 안쪽의 자리들을 차지하고 있었다.…(중략) 나의 아버지가 개회사를 마치자 단상에 소개된 지린 한국청년연맹의 간부들은 만장일치로 당시의 김성주(즉 김일성)를 지도자로 선출했다. 김일성은 단상으로 올라가 청중에게 감사를 표한 다음, 연맹의 궁극적인 목표와 운영방침, 단기 임무 등을 강조했다.…(중략) 그는 소년, 소녀들에게 한국의 자주독립과 명예를 회복하기 위해 헌신해줄 것을 호소했으며, 우리들 모두는 그의 열정과 확신에서 강한 인상을 받았다."[4]

그의 활동은 실제로 주목을 끌었다. 몇 달 만에 그는 그 지방의 독립운동가들 사이에서 좋은 평판을 얻게 되었다. 이에 힘입어 그 다음에는 더 폭넓은 계층의 청년들을 끌어들여 새로운 연맹을 결성했다. 그것이 바로 1927년에 노동자 계층의 청년들을 참여시켜 만든 백두산청년동맹—벌써부터 백두산이 상징으로 사용되었다—이었다. 그해 가을 일본 제품에 대한 보이콧 캠페인을 주도한 그는 그 다음에는 지린과 두만강 넘어 회령을 연결하는 철도건설계획에 반대하는 가두행진의 선두에 나섰다. 만

4) 손원태, 《김일성과 한국의 투쟁: 최초의 직접적인 증언》, 제퍼슨 (노스 캐롤라이나), 맥파랜드 출판사, 2003년. Sohn Won-tai, *Kim Il-sung and Korea's struggle: An Unconventional Firsthand History*, Jefferson(NC), McFarland & Co. Inc, 2003.

주의 경찰이 김일성을 주시하기 시작한 것은 이즈음이었다. 1928년 1월, 그는 푸송의 데모와 관련해 며칠간 구류를 살았다. 1929년 12월과 1930년 5월, 1930년 12월에도 반체제 행동으로 체포되어 몇 주일간 감옥에서 지냈다. 그러나 사람이 죽거나 하는 일은 없었으므로 그는 매번 곧 방면되었다. 더욱 확신에 찬 김일성은 그 후 학업을 완전히 중단하고 항일투쟁이라는 대의명분에 전적으로 뛰어들었다.

북한의 프로파간다는 이때부터 김일성이 모든 항일투쟁의 지휘자가 되었다고 선전했지만, 이 역시 사실과는 거리가 아주 멀다. 물론 그가 몇몇 지역에서 작은 성공을 거두기는 했지만 그 이상은 아니었다.

게다가 만주만이 항일운동의 전선인 것도 아니었다. 1919년 3·1운동이 실패한 후, 일본 경찰의 추적을 피해 외국으로 망명해야 했던 많은 저명한 민족주의자들은 상하이의 프랑스 조계에 임시정부를 설립하고, 한국의 독립 당위성을 널리 알리기 위해 투쟁했다. 그들의 노력은 1913년에 노벨문학상을 수상한 인도의 시인 타고르[5]로 하여금 한국이 아시아의 새로운 빛으로 떠오르게 될 것을 예언하는 시를 짓는데 영향을 미쳤다.

한반도 내에서도 식민지배에 대한 갈등이 고조되어 갔다. 1919년부터 1931년까지 조선 총독을 지낸 일본의 사이토 제독은 거창하고 현혹적인 '문화 통치'를 내세웠지만, 한국인들은 속아 넘어가지 않았다. 한국인들은 식민정부의 목적이 오로지 한반도의 부, 즉 쌀과 석탄, 광물자원 그리고 수공업 등의 수탈에 있음을 알고 있었다. 그들에게 문화통치란 내선일체 전략 그 이상도 이하도 아니었다. 모든 학교 교사가 일본인들

---

5) 라빈드라나트 타고르, 《동방의 등불》, 1929: '일찍이 아시아의 황금 시기에 빛나던 등불의 하나인 코리아 그 등불 다시 한번 켜지는 날에 너는 동방의 밝은 빛이 되리라'. Rabindranath Tagore, *The Lamp of the East*, 1929.

로 대체되었으며, 한국의 언어와 문화, 역사 등이 조직적으로 폄하되었다. 주요 도시들, 즉 한성과 평양이 각각 게이조와 헤이조로 개명되기에 이르렀다. 소수의 친일파들을 제외한 대부분의 한국인들은 근본적으로 식민정부에 적대적이었다. 따라서 계몽운동이 활발해지고 광산과 작업장의 파업 행위들이 또한 날로 늘어갔다. 많지는 않았지만 지식인과 예술가들도 앞장섰다. 1926년 10월, 만주에서 멀지 않은 회령 출신의 젊은 나운규는 한국 역사상 최초의 영화 〈아리랑〉을 선보였다. 일제 지배에 반대하는 이 영화는 당연히 일본 정부의 검열을 받았음에도 불구하고 이 영화는 배포되어 대성공을 거뒀다.

　신념이 보다 더 확고한 사람들은 전투적 행동도 불사했다. 예를 들어 만주와 중국 본토에서 활동한 김원봉은 암살조직인 의열단을 조직해 일제를 향한 사보타주에 전념했다. 1921년, 사이토 총독 암살 시도에 이어, 심지어 1924년에는 히로히토 천황의 암살을 시도했다. 특히 청년들과 청소년들을 모집하여 의열 활동을 벌인 그의 명성은 전 한반도를 진동시켰다. 김원봉은 한국전쟁 후에 북한으로 전향했지만, 그의 영광과 명성을 시기한 김일성에 의해 결국 숙청당하고 말았다. 또한 1929년 11월, 한반도 남서쪽 대도시 광주의 기차역에서 벌어진 충돌로 인하여 많은 학생들이 항쟁에 나섰다. 일본 식민정부는 이런 모든 학생운동에 무자비한 진압으로 대응했다.

　1930년 5월, 감옥에서 나왔을 때 김일성은 여러 항일투사들 중 한 명에 불과했지만, 성공의 수단을 가지고 있었다. 젊고 혈기 왕성함은 당시의 항일 분위기에 잘 어울렸다. 게다가 그의 신체적인 조건 또한 장점으로 작용했다. 당시로는 장신에 속하는 키(177cm)와 환한 미소, 확고한 행동거지와 당당한 풍채는 이에 민감한 한국에서 설득적이면서 또한 매력적인 것이었다. 가난한 빈농도 아니고, 그 반대의 전통적 양반 귀족층도

아니며 한국의 발전에 중요한 역할을 담당할 진보적인 중산층이라는 것
또한 장점이었다. 마지막으로 아버지의 도움으로 그가 한자를 쓰고 중국
어를 유창하게 구사할 줄 아는 것도 유리하게 작용했다. 그것은 유교 사
회의 필수품인 문인으로서의 빛나는 후광을 뜻했다. 후에는 북한 외교관
계의 핵심이라고 할 수 있는 중국 사상의 이해와, 인맥의 구축에 활용될
수 있었다. 요컨대 김일성은 아직 그늘 속의 일개 병사였지만 잠재력은
풍부했다.

김일성의 탄생

1931년 10월 18일, 세계사의 중요한 한 장면이 출현했다. 이날 만주를 남북으로 가로지르며 척추 구실을 하던 남서부의 무크덴(중국어로 선양) 부근에 있는, 철로변에서 의심스러운 테러 사건이 발생했다. 사실 대부분의 프랑스인들이 〈탱탱의 모험—푸른 연꽃Le Lotus Bleu〉[6]편을 읽어서 알고 있듯이, 이 사건은 일본 비밀요원들이 꾸며낸 자작극이었다. 그러나 일본제국은 이것을 만주 점령의 구실로 내세웠다. 전세가 불리함을 깨달은 장제스와 만주 군벌인 젊은 원수 장쉐량은 결국 후퇴했다. 이듬해 2월, 만주는 독립을 선언하고, 청나라의 마지막 황제 푸이를 만주국 황제로 내세웠다. 1934년 3월 1일, 그는 '강덕'이라는 연호로 제위에 올랐지만, 이 거짓 대관식에 속을 사람은 아무도 없었다. 만주국은 일본의 대륙 침략 전초기지 역할을 하는 허수아비 식민지에 불과했기 때문이다. 이 사건으로 인해 UN의 전신인 국제연맹으로부터 추방된 일본은 국제사회에 등을 돌린 채, 1936년 나치 독일과 동맹을 맺으며 반 코민테른조약에 서명하기에 이르렀다. 바야흐로 아시아가 전쟁을 향해 치닫게 된 것이다.

한국과 만주는 이제 일본제국의 이익을 최대로 높여줄 전략적 디딤대 역할을 맡게 되었다. 일본은 그곳에서 식량과 원자재를 계속 유출하면서 그곳을 무기공장과 중공업지대로 전환시켰다. 한반도와 만주는 일본 열도보다 상대적으로 안전한 지대였다. 지역의 값싼 수공업 노동력을 이용할 수도 있었다. 이때부터 이들 지역의 젊은이들은 점차 무자비한 강제 노역을 감당해야 했다. 한반도는 그나마 비교적 관대했던 사이토 총독이 철권의 장군들로 대체되면서 혹독한 내선일체 운동의 시기를 맞게 되었

---

6) 에르제 원작의 만화 〈푸른 연꽃 혹은 극동의 리포터 탱탱의 모험〉은 1934년 8월 9일부터 1935년 10월 17일까지 주간지 《20세기》의 청소년 판인 《작은 20세기》에 연재되었다. Hergé, *Le Lotus bleu ou les Aventures de Tintin, reporter, en Extrême-Orient*, 1934~1935, Petit Vingtième.

다. 이때부터 공공장소에서 중국어와 한국어 사용이 금지되었으며, 모든 한국인은 일본식 이름을 사용하도록 강제되었다. 또한 모든 항일세력의 숨통을 조이기 위해 경찰들의 불법 체포가 일상화되었다. 그들 대부분은 일본 열도 내의 강제노역장으로 끌려가 다시 돌아오지 못했다.

1932년, 이러한 정치적 혼란 속에 악명 높은 731부대가 하얼빈 근처에 은밀하게 세워졌다. 이 세균전 연구소의 목적은 흑사병과 콜레라, 티푸스 등을 화학무기로 만드는 것이었다. 당연히 수많은 항일 관련 수감자들을 마루타로 사용했다. 일본의 언론인인 레이지 요시다Reiji Yoshida는 2007년의 기사를 통해 동아시아 개발 비밀요원들이 이 부대의 운영자금을 마련하기 위해 중국인 아편상과 헤로인 밀매업자들을 고용하기까지 했다고 폭로했다. 북한보다 반세기 앞서 일본은 이미 이 지역의 깡패정권으로 군림하고 있었던 것이다.

만주지역의 정치 상황은 김일성의 운명에도 결정적으로 작용했다. 이제 안전지대를 찾아 압록강과 두만강을 넘나드는 것은 더 이상 불가능했다. 결국 그도 비밀 항일운동에 전적으로 투신하게 되었다. 다행히 만주 남동부는 백두산을 필두로 험준한 산악지대가 펼쳐져 있어 은신처들은 도처에 있었다. 특히 그는 그 주변 지역 사람들과 우호적인 관계를 맺고 있어 많은 도움을 받았다. 1931년 7월 31일, 이번에는 어머니가 푸송에서 사망하면서 경찰은 더 이상 김일성 집안을 감시할 수 없게 되었다. 그는 어린 두 동생과 함께 산으로 피신했으며, 이후 두 해에 걸쳐 경찰은 그의 흔적을 찾지 못했다. 평양의 선전꾼들에 따르면 바로 이때, 정확히는 1932년 4월 25일에 발표한 성명을 통해, 김일성이 북한 인민군을 창설했다고 한다. 그의 나이 약관 20세 때의 일이었다. 그는 또한 최초의 토지개혁을 실시하였으며, 심지어 후에 북한에서 대성공을 거두게 될 혁명가극 〈꽃 파는 처녀〉를 작곡했다고 한다. 매일매일 은신처를 옮겨야 하는 게릴라 생활과 산악지대의 혹독한 환경을 고려할 때 이 모든 것은 정치선전들이 꾸며낸 이야기임이 분명하다.

이 당시부터 그가 '김일성'이라는 가명을 사용하기 시작한 것은 확실하다. 한국어로 하나의 별을 뜻하는 일성은 '큰 별', '대낮의 별', '태양' 등으로 해석될 수 있다. 여하튼 이때부터 이것이 비밀 항일지휘관인 그의 이름이 되었다. 이 개명을 두고 지난 반세기 동안 사람들은 김일성이 이전의 유명한 항일운동가의 업적을 자신의 것으로 포장하고자 그의 이름을 가로챈 사기꾼이라고 비난했다. 그러나 이것은 오해다. 당시 거의 대다수 저명한 독립운동가들은, 일본 경찰은 물론 그들의 하수인을 피하기 위해, 가명을 사용하는 일이 아주 흔했다. 예를 들면 후에 임시정부 산하 광복군 총사령관이 된 지대형은 지청천 장군으로, 김일성의 소련 시절 동료였던 김응천은 김경천으로, 만주 항일투사이자 인민무력부장을 지낸 최득권은 최현으로, 그리고 〈아리랑〉의 주인공 장지락은 김산으로 바뀌었듯이 김일성도 항일 게릴라 이름으로 쓰였을 뿐이었다.

이 시기는 또한 김일성이 처음으로 공산주의와 접촉한 때로 보인다. 1931년 10월, 그는 당시 열성적인 한국 당원들이 활약하던 중국 공산당 지린지부에 가담하게 되는데 이것은 이성적인 선택이었다. 김일성은 당시 1930년 5월 30일에 발생한 봉기의 실패에 충격을 받고 있었다. 그에 따르면 그것은 한국인과 만주인 레지스탕스들이 연합전선을 구축하는데 실패했기 때문이었다. 일본의 만주 점령으로 말미암아 전통적이고 엘리트적인 민족주의 저항세력은 그 신망을 잃어가고 있었다. 이런 상황에서 김일성은 공산주의라는 카드 이외의 다른 방법을 찾을 수 없었다.

그것은 또한 전략적인 선택이었다. 중국어에 능통했던 그는 마오가 만주로 파견한 대표단을 상대하는 협상 대상자가 되어 자신의 능력을 인정

받았다. 1936년, 공산당은 항일투쟁 공동전선을 결정하며 3개 사단으로 구성된 동북항일연군을 결성했다. 김일성은 그때 벌써 중국인들이 믿을 만한 간부가 되어있었다. 제2 사단장을 맡고 있던 중국인 저우바오중周保中 장군은 김일성에게 처음에는 정치위원직을 부여했으며, 2년 후엔 분대 지휘관의 계급과 함께 100여 명의 군인들에 대한 지휘권을 부여했다. 그가 평범한 신분으로, 무기도 없고 훈련도 제대로 받지 못한 소수의 게릴라를 이끌던 때에 비하면 커다란 진전임이 확실했다.

이와 반대로 그의 사상적인 측면에 있어서 어떤 근본적이고 확고한 전환이 있었다는 증거는 아직까지 찾을 수 없다. 물론 평양의 정치선전가들은 김일성이 요람에서부터 마르크스주의자였다고 묘사한다. 특히 푸송과 지린 시절, 레닌의 전기와 공산당 선언(Manifest der Kommunistischen Partei)을 김부식의 《삼국사기》와 《손자병법》만큼이나 탐독했다고 선전한다. 물론 공산주의 신념은 경찰이 단속하는 문제였다. 그러나, 그는 사상적 논쟁에는 사실 별 관심이 없었다. 심지어 그는 공식 전기에서 공산주의 사상에 대해 다음과 같은 그의 태도를 보인다. "마르크스-레닌주의를 교의로서 이해하지 말고 혁명을 수행하기 위한 실천적인 수단으로 이해하라." 몇 년 후 이러한 태도를 문제 삼아 소련이 김일성을 모스크바로 초대했을 때 그는 막내 동생 김영주를 대신 보내는 것으로 힐책을 모면했다.

이러한 관점은 김일성이 한국 공산주의운동에 대하여 품고 있던 불신을 드러내준다는 점에서 의미심장하다. 사실 한국은 놀라울 정도로 공산주의에 경도된 1920년대를 보냈다. 전통적 유교사상을 대체할 근대화 이론으로, 또한 반제국주의적 해방의 희망으로 마르크스주의는 전방향으로 퍼져나갔다. 소련으로 망명한 한국인들을 통해서 소개되기도 했지만, 공산주의는 역설적으로 당시 식민지 한국보다는 더 관용적이었던 일본의 대도시로 유학 간 한국의 젊은 지식인들을 통해 알려졌다. 그들이 1925년 카프[7]—에스페란토로 Korea Artista Proletaria Federacio(KAPF)—라는 공산주의 예술단체를 결성하자 당국은 당연하게 검열로써 탄압했다.

같은 해, 1922년 봄부터 코민테른 사무를 담당하던 언론인 박헌영은 한국에서 최초로 통합 공산당을 설립했지만, 3년 후 일제 당국에 의해 해산되었다. 1921년 7월 23일에 거행된 중국 공산당 창립회의에 소개된 마오와는 달리, 김일성은 20년대의 격렬하고 지적이며 반체제적인 공산당과는 어떠한 접촉도 하지 않았다. 그의 사상은 다른 성질의 것이었다. 그것은 야망이었다.

---

7) 에스페란토는 국제적인 소통을 용이하게 할 목적으로 폴란드인 안과의사 루드비코 라자로 자멘호프Ludwik Lejzer Zamenhof가 1887년에 창안한 인공 국제어이다. 양차 세계대전 사이 파시즘에 대항하는 사람들 사이에서 널리 사용되었다.

보천보

1937년 6월 4일 금요일, 백두산 지역의 중심 도시인 혜산에서 북쪽으로 수km 떨어진 압록강변의 작은 마을인 보천보에는 밤 하늘이 짙게 드리워져 있었다. 이때 갑작스러운 총성이 암흑같은 어둠을 가르며 울려 퍼졌다. 갑자기 하늘에서 떨어지기라도 했는지 순식간에 김일성과 백여 명의 항일 게릴라들이 나타나 무력한 공무원들을 제압하고 행정사무소와 경찰서, 우체국, 소방서 등을 점령했다. 이후 몇 시간 동안 주민들은 김일성의 즉흥 연설과 압제자에 맞서 주민 총궐기를 호소하는 벽보 등에 아연실색한 채 어안이 벙벙한 상태로 보냈다. 새벽이 밝아오자 평정이 찾아들었다. 빨치산들은 나타날 때와 똑같이 전광석화처럼 마을에서 철수해 압록강을 건너 다시 백두산 속의 그들 은신처로 사라졌다.

  30년 후, 평양의 정권은 보천보 전투를 항일 독립전쟁사의 획기적인 사건으로 규정했다. 그것을 기리기 위해 반암과 백색 대리석의 거대한 기념관을 건설했다. 물론 이것은 과장된 것이다. 사실 군사적으로 이 습격은 식민정부에 사소한 타격을 미쳤을 뿐이었다. 10여 명 혹은 100여 명의 사상자가 발생했다고 선전하지만, 사실 사망자는 단 한 명도 없었던 것으로 추정된다. 일본군의 반격에 대한 설명 역시 과장된 것은 마찬가지다. 북한의 역사가들에 따르면, 일본군의 보복 작전은 대실패로 돌아갔다. 왜냐하면 다음날인 5일과 같은 달 30일에 김일성의 군대가 5,500여 명의 일본군 병사를 사살했으며 수많은 기관총과 수류탄을 포획하였기 때문이다. 주변의 동시대인들도 보천보 사건을 큰 중요성이 없는 소규모 전투로 증언했다. 백두산의 항일독립군들이 일본군과의 정면 대결을 피해왔다는 점을 상기할 때 이 증언들은 사실일 가능성이 높다.

사실 관계가 어떻든 이 작은 전투는 커다란 반향을 불러일으켰다. 입에서 입을 통해 단 며칠 만에 이 소식은 온 한반도에 전해졌다. 1937년 7월 2일자 동아일보는 "김일성이 이끄는(한국의 독자들에게는 애국자로 읽히게 될), 공산주의 산적들이 일본 정부군과 세 시간에 걸쳐 대격전을 벌였다." 며 다소 모호하게 암시하는 듯한 기사를 내보냈다. 이 소식은 망명 중인 모든 언론을 통해 확대 재생산되었다. 나아가 1936년 8월, 베를린 올림픽에서 손기정이 거둔 마라톤 승리에 비견될 만큼 여론을 열광시켰다. 1936년 당시, 동아일보는 '베를린에서 보내온 한국인의 위대한 승리'라는 제목의 기사에서 사진의 일장기를 태극기로 대체함으로서 식민정부를 격분시켰다. 9개월간의 폐간 조치가 뒤따른 것은 당연했다. 이러한 상황에서 보천보 사건을 직접적으로 암시하는 단 한마디의 단어라도 사용하는 것은 또 다른 폐간 조치로 이어질 위험성이 있었다.

게다가 사건의 전개 시점 또한 절묘했다. 일본 정부는 그 다음달인 7월 7일에 터지게 될 중국과의 전쟁에 대비하기 위해 한반도에 대한 수탈을 강화하고 있었다. 극심한 압제에 좌절한 대다수의 한국인들은 이제 체념 단계에 접어든 참이었다. 심지어 일본이 너무 강하다고 생각한 일부 한국인들은 이제 친일 협력으로 방향을 틀었다. 대표적인 경우가 문인 이광수이다. 과거 동학운동의 지지자이자 상하이 임시정부 요원, 동아일보의 기자였던 그는 이제 열렬한 변절자가 되어 창씨 개명에 앞장서고, 공개적으로 일본의 승리를 염원하는 행동을 벌였다. 비록 그것이 대단치 않은 습격에 불과했다 할지라도 보천보 전투는 체념하는 분위기에 불꽃을 되살리는 역할을 했음은 분명했다. 즉 아직도 포기하지 않고 굳건히 항일투쟁을 하는 사람이 있다는 사실을 전 한국인들에게 상기시킨 것이다.

보천보 전투로 가장 많은 이익을 취한 사람은, 그때까지만 해도 시골의 임꺽정 혹은 쾌걸 조로에 불과했던 김일성이었다. 6년 동안의 비참한 게릴라 활동으로 대다수의 동료들을 잃고, 심지어 1935년 6월에는 동생인 철주마저 잃어버린 김일성은 이제 보천보 전투로 인해 저명한 항일독립투사들과 어깨를 나란히 할 불요불급의 평판을 얻게 되었다. 그러나 여전히 다른 많은 레지스탕스들, 즉 하얼빈 지역에서 활동하던 김책과 창춘 지역의 리호광, 두만강과 연해주의 최현과 같은 수준이었을 뿐 그 이상은 아니었다. 사실 오랫동안 '만주의 사자'라고 알려진 최현은, 보천보 사건 한달 전인 1937년 5월에 대담하게 두만강을 넘어 한국 영토에 대한 공격을 감행하는 등 '만주의 호랑이'라는 별명의 김일성보다 더 높은 명성을 지니고 있었다.

능력이었든 아니면 행운이었든 보천보 전투의 평판으로 김일성은 이제 새로운 지위를 갖게 되었다. 일본 경찰은 그의 목에 현상금을 내걸었다. 한국인들의 눈에는 당연히 국가적 영웅으로 비춰졌다. 그는 또한 중국의 공산주의자들에게 핵심 협력자로 자리매김했다. 1937년 가을, 그는 동북항일연군 제1로군의 지역 사령관으로 승진했으며, 마오의 부인이자 비선 실세인 장칭의 최측근 웨이정민의 정치위원회 부하 요원이 되었다. 즉 김일성은 보천보 전투를 통해 출세의 발판을 마련한 것이었다.

그러나 한편으론 이 사건으로 인해 그의 존재가 일본 경찰에 노출되는 결과를 낳았다. 바야흐로 항일독립군과 일본 점령군 사이의 쫓고 쫓기는 사투가 격화된 것이다. 일본은 레지스탕스 문제를 일소하기 위해 10만 명의 군인들을 만주로 파견해 본격적인 초토화 작전에 돌입했다. 모든 농작물이 약탈당했으며, 마을들은 불타버렸고, 소극적으로나마 독립군을 지원했다는 의심을 받은 사람들은 모조리 일본 군인들의 칼에 쓰러졌다. 이러한 상황에서 독립군이 와해된 것은 어쩌면 당연한 결과였다. 1940년 2월, 완강한 저항에도 불구하고 제1로군은 해체되고, 중국인 사령관 양징위楊靖宇는 살해되었다. 도쿄의 눈에는 덜 중요하게 비춰져서인지, 아니면 재빠르게 움직였기 때문인지, 그도 아니면 단지 운이 좋았던지 여하튼 김일성은 계속해서 이러한 포위망을 피해 빠져나갔다. 1940년 여름이 되었을 때 김일성은 몇 안 되는, 살아남은 항일독립군 지도자 중의 한 명이었다. 하지만 결국에는 그 역시 나머지 동료들을 이끌고 북쪽으로 탈출하여 흑룡강을 건너 소비에트사회주의연방(USSR, 이후 소련)으로 피신했다.

보천보 전투와 소련으로의 후퇴 사이의 김일성 행적에 대한 증언은 그다지 많지 않다. 비교적 안전했던 사령관 주둔지를 떠나, 언제나 그랬듯 다시 백두산 비탈로 숨어든 그는 1939년 5월, 보천보의 북동쪽에 있는 무산을 급습한 것을 비롯해 여러 차례에 걸친 한국 영토 기습작전을 성공적으로 이끌었다. 그는 또한 바로 이전인 1938년 12월부터 1939년 2월까지 시베리아에서 몰아치는 혹독한 추위와 일본군의 상시적인 위협을 뚫고 지린 근처의 돈화에서 백두산 발치의 혜산까지 100일간에 걸친 '고난의 행군'을 단행했다. 마오의 대장정에 대한 김일성식 모방으로 구상해낸 이 에피소드는 아마도 후대에 윤색된 것임에 틀림없다. 하지만 겨울 동안의 백두산 생활은 더할 나위 없이 혹독했고, 그것만으로도 항일독립군의 맹렬함을 증명하기에는 충분했다.

중요한 점은 이러한 생과 사를 넘나드는 투쟁을 통해 김일성이 정치적 훈련을 쌓았다는 것이다. 생존을 위해 그는 주변에 위험이 있는지 한 순간도 경계를 게을리하지 않았다. 즉흥적인 임기응변식 결정을 내렸으며, 충성과 은밀함을 우선시했다. 이후에도 그는 그것들을 절대 잊지 않았다. 종종 사람들은 북한을 종잡을 수 없고 변덕스럽다고 비난한다. 맞는 말이다. 그러나 이해할 만한 것이기도 하다. 북한은 항일 게릴라 상황에서 태어났고, 그 방식을 여전히 고수하고 있다. 때문에 국제 질서에 부합하는 존경받는 다른 여타의 국가들처럼 변하지 않았다. 북한은 여전히 백두산 빨치산과 그 후손들의 손에 놓여있다. 북한은 아직도 게릴라 정권[8]인 것이다.

---

8) 아드리안 뷔조,《게릴라 왕조: 북한의 정치와 지도력》, 뉴욕, I.B.Tauris & Co, 1999. Adrian Buzo, *The Guerilla Dynasty: Politics and Leadership in North Korea*, New York, I.B.Tauris & Co, 1999.

8. 하수인

소련에서의 김일성

1940년 여름, 김일성과 그의 부하들이 아무르 강을 건너 정착한 지역은 한국 사람들에게 완전히 낯선 지역은 아니었다. 이미 19세기 후반부터 토지와 모험을 찾아 몰려든 수만 명의 한국인들이 중국 만주의 북쪽과 동쪽에 있는 러시아 만주지역, 나아가 시베리아 지역에까지 정착했기 때문이다. 그중에는 장차 김일성의 정치적 라이벌이 된 알렉세이 이바노비치 허가이Alexis Ivanovitch Hegay의 아버지도 있었다. 고향 땅으로 다시 돌아갈 기약도 없이 러시아 만주로 이민을 온 그는 자신의 아들에게 한국식 이름을 지어줄 생각조차 하지 않았다. 그 후 일본의 한반도 강점과 1919년 3·1운동을 거치면서 또다시 많은 항일운동가들, 특히 1920년 10월 일본군을 격파한 김좌진 장군과 상하이의 임시정부 요원이었으며 나중에 스탈린의 수용소에서 생을 마감한 김경천을 비롯한 인사들이 연이어 러시아 만주 지역으로 피신했다.

러시아는 언제나 한반도에서 큰 전략적 가치를 발견했다. 특히 태평양 연안에 진출한 이후 그들은 한반도를 만주의 자연적 연장선으로 보았으며 블라디보스토크의 배후지로 간주했다. 러시아인들은 무역과 모험을 위해, 그도 아니면 그저 사냥을 하기 위해 한반도 국경지대를 넘나들었다. 1938년, 당시 어린 율 브린너Yul Brynner는 하얼빈을 떠나 몇 년 후 파리에 정착하기 전까지 종종 아버지를 따라 백두산 기슭으로 호랑이 사냥을 떠나곤 했다. 미래의 헐리우드 스타로 〈십계〉의 파라오가 될 율 브린너[9]와 장차 평양의 군주가 될 김일성이 백두산 기슭에서 스쳐 지나갔을 가능성도 있다. 만약 그런 만남이 이루어졌다면 그것은 매우 짜릿한 일화가 되었을 것이다. 러시아의 차르들은 꽤 오랫동안 한국이 자신들의 영향권 아래 들어갈 수 있다고 믿었다. 1886년에는 동해안의 항구도시 원산에 대규모로 투자해 그곳에 라자레프 항을 건설한 후 블라디보스토크의 중계항으로 사용했다. 또한 1895년에는 러시아를 일본의 대항마로 여긴 고종에게 보호를 제안하기도 했다. 하지만 1905년 5월, 차르의 함대가 돌이킬 수 없는 패배를 당하면서 희망은 물거품이 되어버렸고, 한반도와 만주는 일본의 수중에 떨어졌다.

중국 혁명과 그 후의 볼셰비키 혁명은 지역의 정세를 뒤흔들어놓았다. 청나라와 러시아의 제국주의가 사라지고 이제 프롤레타리아혁명의 시간이 된 것이다. 이러한 새로운 사상적 각축장 속에서 러시아는 소련이 되었으며, 그들은 동아시아 정세의 패를 새롭게 짜고 싶어 했다. 1920년 9월, 현재의 아제르바이잔 공화국의 수도인 바쿠에서 동아시아 인민회의가 열렸다. 아시아의 가장 유망한 젊은 공산주의 지도자들을 모스크바로 초청하여 볼셰비즘의 체계를 훈련시키자는 결의가 있었다. 국제공산주의연맹, 즉 코민테른의 이름 아래 스탈린은 이들과 보호자-피보호자 관계를 정립했다. 미래 중국 비밀경찰의 책임자가 될 캉성康生과 마오의 죽음 이후 중국을 이끌게 될 덩샤오핑, 그리고 몽고의 스탈린이라는 별명을 얻게 될 허를러깅 처이발상Horloogiyn Choybalsan 등이 초대되어 수학했다. 한국에서는 최초로 공산당을 설립한 박헌영과 러시아인으로 성장한 알렉세이 허가이가 초대되었다. 이때까지만 해도 김일성은 초청 후보자의 명단에도 오르지 못했는데, 모스크바의 눈에 그는 여전히

9) 율 브린너(1920~1985), 세실 B. 데밀Cecil B. Demille 감독의 영화 〈십계(The Ten Commandments)〉에서 이집트 파라오 람세스 2세역으로 출연했다.

'잔챙이'에 불과했기 때문이다.

일본 제국주의의 확장은 동시에 스탈린 소련의 아시아에 대한 영향력 확대에도 기여했다. 장제스에 밀려난 마오의 공산주의자들은 중국 남부로부터 철수해 서북부를 향한 대장정(1934년 10월~1935년 10월)에 들어갔다. 그러면서 마오와의 연락이 두절된 만주의 공산주의 저항세력이 자연스럽게 소련에 원조를 요청했던 것이다. 1937년 여름, 일본의 중국 본토 침략을 계기로 모스크바는 양측의 화해를 전제 조건으로 내걸고 탱크와 비행기 조종사, 군사 고문, 심지어 자원병들을 마오와 장제스에게 지원했다. 김일성 또한 이러한 흐름에 편승했다. 그동안 중국에 의해서만 인정을 받았던 그가 점차 소련을 향해 돌아섰기 때문이다. 1935년, 중국의 후원 아래 그는 처음으로 하얼빈에서 코민테른의 대표단을 만났다. 1940년, 만주의 저항세력이 도저히 버틸 수 없는 상황으로 치닫자 중국 공산당과의 협의 아래 소련으로 넘어간 것이다.

비록 목숨은 건졌지만, 이 망명의 길 또한 적지 않은 고난이었다. 자신의 일생 대부분을 보낸 백두산 지역을 포기한 것은 특히 참담한 것이었다. 소련에서 그는 무대의 전면을 떠나 부차적인 임무를 부여받았는데, 당연히 그 역할에 만족할 수 없었다. 몇 개월간의 임시 캠프 시기를 마치고, 그와 그의 부하들은 마침내 아무르 강변의 조그만 마을인 바츠코예에 배치되었다. 50여km 남동쪽의 하바롭스크는 블라디보스토크로 가는 시베리아 횡단열차의 마지막 기착점이자 행정 수도였다. 군대 주둔지이고 확실히 거대도시였다. 그러나 그곳은 전선에서 멀리 떨어져 있었다. 1941년 4월에 맺은 '러·일 상호불가침조약'에 따라 국경도 안정되어 있었다. 10년 동안을 행동의 중심지에서 살아온 김일성은 이제 어떤 일에도 관여할 수 없는 처지에 놓이게 된 것이다.

그러나 시간이 지남에 따라 김일성은 이러한 상황에 익숙해졌다. 북한의 공식 기록에 따르면 그의 생활은 모든 면에서 전과 똑같았다. 그는 종종 소련의 훈련 캠프를 떠나, 아무르 강을 건너 심지어 백두산의 옛 비밀 기지를 정기적으로 방문했다고 한다. 하지만 이런 기록은 거의 신빙성이 없다. 비록 그가 백두산에 갈 수단이 있었다 하더라도, 동아시아에서 또다시 전쟁 분위기가 조성될 것을 염려한 스탈린이 그러한 무모한 행동을 결코 용납하지 않았을 것이기 때문이다. 백두산에서의 게릴라 활동 기간 동안 모든 면에서 모험적이었던 그는 시베리아에서 얌전해졌으며, 결혼을 하고 정착했다. 상대는 23세의 김정숙이었다. 평양의 정치선전은 그녀를 용감한 고아에 특급사수, 플로렌스 나이팅게일이 섞인 루시 오부락Lucie Aubrac[10]으로 과장하며 최고의 영예를 부여했다. 회령의 가난한 소작인 집안 출신인 그녀는 한국인들이 선호하는 전통적인 여성상인 겸손과 헌신, 부지런함을 두루 갖춘 젊은 처녀였다.

그녀는 또한 전통적인 유교 사상이 바라는 어머니상이었다. 1941년 2월과 1944년 4월에 차례로 정일과 만일, 두 명의 아들을 김일성에게 선사했다. 김일성은 행복했다. 그의 가문을 이어나갈 두 아들을 얻었기 때문이다. 두 아들은 소련의 영토에서 태어났기 때문에 장남 정일은 유리Youri라고 신고하고, 나중에 슈라Shura라는 예명을 얻게 될 차남 만일은 알렉산드르Alexandre 이르세노비치Irsenovitch라고 신고를 했다. 북한의 공식 발표는 이와 조금 차이가 난다. 김정숙은 1941년이 아닌 1942년에 비밀리에 김정일을 출산하기 위해 백두산 기지로 돌아갔다고 주장한다. 그러나 김정일의 유모였던 리재덕은 1941년 2월 바츠코예에서, 6개월 먼저 출생한 자신의 아들과 함께 그에게 젖을 물렸다고 증언했다. 이 증언은 1993년, 그녀가 평양의 초대로 북한을 방문할 때 취소되었다. 바

---

10) 루시 오브락Lucie Aubrac(1912~2007)은 나치 독일의 프랑스 점령 당시 대표적인 여성 레지스탕스 운동가였다.

츠코예의 농부였던 아우구스티나 바르뒤기나Augustina Vardugina는 김정숙이 김정일을 등에 업고 닭과 계란들을 사기 위해 자신의 농장을 방문하곤 했다고 증언했다.[11] 성인이 되어 평양의 왕세자가 된 김정일이 이 짧은 망명 기간 동안의 초라했던 유년 시절에 대해 언급하기 싫어했다는 사실은 이해할 만한 것이었다.

1941년의 전쟁은 김일성을 다시 궤도 위에 올려놓았다. 6월, 독일과 소련 간의 전쟁 개시를 비롯해 그해 12월, 일본의 진주만 기습 사건은 미국과 소련을 제2차 대전에 뛰어들도록 만들었다. 이제 전장은 전 세계적 범위로 넓어졌고, 당연히 가능한 모든 부대가 동원되었다.

소련에 피신해 있던 항일독립군도 소련 제25군에 배속되었다. 그들은 중국인들로 이루어진 3개 대대와 한국인 1개 대대로 구성된 88여단을 구성했는데, 김일성은 그곳에서 대대장의 자리에 오르는 파격적인 승진을 하게 되었다. 모스크바 혹은 스탈린그라드의 전투에 파견된 시베리아 하바롭스크의 대다수 보충대처럼 그도 언제든 움직일 준비가 되어있었다. 러시아의 한반도 문제 전문가들 중 최고라 할 수 있는 안드레이 란코프Andreï Lankov[12]는 "김일성은 그때 소련의 붉은 군대에서 자신의 미래를 고려했다."고 기술했다. 그는 또한 "40년 후 군복에 훈장을 주렁주렁 달고 소련의 대령 혹은 장군으로 은퇴한 김일성이 고르바초프의 개방정책에 분개해 있을 때, 그의 아들 유리 이르세노비치 김은 그와는 반대로 개방정책의 열렬한 지지자가 되어있을 상황을 상상해보라."라고 썼다. 그러나 그런 상황은 일어나지 않았다.

---

11) 다케야마 소데츠의 저서 《김일성과 김정일의 정체》는 2011년 심비언 출판사를 통해 한국어로 번역·출판되었다.

12) 안드레이 란코프Andreï Lankov의 2010년 12월 5일자 《코리아 타임즈》 기사.

"중국 식당 종업원 같다"

전쟁이 끝난 후의 냉전 상황은 김씨 일가를 평범한 당원이 아니라 왕족이 되도록 유리한 방향으로 흘러갔다. 1945년 봄, 독일과 일본이 아직 완전한 항복을 하기도 전에 미국과 소련은 서로 마주보며 영역싸움을 벌이는 개들처럼 벌써부터 서로에게 이를 드러냈다. 위험에 처했을 때는 동맹이 되었지만, 승리가 수평선 위로 떠오르자 이데올로기의 고리 또한 다시 솟아올랐다. 스탈린은 소련에게 따뜻한 바다로의 자유 통행을 보장해줄 수 있는 국가라면 공산주의의 모든 수단을 활용하여 어느 나라도 후원할 준비가 되어있었다. 그와 반대로 미국은 소련을 유라시아 대륙 속에 가둘 방법을 모색하고 있었다. 이때 일본의 제국주의적 탐욕에 휘말려 국가의 꿈을 거의 포기하고 있던 한반도가 핵심 쟁점으로 떠올랐다. 모스크바는 그곳에서 얼지 않는 항구를 보았고, 워싱턴은 컨트롤타워를 상상했다. 문제는 중국이었는데, 한반도는 마오에게 넘어갈 수도 있었고, 그 반대로 그의 후위를 위협할 수도 있었다.

양쪽 모두는 당연하게도 자신들의 의향을 고수했다. 카이로(1943년 11월)와 얄타(1945년 2월) 회담에서 루스벨트와 스탈린, 처칠은 가슴에 손을 얹고 한국의 독립을 기원한다고 맹세했지만, 각 지도자들의 속마음은 그렇지 않았다. 그들은 한국인들을 마치 어떤 악운이라도 되는 양 걱정하며 심지어 경계하기까지 했다. 나아가 한국이 일본의 척후병이 될지도 모른다고 의심했다. 이에 앞서 1937년 8월, 스탈린은 이미 러시아 만주와 시베리아에 살고 있던 한국 출신 소련인들을 카자흐스탄과 우즈베키스탄, 심지어는 우크라이나로 강제 이주시켰다. 한반도를 해방하는 것만큼 중요한 사항은 그들이 한국에서 원하는 역할을 한국이 제공할 수 있느냐는 것이었다. 워싱턴과 모스크바는 귀한 진주 찾기를 시작했다. 그것은 바로 한국인들의 열망을 충족시키면서 또한 순순히 그들의 안내자 노릇을 할 지도자였다.

전쟁이 일본인들의 격렬한 항전으로 예상 밖으로 장기화되자 미국은 한국인 지도자 파일을 서랍장 속에 도로 집어넣었다. 그러나 소련은 후보자 검색을 계속했다. 후보자는 많지 않았다. 그중에는 한국에서 최초의 공산당을 창건하고 소련에서 10여 년을 생활한 박헌영과 끈질긴 비폭력 저항으로 북한에서 인지도가 높았던 조만식이 있었다. 그러나 양반 지주계급인 그들의 출신과 너무 독단적인 그들의 성격은 모스크바를 주저하게 만들었다. 또한 김책과 최현 같은 만주 항일독립군 출신들이 거론되기도 했지만, 그들은 모스크바가 원하는 바를 이해하기에는 다소 투박한 감이 있었다.

결국 김일성의 이름이 떠올랐다. 그는 고분고분하면서도 야심적이고, 한국을 공산주의 방식으로 변화시킬 수 있을 만큼 지적인 것처럼 보였다. 김일성 또한 1942년 이후 많은 공을 들였다. 그는 하바롭스크에서 소련 공산당 간부들과 많은 접촉을 벌였다. 수차례에 걸쳐 블라디보스토크를 방문하기도 했다. 심지어 러시아어를 공부해 통역이 필요하지 않을 만큼의 수준이 되었다. 그는 항일투쟁 동안 맺어온 중국인들과의 관계를 활용해 수차례 모스크바의 초청을 받았다. 그곳에서 볼셰비키 사상가 즈다노프Jdanov, 스탈린그라드의 승리자 주코프Joukov, 안보위원회의 수장인 베리아Béria 등의 주요 인사들을 비롯해 심지어 스탈린과의 만남도 가졌다. 그러나 김일성은 상냥하고 정중했지만 너무 젊은 데다 스탈린 주위의 선입견에 가로막혀 그들에게 전혀 확신을 주지 못했다. 심지어 크렘린의 주인인 스탈린은 "중국 식당의 웨이터 같다."[13]고 농담을 했을 정

13) 오영진, 《하나의 증언》 부산, 1952.

도였다. 하지만 다급한 상황이 오면 꿩 대신 닭으로 만족할 수 있지 않았을까?

이러한 망설임들은 결국 김일성에 유리하게 작용했다. 1945년 8월 15일, 히로시마와 나가사키 원폭 이후 일본이 마침내 항복했다. 그러나 한국의 미래는 여전히 불확실한 상태로 남아있었다. 그러자 상황 판단이 빠른 사람들이 움직이기 시작했다. 매우 명망있는 활동가였던 여운형은 서울에서 건국준비위원회를 구성했으며, 평양에서 조만식이 그 뒤를 이었다. 1940년 이후 상하이 망명 정부의 수장이었으며, 과거 동학운동의 간부였던 김구 또한 지도적 역할을 자임했다. 그러나 모스크바와 워싱턴은 이들의 말에 전혀 귀를 기울이지 않았다. 한국인들에게 맡기기에는 한반도가 너무 민감한 문제라고 생각했기 때문이다. 결국 그들은 38도선을 경계로 한반도를 두 개의 남북한으로 분리한 상황에서 군사적 점령을 실시했다. 전쟁의 마지막 순간, 즉 8월 9일까지 기다리던 소련은 일본에 선전포고를 하고, 24일 평양으로 진군했다. 미국은 9월 18일에야 서울로 들어섰다. 12월에 열린 모스크바 회의는 최소한 3년에 걸친 양국의 군사적 신탁을 승인함으로써 한국인들이 고대하던 통일국가 건설의 꿈을 빼앗아갔다.

반탁 자치주의자들의 싹을 자르기 위해 소련은 빠르게 움직였다. 긴박한 상황에서 모스크바는 부득이 김일성 카드를 사용할 수밖에 없었다. 김일성은 자신이 오랫동안 싸워온 백두산에 경의를 표시하고, 압록강을 건너 평양까지 위풍당당한 승리 행진을 벌이고자 했지만, 소련의 반대에 부딪혔다. 모스크바는 김일성이 자신들을 위해 존재하는 것이지 그 반대가 아님을 분명하게 못 박았다. 결국 9월 19일, 그는 김책, 최현 등 88여단의 다른 레지스탕스 대원들과 함께 소련 순양함을 타고 원산에 상륙했다. 3일 후 평양에 도착했지만, 그들의 개선은 거의 눈에 띄지 않았다. 김일성의 부인과 아들들은 11월에야 합류했다.

그들의 충성스러운 군인들을 홍보하기 위해 소련은 일종의 권한 위임 행사를 생각해냈다. 위임식은 10월 14일 일요일, 평양 북쪽 대동강 우안의, 평양에서 가장 사랑받는 모란봉 공원에서 열렸다. 행사를 위해 모인 수만 명의 대중들 앞에서 소련의 붉은 군대 군복을 입은 김일성은, 대부분을 스탈린에 감사하고 소련을 찬양하는데 최초의 연설을 할애했다. 이 행사에 참여했던 사람들은 서로 완전히 다른 증언을 남겼다. 평양의 아첨꾼들은 김일성이 단번에 청중들을 사로잡았으며, 새로운 정권의 기초를 닦았다고 증언했다. 1982년, 북한 정권은 김일성이 최초의 연설을 벌인 그 장소에 1945년 행사를 기념하기 위한 거대한 개선문을 건립했다.

그러나 다른 사람들은 이 행사가 재앙이었다고 회고한다. 참여자들은 많지 않았으며, 대중연설에 익숙치 않은 연사의 입에서 나오는 현학적이고 과장된 구식 연설은 많은 사람의 야유를 불러일으켰다. 특히 김일성의 이름을 듣고 그 얼굴을 보기 위해 몰려든 사람들 중 다수는 그들의 눈을 의심했다고 한다. 그 유명한 백두산의 전사이자 보천보 전투의 승리자가 이렇게 젊은 사람이었단 말인가? 이 놀라움이 모란봉의 김일성이 가짜일지도 모른다는 소문을 양산해내는데 기여했음이 분명했다. 이러한 소문은 수많은 증언, 특히 김일성의 상관으로 오랫동안 함께 싸운 중국인 저우바오중 장군 등에 의해 점차 사라졌다. 그럼에도 불구하고 김일성의 적수들은 수십 년 동안 그 소문들을 지속적으로 퍼트렸다.

사실 소련 당국자들은 자신들이 선택한 젊은 후보자가 실패할 경우를 대비해 조만식과 김책 등을 비밀리에 탐색하고 있었다. 권력을 향한 김일성의 행진에 방해가 된 모든 장애물은 뜻밖에도 남한에서 벌어진 상황들로 인해 제거되었다. 태평양전쟁의 영웅적 승리자 맥아더 장군은 일본의 총독직에 관심이 있었을 뿐 한국은 눈밖에 있었다. 서울에서 그는 광신적인 반공주의 극우파 미국인들의 지지를 받고 있던 70세의 감리교도 이승만을 선택했다. 아마 이보다 더 나쁜 선택도 없었을 것이다. 25년 전 상하이 임시정부의 수장이었지만 독단주의와 거만함, 돈에 대한 탐욕 등의 문제로 결별한 이승만은 1945년 10월 15일 서울에 도착했다. 바야흐로 북한은 자신들에게 유리하게 국면을 이끌 절호의 기회를 맞이한 것이었다. 과거의 사람이며, 무기력한 대감이자 음모 지향적인 이승만과 비교해 김일성은 젊은 항일투사였으며, 삶의 환희와 재건될 새로운 한국의 이미지를 구현했다. 그의 수려한 외모 또한 유리하게 작용했다. 환한 미소와 혁명적 의지, 장신에 좋은 풍채 등은 그에게 점점 더 많은 대중적 인기를 가져다주었다. 확실히 구시대의 잔영보다는 한창 물오른 새로운 젊음이 더 좋아 보였던 것은 분명했다.

명령 앞으로!

예상과는 달리, 김일성은 그의 후견인들을 거의 실망시키지 않았다. 지난 수십 년 동안 북한의 정치선전은 소련의 역할을 최소한도로 축소시키려고 노력하면서, 자신들의 영도자인 김일성이 스스로 북한을 인민공화국으로 탈바꿈시켰다고 주장했다. 그러나 비교적 최근에야 열람이 가능해진 소련의 오래된 문서들을 연구한 안드레이 란코프에 의하면 그 정반대였다. 사실 소련의 붉은 군대가 모든 조종간을 쥐고 있었다. 안드레이 로마넨코Andrei Romanenko를 이어 니콜라이 레베데프Nikolai Lebedev 장군이 모든 행정 업무를 관장했다. 정치 문제에 대해서는 전직 동부전선 정치요원이었던 테렌티 스티코프Terenti Shtykov가 통제했다. 흔히 스탈린의 귀라고 간주되던 즈다노프의 충복이었던 스티코프는 세부사항에 이르기까지 모든 결정을 도맡아 했다.[14] 1946년 2월에 개최된, 훈장 수여를 위한 임시인민위원회에서 김일성은 의장으로 선출되었지만, 평양 시청의 집무실 안에서 그는 행동의 여지가 별로 없었다. 그는 그저 명령에 따를 뿐이었다. 그의 대외 활동, 연설은 물론 심지어 그의 직무까지 모두 조직적으로 스티코프의 승인을 거쳐야 했다.

   이러한 정치 상황에서 북한을 자신들의 위성국가로 만들려는 소련의 의도는 어린이도 인지할 수 있을 만큼 명백했다. 모스크바가 한반도의 분단에 재빠르게 동의했기 때문이다. 그들은 한반도에 대한 신탁을 미국과 공동으로 합의해 한국의 반이라도 차지하는 것이 완전히 잃어버리는 것보다 낫다고 생각했음이 분명하다. 실용적인 스티코프는 자신의 방식을 행동으로 옮기기 시작했다. 첫 번째 목표는 물론 공산당이었다. 1945

---

14) 찰스 K. 암스트롱, 《북한혁명》(1945~1950), 뉴욕, 코넬 대학 출판사, 2003 Charles K. Armstrong, *The North Korean Revolution*, New York, Cornell University, 2003.

년 8월, 역사적인 창립자였던 박헌영은 공산당의 당수 자리를 되찾았다. 그러나 그가 남한의 서울에 거주했기 때문에 소련은 1946년 6월, 김일성의 지휘봉 아래 서울 공산당에 대응하는 북한 공산당을 설립했다. 3년 후 북한 공산당은 남한의 그것을 흡수 통합해 조선노동당 건립의 토대로 사용했다. 이러한 과정은 다른 단체들, 즉 조만식의 보수 부르주아와 기독교 연맹체인 조선민주당과 과거 동학운동을 계승한 천도교당 등에게도 마찬가지로 적용되었다. 1949년 6월, 그들은 모두 조국 통일을 위한 민주전선 산하에 속하게 되었다. 비록 서류 명목상이긴 하지만, 그것은 오늘날까지 유지되고 있다. 이로써 정치적 통합이 완성되었다.

동시에 정부 건설도 이루어졌다. 1947년 봄 이후 워싱턴은 공산주의를 향한 적대감을 노골적으로 표출했다. 모스크바는 그것을 구실로 통일 한국을 건설하려는 UN의 최후 시도에 훼방을 놓았다. 1947년 11월에 표결된 UN 112 결의안은 한반도 전역에 걸친 자유 총선거를 결정했지만, 소련은 이 선거를 보이콧했다. 한반도의 양측 대표들은 통일을 위한 마지막 담판을 위해 1948년 4월, 평양에서 개최된 회담에 참석했다. 여전히 인기가 높은 김구는 남한측 대표단의 단장 자격으로 방문했지만, 그를 위험한 정치적 라이벌로 여긴 김일성의 견제에 부딪혀 성과를 거두는데 실패했다. 이에 따라 이제 꺼릴게 없어진 이승만은 남한만의 단독선거를 진행시켰다. 마침내 8월 15일, 그는 미국과 무시무시한 비밀경찰의 강력한 지원 속에, 한반도의 남쪽만을 통치하는 대한민국의 대통령으로 취임했다. 평양도 똑같은 절차를 거쳐 9월 9일, 한반도의 북쪽만을 포함하는 조선민주주의인민공화국을 탄생시켰다.

초대 수상으로 선포된 김일성은 그러나 당시의 정치 메커니즘 속에서 단지 하나의 톱니에 불과했다. 남북한 분리 선거를 획책한 것도, 북한의 의회를 조직한 것도 그리고 그 의석의 배당을 결정한 것도 모두 스티코프였다. 새로운 정부의 구성에 관해서는 스탈린 자신이 직접 몇몇의 수정과 재고를 강력하게 요청했다. 스티코프는 또한 북한을 사회주의 체제로 탈바꿈시키기 위해 모든 수단을 적용했다. 지주의 농토를 농민들에게 분배하는 토지개혁(1946년 3월)을 비롯해 광산과 공장, 은행, 운송수단의 국유화(1946년 8월), 한글 사용 장려 캠페인, 소련을 모델로 삼아 건립된— 그리고 러시아어로 교육되는 김일성의 이름을 딴 북한 최초의 대학 설립(1946년 10월)이 그 예다. 김일성은 정부의 수장으로서 이러한 모든 상황을 확인했지만, 최종 결정은 평양 주재 소련 대사 스티코프의 몫이었다.

그럼에도 불구하고 김일성은 이렇게 관리 감독을 받는 상황하에서도 이득을 얻었다. 해방 후 북한은 핵심 간부들의 수가 절대적으로 부족했다. 그러자 소련은 1946년부터 모스크바대학에 특별 간부양성과정을 만들어 북한 유학생들을 대거 받아들였다. 남한의 이승만이, 특히 1948년 겨울, 제주에서 벌어진 항쟁을 진압하기 위해 6만 명을 학살하는 등 모든 정적을 피로 질식시키고 있을 때. 김일성은 자신의 이름을 딴 사회 개혁을 추진하여 그 혜택을 보고 있었다. 특히 모든 대중을 만족시킨 것은 친일파의 재산을 몰수하고 그들을 숙청시킨 일이었다. 남한의 친일파들이 숙청은 고사하고 이승만과 미국을 등에 업고 활개를 치고 다녔던 것에 비하면, 북한의 정의는 어느 정도 이뤄진 셈이었다. 또한 사상적인 이유로 수만 명의 진보적인 남한 지식인들이 북으로 넘어왔다. 그러나 모든 상황이 장밋빛인 것만은 아니었다. 반혁명분자로 낙인이 찍힌 과거의 양반 지주들은 역시 사상의 자유를 찾아 남으로 내려갔다. 국경 지방인 황해도에서는 토지 공영화에 반발한 봉기가 일어났다. 그러나 이러한 문제들을 진압한 것은 소련의 권력이었기에 김일성의 평판은 전혀 손상되지 않았다.

이러한 소련과의 협정 관계는 위성국가 내에서 특히 소련의 지도자를 모방하는 작은 스탈린의 등장을 용이하게 만들었다. 심지어 최초의 우상화 작업마저 나타나기 시작했다. 1945년의 김일성은 아직 게릴라 티를 벗지 못했지만 이후 점차 풍채가 더 당당해지고 얼굴에 혈기가 넘치는 등 완연히 성숙되고 건강한 행운의 표징을 드러냈다. 당에 의해 통제되는 평양 라디오 방송은 그의 모란봉 연설을 방송하기 시작했다. 1946년에 창간된《노동신문》또한 그를 찬양하는데 앞장섰다. 일본의 시스템과 조직을 그대로 물려받은 언론매체의 책임자들은 김일성과 관련된 감동적인 일화들을 수없이 양산해냈다. 예를 들어 1945년 10월, 자신이 유년시절을 보낸 만경대를 방문했을 때 김일성은 조부모 방문을 취소했는데, 그 이유는 '새로운 조국 건설을 하루라도 더 빨리 이룩하기 위해서'였다고 설명했다. 아울러 그들은 김일성을 수령으로 부르기 시작했다. 그의 모습을 본뜬 최초의 동상이 1947년 10월, 백두산 항일투사의 고아들을 위해 건립된 만경대 학교 안에 세워졌다.

이러한 조그만 상징들은 결국 더 많은 것을 의미하게 되었다. 마침내 그의 가족들도 경의의 대상이 되었으며, 김일성에게 두 아들을 선사한 열혈 투사 김정숙은 이제 공식적으로 영부인의 대접을 받았다. 그녀와 교류가 있었던 소련 관료들의 말을 빌리면, 그녀는 자신의 임무를 매우 간소하면서도 효과적으로 수행했다. 그녀는 1946년 5월, 김정일의 여동생이 될 김경희를 출산했음에도 불구하고 항일전사의 고아 두 명을 자신의 품안에 거두어들였다. 그중 하나는 전투 중 사망한 백두산 빨치산의 아들로, 성장한 후 김씨 일가의 최고 충신이 되어 요직을 차지하게 될 14세의 오극렬이었다. 다른 하나는 1947년에 출생한, 역시 사망한 동료의 어린 딸 김경선이었다. 이러한 그녀가 1949년 9월 22일, 출산 후유증으로 32세의 나이에 전혀 예상치 못한 죽음을 맞이했을 때 모든 언론이 대대적인 추앙 기사를 게재했음은 당연했다. 24일, 그녀의 백두산 항일투쟁 동료들이 그녀의 관을 들고 평양 시내를 관통하는 고별행진을 벌이자, 수만 명의 추모자들이 그녀의 마지막 모습을 보기 위해 도로변으로 몰려들었다. 이것은 비록 김일성이 아직 통치를 하지는 않지만 이미 군림하기 시작했다는 증거였다.

9. 모험가

군대에 의한 통치

모스크바가 부여한 역할을 성실히 수행하면서, 김일성은 이제 스스로의 날개로 날 방법을 모색하기 시작했다. 그리고 그는 자신의 독자적 행보의 열쇠는 군사력에 있음을 즉각 깨달았다. 서양이 아시아에 우위를 점한 것도, 일본이 한국은 물론 만주와 중국 해안을 정복한 것도 무기의 힘이었다. 위안스카이가 1915년, 스스로를 중국의 황제라 칭할 수 있었던 것도, '도끼의 영웅' 담던 수호바타르가 몽고를 혁명의 길로 이끈 것도, 그리고 장제스가 지방 군벌들을 몰아낸 것도 모두 군대의 힘이었다. 그리고 당시 마오쩌둥은, 후에 인민해방군으로 개칭된, 홍군을 이끌고 중국 전체를 점령하고 있었다. 그는 1948년 가을 만주족의 군대를 몰아낸 후, 1949년 2월에는 베이징을, 다시 4월에는 난징을 탈취함으로써 장제스가 12월에 대만으로 도망가지 않을 수 없게 만들었다. 이러한 상황, 즉 군대에 의한 권력 쟁취에 있어서 북한만이 예외적일 이유는 어디에도 없었다.

그러나 다른 모든 분야와 마찬가지로, 군사 분야 역시 소련의 힘이 지배하고 있었다. 1945년 10월, 모든 항일독립군은 보안대 조직에 편입되었다. 소련 교관들의 지도하에 체계적으로 훈련되고 전문화된 그들은 마침내 1948년 2월, 조선인민군으로 거듭나게 되었다. 이 인민군은 이제 소련 붉은 군대의 자매군대로서 필요한 모든 장비, 즉 탱크와 트럭, 포 등은 물론 심지어 오늘날까지도 그 스타일과 색상이 소련의 오리지널을 연상시키는 군복을 얻게 되었다. 스탈린은 여기에 전투기를 포함시켰다. 북한 조종사들이 소련제 미그전투기 조종훈련을 받게 허락했다.

이러한 상황 속에서도 김일성은 새로운 군대의 주도적인 인물이 되기에 이르렀다. 그는 차츰차츰 자신의 측근들, 즉 만주에서 함께 싸우고 소련으로 같이 피신했던 김책과 최현을 비롯, 중국에서 군사교육을 받고 인민군 초대 총사령관이 된 최용건 등을 군대의 요직에 앉혔다. 그러나 그가 정말로 성공시킨 것은 군대의 이미지를 혁신시킨 것이었다. 과거 유교 체계에서 군사교육은 고전적인 문과 교육에 비해 상대적으로 지위가 낮았다. 그러나 김일성은 이러한 질서를 뒤엎었다. 항일 저항운동의 산물인 인민군을 새로운 국가의 상징으로 설정한 것이다. 김일성은 모두가 징집의 대상이 되고, 헌법상 '최고 시민의 의무이자 영광'으로 규정된 인민군을 사회 정의와 진보의 기반으로 만들었다. 폭력적이고 무능력했던 과거 왕조 시대의 부패한 오합지졸 군대를 김일성은 새롭게 전진하는 국가와 사회주의 구현이라는 이름에 걸맞은 신성한 군대로 대체한 것이다.

이 새로운 군대는 시기적절한 것이었다. 사실 김일성은 정통성을 다시금 확고히 할 필요성이 있었다. 보천보의 영웅은 확실히 든든한 명성을 누리고 있었다. 그러나 과연 그 정통성이 한반도를 재통일하려는 그의 야망을 충분히 뒷받침할 수 있는지는 여전히 미지수였다. 게다가 그에게는 경쟁자가 있었다. 과거 동학운동과 임시정부의 지도자이자 워싱턴과 모스크바의 신탁통치를 거부하고 국제연맹의 후원 아래 중립적인 통일 한국을 위해 투쟁하던 김구는 그중에서도 가장 강력한 존재였다. 그러나 김구가 1949년 6월, 그의 대중적인 영향력을 시기한 남한의 지도자 이승만의 의심의 여지가 없는 사주에 의해 암살되자, 이제 이승만 자신이 김일성의 경쟁자로 부각되었다. 미국의 강력한 지원을 바탕으로 이승만은 사람들에게 자기야말로, 어떤 방식을 사용하든, 잃어버린 통일 한국을 되찾을 유일한 대안임을 선포했다. 1946년 3월 1일, 그는 소련 장교에 의해 최후의 순간에 무산된 김일성 암살 시도를 시작으로, 북한 정권의 반대자들을 매수하고, 황해도 지방의 반공주의자 봉기를 지원하는 등의 행동에 나섰다. 자신의 군대에서 나온 강력한 영향력을 바탕으로 김일성은 이러한 도발을 원천 봉쇄하고, 경쟁자들을 재빨리 제압하며, 나아가 남한을 점령함으로써 결국 통일의 영웅으로 자리매김할 야망을 갖지 않았을까?

비록 이러한 생각이 민족적이고 애국적이라 할지라도, 이런 원대한 과업을 위해서는 여론을 준비할 필요가 있었다. 왜냐하면 당시 한국인들은 일본 강점기 동안 참혹한 고통을 겪은 직후인지라 오로지 평화만을 갈망하고 있었기 때문이다. 김일성은 여론 조성을 위해 일련의 지방 순례 행사를 조직했다. 점점 더 강경한 연설과 전쟁 분위기를 고조시키는 군사행진을 벌여나갔다. 게다가 그는 벌써부터 영화의 역할에 기대를 걸고 있었다. 그 목적을 달성하기 위해 평양 동쪽의 형제산 지역에 소련의 장비를 구비한 영화 스튜디오를 건설했다. 첫 번째 영화는 1949년 봄에 개봉된 강홍식 감독의 〈내 고향〉이었다. 누구나 예상할 수 있듯이, 그 이야기는 항일 저항운동의 영웅주의를 찬양하는 것이었다. 또한 누구나 예상할 수 있듯이 영화는 백두산 자락에서 시작되어 김일성 '장군'을 찬양하는 것으로 끝이 난다. 이 영화를 시작으로 이후의 모든 창작물이 이와 비슷한 경향을 따르게 되었다.

소련은 1949년 1월, 북한으로부터 군대를 철수시켰으며, 미국 역시 6개월 후 남한 지역에서 물러났다. 하지만 소련의 정치적, 물적 지원은 여전히 대규모 군사작전에 필수적인 것이었다. 더불어 주변 상황도 그들에게 유리하게 돌아가는 것처럼 보였다. 모스크바는 8월 29일, 첫 번째 원자폭탄 실험에 성공함으로써 워싱턴의 군사적 우위 상태를 끝장냈다. 게다가 1950년 1월 12일, 미국의 국무장관 딘 애치슨Dean Acheson은 아주 경솔하게도 미국의 방위 구역은 알류샨 열도에서 일본, 그리고 필리핀으로 이어진다고 발표했다. 한국은 포함되지 않는다는 것이었다. 바야흐로 김일성은 미국이 한반도 문제에 간섭할 의향이 없는 것으로 판단할 수 있는 절호의 기회를 얻게 된 것이다.

군사 고문으로 선택된 테렌티 스티코프 역시 무력에 의한 남한 점령 옵션에 동조했다. 소련 당국은 1937년 6월, 스탈린에 의해 '숙청당한' 투하쳅스키Toukhatchevski 원수의 이론 가운데 가장 기본적인 작전, 즉, 기습 공격과 함께 전장에 탱크와 포대를 한꺼번에 투입하는 작전으로 북한이 아주 쉽게 남한 경계선을 무너뜨리고 그 후방을 파괴해 한반도를 손쉽게 점령할 수 있을 것으로 믿었던 것이다. 그러나 스탈린은 작전을 지원하도록 부추기는 수많은 정보들을 받았음에도 불구하고, 여전히 의구심을 거두지 않고 있었다. 그는 한반도 전쟁으로 소련이 얻게 될 어떠한 이점도 발견하지 못했다. 그는 물론 김일성에 대놓고 반대하지는 않았지만, "만약 남한을 빠르게 점령하지 못한다면, 나는 새끼손가락 하나 까닥하지 않겠다."고 경고했다.

그러나 때마침 김일성에게 새로운 카드가 전달되었다. 1949년 10월 1일, 마오쩌둥이 마침내 천안문에서 중국인민공화국의 성립을 선포했던 것이다. 그 후 몇 달 동안 김일성은 여러 차례에 걸쳐 마오를 방문해 자신의 명분을 설명했다. 마지막으로 만난 것은 전쟁 바로 한 달 전인 1950년 5월이었다. 베이징의 새로운 지도자는 스탈린만큼이나 시큰둥한 반응을 보였다. 그러나 이데올로기적 연대의 의무감 때문에 그 역시도 김일성의 계획에 반대하지는 않았다. 미온적인 반응에 실망하기는커녕, 김일성은 이 두 지도자의 입속에서 맴도는 반승낙을 자유 허가증으로 간주하며 자신의 운을 점점 더 믿기 시작했다. 폭발적인 인플레이션과 14,000명의 정치범과 만연한 부패에 시달리는 남한은 그가 따주기를 기다리는 농익은 과일처럼 보였다. 1948년 4월, 월북한 공산당 당수 박헌영이 필요불가결한 인물이 되려는 욕심에 남쪽의 사정을 고의로 부풀려서 전달하기도 했다. 그는 남한의 대다수 인민들이 북한에 합류하기만을 갈망한다고 보고했지만, 실상은 이와 거리가 멀었다. 그러나 김일성은 그것을 믿고 싶었다. 그는 통일을 성사시킬 기회를 가늠해보았으며, 그것이 사라지는 것을 기다리지 않았다.

전쟁광

1950년 6월 25일, 세상은 커다란 발작과 함께 잠에서 깨어났다. 새벽의 첫 번째 미광이 비칠 무렵 10개 보병 사단으로 나뉘어진 무려 20만 명에 달하는 군인들이 150대의 전차와 1,700문의 대포, 200대의 전투기의 지원 아래 38도 선을 넘어 서울을 향해 쏟아져 들어온 것이다. 앙드레 퐁텐 느André Fontaine는 "냉전이 갑자기 뜨거워졌다."라고 기록했다. 모든 증언 중에서 가장 충격적인 것은 아마도 앙드레 카야트André Cayatte 감독이 약관의 여배우 마리나 블라디Marina Vlady와 함께 만든 1953년 영화 〈대홍수 이전(Avant le deluge)〉일 것이다. 그는 거기에서 서양 세계가 북한의 남한 침공으로 제3차 세계대전이 일어나고 있다고 믿으며 얼마나 큰 공포에 빠졌는지를 매우 인상적으로 보여줬다.

공산권은 이데올로기적인 연대감에 빠져 사실을 부정했다. 몇 주에 걸쳐 국경지대에서 소규모 전투가 있었다는 내용만을 되풀이했다. 그나마도 남한이 먼저 공격했고, 북한은 그저 반격을 가한 것뿐이라고 주장했지만, 속는 사람은 거의 없었다. 김일성의 군대는 수적으로 두 배나 많았으며 또한 눈에 띄게 사기가 진작되어 있었고, 그것은 즉각적인 성공으로 증명되었다. 그들은 단 3일 만에 서울을 점령했다. 완전히 붕괴된 이승만의 군대는 방어할 능력을 상실한 채 대혼란 속에서 피난을 떠나는 수백만의 시민들에 휩싸여 남쪽으로 철수했다.

한 달도 못되어, 일본에서 급파된 미군 병력에 의해 보호되고 있던 한반도 동남쪽 지역을 제외한 한반도 전역이 북한의 손에 떨어졌다. 김일성은 자신이 도박에서 승리했다고 생각했다. 그는 여세를 몰아 소련이 자신의 이름을 빌려 북한에서 실시한 개혁정책들을 남한에도 밀어붙였다. 토지개혁을 실시하고, 이광수와 같은 친일파들을 체포했다. 일반 시민과 군인들은 그들에 동조하거나 아니면 강제수용소로 보내졌다. 전쟁 초기에 체포되어 서울로 다시 돌아가지 못한 채 1959년 평양에서 사망한 남한의 장군 송호성은 "나는 서구 제국주의에 봉사한 개입니다."라고 고백해야만 했다.[15] 그러나 북한이 너무 일찍 승리의 함성을 외쳤음이 얼마 지나지 않아 드러났다.

UN 안전보장이사회가 6월 27일, 북한의 남한 침략을 공식적으로 규탄하고(결의안 83호) 7월 7일 참전을 결정했다(결의안 84호). 미국은 영연방 국가들과 프랑스, 벨기에, 터키 등과 함께 여름 동안의 결정적인 반격을 준비하기에 이르렀다. 곧 한반도 전역을 통제할 수 있다고 확신한 김일성은 베이징의 경고에도 불구하고 자신이 난공불락의 존재임을 과시하는 데 주력했다. 8월 31일, 모든 수단을 동원해 부산을 점령하라는 명령을 내렸다. 그렇게 그의 주력부대가 부산 쪽을 공략하던 9월 15일, 역사상 가장 야심적인 배후 공격작전을 통해 맥아더 장군의 미군 해병들이 서울 외곽의 인천항에 상륙했다. 서울을 방어하라는 스탈린의 경고에도 불구하고 김일성은 고집을 부려 계속 부산을 목표로 삼았다. 이것이 커다란 전략적 실수였음은 서울이 10일 만에 함락되면서 명백해졌다. 9월 25일, 그는 충격 속에서 다급한 철수 명령을 내렸지만, 이미 남쪽에 있던 보위부 장관이자 총사령관인 최용건과의 연락마저 두절된 상태였다. 30일, 마침내 그는 어쩔 수 없이 스탈린과 마오에게 "우리 군의 힘만으로는 살아남을 수 없다."는 전보를 쳐야 하는 상황에 이르렀다. 위대한 통일 전사가 이제 한낱 쫓기는 신세로 전락한 것이다.

UN군의 북한 진격은 김일성의 남한 정복보다 더 장관이었다. 미국의

---

15) 안드레이 란코프, '항복하는 것은 영광스러운 것이다'《코리아 타임즈》2007년 8월 9일자 Andreï Lankov, 'To Surrender Is Glorious', *The Korea Times*.

월턴 워커Walton Walker 장군은 8만 명의 한국군을 포함한 총 23만 명의 연합군을 이끌고 10월 7일에 38도 선을 넘었다. 이번엔 반대로 북한 주민들을 덮친 공포로 혼란이 극에 달한 데다 주력부대마저 남한에 고립된 상태에서 김일성이 할 수 있는 일은 많지 않았다. 10월 18일, 죽음 같은 슬픔을 안고 그는 평양을 포기한 채 중국과의 국경지대에 있는 도시 신의주로 후퇴했다. 결국 UN군은 그 다음날 평양을 접수했으며, 그들은 여세를 몰아 24일, 마침내 중국과 국경을 가르는 압록강에 이르렀다. 이에 김일성은 남은 병사들을 이끌고 북한 최북단에 있는 강계 산악지대의 지하로 연결된 동굴들에 은신처를 마련하고 게릴라 활동 전개를 위한 수뇌부를 조직했다. 몇 주간에 걸친 미군의 집중적인 융단폭격에도 불구하고, 김일성은 항일독립군 시절의 기억과 마지막 남은 용기를 놓지 않으며 흐트러짐 없는 의연한 결의를 보여주었지만, 상황은 절망적으로 보였다.

하지만 아이러니하게도 패전의 기운이 증폭됨에 따라 그를 향한 구원의 손길 역시 바빠졌다. 공산권은 사상적인 이유로 북한의 패전을 점잖게 팔장만 끼고 구경할 수는 없었다. 특히 중국은 지정학적 이유 때문에라도 미국과 국경을 맞대는 사태만은 피해야 할 입장이었다. 이때 과도한 자신감으로 결정적인 실수를 자초한 것은 바로 맥아더 장군이었다. "중국은 언제나 한국 인민을 지원할 것이다."라는 베이징의 9월 22일 선언에도 불구하고, 맥아더는 그들이 참전하지 않을 것이라 확신했다. 심지어 10월 15일, 북태평양의 웨이크 섬에서 만난 트루먼 대통령에게도 그렇게 설득시켰다. 하지만 2주일 후 소련 전투기들의 지원을 받으며 무려 40만 명의 중공군이 전장에 뛰어들었다. 베이징 정부가 고상하게 호명한 이 '자원병'들은 기적을 만들어냈다. 이 대규모 공세와 특히 북한 산악지역의 살을 찌르는 추위에 극심한 고통을 겪던 연합군은, 이제 후

퇴에 후퇴를 거듭해 11월 28일에는 평양을, 그리고 12월 말에는 38도선을 중공-북한군에 내어줬다. 1951년 1월 4일에는 서울마저 재탈취당하게 되었다. 결국 모든 것이 다시 원점으로 돌아간 것이다.

그러자 패전의 두려움에 점점 이성을 잃기 시작한 맥아더 장군은 중국을 향한 원자폭탄 공격을 고려하기 시작했다. 하지만 2차 세계대전이 끝난 지 겨우 6년 만에 다시금 전 세계적인 확전의 위험성을 인식한 트루만 대통령은 맥아더를 전격 경질했다. 4월 11일, 리지웨이 장군을 새로운 사령관으로 임명해 재래식 무기를 활용한 기존의 방식으로 한반도를 통제하도록 했다. 결국 이루 헤아릴 수 없는 사상자와 파괴에도 불구하고 1951년 여름, 모든 상황은 최초의 상태로 되돌아가버렸다. 뜻밖에도 양쪽 사령부 사람들은 이쯤에서 만족한 듯 보였다. 1951년 7월 10일, 서부 국경지대에 있는, 과거 고려의 수도였던 개성에서 양측 전권 공사들의 첫 번째 회담이 시작되었다. 그러나 누구도 명분을 잃고 싶지 않기 때문에 협상은 결말을 이끌어내지 못했다. 전쟁포로 교환 문제와 양국 간의 새로운 국경 조정 문제를 빌미로 두 진영은 20개월에 걸친 처참한 살육전을 이어나갔다.

이러한 철권 전투에서 김일성은 어떠한 몫도 담당하지 못했다. 공식적으로는 1950년 9월, 북한을 방어하기 위해 전군 사령관 자리를 차지했지만, 사실 그의 역할은 미미한 것이었다. 진짜 사령관은 1950년 10월 5일, 마오쩌둥에 의해 중공군의 사령관으로 임명된 펑더화이彭德怀였다. 그는 김일성을 군사적 능력이 없는 아마추어로 간주하며 상황 보고를 거부했다. 1950년 11월에 시작된 대반격의 기간 동안 김일성이 주도권을 차지하고자 모든 수단을 동원하면서 펑더화이 측과의 오해와 마찰이 증폭되었다. 심지어 실수로 북한의 탱크가 중공군 선발대를 향해 발사하는 사태까지 발생했다. 만주 선양의 총사령부에 있던 펑더화이는 병사와 물자를 보내기 위해 북한의 철도망이 필요했지만, 김일성은 그것의 통제를 독점하고 있었다. 1951년 5월, 양측의 오해와 갈등이 최고조에 이르자 심지어 스탈린이 중재에 나서야만 했는데, 그가 펑을 지지한 것은 당연했다.

군 최고사령관인 원수의 자리에 지명된 김일성은 실질적인 권한이 제한되었을 뿐 아니라 심지어 걸리적거리기까지 했다. 1952년 가을, 중국의 과도한 영향력에 불안해진 그는 모스크바와 베이징이 전선을 잘 사수하고 있는 상황에서 갑자기 즉각적인 휴전을 주장했다. 이듬해 여름 휴전 협상이 거의 성공적인 단계에 도달하자 이번엔 반대로 어떠한 타협도 거부했다. 어쨌든 결국 7월 27일, 그는 남일 장군을 판문점 정전협정에 서명하도록 보냈는데, 사실 그에게는 선택의 여지가 없었다. 1952년에 미국 대통령에 당선된 아이젠하워의 '빠르고 명예로운 평화' 약속과 1953년 3월의 스탈린 사망, 현상 유지를 결심한 마오쩌둥의 선택 등의 일련의 상황 변화가 결국 한반도의 전쟁에 종지부를 찍은 것이다.

항구적인 전투

"전쟁은 다른 방식에 의한 정치의 연장선이다." 클라우스비츠Clausewitz[16]의 유명한 인용문이다. 전쟁 후반기 그리고 판문점 협정 등에서 주도권을 상실하는 등 정치적 위기에 빠져있던 김일성은 획기적인 전환을 시도했다. 그리고 그것을 훌륭하게 성공시켰다. 김일성은 전장의 전투에서 실패했기 때문에 정치적인 방식으로 그것을 계속해야만 했다. 모든 형태의 정치선전이 이 목적 달성을 위해 동원되었으며, 또한 임무를 훌륭하게 완수했다. 오늘날까지도 북한의 학습 교재들은 "북한의 눈부신 성장에 두려움을 느낀 미국 침략자들은 북한을 파괴하기 위한 강력한 공격 준비를 서둘렀다…(중략) 꼭두각시인 남한의 도움을 받은 그들은 마침내 6월 25일, 38도 선을 넘어 공격을 시작해…(중략) 이날 아침 조선공화국을 기습적으로 공격했다."라고 설명한다.[17] 다시 말하면, 공격을 당한 것은 북한이고, 이에 그들은 용감하게 저항해 미국 제국주의자들을 몰아내는 데 성공했으며, 그 모든 것은 김일성 덕분이라는 것이다. 심지어 그들은 전쟁 전엔 남한 땅이었던, 과거 고려의 수도이자 대도시였던 개성을 북한이 차지하게 된 것은 판문점 협정이 북한에 우호적이었기 때문이라고 선전했다.

이러한 신조를 떠받치기 위해 1950~1953년의 전쟁은 이제 거대한 서사시, 즉 북한을 예속하려는 미국 제국주의자들에 맞서 자유를 지키려 했던 영웅적인 전투로 대체되었다. 이러한 문학적 구조에서 한국전쟁은 1950년에 시작된 것이 아니라 1910년 일본의 강점, 혹은 더 나아가 19

---

16) 칼 폰 클라우스비츠, 《전쟁으로부터》, 1832 Carl Von Clausewitz, *Vom Kriege*, 1832.

17) 1999년에 평양에서 발행된 교과서 《위대한 영도자 김일성의 혁명 역사》의 일부 내용을 2013년 9월 《르몽드 디플로마티크Le Monde Diplomatique》가 인용한 것이다.

세기 말의 미국과 프랑스, 영국 등 서구 세력의 개항 시도로까지 올라간다. 이와 같은 민족적 독립투쟁은 여전히 완성되지 않고 있다는 것이다.

물론 일본과의 전투는 1945년 승리로 끝났으며, 1950년의 북한에 대한 미국 침략은 1953년에 격퇴되었지만, 새로운 공격은 언제나 북한을 두렵게 만드는 것이었다. 사람들은 지난 60여 년간 평양이 서울과의 공식적인 평화협정에 서명하는 것을 거부하고, 심지어 반복적이고 호전적인 도발을 일삼으며 판문점 협정마저 파기하겠다고 위협하는 사실을 유감스럽게 생각한다. 그러나 북한에는 이보다 더 논리적인 것은 없다. 전쟁의 기억을 포기하는 것은 결국 남한을 정복하려는 북한의 시도가 한순간의 모험에 불과했다는 사실을 인정하는 것이기 때문이다. 반대로 그것이 단지 한 번의 전투에 불과했을 뿐, 남한 혹은 미 제국주의자들과의 전쟁은 계속되고 있다면 김일성과 그의 정권은 계속해서 정통성을 유지할 수 있게 된다.

이러한 상황을 강제하기 위해 김일성은 먼저 전쟁의 공포를 지속적으로 환기시켰다. 전쟁으로 한반도 전체가 많은 피해를 입었지만, 북한의 피해는 더 극심하고 혹독했다. 미국이 입힌 피해를 말하자면, 그들은 태평양전쟁 전 기간을 통틀어 사용한 폭탄과 맞먹는 양을 단 2년 동안에 북한 위로 퍼부었다. 중공군 역시 북한 주민들을 희생시키는 초토화 작전을 시행하는 데 주저하지 않았다. 전쟁으로 거의 2백만 명에 해당하는 북한 주민들과 병사들이 사망했는데, 이는 북한 전체 주민의 20%에 해당하는 숫자였다. 거의 대부분의 도시들이 폐허로 변했으며, 특히 평양의 경우 2년 동안의 융단폭격으로 전 도시의 80%가 파괴되었다. 거의 대부분의 주민들이 땅속과 하수구 등지에서 생활하며 버섯과 쥐 등으로 연명했고, 시골 사람들은 각자 도생하는 상황에 이르렀다. 이와 같은 극한 생존 투쟁에서 일제 강점기 이래로 발달한 저항정신은 자연스럽게 극단적인 민족주의로 전환되었다. 20여 년 후 베트남의 예에서도 볼 수 있듯이 그 정치적 혜택은 당연히 최고지도자의 몫이었다.

게다가 김일성은 전쟁 시작과 동시에 확립되기 시작한 군사독재의 혜택을 보았다. 모든 수단을 통해 명령 체계를 유지해야 했던 군대는 의심되는 모든 사람, 즉 UN군의 협력자들과 탈영병들, 심지어 폭격을 피해 숨을 곳을 찾던 일반 주민들마저 체포 혹은 강제수용하거나 심지어 처형할 수 있는 권리를 갖게 되었다. 첫 번째 강제수용소가 1950년 가을, 강계와 만포 사이의 옥사덕에 설립되면서 모든 반대 의견은 자취를 감추었다. 대표적인 예가 바로 조만식의 경우이다. 해방 후 북한 민주당의 지도자였던 그는 소련 권력에 대한 협력을 거부하면서 이미 가택연금 상태에 놓여있었다. 연합군이 북진하면서, 만약의 경우 그가 미군에 의해 해방된 북한의 지도자로 옹립되는 것을 두려워한 북한 정권은 평양 함락 직전 그를 북·중 국경지대로 강제 연행했으며, 며칠 후 혼란의 와중에 그는 총살된 것으로 추정된다.

이러한 숙청은 심지어 군과 당의 핵심으로까지 확대되었다. 1950년 11월, 만주 항일독립군 시절부터 동료였던 김책이 맥아더의 인천 상륙을 저지하지 못했다는 책임을 지고 파면되었다. 공식적으로 이 불굴의 전사는 1951년 1월 31일, 심장마비로 사망했다. 이와 같은 핵심 인물들의 연이은 면직과 우연을 가장한 때맞춘 실종들 중에는 마오의 동료로서 당시 북한 내무부 장관이었던 박일구도 포함되어 있었다. 1951년 가을에는 소련이 정권과 군대를 균열시키지 않을 목적으로, 노동당 중앙위원회 의장으로 지명했던 알렉세이 이바노비치 허가이가 과격한 숙청의 대상이 되었다. 김일성은 이 밖에도 더 많은 주도권을 쟁취하게 되었다. 전쟁은 그에게 국민들이 허용한 일종의 독재 체제를 구축하게 만들었으며, 전쟁이 계속되는 한 그것을 멈출 어떠한 이유도 없었다.

이에 따라 북한 주민들을 항구적인 전시체제 속에 동원하기 위해서 모든 수단을 동원했다. 1951년 여름, 전선이 남쪽으로 내려가 여전히 격렬한 전투가 지속되는 가운데 형제산 스튜디오는 〈정의의 전쟁〉, 〈소년 빨치산〉, 그리고 〈또다시 전선으로〉 같은, 애국심에 호소하는 대규모 다큐멘터리 영화들을 다시 제작했다. 몇 달 후에는 친일파로 낙인찍혔던 소설가 한설야가 한 비열한 미국인 선교사의 계략으로 한국의 가난하고 어린 아이들이 페스트에 감염된다는 설정의 소설인 《승냥이》를 발표했다. 소설은 대성공을 거두었고, 모스크바와 베이징은 북한을 파괴하기 위해 미군들이 네이팜탄과 심지어 세균 무기를 사용했다고 비난하는 등 서구 세계에까지 그 소설의 반향이 퍼져나갔다.

판문점 휴전협정 또한 당연히 거대한 국가 행사로 치러졌다. 1953년 7월 31일, 비록 도시 대부분이 파괴되었지만 그런대로 화려하게 장식된 평양에서 김일성은 그동안 허울에 불과했던 전군 최고사령관의 자격으로 펑더화이 원수에게 조선민주주의인민공화국의 최고 영웅 훈장을 수여했다. 결국 변한 것은 아무것도 없었다. 군은 권력을 유지했으며, 미군의 잔학성을 폭로한 박물관이[18] 황해도 지방 신천에 건립되는 등 전쟁기념관 건립과 추도 행사, 그리고 군사행진 등이 수없이 진행되었다. 현실 같은 허구의 세계에서 북한의 군대는 정권의 영웅이 되었고, 현재까지도 그렇게 남아있다. 또한 북한이 아직도 전쟁 중이라고 믿는 한 앞으로도 그럴 것이다.

---

18) 1958년 3월에 개관된 이 박물관은 '한국민에 대한 미군의 공격'이라는 주제와 특히 1950년 12월 17일 전개된 미군의 공격으로 발생한 35,000명의 민간인 피해자들에 헌정되었다.

10. 독재자

기회주의자

한국전쟁은 한반도에 돌이킬 수 없는 피해를 입힌 채 1953년 7월에 끝났다. 독재자들이 이긴 것이다. 한국인들은 평화적인 민주주의와 통일을 염원했지만, 그 어느 것도 쟁취할 수 없었다. 미국은 '자유민주주의 세계'라는 이름을 걸고 싸웠음에도 불구하고 전쟁 후의 남한을 '혐오스러운 늙은이'인 이승만의 손에 계속 맡겼다. 그것이 기회주의에서 비롯되었든 안이함에서 비롯되었든 이 냉소적인 선택은 남한 정권을 지구상에서 가장 부패하고 비밀경찰들이 판을 치는 전제정치 체제로 변모시켰다. 반대로 소련과 중국이 북한의 지도자로 확정한 김일성은 그의 젊음과 왕성한 정력으로 인해 호감을 불러일으키기는 했지만, 그렇다 하더라도 그는 단지 공산주의 인민공화국의 수령이었을 뿐 민주주의는 허울에 불과했다.

이 두 독재자 아래에서 민주주의와 공산주의의 논리를 더 잘 개진한 것은 물론 북한이었다. 소련에 의해 권좌에 오르고, 중국의 보호를 받은 김일성이지만, 그는 마음속으로는 스탈린과 마오쩌둥의 경쟁자처럼 생각했다. 하지만 겉으로는 어떤 상황에서나 후원자들을 찬양하는 인상을 풍겼다. 모스크바의 환심을 사기 위해 규칙적으로 "소련을 사랑하라, 그것은 곧 북한을 사랑하는 것이다."라고 선언하는 식이었다. 또한 한국에서 전사한 중국 병사들에 대해 자주 경의를 표시하고, 정기적으로 베이징을 방문해 마오와의 회담을 가졌다. 아울러 1953년 말, 동독과 체코

슬로바키아, 불가리아 등과 협력 관계를 맺기 시작하면서 김일성은 냉전 체제의 전면을 장식하는 공산주의 블록의 철권 지도자들 중의 하나로 자리매김하게 되었다.

하지만 평양의 수령은 사실 그렇게 하는 것 이외의 다른 선택지가 없었다. 북한을 재건하고 사회주의 정부 체제로 변모시키기 위해서는 이들 형제국가들의 지원이 절대적으로 필요했기 때문이다. 김일성은 이러한 냉전 상황에서 커다란 이득을 취했다. 1955년부터 소련과 중국의 군사 고문들이 북한을 떠나기 시작했지만, 과학자와 엔지니어, 농학자, 교사, 건축가 등 재건에 필요한 기술 협력의 물결이 그 자리를 대체했다. 아울러 시멘트와 비료, 중장비, 자본 지원이 이 물결에 합류하는 동안, 북한의 많은 젊은이들은 제련학과 의학, 경영학 등을 공부하기 위해 소련과 중국으로 길을 떠났다. 이러한 물결의 가장 큰 수혜는 대도시들이 받았다. 이 기회에 평양은 완전히 새롭게 재건되었으며, 동해안의 대도시 함흥 역시 김일성이 동독의 수상 오토 그로트보올Otto Grotewohl로부터 소개받은 건축가와 기술자들에 의해 콜호스 스타일[19]로 전면 재창조되었다.

이데올로기적 보완물로써 북한은 후견인들의 경제 도그마들을 세심하게 관찰할 필요가 있었다. 김일성은 스탈린식 경제 모델에 동의하면서 모든 생산수단의 국유화를 진행했다. 공장과 수공업은 전쟁 직후에, 토지는 1958년에 최종적으로 집단화되었으며, 마지막으로 상업이 뒤따랐다. 같은 이유로 북한은 중공업을 경제성장과 진보의 핵심 영역으로 간주했다. 경공업과 심지어 농업 근대화마저 희생시켜가며 그것을 정권의 최우선 과제로 삼았다. 소련의 모델을 따라 1954년에 시작한 경제 계획

---

19) 소련의 국영 집단농장처럼 미적인 측면을 최소화하고 오로지 기능적인 측면만을 강조한 직선적이고 단순한 스타일의 계획 도시.

은 대부분의 공적 투자를 중공업에 집중하도록 만들었으며, 결과 또한 빠르게 나타났다. 1957년에 이르자 북한 경제는 전쟁 전인 1949년의 수준을 회복함은 물론 그 이상으로 성장했다.

소련의 스타하노프[20]적인 슬로건과 마오에 의해 추진된 대장정으로부터 영감을 받은 김일성은 보다 더 빨리 성장하기 위해 1956년 12월 천리마운동으로 명명된, 노동자와 농민, 지식인들을 대규모로 동원하는 캠페인을 전개했다. '천리마'가 암시하는 의미는 아주 정교한 것이었다. 공식적으로 그것은 그리스 신화의 페가수스에 해당하는 고려 시대의 전설상의 명마로 이름만 놓고 보면 매우 고상한 것처럼 보였다. 그러나 사실 일제 식민지 시절부터 천리마는 서울 축구단의 라이벌이자 숙적인 평양 축구단의 마스코트로 사용된 바 있다. 메시지는 분명했다. 경제성장은 이제 남북간의 일종의 스포츠대회가 된 셈이었고, 또한 국가의 영광을 위한 것이기도 했다. 결국 모든 사람이 자신의 능력을 두 배 이상 발휘했으며, 생산은 점점 더 빠르게 진행되었다. 하지만 이러한 과도한 캠페인이 오래 지속될수록, 북한 주민들은 무질서한 약진에 기진맥진한 채 숨이 가빠졌다. 1961년에 김일성은 천리마운동에 가장 열성적으로 참여한 사람들에게 훈장을 수여하면서, 동시에 거의 40m나 되는 받침대 위에 활기차게 도약하는 천리마상을 조각하게 만들었다. 그는 북한이 자랑스러운 사회주의 마라톤의 선두에 섰음을 믿어 의심치 않았다.

그러는 동안, 김일성은 이미 정통성을 지니고 있지만, 자신의 유일성을 과시함에 있어 앞으로 더 나아갔다. 모스크바의 명령에 무조건적으로 복종하던 시간이 끝난 것이다. 전쟁 동안 소련 정치 고문단을 이끌었던 테렌티 스티코프가 1952년 말에 스탈린에 의해 숙청되었기 때문이다.

---

20) 알렉세이 스타하노프Alexey Stakhanov(1906~1977)는 소련의 광부이자 노동 영웅으로 1935년에 시작된 계획경제 시스템하의 노동 생산성 증진 운동의 상징이 된 인물이다.

스탈린은 한국전 개시를 주도한 그를 결코 용서하지 않았다. 결국 스티코프는 시베리아 구석의 한 전기공장으로 좌천당했다. 그곳에서 십 년 동안 이를 악물고 견디던 그는 마침내 복권되어 헝가리 주재 소련 대사가 되었지만, 1964년, 알코올 중독으로 곧 사망했다. 전쟁은 끝났고, 아울러 중국의 장군들도 베이징으로 돌아갔다. 귀찮은 감독관들로부터 벗어난 김일성은 마침내 제멋대로 행동할 수 있게 되었으며, 그것을 주저하지도 않았다. 모든 스탈린의 후예처럼 그 역시 곧바로 거대한 우상화 작업의 대상이 되었다. 그러나 언제나 그렇듯 평양은 상상을 뛰어넘었다.

과거 친일파로 일본 제국주의 수사학을 연마했던 《승냥이》의 저자 한설야 같은 지식인들에 의해 개시된 우상화 작업은 신문과 라디오, 영화 등 모든 정치선전 기관에 맹목적으로 계승되었다. 이제 그들은 김일성을 '한반도의 최고지도자'에서 '모든 공산주의 지도자 중 최고의 지도자'와 '세계적인 혁명의 태양'으로 승격시켰다. 그의 동상이 전국 각지에 세워졌으며, 그의 초상화는 모든 공공기관에 걸렸다. 그의 연설이나 담화문을 앞다투어 논평하고 재생했다.

그들은 김일성의 감동적인 일화와 잠언들을 인용했다. 그는 새벽에 일어나 쉬지 않고 일했기에 그의 방문이나 평가, 조언을 받지 않은 협동농장이나 공장은 단 한 군데도 없었다. 이미 김일성대학을 갖고 있던 평양은 1954년 8월, 대동강변의 완만한 만곡부에 자리잡고 있어 실제보다 더 커다란 인상을 주는 75만m^2의 거대한 광장에 그의 이름을 자랑스럽게 붙였다. 김일성은 이 광장에서 10만 명이 넘는 자신의 추종자들을 언제든지, 마음대로 동원할 수 있게 되었다. 모든 상황이 사회주의 지도자라는 직함이 동양적 전제군주로 대체되고 있음을 의미하고 있었다.

심지어 시간이 지남에 따라 공식적인 담화나 미디어, 문학, 영화 속에서 이 새로운 정권에 대한 찬양은 점차 교묘하게 인종차별적인 민족주의의 모습을 드러냈다. 일본과 미국은 무찔러야 할 해롭고 야만적인 짐승으로 묘사하는 반면, 자신들은 정직하고 순수한 민족임을 강조하기 시작한 것이다. 소련과 중국은 존중해야 할 동맹인 것이 분명하지만, 개개인의 중국인과 소련인은 어쩔 수 없이 받아들이는 상종 못할 외국인이라고 폄하했다. 외국영화를 조직적으로 검열-삭제하고, 문학작품의 번역도 꼭 필요할 때만 허용했다. 또한 1958년 말에는 중국 희생자 묘지가 무기한 폐쇄되었다. 김일성이 소련 블록에 소속되어 있음을 공표했음에도 불구하고 그는 모든 것에 앞서 한국인이었다. 결론적으로 말해 공산주의 세계에 참여한 것은 수단이었을 뿐 최종 목표는 아니었다.

소용돌이 원리

'소용돌이 원리'[21]는 1960년대 초 한국에서 외교관으로 근무했던 미국인 그레고리 핸더슨Gregory Henderson이 한국의 모든 정치 상황을 설명할 수 있는 개념으로 언급한 것이다. 그에 따르면, 전제적이고 중앙집권적이며 반대파를 배제하는 한국 정치는 급변하는 당파게임으로 귀착되며, 항구적인 대결을 운명처럼 타고났다. 조선 시대 사림의 당파싸움이 대표적인 경우다. 그것은 조직적인 음모와 끊임없는 숙청, 그리고 항시적인 재편성의 정치 역학을 보여준다. 노동당이 독점적인 지위를 누리고 있었고 다른 모든 정치 형태가 파괴되거나 금지된 상태에서 이러한 상황들이 다시 북한에서 일어나고 있었다. 공산주의 국가든 아니든 북한은 언제나 이 소용돌이 원리에 의해 좌지우지되었다.

사실, 혁명은 화합을 강요하지 않았다. 오히려 그 반대였다. 평양의 새로운 주인들은 본능적으로 자신들의 이익에 따라 당파를 결성했다. 먼저 북에서건 남에서건 일본과 싸운 저항세력이 중심이 된 국내파가 있었다. 북한의 해방과 동시에 소련에서 들어온 한국계 소련파와 함께 만주를 통해 마오쩌둥에 합류한 후, 대장정 때부터 1949년 중화인민공화국 창설 때까지 그와 함께 투쟁한 한국인들로 구성된 연안파가 있었다. 백두산 근처 북·중 국경지대에서 항일운동을 전개한 후 소련으로 퇴거한 독립군들이 네 번째 파벌인 만주파를 구성했다. 김일성이 바로 이 소수파의 우두머리였다. 소용돌이 원리를 고려하면 바야흐로 피바람치는 대결이 불가피했다.

게릴라 시절부터 기습 공격에 능했던 김일성은 먼저 외부의 지원을

---

21) 그레고리 핸더슨, 《소용돌이의 정치》 캠브리지(매사추세츠), 하버드 대학 출판국, 1968
Gregory Henderson, *The Politics of the Vortex,* Cambridge(Ma), Harvard University Press, 1968.

상실한 국내파에 대한 공격에 집중했다. 판문점 휴전협정서의 잉크도 마르기 전에 그는 행정부의 주요 인사들, 즉 한국 공산당 창시자이자 그때까지 외무부 장관을 역임하고 있던 박헌영과 이승엽, 노동상이던 의열단 단장 김원봉 등을 비롯 그들의 직속 협력자 10여 명을 전격적으로 체포했다. 미국의 스파이라는 혐의를 받게 된 이들은 스탈린식 인민재판을 통해 자신들에게 씌워진 혐의를 인정하고 사형을 선고받았다. 사실, 그들의 항일운동 당시의 명성과 정통성을 질투하고 있던 김일성은 한국전쟁 당시 남한 인민들을 봉기시키는데 실패한 책임을 물어 그들을 숙청한 것이다. 다만 박헌영의 경우 그의 귀족적인 풍모와 지적인 아우라에 강박증을 갖고 있던 김일성은 그를 직접적으로 처형하는데는 주저했다. 어쨌든 1956년 12월 이후 박헌영의 자취는 찾을 수 없게 되었다. 1950년 10월에 사라진 조만식의 경우와 마찬가지로 조용히, 비밀리에 사라지게 하는 것이 바람직하다고 생각했음이 분명하다.

국내파의 뒤를 이은 것은 소련파였다. 기술관료적 엘리트주의라는 혐의로 알렉세이 허가이를 정면으로 공격한 김일성은 1951년 말, 마침내 그를 노동당에서 축출했으며, 1953년 8월에 이르러서는 결국 그를 체포했다. 소련식의 숙청에 이미 익숙했던 허가이는 자살로 생을 마감했다. 이에 충격을 받은 김일성은 허가이를 겁 많고 타락한 사회주의자의 예로 오랫동안 인용했다. 불안감을 느낀 허가이의 소련파 동료들은 소련에 도움을 요청하면서 반격을 준비했다. 1956년 여름, 니키타 흐루시초프가 탈스탈린주의, 즉 탈우상화의 당위성을 설파하기 위해 김일성을 모스크바로 호출했지만, 이제 개인 우상화의 완강한 옹호자가 된 김일성이 자신의 신념을 고수함으로써 흐루시초프의 시도는 실패로 돌아갔다. 반면에 평양에서는 허가이를 계승한 박창옥이 노동당 안에서 논쟁을 벌이며 좀 더 성공을 거뒀다. 그는 다음에 열릴 중앙위원회 전체회의에서 김일성의 독선과 중공업 우선주의를 강도 높게 비난할 계획이었다. 세력을 보강하기 위해 친중국 성향의 연안파와 그들의 지도자인 내각 부총리 최창익의 지지도 끌어들였다.

김일성은 곧바로 반격에 나섰다. 급히 모스크바에서 평양으로 돌아온 그는 중앙위원회 위원들을 일대일로 만났다. 한편으론 민족주의 노선의 연합을 요청하고, 다른 한편으로는 매수와 협박을 이용하는 등 동분서주했다. 마침내 1956년 8월 30일 목요일에 열린 노동당 총회에서 그는 반대파들이 먼저 공격하도록 유도했다. 최창익이 김일성의 권력 독점과 지지부진한 경제정책을 고발하자, 이어 상공 장관인 윤공흠은 김일성이 북한을 비밀 경찰국가로 만들었다고 비판했으며, 박창옥의 경우 김일성의 개인 우상화 정책을 공격 목표로 삼았다. 충격적인 순간이 지나가자 이제 김일성의 측근들이 총회의 진행을 방해하기 위해 연단을 장악하는 등의 대 소란을 일으켰다. 얼마 후 상황이 진정되자 그들의 수령은 연단에 올라 먼저 반대파들의 입장을 옹호하고 이후 자신의 결점을 시정하겠다고 약속했다. 김일성이 마치 셰익스피어의 마르쿠스 안토니우스처럼 청중에게로 돌아서자, 최창익과 윤공흠, 박창옥은 순식간에 자신들이 소수파가 되었으며 당으로부터 축출될 것임을 예감했다. 그들은 김일성이 쳐놓은 덫에 걸려들었고, 결국 김일성은 일거양득으로 사태를 종결시켰다.

몇 주 후, 모스크바와 베이징이 신속한 해명을 요구하자 아직은 신중하게 행동하는 것이 좋다고 판단한 김일성은 당에서 축출된 사람들을 복권시키고 용서해줄 것을 약속했다. 그러나 그것은 지연전술에 불과했다. 소용돌이 원리에 따라 그들의 집행유예는 단기간에 끝났다. 실제로 이듬해 봄, 최창익과 박창옥은 다시 출당당했으며, 아울러 곧 체포되어 자살인지 처형인지 확인되지 않지만 감옥에서 사라져버렸다. 미처 국외로 도망치지 못한 다른 사람들도 같은 운명을 맞이했다. 심지어 중립적인 입장을 취한 위원들 역시 숙청되었다. 고명한 언어학자이자 용감한 항일 운동가였고 마오의 투쟁 동료였던 김두봉이 그런 경우였다. 행정부의 제1 국가수반인 그는 1956년의 쿠데타에 참여하지 않았음에도 불구하고 1958년 3월 파면을 면치 못했다.

지도자급의 추방에 이어 숙청은 더 광범위한 규모로 진행되었다. 프랑스 혁명 당시 악명 높은 판사로 모든 귀족을 단두대의 칼날 아래로 밀어 넣었던 푸키에-탱빌Fouquier-Tinville처럼, 김일성의 동생 김영주는 거의 50만 명에 달하는 북한 주민들을 숙청에 연루시켰다. 누구도 안전하지 못했으며, 특히 몰락한 파당의 지지자들 전부가 의심의 대상이 되었다. 사회주의적 사상과 행동으로 북한에 동조한 남한 출신 인사들과 중국에서 투쟁한 독립군들, 국가를 재건하기 위해 소련에서 지식을 연마했거나, 러시아어를 공부한 지식인들이 그들이었다. 수도 없는 재판이 점점 더 빠른 속도로 진행된 결과 25,000건이 넘는 처형이 이루어졌고, 수만 명의 정치범들은 평양 북동쪽의 북창과 두만강에서 수km 떨어진 회령, 함흥 남동쪽의 요덕 등에 급하게 설립된 집단수용소로 보내졌다.

결국 1961년 9월 11일에 제4차 노동당 총회가 개막되었을 때 김일성의 내부 투쟁은 완결된 상태였다. 그는 모든 정적을 제거했으며 만주에서 그와 함께 싸웠던 동료들은, 예를 들어 최현의 경우 오랫동안 장관직을 역임하는 등, 당과 군의 주요 요직을 독차지하게 되었다. 사람들은 이제 모든 것이 김일성의 총애에 달려있다는 것을, 그러나 그것마저도 불안정하고 일시적이라는 것을 알게 되었다 '한국의 베리야[22]Béria'로 군림

22) 역주: 러시아의 정치가, 비밀경찰국장.

한 북한 비밀경찰의 수장 방학세—소련 이름 니콜라스 방—는 수많은 사람, 심지어 김일성에게 무조건적인 충성을 보였던 이들마저 정적으로 몰아갔기 때문이다. 1948년 합류해 1958년까지 장관직을 역임했던 민족주의자 김달현金達鉉[23]은 별안간 면직된 후, 음모 혐의로 고발당했으며 결국 정확한 이유도 모른 채 처형되었다. 대표적인 아첨꾼 한설야도 어느 날 갑자기 평양에서 쫓겨나 10년 동안 산골 마을에 유배당했다. 이러한 모든 상황은 김일성이 북한을 공포로 통치하며, 인민들 위에 변덕으로 군림하기 때문이었다.

---

23) 김달현(1884~1958)은 함경남도 고원 출생으로 천도교 청년당 간부, 최고인민회의 상임위원회 부위원장을 지냈으며, 1958년 간첩죄로 처형당했다. 북한 내각 부총리를 지낸 김달현(1941~2000)과는 동명이인이다.

소小 장군

1960년대 말쯤에 이르자 김일성 주변에는 더 이상 어떠한 정적도 존재하지 않게 되었다. 48세의 나이에 이제 노후한 경륜마저 붙었다. 하지만 후계 구도는 아직 당면과제가 아니었다. 비록 그가 구상한 것이 있었다 하더라도 그것은 상속의 형태가 될 수는 없었다. 1953년 6월에 거행된 영국 엘리자베스 2세 대관식은 수백만 명의 TV 시청자들을 매혹시켰지만, 군주제는 북한이 보기에 여전히 수구적 반혁명체제와 동의어였다. 실제로도 아시아에서 군주제는 공산혁명을 방어하는 수단으로 이용되었다. 전쟁이 끝난 뒤 미국은 일본과 태국에서, 프랑스는 인도차이나에서 공산주의를 저지하기 위해 군주제를 유지시켰다. 베트남에서는 바오다이 황제가 국민투표에서 패배해 퇴위되는 경우도 있었다. 심지어 캄보디아의 노루돔 시아누크 왕은 왕관이 자신을 구속하고 있다는 결론에 이르렀음에도 불구하고 군주제를 유지했다. 시아누크는 1955년 3월, 방해가 되기만 하는 왕위를 자신의 아버지에게 양위하고, 실제로는 비선 실세로서 왕국을 통치했으며, 전제주의와 사회-민주주의, 크메르 민족주의를 합성한 '인민사회주의 공동체당'을 창당하기에 이르렀다.

공산주의 체제인 북한에도 이미 귀족 계층이 나타나고 있었다. 진정으로 회개했지만, 보다 일찍 김일성에게 충성을 보여주지 못한 과거의 특권층이 공포정치로 인해 대거 제거되면서, 이제 만주 파벌이 관직과 식량 배급, 공직용 차량, 폭격에서 살아남은 일본식의 우아한 저택은 물론 산간 지역이나 해변의 별장들을 독점하는 새로운 특권층을 형성하게 된 것이다. 북한과 같이 사유재산의 축적이 금지된 사회에서는 직책상의 공식적인 혜택이 유일한 희망이다. 그 직책을 차지하기 위한 인적 자본은 이제 핵심적인 문제로 떠올랐다. 항일운동가의 고아들을 위해 김일성의 출생지에 건립된 만경대소학교는 1951년부터 최고 엘리트 학생 양성소로 탈바꿈했다. 그곳에는 최고의 교사들과 시설들이 완비되어 있었는데, 부모의 직책에 의해서만 입학이 허용되었다. 그러한 조건은 북한 최고의 교육기관인 남산중학교와 김일성대학에도 빠르게 적용되었으며, 입학 우선순위는 특히 지배계층의 아이들이었다. 혈연주의에 바탕을 둔 절도 있는 능력주의. 사회주의 북한은 이렇게 만개했다.

김씨 일가가 새로운 귀족사회의 최고 중심이 된 것은 당연한 일이었다. 적들에게는 잔인하지만, 김일성은 자신의 부계 식구들에 한해서는 무한대의 온정을 베풀었다. 창주, 원주, 봉주 등 그의 사촌들은 의회에 선출되었으며, 군과 경찰에서 눈에 띄는 요직을 차지했고, 김창주의 경우 심지어 부주석의 자리에까지 올랐다. 그들의 여동생과 처남들 역시 마찬가지였다. 김신숙의 경우 과학원의 원장 자리에, 그녀의 남편 양현섭은 당의 정치국에 자리를 잡았다. 김일성은 또한 모계쪽 인척도 잊지 않았다. 외삼촌인 목사 강양욱은 여러 차례의 장관직을 거쳐 부주석직을 역임했으며, 심지어 그의 사위 박성철도 똑같은 대접을 받았다. 역사가 브래들리 마틴Bradley Martin[24]이 언급했듯이, 이러한 예는 다음 세대로 이어지면서 증폭된다. 이러한 혈연 논리는 1974년에 소련 사람들이 그것을 '김씨 일가 정권'이라고 불렀듯이 군주제로 향하는 전주곡이었다.

김씨 일가 중에서도 모든 관심이 집중된 이는 당연히 이 가문의 수장이자 최고 권력이 내려주는 모든 보상의 원천인 김일성의 자식들이었다. 1951년 여름에 김일성은 평양 소시민 가정 출신의 매력적인 23세의 젊은 비서, 김성애와 재혼했다. 그녀는 1948년부터 그의 비서로 일했는데

---

24) 브래들리 K. 마틴, 《북한과 김씨 왕조: 아버지 같은 지도자의 다정한 보호 아래》, 뉴욕, 토마스 듄 북스, 2004 Bradley K. Martin, *Under the Loving Care of the Fatherly Leader, North Korea and the Kim Dynasty*, New York, Thomas Dunne Books, 2004.

첫 번째 부인 김정숙이 죽기도 전에 김일성과 관계를 가졌다는 소문이 파다했다. 어쨌든 김정숙의 갑작스러운 죽음은 그들의 관계를 안정시켰으며, 김성애가 3명의 아이들—1952년 여름에 딸 경진, 1954년 8월에 아들 평일, 1955년 가을에 막내 아들 영일을 김일성에게 선사함으로써 더욱 굳어졌다. 시기적절한 시점에 태어난 이들 자식들은 김일성이 여전히 건강하고 정력 넘치는 안정된 지도자라는 인상을 유지하게 해주었다.

그러나 역시 모든 사람의 시선이 집중된 이는 그의 장남 김정일이었다. 정치선전에 따르면, 우리는 김정일에게서 세상의 모든 재능을 발견할 수 있다. 완벽한 학생이자 특등사수이고, 뛰어난 언어 구사 능력에 절대음감의 소유자인 그는 또한 최고의 동지애와 애국심의 화신이었다. 어린 나이의 김정일에 대한 감동적인 일화들이 벌써부터 떠돌고 있었다. 미국인 비디오 아티스트 짐 핀Jim Finn[25]이 보고한 것은 언급할 만한 가치가 있다. 1949년 봄 어느 날 저녁, 어머니와 함께 북한 최초의 영화 〈내 고향〉 상영회에 갔던 김정일은 그곳에서 영화 티켓을 살 돈이 없어 극장 문 앞에 서 있던 가난한 할아버지와 손자를 발견했다. 그들이 불쌍해 참을 수 없었던 김정일은 자신의 티켓을 그들에게 주면서 "북한의 모든 인민이 새로 지은 크고 아름다운 영화관에서 마음껏 영화를 볼 수 있게 만들겠다."고 다짐했다는 것이다.

물론 이것은 낯간지러운 아첨일 뿐이지만, 김정일이 다른 평범한 아이들과 다른 것만은 분명했다. 특히 어린 시절의 시련은 그를 훨씬 조숙한 아이로 만들었다. 그와 유달리 가까웠던 남동생 슈라—한국 이름 만일—가 1948년 여름에 관저 수영장에서 빠져 죽은 사건과 이듬해 9

---

25) 짐 핀, 〈위인과 영화〉, 비디오 필름, 2009 Jim Finn, *Great Man and Cinema*, Video film, 2009, http://jimfinn.org/shorts.html.

월, 어머니 김정숙의 갑작스러운 죽음은 그에게 큰 충격을 주었다. 전쟁 동안, 그는 마지막 순간에야 평양이 화염에 휩싸이는 것을 보면서 탈출했으며, 강계의 지하 보호소에서 몇 달을 보낸 후 마침내 그의 여동생 경희와 함께 중국 만주의 지린으로 피신해 2년 동안이나 아버지 김일성을 보지 못했다. 그리고 나서 평양으로 돌아왔을 때, 그는 아버지가 새 살림을 차릴 준비를 하고 있다는 것을 알게 되었다. 디킨스의 소설 같지 않은가?

게다가 김정일은 매우 이른 시기에 자신의 유일성을 간파했다. 다른 모든 동지처럼, 그도 김일성을 찬양하는 노래를 불렀으며, 아버지의 동상을 꽃으로 장식하고, 연극에서는 김일성이 일본군과 싸우는 장면을 연출했다. 또 그의 어머니처럼 아버지를 '장군님' 혹은 '수령 동지'라고만 불렀다. 그러나 어쨌든 그는 자신이 '김일성의 아들'이라는 사실을 분명하게 인식하고 있었다. 확실히 어린 시절부터 김정일을 불편하게 만든 것은 자신이 절대 아버지와 같은 풍채를 가질 수 없다는 것이었다. 어머니의 신체적 조건을 물려받은 그는 160cm가 채 되지 않는 작은 키에 촌스럽기 그지없는 곱슬머리를 하고 있었다. 그러나 그들의 부자 관계는 그에게 특별한 지위를 부여했다. 이 점을 잘 이해한 그의 동급생들은 그를 계산된 친근함으로 대하며 그를 '작은 장군'이라 불렀다.

즉 어린 시절부터 김정일을 단련시킨 것은 그의 의무감이었다. 자신의 지위를 이용해 무절제한 생활을 일삼는 다른 사람들과는 달리, 그는 자신의 미래를 위한 역할놀이에 더 심취해 있었다. 그는 김일성의 오랜 전우였던 최현의 아들 최용해와 사촌인 김신숙의 보좌를 받아 만경대소학교와 남산중학교를 어려움 없이 수료한 뒤 1959년 김일성대학 정치학과와 경제학과에 입학했다. 이와 동시에 북한의 모든 젊은이처럼 그역시 여러 차례에 걸쳐 제사공장과 시멘트공장 등에서 노동 실습을 받았다. 1960년 봄에는 동독의 라이프찌히에 있는 항공학교[26]에 입학했는데 평양에서, 그리고 자신의 아버지에게서 멀리 떨어져 있다는 불안감 때문에 단 몇 달간의 수업을 끝으로 조기 귀국해버렸다. 이제 어느 정도의 수련을 쌓은 김정일은 미래의 공산주의 한국을 이끌어갈 지도자 중 한 명으로 서서히 부상했다.

과연 그가 벌써부터 지도자의 역할을 준비했던 것일까? 김일성의 최측근 중의 하나였다가 1997년에 변절한 황장엽은 그렇다고 확신했다. 1959년 김일성-김정일 부자와 동행하여 모스크바를 방문했을 때, 그는 아버지의 비위를 맞추는 김정일의 행동에 깜짝 놀랐다고 한다. 그는 김정일이 자신의 아버지를 칭송하는 발언을 한시도 멈추지 않았으며, 매일 아침 김일성의 구두 끈을 손수 매주는 등 늘 꼼꼼하게 아버지의 편의를 봐주었다고 회고했다. 그것으로부터 우리는 아직 18세도 채 되지 않은 김정일이 벌써부터 후계자의 자리를 열망하고 있음을 추론할 수 있다. 물론 황장엽은 남한으로 탈출하면서 자신이 직접 본 상황을 과장했을 수 있다. 하지만 황의 발언이 그렇게 충격적인 것인가? 바꿔 말해서 김일성과 그 아들에게 군주제 말고 다른 대안이 있었을까? 그 당시 김일성은 아직 후계 문제를 결정하지 않고 있었다. 하지만 김정일은 벌써 이해했다. 언제고 그가 아버지의 뒤를 이어 권력을 계승할 것이라는 사실을.

---

26) 김일성이 1960년 2월 24일 동독 수상 오토 그로트보올Otto Grotewohl에게 보낸 편지, 독일 연방 문서보관소 구동독 문서 15520번, 베를린, http://adamcathcart.wordpress.com/2010/07/16/did-kim-jong-il-visit-east-germany-in-1960/

제3부

김일성 혹은 장엄한 군주제

1960~1994

제3부

김일성 혹은 장엄한 군주제

1960~1994

1962년 4월 15일, 김일성의 50세 생일 축하 행사가 웅장하게 진행되고 있을 때 김일성은 이제 어떠한 경쟁자도 없이 북한 인민 위에 군림하고 있었다. 확실히 그는 치열한 투쟁 끝에 쟁취한 이 절대권력에 만족했다. 김일성광장에 모여든 10만 명이 넘는 평양의 시민들은 만세 삼창을 외치며 그의 생일을 축하했다. "만수무강하십시오!" 그는 죽을 때까지 45년에 가까운 세월 동안 최고 권력자의 자리를 유지했다. 이러한 장기집권은 그의 전설을 확고히 하는데 기여했지만, 한편으로는 기만적인 것이었다. 김일성은 한 나라의 운명을 손아귀에 쥐고 있고 매년 살이 쪄 얼굴에 광택이 나는 사람이었지만, 사실 그의 삶에는 다양한 측면이 있었다. 초기에는 많은 성공을 거둔 젊은 영웅으로 우상처럼 예찬되었지만, 그는 점차 환멸을 느끼고 이론가로 변모하였다. 나중에는 세상사에 관심을 잃고 현실 세계로부터 괴리된 채 자신의 세상 속으로 침잠해 들어갔다.

이러한 진화는 모든 것이 최고 수령과 그의 능력, 그의 기분에 전적으로 의존하는, 정권의 모순을 보여준다. 정권의 개인적 속성을 극도로 강조하는 근본적인 모순이 드러나는 것이다. 아무리 김일성이 완전하게 독립된 사회주의 북한을 건설한 것처럼 가장해도 북한은 중국과 소련, 미국과 같은 주변 강대국에 철저히 종속되어 있다. 당연히 그들의 결정이 김일성의 그것보다 훨씬 중요한 것이다. 결국 비타협적인 겉모습에도 불구하고 그는 주변 상황에 적응하는 것 말고는 다른 선택의 여지가 없었다. 피할 수 없는 선택을 승리로 위장하고, 정치적 급변을 진보로 가장하는, 순간순간 진화하는 정치선전이 그를 생존할 수 있게 해주었다. 또한 김일성은 점차 권력의 자리를 비집고 들어와 행세하며 곧 자기 자신이 절대군주가 될 아들 김정일의 보좌를 받아야 했다. 정권을 유지하기 위해서 조선민주주의인민공화국을 장엄한 군주제로 전환한 것이다.

11. 승리자

두 번째 용

하버드대학 교수였던 경제학자 에즈라 보겔Ezra Vogel[1]은 1991년에 출간한 저서에서 차후 전 세계적으로 유명해지게 될 이론을 발표했다. 싱가포르, 홍콩, 타이완, 한국, 이 '아시아의 네 마리의 용'이 OECD 회원국인 미국과 일본, 유럽의 경제적 우위를 위협할 역동적인 공업 중심지가될 것이라는 내용이었다. 서울이 창조한 경이적인 '한강의 기적' 때문에잊힌 감이 있지만, 한국이 떠오르는 용에 비유된 것은 이번이 처음은 아니었다. 1960년대 초반, 이 표현은 많은 경제 전문가들의 입을 통해 아주 빈번하게 사용되었다. 한국이 일본에 이어 '아시아의 두 번째 용'이될 것이라는 식이었다. 단, 한 가지 다른 점이 있다면 그것은 남한이 아니라 북한을 언급한 것이었다.

사실 그 당시 김일성 정권은 그야말로 순풍에 돛을 달고 있었다. 그것은 남북한 분단 당시에 이미 예정된 것이었다. 광물자원의 대부분과 수력 발전소, 그리고 일제가 건설한 공업시설의 4분의 3과 철도-항만 시설의 대부분, 아울러 숙련된 노동자의 절대 다수가 북한에 집중되어 있었기 때문이다. 인민을 국가 재건의 열정과 광적인 천리마 운동의 구호로 몰아붙인 김일성은 결국, 북한을 1955년부터 1965년까지 매년 경제성장률이 15%에서 20%에 달하는, 특히 공업 부분의 성장률이 25%가 넘는 역동적

---

1) 에즈라 보겔, 《네 마리의 작은 용: 동 아시아의 공업화 전개》, 캠브리지(메사추세츠), 하버드 대학 출판국, 1991 Erza F. Vogel, *The Four Little Dragons: The Spread of Industrrialization in East Asia*, Cambridge(MA), Harvard University Press, 1991.

인 국가로 변모시켰다. 아시아 제철업의 최고 중심지가 된 북한은, 특히 평양 북쪽에 있는 희천과 덕천 공업단지에서 생산되는 기계와 부품, 기관차 등으로 유명했다. 아울러 김일성의 지지자인 화학자 이성기가 무연탄에서 추출한 원료를 이용해 나일론의 대용품인 비날론을 개발했다. 이로써 북한은 섬유 분야에서도 독자적인 생산체제를 구축할 수 있게 되었다.

당시 서구 세계에 '아프리카의 가나보다도 더 가난한' 나라로 알려진 남한이 저개발의 굴레에서 벗어나지 못하고 있을 때, 북한은 근대화의 뿌리를 확고하게 내리고 있었다. 완전고용상태와 생활 수준 향상은 전후의 곤궁한 시절을 종결시켰다. 일사천리로 진행된 주택 분양 프로그램의 덕택으로 북한 주민 대부분은 적당한 주거지를 배당받게 되었다. 또한 1948년부터 의무화되고, 1959년부터는 완전히 무상화된 초등교육은 문맹률을 급속히 감소시켰다. 1950년 이전에 북한을 선택한 진보주의자들처럼, 식민지 시대에 일본과 만주로 이민을 떠났던 수십만 명의 한국인들이 이러한 경제발전에 매료되어 북한 정권에 합류했다. 또한 1966년 런던 월드컵 축구대회에서는 북한 대표팀이 최강국 중의 하나인 이탈리아를 꺾고 8강에 올라 전 세계 축구팬들의 이목을 집중시켰으며[2], 관중들의 열광적인 응원을 받기에 이르렀다. 과연 아시아 사회주의가 마오 주석 어록이나 베트콩의 참호전을 거치지 않고도 이룩될 수 있을 것인가?

이러한 성공들로 인하여 김일성 자신도 인정을 받게 되었다. 공산주의에 동정적인 시각으로 유명한 호주의 언론인 윌프레드 버체트Wilfred Burchett는 이렇게 말했다. "가장 인상적인 점은 김일성이 전후 국가 재건

---

2) 영국 연출가 다니엘 고든의 다큐멘터리, 〈그들 일생의 경기〉, 2002. Daniel Gordon, *The Game of Their Lives*, 2002.

의 모든 세부 사항을 본인이 직접 관리·감독했다는 점이다. 나는 10여 곳의 공장과 농장들을 견학했는데, 모두 김일성이 한 번도 아니고 여러 번에 걸쳐 방문한 곳이었다. 직접 결과를 확인하기 위해, 혹은 노동자, 농민과 대화하거나 발생된 문제의 해결 수단을 강구하기 위해서 현장을 방문했다는 것이다. 예를 들어 평양의 한 제사공장은 무려 28번에 걸쳐 김일성의 방문을 받았다."라고 보도했다. 실제로 1960년 2월, 김일성은 평양 남쪽의 청산리 집단농장을 방문해 가장 실용적인 운영 방식을 개발하기 위해 거의 한 달간이나 체류했다. 확실히 그는 무엇을 해야 하는지 알고 있었다.

옳은 판단이든 아니든, 이때쯤 그는 오랜 후견인들의 간섭에서 벗어날 것을 결심했다. 먼저 모스크바와의 관계를 보자. 김일성은 흐루시초프가 1956년 8월, 자신을 제거하기 위해 반대파를 지원했다고 줄곧 의심했다. 나아가 소련의 탈스탈린화와 미국과의 '평화적 공존' 전략이 '비굴한 타협'이라며 맹비난했다. 1962년 10월에 발생한 쿠바 미사일 사태 직후에는 소련에서 공부하던 북한 유학생들을 소환했다. 동시에 북한에 있던 소련의 기술협력자들도 해고했고 동시에 소련 기관지 《프라우다》 또한 금지시켰다. 상황은 더욱 악화되어 마지막에는 모스크바에서 받은 명예박사학위와 훈장들이 김일성의 공식 전기에서 삭제되기에 이르렀다.

자, 이제 중국과의 관계가 손상될 차례였다. 1961년 7월에 중국과 광범위한 우호-협력조약을 체결했음에도 불구하고, 김일성은 중국의 문화혁명을 '바보들의 집단 광란'으로 간주하며 적대감을 노골적으로 드러냈다. 1966년 12월, 국경 문제로 인해 베이징과 모스크바의 긴장 관계가 최고조에 이르렀을 때, 김일성은 흐루시초프를 몰아내고 집권한 극단적 보수주의자 브레즈네프를 방문함으로써 모스크바를 선택했다. 격분한 마오쩌둥은 중국 혁명군이 김일성을 중상모략하도록 허용했다. 그들에 따르면 김일성은 '친미적 수정주의자'로 '자본주의의 파샤'처럼 호화롭고 안일하게 살고 있다는 것이었다. 마침내 1967년에는 압록강을 사이에 두고 북한과 중국 국경의 군인들 사이에 교전이 벌어졌으며, 중국측은 평양 정권을 괴롭히기 위해 김일성이 군사 쿠데타로 축출되었다고 확성기로 발표하는 상황에까지 이르렀다.[3] 중국의 강공은 여기서 그치지 않았다. 마침내는 북한이 백두산의 4분의 1을 중국에 반환했다고 선언해버렸다.

하지만 중국의 일부인 만주를 에워싸고 있는 두 나라, 즉 북한과 소련이 너무 가까워지는 것에 부담을 느낀 중국 측은 이쯤해서 사태를 진정시키기로 결정했다. 1970년 4월, 중국의 2인자인 저우언라이가 평양을 방문해 북·중 협력관계를 재가동시켰다. 김일성은 점차적으로 두 주요 협력국들과 화해했지만, 마음은 이미 차갑게 식어있었다. 군사적 동반자와 이데올로기적 연대의 시간이 만료된 것이다. 이제 모스크바와 베이징은 북한이 차례차례 번갈아가며 선택할 수 있는 카드였으며, 심지어 서로를 반목하게 만들 수 있는 선택지에 불과했다.

그 대신 김일성은 냉전 체제의 논리에서 벗어나고 새로운 발전 모델을 추구하려는 모든 국가와 지도자, 이를테면 루마니아의 차우셰스쿠Ceausescu와 가나의 은크루마Nkrumah, 이집트의 나세르Nasser, 유고슬라비아의 티토Tito, 파키스탄의 알리 부토Ali Bhutto, 캄보디아의 왕 시아누크Sihanouk 그리고 인도네시아의 대통령 수카르노Soekarno 등과 연대를

---

3) 베른트 쉐퍼, 《흩어진 자신감: 북한의 통일 정책 1971~1975》, NKIDP 《노동신문》, 워킹 페이퍼. 2010년, Bernd Schaefer, *Overconfidence shattered, North Korea Unification Policy 1971~1975*, NKIDP Working paper, 2010 http://www.wilsoncenter.org/sites/default/files/NKIPD_WP_2pdf. 피에르 주흐누, 《한국전쟁과 1950년에서 현재까지의 전략적 논쟁》에서 인용, 파리, 아르마탕 출판사, 2014 Pierre Journoud, *La Guerre de Corée et ses enjeux stratégiques de 1950 à nos jours*, Paris L'Harmattan, 2014.

맺기 시작했다. 1965년 4월, 김일성이 인도네시아의 자카르타를 방문했을 때 수카르노는 난초과 접시꽃을 김일성화로 명명하고 그에게 헌정했다. '나와 마주한 적의 적은 나의 친구'라는 신념으로 평양은 심지어 쿠바에도 접근했으며, 1964년 12월, 그 유명한 체 게바라를 초대했다. 북한에서의 체류를 끝마친 체 게바라는 "북한은 쿠바가 영감을 받아야 할 모델 국가"라고 선언했다. 이제 바야흐로 평양의 용은 자신들의 날개로 날기 시작한 것이다.

남한을 위협하다

프랑스의 수상 레옹 강베타Léon Gambetta는 1870년 보·불전쟁의 패배로 독일에 상실한 알사스와 로렌 지방4)을 두고 "언제나 그것을 생각하지만, 결코 말하지 않는다."라고 표현한 바 있다. 남한을 마주할 때의 김일성은 이런 조심성을 보여주지 않았다. 1958년 11월에 행한 연설에서 그는 "동무들, 식민정부의 추악한 본성을 가리기 위해 미국 제국주의자들은 남한이 독립국인 것처럼 가장하고 있습니다. 그러나 이 서투른 수작에 속아 넘어갈 사람은 아무도 없습니다. 우리 한민족은 동일 민족으로 하나의 국가와 정부, 즉 조선민주주의인민공화국만이 있을 뿐입니다.…(중략) 우리가 잘 먹고 잘 입을 때, 우리가 안락하게 살 때, 인민 개개인이 모두 직업을 가지고 있고, 그 일에 만족하게 될 때, 우리는 남한 인민들에게 긍정적인 영향을 미치게 될 것이며, 그들 또한 우리를 이해하게 될 것입니다."라고 역설했다. 그가 전하려는 메시지는 분명했다. 무력에 의한 통일은 실패했지만, 경제발전에 의한 통일은 여전히 유효하다는 것이다.

솔직히 말해, 그의 도박이 전적으로 무모한 것은 아니었다. 왜냐하면 전쟁 이후 남한은 극심한 곤경에 빠져있었기 때문이다. 1960년, 2,500만에 달하는 대다수 국민들은 인구 과밀의 좁은 땅에서 비참하게 살거나 실업과 질병, 강탈과 매춘이 횡행하는 빈민촌에서 살고 있었다. 건설과 섬유로 특화된 몇몇 회사들이 빈민 노동자들을 착취해 파렴치한 이득을 얻어냈지만, 인플레이션의 악순환이라는 중병에 걸린 경제를 일으키기

---

4) 프랑스의 알사스와 로렌 지방은 1870년 발생한 보-불 전쟁 후 프로이센에 양도되었다가 제1차 세계대전 후 다시 프랑스로 반환되었다. 알퐁스 도데의 유명한 단편소설 〈마지막 수업〉은 이 당시를 배경으로 하고 있다.

에는 역부족이었다. 6만 명에 달하는 미군 병사들의 주둔을 비롯한 미국의 대규모 경제원조가 없으면 남한은 모래성처럼 무너져 내릴 것이라는 사실을 전 세계가 알고 있었다.

정치로 말하면, 너무나 오랫동안 권력을 탐해온 늙은 이승만은 일단 그것을 쟁취하자 더 이상 놓으려 하지 않았다. 결국 정적의 암살과 공포, 부패로 통치했다. 1960년 3월, 자신의 약속에도 불구하고 그는 85세의 나이로 네 번째 임기에 도전하겠다고 나섰고 먼 친척을 부통령으로 내세웠다. 결국 진보적인 시민과 학생들이 들고 일어났다. 4월에 발생해 나라를 마비시킨 학생시위는 피로 진압되었다. 이승만이 선포한 계엄령에도 불구하고, 사태가 걷잡을 수 없이 악화되자 결국 워싱턴은 그를 완전히 포기하기에 이르렀다. 그는 4월 26일, 하야를 선언하고, 다음달 하와이행 비행기에 몸을 실었다.

그러나 김일성이 기대했던 것과는 반대로 이 혁명으로부터 북한이 거둔 소득은 거의 없었다. 굉장히 열정적인 분위기에서 조직된 6월의 개헌과 7월의 국회의원 총선거를 통해 남한에는, 이제까지 알고 있었던 것과는 정반대의, 자유주의 의회제도가 성립되었다. 이 여세를 몰아 진행된 대통령 선거에 영향력을 행사하기 위해, 김일성은 독립 15주년이 되는 1960년 8월 15일, 남한 측에 한반도 전역에서의 자유 총선거와 통일의 전 단계라 할 고려연방제 도입을 엄숙하게 제안했다. 새로운 자유에 심취해 있던 남한은 이 제안에 별다른 흥미를 느끼지 못했다. 확실히 남한은 두 자릿수 성장을 거듭하던 스탈린식의 공업화보다는 우선은 민주주의에 더 이끌린 것처럼 보였다.

그러나 남한의 정치적 혼란이 김일성에게 새로운 남침의 구실을 주지 않을까 두려워하던 정치 경제 세력과 보수주의자들, 그리고 미국의 군사

지도자들은 전보다 더 조심스럽게 상황을 주시했다. 1961년 5월 16일, 박정희는 군부 쿠데타를 일으켜 국가재건최고회의를 설치하고 의회를 해산시켰으며 모든 자유를 억압하는 무기한의 계엄령을 선포했다. 즉, 대한민국의 첫 번째 민주주의가 1년간의 짧은 생을 마감한 것이다. 김일성은 변화의 기회를 상실했다. 이제 이승만과는 다른 스타일의 박정희가 그의 새로운 라이벌로 '용'처럼 떠올랐다. 김일성보다 5살이나 젊은데다 그에 못지않은 정력적인 군인인 박정희는 뚜렷한 목표를 내걸었다. 그것은 모든 면에서 북한을 따라잡고 가능하다면 추월하는 것이었다.

김일성에게 최악의 경쟁자가 출현한 것이다. 박정희는 북한에 경제성장의 과실을 안겨준 스탈린 방식을 남한에도 적용하기로 결정했다. 국가 주도의 경제계획을 수립하고 일반 기업들에 그것을 강제하며 마치 군대가 행진하듯 국가를 공업화시켰다. 또한 워싱턴의 원조와 베트남 참전지원금, 일본으로부터 받아낸 식민지배 보상금 등을 기업들에게 자본금으로 수혈했다. 그는 또한 단계적인 공업 발전, 즉 섬유와 농산물 가공업에서 시작하여, 제철업과 화학 분야로 발전하는 모델을 시도했다. 그러나 이러한 공업화는 당연히 노동자 계층의 희생을 요구했다. 정권은 수출경쟁력을 높이기 위해 노동자들에게 최소 임금만을 지급했으며, 그들의 최소한의 인간적 요구마저 공산주의자들의 폭동으로 몰아세우며 경제 계획을 유지시켰다. 그 덕분에 마침내 결과가 나타나기 시작했다. 10년 동안 경제성장률이 무섭게 상승했다. 1968년 2월, 박정희 대통령은 서울-부산 간 고속도로를 개통시키면서 거창한 행사를 치뤘다. 사람들은 보기에는 좋지만, 쓸모라고는 하나도 없는 이 거대한 '흰 코끼리'[5]를 지도자의 한심한 변덕으로 치부했지만, 10년이 지나자 세계는 한국의 '경제 기적'에 경탄하기 시작했다.

---

5) 역주: 이 용어는 겉보기에는 좋아보이지만 돈만 먹는 실속없는 애물단지를 상징하는 말이다.

김일성에게 이러한 상황은 명백한 도전이었다. 남한이 공산주의 북한을 대체할 수 있는 국가로 성장하는 것은 상상도 못한 일이었다. 그는 새롭게 떠오르는 남쪽의 라이벌을 위협하기 위해, 한국전 이래 중단되지 않았던, 지역 냉전 구도를 만들어냈다. 국가 재건과 공업화에만 집중했던 북한은 이제 방위비 증설계획에 뛰어들어, 1959년 4%에 불과했던 국방예산이 1960년에는 20%, 그리고 1967년에는 무려 30%가 되었다. 같은 해에 새로운 포병 8개 사단이 60km 밖에 떨어져 있지 않은 서울을 위협하기 위해 휴전선을 따라 배치되었다. 게릴라 전략에 능숙한 김일성은 박정희 정권을 불안하게 만들기 위해 한치도 물러서지 않았다. 비밀요원들이 국경의 산발적 교전을 획책하고, 폭동을 선동하기 위해 남한에 침투했다. 또한 국경 아래로는 비밀 땅굴들이 뚫렸으며, 전쟁 분위기를 조성하기 위해 자살특공대가 해안가로 파고들었다.

이러한 신경전은 1968년, 절정으로 치달았다. 1967년 말, 우방인 호치민 정부에 군사와 무기들을 제공하던 김일성은 베트남전쟁을 이용하기로 결심했다. 그는 미국이 그들의 최정예 군사를 베트남에 집중시켰기 때문에 아시아에서 또 다른 전선을 벌일 수 없다고 생각했다. 따라서 한반도 상황은 자신에게 주도권이 있다고 판단했다. 하지만 침략자로 비춰지는 것을 피하기 위해, 그는 전면전보다 게릴라식 전술에 집중했다. 1968년 1월 21일, 일단의 북한 공작원들이 서울로 잠입하여 비밀리에 대통령 관저인 청와대까지 접근하기에 이르렀다. 목적은 물론 박정희의 암살이었다. 격분한 박정희는 이번엔 반대로 평양에 잠입해 김일성을 암살하고 쿠데타를 선동할 목적으로 684부대를 설립했다. 이것이야말로 김일성이 바라던 상황으로 그는 이것을 반격을 위한 구실로 내세웠다. 이틀 후, 사태를 더욱 악화시키기 위해 북한은 자신들의 영해 근처에서 활동하던 미국의 첩보함 USS 푸에블로호를 나포하고, 미국 제국주의자들의 침략을 격퇴했다고 떠들썩하게 선전했다.

그러나 이러한 모든 도발에도 불구하고 공산권 국가들의 관심이 한국이 아닌 베트남에 집중되면서 김일성의 시도는 실패로 끝났다. 소련과 중국은 김일성이 신뢰할 수 없는 존재라는 것을 다시금 인식하게 되었으며, 베트남에 매달려있던 미국은 이 긴장 상태를 조속히 안정시키고자 했다. 워싱턴은 박정희에게 보복 작전—이 작전의 세부적인 내용은 한참 뒤에 영화 〈실미도〉를 통해 널리 알려졌다—의 철회를 강요했다. 그리고 11개월에 걸친 평양과의 길고 고통스러운 협상 끝에 푸에블로호 선원들의 송환을 약속받았다. 미국으로서는 현명한 결정이었다. 1968년 1월 30일, 베트콩의 구정 대공세는 베트남을 한동안 완전히 마비시켰으며, 베트남전쟁이 끝나려면 아직 멀었다는 사실을 미국인들에게 주지시켰다. 그러나 한반도의 상황은 변동이 없었다.

북한 여단

남한의 모든 사람에게 유명한 공식 하나가 있다. 그것은 정치 상황이 악화되거나, 사회적으로 극단적인 사건이 터질 때, 혹은 부패와 같은 경제 문제가 부각될 때면 머지않아 '북풍'이 몰아칠 것이라는 사실이다. 이 말은 권력자들이 자신들에게 불리한 여론의 방향을 돌리기 위해 북한의 위협을 과장한다는 의미이다. 독재자들에게 이것은 아주 좋은 전략이다. 북한의 경우도 방향만 반대일 뿐이지 마찬가지다. '미국 제국주의자들'과 그들의 '남조선 하수인들'이 북한을 위협하는 헛된 수작을 획책하고 있다는 '남풍'이 북한에서도 끊임없이 불고 있기 때문이다. 결국 항시적으로 싸워야 하며, 그러기 위해서 김일성은 북한 주민들에게 영구적인 동원 명령을 내렸다.

마침내 북한은 준전시체제 상황을 조성했다. 1966년을 기점으로 군 병력수가 지속적으로 늘어났다. 의무 군 복무기간도 남자는 10년, 여자는 7년으로 연장돼 전 국민의 4분의 1이 군복을 입는 상황에 도달했다. 당과 언론, 심지어 예술가들마저 호전적인 슬로건을 만드는데 여념이 없었다. 전에는 사과와 배의 개수로 산수를 배우던 초등학생들은 사살된 양키의 인원수를 이용하게 되었다. 삼각법은 조준 각도를 계산하는데 이용되었고, 자연과학은 작은 동물들도 동맹을 맺으면 큰 동물에 승리할 수 있다는 사실을 제시하는 식이었다. 김일성의 생일날인 1969년 4월 15일, 북한의 포대는 북한 영공에 초근접 비행하던 비행기를 미군기로 추정해 격추시켜 31명의 사망자를 냈다. 평양은 이 피로 물든 승리를 최고지도자의 57번째 생일선물로 바쳤다.

북한은 군대만으로 만족하지 않고 전 국가를 여단으로 편성했다. 노동자, 청년, 여성, 예술가까지 단체나 협회, 조합 등에 재편성되어 김일성과 천리마의 명령을 모범적으로 이행하고, 인민들을 사상적 미덕의 행로로 이끌게 된 것이다. 예를 들면 작가의 경우, 작가협회의 회원이 아니거나 정권이 강요하는 주제와 형식을 따르지 않으면 작품 출간 자체가 아예 불가능했다. 김일성이 이미 제안했듯이, 문학은 이제 '부르주아 문학'을 끝내고 새로운 재능과 경향을 탐색해야 했다. 이두종은 이러한 흐름의 대표적인 작가다. 문맹 농부의 아들로 태어난 그는 김일성 정권의 영광을 다룬 연작소설을 발표해 커다란 성공을 거두었다.

중국 문화혁명의 구호들이 북한을 감염시킬지도 모른다고 두려워했던 김일성은 1966년부터 총인구조사를 진행시켰다. 목적은 전 인민을 3개의 카테고리, 즉 충성스러운 지지자와 온건 세력 그리고 반대파로 분류하는 것이었다. 이러한 분류는 여러 가지 요인들, 가령 개인적 능력, 정권에의 필요성, 간부들의 후원 여부 등을 고려해 50여 가지 하위 카테고리로 세분되는 복잡한 과정에 의해 확정되었다. 그러나 모든 사항 중에서 가장 중요한 것은 바로 출신 가정이었는데, 그것은 집단이 언제나 개인에 우선하기 때문이었다. 김일성은 "우리는 전체가 붉은 토마토와 겉만 붉은 사과 그리고 절대 붉어질 수 없는 포도를 구분해야 한다."고 종종 말하곤 했다.

김일성의 동생 영주에 의해 체계화된 이 시스템은, 이미 1957년 봄에 노동당을 샅샅이 조사해 수만 명의 당원을 축출했으며, 이제는 그 대상을 전 국민으로 확대 적용하고자 했다. 이 분류로 식량배급 우선권을 비롯해 주택 배당과 평양에 거주할 수 있는 권리, 대학 입학과 직업 선택 자격, 그리고 행정기관에서 일할 수 있는 기회 등 모든 것이 결정되었다. 군대와 당 요원들은 당연히 전 국민의 5분의 1에 해당하는 지지층에서 선발되었다. 중요 요직은 만주에서 김일성과 함께 싸웠던 항일 게릴라 출신 귀족들이 독점했다. 5분의 3에 해당하는 일반 인민들은 미온적인 층으로 분류되어 행정부의 요직과 특권으로부터 배제되었다. 반대파 혹은 반대파로 추정되는 집단은 대대로 배척받는 천민으로 살아야 했다. 친일 부역자와 지주의 후손 또는 김일성에 동조하지 않은 사람들은 아버지에서 아들로 그 죄과가 상속되었다. 1972년 김일성은 "반대파는 누구를 막론하고 3대에 걸쳐 제거되어야 한다."고 강조했다. 히틀러 역시 자신의 목숨을 노린 암살 기도가 발생한 뒤 국가의 안정을 해치는 범죄에 대해 가문의 연대 책임을 묻는 연좌제를 도입한 바 있다. 그러나 1944년 여름 당시, 히틀러는 궁지에 몰린 독재자로 김일성과는 처한 상황이 달랐다.

이러한 신분제 시스템을 유지하기 위해서는 엄격한 규율이 필요했다. 군대는 문제가 전혀 없는 사람들로 징집해야 했으며, 비밀경찰의 수도 늘려야 했다. 밀고가 권장되는가 하면, 사람들은 아주 작은 구실에도 일제 시대의 불길한 감옥을 연상시키는 강제수용소로 이송되었다. 또한 여론의 두려움을 불러일으키기 위해 주기적으로 은총과 숙청의 게임이 벌어졌다. 1967년 5월, 새로운 숙청의 바람이 노동당에 몰아쳤다. 놀랍게도 현직 총리이자 백두산 발치의 갑산에서 항일운동을 벌였던 박금철이 전격 고발되었다. 그는 명망이 높고, 수많은 찬양 기획물의 주인공이며 자신에게 헌정된 영화까지 가지고 있었다. 그러던 그가 잠재적인 정권 계승자 명단에 이름이 오른 것이다. 김씨 일가, 특히 이 수사에 관여했던 김정일에게 이것은 용납될 수 없는 일이었다. 당파주의로 고발당한 후 박금철은 면직과 동시에 체포되었다.

몇 달 후, 박금철과 연관된 당과 정부의 주요 간부들 수천 명 역시 전속되거나 강등되었다. 이듬해 봄, 숙청은 군대로까지 확산되었다. 수백 명의 고위급 장교들이 관료주의적 나태에 빠져 남한과의 경쟁에 소극적인 자세를 보였다는 혐의로 해고되었다. 이렇게 숙청된 사람들의 자리는 김일성의 충신 중 충신인 최현과 연형묵 등이 차지했다. 또한 동생 영주에 의해 다듬어진 '당의 유일사상체계 확립을 위한 10대 원칙'은 결국 당과 군의 도그마가 되었다. "위대한 수령 김일성 동지의 혁명 사상으로 온 사회를 일색화하기 위하여 몸 바쳐 투쟁하여야 한다.", "위대한 수령 김일성 동지를 중심으로 높이 우러러 모셔야 한다.", "위대한 수령 김일성 동지의 권위를 절대화하여야 한다." 등이 대표적인 보기이다.

그러나 자신의 정치적 목적 달성을 위해 벌인 이러한 총체적인 전쟁 분위기 조성은 막대한 경제적 비용을 치러야 했다. 심지어 그것은 거의 통제의 범위를 넘어서기까지 했는데, 특히 미국의 위협에 대응하기 위해 북한이 탱크와 전투기, 헬리콥터, 전함 등 첨단 장비들을 개량하기로 결정하면서 군사비용은 걷잡을 수 없이 늘어났다. 게다가 군사 장비들을 위해 비생산적인 사회간접시설, 이를테면 벙커와 지하시설, 비밀 통신망, 산악지대에 숨겨진 공장 등을 구축해야 했기에 국방비는 더 한층 치솟았다. 결국 정치적, 군사적 과시를 위해 북한은 스스로 파산의 길로 들어선 것이다.

더군다나 이러한 전체주의는 김일성을 보수적 퇴영주의로 이끌었다. 그는 근본적으로 전쟁 경제만 알았다. 한국의 식량과 천연자원, 노동력을 파렴치하게 착취했던 일제의 식민 경제를 떠나, 밀수와 약탈로 생존했던 만주 항일독립군 시절의 게릴라 경제를 넘어, 품질과 가격 경쟁력 따위는 무시한 채 오로지 자본주의 국가들과 경쟁하기 위해 극단적으로 중공업화된 냉전 치하의 경제를 건설했다. 북한을 군대의 통치하에 놓아두었다. 그는 어떠한 변혁도 생각하지 않고 게릴라로, 전쟁 사령관으로, 스탈린식으로 행동하기를 고수했다. 그는 투자를 염두에 두지 않고 소비했으며, 판매를 걱정하지 않고 생산했다. 당시까지는 이러한 시스템이 작동할 수 있었다. 하지만 언제까지? 평양의 용은 너무도 강하게 포효한 나머지 이제 목이 쉬어가고 있었다.

12. 군주

대관식

1972년 4월 15일, 김일성은 이제 60세가 되었다. 10여 년 전부터 그의 생일은 이미 대중적인 축하의 장이 되었지만, 이번에는 특별한 의미가 있었다. 한 세대에 해당하는 30년의 두 번째 순환이 끝나는 시점의 이 행사에 상징적인 효과를 부여하기 위해 정권은 생일 축하를 '공식적인 국가 행사'로 진행할 것을 결정했다. 거대한 규모와 장엄한 분위기의 연출을 위해 그들은 이전의 축하 행사보다 두 배 이상의 열정을 쏟아부었다. 북한 전역에서 최고 수령의 동상이 깨끗하게 씻겨지거나 혹은 새로 세워졌다. 특히 이 행사에 맞춰 청동으로 만든 22m의 동상이 혁명기념관 맞은편의 만수대 위에 세워졌는데, 이후 평양의 모든 시민은 정기적으로 이 동상에 참배하도록 강요되었다. 당시 떠돌던 소문에 의하면, 중국은 이 거대한 동상이 무너져내릴 것이라며 마지막 순간까지 반대했다고 한다.

그해 말에는 이러한 분위기에 맞춰 헌법이 개정되었다. 1972년 12월 27일, 새로 개정된 사회주의 헌법은 그때까지 수상이었던 김일성에게 공화국의 대통령에 해당하는 국가 주석직을 위임하기로 만장일치로 결정했다. 마침내 공식적으로도 정부의 최고 수장이 된 것이다. 이러한 열광적 분위기 속에서 노동당 역시 김일성에게 당 총비서라는 독점적인 권한을 부여했는데, 이로 인해 그는 중앙위원회나 정치국의 간섭을 더 이상 받지 않게 되었다. 군부 또한 그때까지 오로지 전시에만 주어지던 최고사령관의 지위를 그에게 수여함으로써 그는 고위 장성들을 임명하는 국방위원회에서 전권을 휘두르게 되었다. 정부와 당, 군의 수장이 된 김일성은 바야흐로 북한에서 어떠한 반대파나 견제세력도 없는 최고 권력을 보장받았다. 여기서 강조해야 할 점은 그것이 임기가 없는 종신직이라는 사실이다.

김일성에게 모든 권력은 오로지 자신에게만 귀결되는 것이었다. 그는 1945년 이후 그것을 꿈꾸었으며, 자기 주변의 경쟁자들을 차례차례 숙청시킨 후 마침내 그 목표를 달성했다. 이러한 권력 집중은 주변 상황이 급격하게 변했기 때문에 그에 맞춰 이루어진 것이었다. 1968년 이후 북한 정권은 통계수치 발표를 중단했다. 우리는 물론 그 이유를 예측할 수 있는데, 그것은 경제성장률이 10% 이하로 급격하게 떨어졌기 때문이다. 북한호는 서서히 흔들리고 있었지만, 어느 누구도 감히 선장을 비난하지 못했다. 이와 반대로 남한은 경제성장을 거듭하고 있었다. 서울은 1974년에 처음으로 평양과 같은 성장률을 보였으며, 그 다음해엔 그것을 앞질렀고, 이후 남북한의 격차는 더욱 벌어졌다. 이렇게 역전된 상황에 어떻게 대처할 것인가?

냉전 치하의 소모전이 어떠한 소득도 없이 끝나자 김일성은 방향 전환을 시도했다. 긴장 완화의 시기가 도래한 것이다. 리처드 닉슨 미국 대통령이 1972년 2월, 마오와의 역사적인 만남을 위해 베이징을 방문한데 이어 5월에는 모스크바를 방문해 브레즈네프 서기장과 핵무기 재고 감축을 위한 회담을 가졌다. 또한 동·서 독일은 1969년 이래로 지속적인 대화를 통해 12월에 체결될 역사적인 상호 승인조약을 준비하고 있었다. 이러한 흐름에 한반도가 참여하지 못할 이유가 있겠는가? 1972년 7월 4일, 김일성은 상호 간의 평화적 대화를 위한 역사적인 남북공동성명에 박정희와 함께 서명하도록 동생 영주를 서울에 전격 파견했다. 이제 김일성은 북한 최고의 권력자이자 동시에 평화의 전도사가 되었다. 박정희 역시 마찬가지였다. 1972년 10월, 그는 유신체제를 선언하고 남한에 새로운 헌법을 강요하면서 모든 반대파의 입을 틀어막았다. 두 한국은 대화를 시작했지만, 그것은 독재자들 사이의 대화였다.

그러나 김일성은 완전한 권력에도 불구하고 독재자로 만족하지 않았다. 그가 스탈린 사후 벌어진 탈스탈린운동을 목격했듯이, 종신으로 되어있는 그의 권력도 그의 죽음과 함께 소멸될 것임을 깨달았기 때문이다. 그는 점차로 그의 정치적 유산이 훼손되지 않고 계승될 수 있는 시스템을 꿈꾸게 되었으며, 결국 자연스럽게 군주제로 기울었다. 최초의 영감은 그가 그토록 증오하는 만큼 매혹되어 있던 일본이었다. 천황 특권을 재정립한 메이지 유신이 일본을 세계 열강과 어깨를 나란히 하는 강대국으로 만들지 않았던가? 의식적이든 아니든, 그는 일본으로부터 영향을 받았다. 거대한 궁전과 백마를 좋아하는 그의 취향, 그리고 김일성화의 상징적 문장 등은 일본의 왕좌를 연상시킨다.

김일성과 캄보디아의 왕 노로돔 시아누크의 관계 역시 하나의 계시처럼 보였다. 1970년, 왕위에서 축출되어 베이징으로 망명한 시아누크는 평양을 정기적으로 방문했으며, 김일성의 친서를 서울에 전달하는 역할을 맡기도 했다. 크메르 루주군의 피로 물든 독재기간 동안 왕위에 복권되었던 그는 1979년에 또다시 쫓겨나 이번에는 평양에 거주하며 신병치료를 받았다. 1993년, 세 번째로 왕위에 복귀한 시아누크는 2012년 10월, 사망할 때까지 평양의 중요 지지자로 남았다. 어쩌면 그저 단순한 친분관계였는지 모른다. 그러나 김일성은 이 캄보디아 왕의 파란만장한 운명, 여러 번의 양위에도 불구하고 절대 사라지지 않는 그의 군주적 위상에 매혹되었음이 분명하다.

김일성은 더불어 마오쩌둥의 중국을 불안한 시선으로 관찰했다. 중국의 위대한 주석은 나이가 들면서 숭배받는 전지전능한 우상으로 변모되었다. 마오는 1967년 10월에 사망한 중국의 마지막 황제 푸이에 지대한 관심을 가졌다. 심지어 그에 대한 전기를 쓸 생각까지 했지만, 감히 왕조를 세울 생각은 하지 않았다. 결국 그의 사후 중국 권력의 계승 과정은 난장판이 되었다. 이러한 상황을 피하기 위해 김일성은 획기적인 발상의 전환이 필요하다고 생각하지 않았을까? 물론 지난 5세기 동안 한국을 다스린 이씨 왕조에는 자손들이 있었다. 그러나 일본의 침략에 철저히 무력했으며, 심지어 일본 제국주의에 협력했다는 의심까지 받았던 그들에게 많은 한국인들은 등을 돌린 상태였다. 한국인들은 이씨 왕조가 '하늘의 위임을 상실'했으며, 이제 새로운 왕조가 자신들을 구원하기 위해 출현할 것이라고 생각했다. 김일성은 이러한 새로운 왕조 건설에 적합한 인물처럼 보였다. 그는 비록 직접적으로 언급하지는 않았지만, 북한 인민들에게 그것을 분명하게 이해시켰다. 평양 정권은 조선의 이름을 다시 세울 것인가? 단군의 신비스러운 왕국을, 아니면 이씨 왕조의 조선을?

사회주의 공화국을 전제적 군주제로 변모시키는 것은 쉽지 않은 도전임이 분명했다. 이념 자체에 모순이 있기 때문이다. 1970년에 출간된 북한과학원 백과사전은 "세습적 계승은 몇몇 지위가 법적으로 승계되는 착취적인 사회의 반혁명적인 관습이다. 원래 노예사회의 산물인 이 제도는 이후 지방 봉건귀족들에 의해 독재적인 기능을 영속화하기 위한 수단으로 적용되었다."라고 명시하고 있다. 어떻게 할 것인가?

결국 세습적 권력 승계에 대한 소문은 조심스럽게 부인되었다. 외국에서 북한의 외교관들은 그러한 소문을 미국의 중상모략이라고 주장하며 오히려 분개했다. 미국이 과거에는 김일성이 가짜라는 소문을, 지금은 그가 왕이 되려 한다는 소문을 퍼트리고 있다는 것이다. 그러나 진짜 내막은 왕조적 계승 방식에 반대하는 고위급 인사들이 반혁명분자로 몰려 숙청된 것을 숨기기 위한 것이었다.

　모든 비난을 간단히 일축하고, 자신의 목적을 달성하기 위해 김일성은 결국 인민들에게 호소하는 방법을 택했다. 그 자신이 직접 군주제의 염원을 언급한다면, 누구도 거기에 반대하지 않을 것이다. 나폴레옹이 황제가 되기 위해 1804년에 했던 것처럼, 김일성이 헌법 개정을 요구하는 것은 있을 수 없는 일이었다. 결국 남은 방법은 김씨 일가에 대한 개인 숭배를 도구로 사용하는 것이었다. 이를 위해 거대한 규모의 프로파간다가 조직되었다. 그것은 민주주의에 익숙한 서양인들에게는 이성에 대한 도전으로 비춰졌다. 이제 모든 언론은 더 이상 김일성을 그냥 김일성이라 부르지 않고, 최고의 수식어를 덧붙여 '"인류의 희망", "사상의 최고봉", "만 가지 재능의 천재", "억압받는 인민들의 붉은 태양"'이라 불렀다.

　학교든 공장이든 사무실이든 영화관이든, 심지어 결혼식과 장례식에서조차 모든 일정은, 1965년 이래로 사실상 국가를 대신하고 있는 김일성 찬가로 시작되었다. 그의 삶과 행동, 잠언 등은 대학에서 연구되었으며, TV와 언론을 통해 경건하게 설명되었다. 그가 살았던 장소는 물론, 심지어 그가 잠시 스쳐간 자리마저 박물관으로 빠르게 전환되었으며, 후에는 성지화되었다. 또한 그의 이름이 백두산 정상에 거대한 글자로 새겨졌다. 그의 초상은 공공장소는 물론 일반 가정집에, 은행 지폐에, 우표에, 신문 첫 페이지에 등장했다. 1972년부터는 김일성의 초상이 새겨진 배지 착용이 강제되었는데, 사회 계층에 따라 크기와 색깔이 달랐음은 당연했다. 심지어, 전혀 믿을 수 없는 소문이지만, 평양의 동물원에 있는 앵무새에게 모든 언어로 "김일성 만세!"를 가르쳤다는 이야기도 있다.

그러나 이러한 지속적인 아첨은 단지 평양판 빅 브라더의 과대망상적인 자아를 만족시키기 위한 것만은 아니었다. 또한 속아 넘어가는 사람도 많지 않았다. 역설적이게도 이것은 김일성을 범속화하기 위한 것이었다. 매일 그를 보는 것을 당연하게 만들고 거울을 보듯 습관적인 일로 만들어서 그를 북한의 상징처럼 생각하도록 말이다. 엘리자베스 2세가 영국인들의 일상에 녹아들 수 있었던 것도 언제 어디서나 그녀의 얼굴과 인장이 보였기 때문이었다. 그녀는 언제나 일상 속에 있었으며, 그럼으로써 국가의 상징이 되었다. 그 역할에 의구심을 표하는 사람은 아무도 없으며, 그것에 놀라는 사람 또한 아무도 없다.

구역질 나도록 범람하는 북한의 정치선전에는 다른 목적이 있을 수 없다. 아첨꾼 중의 아첨꾼인 백봉이 1970년에 쓴 세 권짜리 김일성 전기[6]가 고급스럽게 장정되어 모든 가정에 비치되었다. 모든 그림, 영화, 소설, 신문 기사에 그가 등장하며, 거리 모퉁이마다 김일성의 동상과 벽화가 세워졌다. 김일성은 이제 더 이상 평범한 지도자가 아니며, 도달할 수 있는 최고 수준으로 승격된 것이다. 그는 북한 사회주의의 알레고리이자 그 자신이 곧 북한이 되었다. 이것이야말로 그가 궁극적으로 지향한 목표였다. 그것은 단순히 한 국가의 지도자가 되는 것보다 훨씬 더 고차원적인 장치다. 결국 그는 자기 자신을 국가 자체로 구현한 것이다.

---

6) 역주: 백봉 1968 《민족의 태양, 김일성 장군》 *The Sun of The Race, Marshal Kim IL-sung*, 평양 인문과학사.

계승

비록 김일성이 왕조를 꿈꾸었다 해도 후계자가 자동으로 정해지는 시스템을 생각한 것은 아니었을 것이다. 선왕의 죽음과 동시에 장남 혹은 장녀가 당연하게 왕이 되는 근대적 군주제는 그와 맞지 않았다. 처음에 그는 로마제국의 방식, 즉 군주가 가문의 모든 후보 중에서—심지어 입양을 해서라도—자유롭게 자신의 후계자를 선택할 수 있는 그런 시스템을 선호했다. 트라이아누스에서 디오클레티아누스에 이르는 로마제국 시기와 비잔틴제국의 바실레우스들, 러시아의 표트르 대제 그리고 청제국의 서태후 등이 이러한 방식을 사용했다. 그렇다면 평양이 못할 이유는 무엇인가?

사실, 여러 가능성이 김일성에게 있었다. 예컨대 그는 자신의 첫 동료 중 하나였으며, 김씨 일가의 확고한 지지자인 오진우 장군이나, 1972년 12월에 내각 총리로 취임한 자신의 오른팔 김일 등과 같은 최측근 인물들 중에서 한 명을 선택할 수 있었다. 아니면 쿠바의 방식처럼, 만주 시절부터 김일성의 옆자리를 차지하고 있던 동생 영주를 지명할 가능성도 있었다. 그가 만약 젊은 세대를 선호한다면 자신의 세 아들, 즉 정일과 평일, 영일 중의 한 명을 후계자로 삼을 수 있었다. 하지만, 1972년에 출생한 현남을 비롯해 소문에 따르면 여러 명 있는 것으로 알려져 있는, 김일성의 다른 아들들은 고려의 대상이 아니었다. 그들은 사생아였고 공식적으로는 존재하지 않았다.

그리고 비록 김일성이 고려했지만 가족 밖의 인물을 선택하는 방식은 곧바로 제외되었다. 그의 충직한 지지자들은 모든 권위가 김일성으로부터 나오기 때문에 그가 없으면 자신들은 아무런 정당성을 가질 수 없다는 사실을 잘 알고 있었다. 결국 오진우를 비롯한 정부 각료들은 가족 승계 방식을 지지했다. 김영주 또한 곧 후보 리스트에서 삭제되었다. 비록 그가 김일성의 보호 아래에 있었지만, 이 8살 연하의 동생에게 김일성은 특별한 친밀감을 갖고 있지 않았다. 소련에서의 유학 경험은 그를 특징 없는 기술 관료로, 또한 전략적 감각이 부족한 지식인으로 만들었다. 특히 1967년, 그는 노동당이 채택한 '유일사상체계 확립을 위한 10대 원칙'을 자신이 만들었음에도 불구하고 군주제적 승계 문제에 대해서는 유보된 입장을 표명했었다. 당연히 그는 점차 신용을 잃게 되었고, 왕이 되지 못한 조선 시대의 왕자들처럼, 수도 평양을 떠나 20년 동안 귀양살이를 해야만 했다. 결국 김일성의 공식 아들들만이 후보자로 남게 되었다.

이제 모든 사람은 오랫동안 모범적이고 헌신적으로 승계를 준비해온 장남 김정일을 낙점자로 예상하게 되었다. 그러나 아버지 김일성은 이 엉큼한 아들, 겸손하지만 고집 세고, 내성적이며 의심 많은, 작은 키에 나이가 들면서 둥글둥글해지는 이 젊은 아들을 인정하는데 어려움을 겪고 있었다. 게다가 1964년, 대학 졸업과 동시에 김정일은 갑자기 탈선의 길로 들어섰다. 자신의 지위가 가져다주는 용이함을 이용해 그는 자동차와 팝 문화, 독주, 그리고 쉽게 얻을 수 있는 처녀들이 주는 쾌락을 발견한 것이다. 결국 그에 대한 염문이 사람들의 입에 오르내리기 시작했다. 먼저 당시 대학생이었던 홍일천과의 사이에서 1968년에 혜경이라는 딸이 태어났다. 그 다음엔 영화배우 성혜림이 1971년 5월, 김정일의 첫 아들 김정남을 낳았다. 화가 난 김일성은 즉시 근신을 명령했으며, 결국 김정일은 삼촌인 김영주의 주선에 따라 당에 들어가 그곳에서 조직지도부와 선전선동부의 업무를 교대로 맡게 되었다.

비록 13살이나 아래였지만, 동생 평일은 막강한 경쟁자로 떠올랐다. 이 명석하고, 친절하며, 미남인 동생에 대해 사람들은 같은 나이 때의 김일성과 혼동할 만큼 닮았다고 증언했다. 1972년 말, 고등교육을 마친 그는 곧바로 군사학교에 입학했으며, 그곳에서 가장 큰 찬사를 받았다. 군사학교 졸업 후 대대장으로 임명된 그에게 찬란한 경력이 준비되어 있음은 물론이었다. 특권층 자제들 중에서 선발된 그의 동료들은 그를 경배했다. 심지어 그에 비해 생기없고 겸손한 동생 영일마저 그를 존경하고 마치 그림자처럼 뒤를 따라다녔다. 이제 평양 전체가 소근거리기 시작했다. 김일성이 가장 사랑하는 아들은 평일이라고.

평일에게는 유리한 점이 또 하나 있었다. 평일은 당시 김일성의 아내로 권력의 절정을 맛보고 있던 그의 어머니 김성애의 지지를 받고 있었다. 1965년 이후 조선민주여성동맹 위원장이며, 1970년 이후 중앙위원회 위원인 그녀는 1968년부터 사실상 중화인민공화국의 수장 역할을 하고 있는 쑨원의 부인 쑹칭링을, 나아가 마오쩌둥의 부인으로 막강한 권력을 휘둘렀던 장칭을 꿈꾸고 있었다. 북한의 영부인 역할을 신중하게 떠맡은 그녀는 책들을 출간하고, 공장들을 방문했다. 1971년 8월, 노로돔 시아누크 왕이 평양을 방문했을 때 김일성의 옆자리에는 그녀가 앉아 있었다. 그녀는 자신의 장남을 승진시키기 위해 어떤 일도 불사할 준비가 되어있었다. 정권의 핵심 요직을 차지하고 있던 김일성의 옛 동료들인 만주파를 몰아내고 후세대인 전문 기술관료들, 특히 자신의 동생들이 그 자리를 차지하게 할 방법을 강구하기에 이르렀다. 심지어 그녀는 이미 기억에서 잊힌지 오래인 김일성의 어머니 강반석을 재평가하기 위해 감히 김정일의 어머니인 김정숙을 비난하기에 이르렀다.

김일성은 헌신적이지만 시골 농군 같은 아들과 자신을 닮은 멋쟁이 장교 아들 사이에서 상당히 주저했다. 1970년 상반기에 그는 영어 공부를 시키기 위해 김정일을 몰타로 유학 보냈다. 좋은 징조가 아니었다. 그러나 1971년 4월, 백두산 기념행사에는 김정일을 대동했다. 김정일이 백두산에서 태어났다는 전설이 탄생하는 계기도 이때 만들어졌다. 언뜻 장남이 은총의 수혜자로 결정되는 것처럼 보였지만, 게임은 아직 끝나지 않았다. 여전히 망설이고 있던 김일성은 심지어 군대는 평일에게, 당은 정일에게 그리고 정부는 영일에게 일임하는 권력의 삼분 계획에 눈을 돌렸다. 이 이상한 왕조적 삼두정치 구상에서 우리는 당과 군을 중요시하고 행정 업무는 과소 평가하는 김일성의 태도를 엿볼 수 있다.

1972년, 김일성이 60세가 되던 해에 김정일은 마침내 결정적인 점수를 획득했다. 김성애의 친구들과 동생들이 부패 혐의로 차례로 체포된 것이다. 김일성의 생일 축하 행사 동안, 정일의 동생 경희가 공식 석상에서 눈물을 와락 터트렸는데, 그 이유는 자신의 계모가 어머니인 김정숙의 영웅적 이미지를 더럽히려 한다는 것이었다. 이 마지막 사건은 김일성이 결심을 굳히는 계기가 되었다. 그는 공식적으로 자신의 두 번째 부인을 비난했다. 평일은 여전히 자신의 운명을 믿었지만, 자신의 최대 지지자인 어머니를 잃었다. 1972년 10월, 김일성은 정일을 당중앙위원회 위원으로 임명했다. 이것은 달리는 말에 채찍질을 하는 결과가 되었다. 1974년 2월, 그는 김정일을 자신의 계승자로 낙점했지만, 이미 소문이 널리 퍼졌음에도 불구하고, 그 결정의 공식적인 발표는 유보되었다. 여론이 그 결정에 적응할 시간이 필요했기 때문이었다. 그러나 김일성의 결정은 단호했고, 더 이상의 논의를 엄금했다.

이 같은 결정에는 여러 요소가 복합적으로 작용했다. 먼저 김정일의 완벽한 충성심과 복종을 꼽을 수 있다. 정치선전은 그의 헌신을 유교적 모범으로 치켜세웠다. 증언에 의하면 그는 매일 아침 아버지에게 아침 인사를 드리기 위해 가장 먼저 일어났고, 밤에도 인사를 마치고 가장 늦게 잠자리에 들었다고 한다. 또한 하루는 그가 매미 수백 마리를 잡아 죽였는데, 매미 소리가 김일성의 오후 휴식을 방해하기 때문이었다고 한다. 심지어 그는 아버지의 만족을 위해 자기 희생도 주저하지 않았다. 1973년 10월, 김일성은 청진 지역 고위급 장교의 딸 김영숙을 그의 배필로 선택했다. 당시 여배우 성혜림과 열정적인 관계를 맺고 아들까지 두고 있던 김정일은 아버지의 명령에 복종했다. 그는 자신의 애인과 아들을 멀리하고 순순히 김영숙과 결혼했으며 1974년 딸 설송과 1976년 딸 춘송을 낳았다.

그러나 가장 결정적인 요소는 김정일이 갖고 있는 백두의 정통성임이 분명하다. 항일투쟁 당시 만주의 게릴라들은 그의 어머니 김정숙의 동료였으며, 그의 출생을 목격했고, 어린 그를 마스코트로 사용하는 등 그와 깊은 유대관계를 맺어오고 있었다. 특히 그들이 당시 군과 당의 주요 요직을 장악하고 있는 상황이었기에 김정일은 자신이 승계자가 됨으로써 모든 것이 전과 같이 지속될 것이라는 사실을 아버지 김일성에게 증명할 수 있다고 생각했다. 심정적으로 김일성은 김평일을 선호했을지 모른다. 그러나 평일을 선택하는 것은 많은 위험, 즉 정국의 변화와 혼란, 심지어 혁명을 불러일으킬 수 있었다. 반면 정일에게서는 안정과 확신, 그리고 연속성을 보았다. 김일성은 자신의 정치적 유산이 지속되기를 바랐으며, 김정일의 계승으로 자신의 준거와 전례, 정통성의 원천도 유지될 것이라는 사실을 이해했다. 이성이 감성에 승리한 것이다.

위풍당당

군주제는 또한 화려하고 사치스러운 생활 방식의 문제다. 김일성도 그것을 모르지 않았다. 한국전쟁이 끝나자마자 그는 더 호화로운 관저들을 더 많이 건설하기 시작했다. 이러한 사치스러운 저택들은 같은 장소에서 절대 이틀 밤을 보내지 않던 게릴라 시절의 습관을 유지하기 위해서였다. 이러한 작업들은 그의 안전과 관련된 사항이었기 때문에 모두 비밀리에 진행되었다. 그러자 온갖 허무맹랑한 소문들이 퍼져나가기 시작했다. 소문에 의하면 김일성은 각각의 도시에 궁전을, 그리고 평양의 각 구역마다 관저용 아파트를 가지고 있으며, 셀 수 없이 많은 지하 피난처를 소유하고 있었다. 또한 모든 거처에는 일상생활에 필요한 공간은 물론 영화관, 수영장, 사우나, 수술실 등이 갖춰져 있으며, 전부 고급 대리석과 금 도금, 그리고 귀한 목재들로 꾸며져 있다고 한다. 사실인가? 날조된 이야기인가? 최첨단을 자랑하는 정보력에도 불구하고 오늘날까지도 정확한 사실 관계는 파악하기 어렵다. 그러나 한 가지 확신할 수 있는 것은 이러한 온갖 허무맹랑한 소문이 막대한 재산이나 권력을 소유한 사람들에 대한 상상에서 나온다는 것이다. 김일성 자신이 수많은 신비에 둘러싸여 있는 인물이니 이런 소문은 어쩌면 당연한 것이었다.

이러한 벼락부자에게 향할 법한 광기도 김일성에게는 충분하지 않았다. 그는 자신을 아랍의 에미르같은 지방 태수가 아니라 재건된 국가의 왕으로 생각했기 때문이다. 그가 남한을 정복하기로 결정했을 때 아마도 그는 14세기 초, 한성을 세운 조선의 개국조 태조를 상상했을 것이다. 그렇기 때문에 전쟁으로 철저히 파괴된 평양도 그에게 별로 영감을 주지 못했다. 그는 평양을 일종의 배후기지로 구상했으며, 규모가 큰 군사캠프처럼 건설했다. 사무실과 주거 빌딩에 둘러싸인 직선의 대로들은 거대한 광장으로 통했으며, 군대가 용이하게 훈련하고 작전을 수행할 수 있도록 만들었다. 여가활동에 필요한 시설들, 이를테면 몇몇 공원과 1959년에 문을 연 동물원, 김일성광장 옆의 1963년에 준공된 어린이 궁전 등이 들어섰지만, 어떤 것도 장관을 연출하지 못했다. 당시 외교관들은 이구동성으로 평양을 죽어가는 슬픈 도시라고 언급했다.

그러나 1972년 모든 것이 변하기 시작했다. 김일성이 서울을 포기한 것이다. 새로운 헌법이 평양을 공식적인 수도로 명시한 것이다. 그제서야 그는 평양을 자신의 영광을 구현하는 도시로 변모시키기 시작했다. 한때 그는 평양을 자신의 이름을 딴 도시로 개명할 생각을 갖고 있었다. 우르가가 몽고 혁명의 영웅인 담딘 수흐바토르의 이름을 따 울란-바토르가 된 것처럼, 혹은 사이공이 호치민시로 바뀐 것처럼 말이다. 그러나 한민족 최초의 왕국 고조선의 수도이자, 한민족 최대의 왕국 고구려의 수도였던 평양의 과거 영광스러운 이미지를 고려해 김일성은 그 계획을 철회했다. 게다가 김일성광장을 필두로 김일성대학, 김일성경기장, 김일성다리 등 이미 그의 이름은 도시에 차고 넘쳤다.

스타일 역시 환골탈태하기 시작했다. 멋도 특색도 없었던 기존 건물들은 보수되거나 새로 지어졌다. 대로변에는 가로수들이 심어졌고, 광장들은 정권과 수령의 영광을 찬양하는 동상이나 예술작품들로 장식되었다. 전력망을 현대화하고 운송망을 개선하기 위해 그는 유럽의 동맹국들로부터 막대한 채무를 끌어왔다. 그것들은 여전히 채무불이행 상태다. 특히 주목할 변화는 금수산궁전의 건설일 것이다. 1977년에 집무용으로 지어진 이 거대한 궁전은 현재는 김일성과 김정일의 시체를 보관하는 추모기념관으로 사용되고 있다.

새로운 평양의 첫 번째 획기적 변화는 과장되고 편집증적인 정권의 이미지를 답습한 지하철 준공이라고 할 수 있을 것이다. 김정일이 아버지 김일성을 설득해 추진한 이 지하철 공사는 모스크바와 베이징으로부터 화해의 뜻으로 받은 막대한 지원으로 시작되었으며, 5년의 공사기간 동안 대동강 아래의 터널이 무너져 수백 명의 인부가 사망하는 등 수많은 난관을 뚫고 완성되었다. 1973년 9월 6일의 개통식에서 김일성은 커다란 만족감을 느꼈다. 그가 사용했던 안전모는 지금도 철도박물관에 지성스럽게 보관되어 있다. 도쿄는 1927년에, 베이징은 1969년에 지하철을 개통시켰지만, 서울에는 여전히 지하철이 없었다. 평양 지하철은 대리석과 구리, 그리고 거대한 벽화로 장식되었으며, 스탈린이 그토록 자랑스럽게 생각했던 모스크바의 지하철만큼이나 웅장했다. 16개 지하철역의 이름은 당연히 최고사령관의 영웅적 행적들과 관련되어 있다. 예를 들어 천리마선으로 명명된 1호선에는 통일역, 승리역 등이 있고, 혁신선으로 명명된 2호선에는 광복역과 전승역 등이 있다. 이 지하철역들은 매우 깊게 파여져 완성되었기 때문에 평양 시민들은 만일의 경우 여기를 피난처나 지하 방어망으로 사용할 수 있었다. 또한 당시 떠돌던 소문에 의하면, 이 지하철과 평행을 이루는 비밀스러운 다른 노선이 있는데 그것은 공습을 당했을 경우 김씨 일가와 지배층이 모란봉의 군사 벙커로 이동하기 위한 것이었다. 혹은 만일의 소요와 폭동이 발생했을 때 비밀리에 도시를 떠나기 위해서 건설되었다는 것이다. 누가 알겠는가?

로마의 황제들처럼, 김일성도 시민들에게 빵과 여흥을 제공했다. 1970년, 백만 명이 넘어선 평양의 시민들은 가장 좋은 식량배급의 혜택을 받는 특권층이었다. 그 대신, 그들은 정권이 1961년 9월에 개시한 〈노동당의 시대〉라는 대규모 매스게임에 의무적으로 참여해야 했다. 그 후 근본적으로 시나리오와 미장센이 비슷비슷한 매스게임을 매년 평균 두

편씩 선보여야 했다. 5만 명 이상의 수용인원을 자랑하는 모란봉경기장에서 1969년에 열린 춤과 체조, 그리고 군사행진으로 이루어진 거대한 집단 군무에는 수천 명의 연기자들이 동원되었다. 관중들은 김일성의 초상이나 선동적 이미지, 슬로건 등을 표현하기 위해 인간 모자이크가 되어 카드섹션을 벌였다. 김씨 일가가 마치 종교행사를 주관하듯 이 행사에 모습을 드러내면, 관중들은 마치 무아지경에 빠지는 듯한 열광에 휩싸였다.

그러나 김정일은 그 이상을 염두에 두고 있었다. 그는 자신의 왕조적 승계에 걸맞은 위엄을 정권에 부여하고 싶어했다. 그는 어릴 때부터 영화에 매혹되어 있었으며, 가장 좋아하는 여가생활이었다. 정권은 전국에 걸쳐, 심지어 공장지대나 가장 외떨어진 마을에까지 영화관을 건설했다. 김정일은 그때까지 정치선전과 사회주의 아카데미즘에 완전히 매몰되어 있던 영화 장르를 근본적으로 혁신시키기로 결심했다. 또한 전쟁을 경험하지 않은 젊은 세대의 의식을 고쳐시키는데 새로운 경향의 영화가 효과적일 것이라고 확신했다. 1968년, 그는 나라 안의 모든 영화 스튜디오에 대한 지휘권을 거머쥔 채 선전선동국에 들어갔다. 공식 통계에 따르면 그는 1,724회에 걸쳐 촬영장을 방문하고, 배우들과 작가, 감독을 만났으며 또한 총 10,487회에 걸쳐 공식명령을 내렸다고 한다. 그는 또한 4·15 창조집단을 결성했으며, 당시 가장 유명한 영화감독으로 〈피바다〉를 촬영하고 있던 최익규를 찾아 격려했다. 일제 식민지 시절의 항일 독립투사들에 헌정된 3시간이 넘는 표현주의적 프레스코인 〈피바다〉는 그야말로 폭풍 같은 성공을 이끌어냈다.

여배우 성혜림과의 관계도 그의 열정을 증폭시켰다. 최익규 영화의 간판스타였던 그녀는 1962년의 〈온정령〉과 1963년의 〈백일홍〉 같은 영화에서 자신의 청춘을 불태웠다. 영화들의 대성공과 더불어 엄청난 대중적 인기와 함께 국가적 히로인의 자리에 오르게 되었다. 1970년 봄, 성혜림이 김정일을 만났을 때는 이미 33세로 그녀의 빛은 흐려지고 있었다. 그러나 그는 매혹당했다. 그녀는 이미 유명작가와 결혼한 상태였지만, 누가 그를 막을 것인가? 김정일은 그녀의 남편에게 이혼을 강요했으며, 결국 성혜림은 남편을 버리고 그와 함께 살기로 결정함으로써 그를 감격시켰다. 마침내 영화계를 장악한 그는 1973년, 진부한 영화 제작을 지양하기 위한 금언 선집 《영화예술론》을 출간하고, 북한의 모든 영화관계자에게 정독을 요구했다. 그에게 있어 영화는 신념의 문제였다.

이러한 영화에 대한 열정은 어디에서 온 것일까? 성혜림이 그에게 미친 열정인가? 혹은, 사람들이 말하듯 경극을 혁신하려는 중국 정부의 시도에서 영향을 받은 것인가? 어쨌든 김정일은 곧 〈피바다〉를 일종의 행위 영화로, 동시에 서정적이며 사회주의적이고 한국적인 새로운 장르의 오페라로 전환할 생각을 갖고 있었다. 최익규의 연출, 전통무용에서 영향을 받은 안무, 북한 국가를 작곡한 김윤균의 대중적 멜로디가 조화를 이룬 〈피바다〉는 1971년 7월, 평양에서 그 첫 번째 막을 올렸다. 김일성에게 헌정된 이 북한식 오페라는 그야말로 대성공을 거두었다.

열광한 청중들은 당연히 새로운 것을 요구했다. 그러자 최익규는 곧바로 작업에 들어가 1972년 11월, 이번에도 일제 시대의 한국 상황을 다룬 혁명가극 〈꽃 파는 처녀〉를 선보여 〈피바다〉의 성공을 되살렸다. 여세를 몰아 영화감독 박학은이 〈꽃 파는 처녀〉를 보다 강렬한 색깔과 드라마가 담긴 영화로 만들어서 북한 뿐 아니라 중국을 비롯한 전 세계 공산주의 국가들의 청중들을 열광시켰다. 이 영화의 주역 배우인 홍영희는 이제 새로운 성혜림이 되었다. 오로지 김일성의 초상만이 실릴 수 있었던 우표와 지폐에 그녀의 초상이 인쇄될 정도에 이르렀다. 김정일과 짧은 관계를 가졌음은 물론이다. 이후에 나온 혁명가극들, 즉 〈밀림아

이야기하라!〉, 〈당의 참된 딸〉, 〈금강산의 노래〉 등이 이전의 혁명가극과 같은 성공을 거두지 못한 것은 별 문제가 되지 않았다. 창조와 전통, 영화와 뮤지컬, 스펙타클한 매스게임과 궁정 오락을 합성한 이 독특한 북한식 오페라는 사회주의와 군주제를 아우르며 거듭나고 있는 북한의 이미지를 반영하고 있기 때문이다. 김정일의 승부수는 적중했다. 루이 14세가 이탈리아 음악가 룰리[7]를 소유하고 나서 진정한 왕이 되었듯이, 김정일은 이 북한 혁명가극을 완성함으로써 권력 후계자로 확정되었다.

---

7) 장-밥티스트 룰리(Jean-Baptiste Lully1632~1687)는 이탈리아 피렌체 태생의 작곡가로 춤을 좋아한 루이 14세를 위해 수많은 발레곡과 오페라를 작곡했으며, 루이 14세 통치기 내내 프랑스의 음악계를 지배했다.

13. 독자 노선의 기사

종이 호랑이

진실을 감추기 위해 평양은 김일성을 과도하게 찬양한 것인가? 정권의 가장에도 불구하고, 북한의 경제지표는 그들의 주장과 반비례적인 결과를 나타내기 시작했다. 1975년을 기점으로 그들의 경제성장률은 연 5% 이하로 떨어졌으며, 1980년대에는 심지어 마이너스 성장을 기록했다. 더불어 국제적인 상황 또한 악화일로에 있었다. 냉전 기간 동안의 과도한 군사비용으로 인해 경제가 경직되어 있던 소련과 문화혁명 이후 새롭게 조직되고 있던 중국 사이에서 공산주의 블록은 경제적 동력을 상실하고 있었다. 그 체계 내에서 이득을 취하고 있던 평양은 경제적 지지부진의 늪에 빠져들었다. 게다가 1973년 10월과 1979년 봄에 일어난 석유 파동으로 인한 에너지 가격 상승과 함께 진행된 1차 천연자원들의 가격 하락은 국제시장에서 북한 상품들의 가격경쟁력을 파괴했다. 해가 갈수록 해외 채무는 북한의 목을 졸랐지만, 그것을 상환하기는 더욱 더 어려워졌다.

그런데도 북한은 구조개혁을 시도하는 대신에 속으로 웅크린 채 위기가 지나가기를 기다렸다. 북한은 점점 더 적은 수익을 안겨주는 중공업에 여전히 기대를 걸고 있었으며, 4할에 해당하는 국가 재정을 군대에 할당했다. 결국 그들은 공장의 현대화, 철도망의 쇄신, 그리고 농업 생산의 향상에 필요한 소재—기계 부분을 희생시켜야 했다. 남한이 수출의 단계를 섬유와 가발에서 기계와 제철, 화학 등으로 전환하며 성공가도를 달리고 있을 때, 북한은 그 반대 방향으로 진행하고 있었다. 수요 부족으로 북한의 제철소가 작업 속도를 줄이고 있을 때 반대로 섬유공장들은 완전 가동상태로 작동하기 시작한 것이다.

이러한 악순환으로부터 탈출하기 위해 김일성은 1971년 말, 새로운 6개년 경제계획을 발표했다. 특히 소비재와 농업생산 촉진을 위해 균형 잡힌 계획과 뒤처진 기술의 개량을 강조했다. 1974년 4월 1일, 그는 자국민들의 소득 개선을 위해 모든 세금의 감면을 요란스럽게 발표했다. 해외에서는 이 선언에 감동을 받았지만, 북한이 국유화 경제인 점을 고려하면 이것은 아무 의미 없는 수사학에 불과했다. 과도하게 복잡해진 중앙 행정절차에 대한 비판의 의미로 김일성은 심지어 생산시설과 지방권력에 어느 정도의 자치를 부여했으며, 습관대로 수없이 많은 현장을 지속적으로 방문해 개혁을 격려했다. 1972년 10월, 그는 어느 협동농장을 방문한 자리에서 "이 경제계획이 끝났을 때, 우리 인민은 풍요로운 삶, 즉 기와로 지붕을 올린 집에서 풍족한 양의 쌀과 고기를 먹을 수 있고, 좋은 옷을 입는 생활을 영위하게 될 것"이라고 약속했다. 왜 안 되겠는가? 하지만 약속이라는 것은 오로지 그것을 희망하는 사람들에게만 중요한 것이다.

그는 또한 매년 '100일 관개운동', '200일 운송운동' 등 새로운 스타하노프식 생산성 증진 캠페인을 전개하며 천리마의 영혼에 간청했다. 결국 모든 인민이 총동원되었다. 협력자들은 밤낮으로 소집되었으며, 노동자와 간부들은 자신들의 작업장에서 잠들었고, 언론들은 성취된 결과를 자랑스럽게 소개했다. 그러나 일단 마라톤이 끝나면 그 열의도 다시 사그라졌다. 김정일이 아버지의 환심을 사기 위해 1975년 12월부터 휘두르기 시작한 사상적, 기술적, 문화적 3대 혁명의 붉은 깃발도 마찬가지였다. 몇 달 동안 전문가와 젊은 자원봉사자들에 둘러싸인 당 간부 분대가 노동자와 농민들을 격려하고, 노동 영웅들을 표창함과 동시에 불평세력을 규탄하기 위해 전국을 순례했다. 그럼에도 불구하고 경제성장률은 올라가지 않았다.

왜냐하면 그것은 시스템을 개선하려고만 할 뿐 시스템 자체를 바꿀 생각까지는 없었기 때문이다. 여전히 정부가 상업과 식량 분배의 독점권을 갖고 있었다. 특히 김일성은 시장을 마치 역병처럼 불신했다. 중국의 지도자가 된 덩샤오핑은 북한도 중국의 개방정책에서 영감을 받기를 바라며 1978년 9월, 평양을 방문했다. 그러나 김일성은 묵묵부답으로 일관했다. 비록 상황이 낙관적이지 못하다 해도 그는 정통 공산주의의 기수로 남을 것을 고집했다. 게다가 그것은 단순한 냉소도 아니었다. 1977년 12월, 동독의 수상 에리히 호네커가 평양을 방문했을 때 그는 "생활 수준이 높아질수록, 인민들은 사상적으로 더 게을러지며, 또한 행동을 포기한다."라고 단도직입적으로 잘라 말했다. 결국 인민들을 동원할 수 있는 경제적 어려움이, 그들에게 다른 생각을 품게 하는 좋은 환경보다 낫다는 것이었다.

김일성은 북한의 경제적 어려움 때문에 자신의 국제적인 명성이 손상되는 것에 오히려 더 신경을 쓰는 것 같았다. 모스크바와 베이징은 북한을 비용이 많이 드는 부차적인 동맹국 정도로 치부하며 무관심한 태도를 보이기 시작했다. 특히 1979년 12월, 소련이 아프가니스탄을 침공하면서 북한의 더 많은 요구에도 불구하고, 소련은 전과 동일한 수준의 에너지 지원만을 유지했다. 중국은 심지어 북한에게 중국과의 교역에서 외국 통화, 즉 현금으로 결제할 것을 요구하기에 이르렀다. 김일성은 이러한 요구에 충격을 받았다. 이념적 동맹의 이름으로 혈맹국들에게 원자력발전소 건설을 요청했지만, 모두 헛된 노력이었다.

결국 그는 자기 자신을 낮출 수 밖에 없었으며, 질보다는 양으로 눈을 돌렸다. 더 이상 사회주의자도 아니고 이념적으로 사귈 만한 상대도 아니지만, 인정 받고 싶어 안달이 난 각 대륙의 정치 지도자와, 요란하게 훈장을 단 국가 수장들이 평양을 방문했을 때, 김일성은 10년 전에 이미 구축했던 명성을 유지하려고 애쓰며 쾌활하고 여유 있는 태도로 이들을 환대했다. 최악의 폭군이었던 자이레의 대통령 모부투Mobutu는 1974년, 평양을 방문한 후 완전히 매혹된 채 귀국했으며, 자신의 나라에 김일성의 방식을 그대로 적용시킬 결심을 하기에 이르렀다. 리비아의 카다피Gaddafi와 '적도 기니의 유일한 기적'인 프란시스코 응게마 Francisco Nguema는(그의 딸은 그 후 북한으로 망명했다.) 김일성의 가장 열렬한 지지자이자 손님이었다. 사회주의 인터내셔널이 이제는 독재자들의 성스러운 동맹이 된 것이다.

사실 이러한 김일성의 행보는, 자신들의 경제적 성공에 들떠있던 한국인들의 관심을 끌지 못했다. 하지만 대통령 박정희는 여전히 평양을 목표로 삼고 있었다. 2년 전에 완성된 평양타워를 모방해 1969년 건설된 서울타워를 필두로, 평양의 지하철이 완공된지 1년 만에 서울의 지하철 1호선이 개통되었다. 김일성광장만큼 넓은 5·16광장이 서울 여의도에 들어섰고, 평양의 오디토리움과 쌍둥이처럼 닮은 세종문화회관 역시 개관되었다. 반면에 1974년에 재발한 국경지대 총격 사건과 DMZ 아래로 뚫고 들어온 땅굴의 발견은 박정희를 더욱 냉담하게 만들었다. 이러한 경쟁과 도발은 그들의 명예가 걸려있는 문제였다.

1975년 4월, 사이공을 무너뜨리고 완전한 통일을 달성한 하노이 정권의 승리와 미군의 베트남 철수에 김일성은 흥분했다. 자신의 시간이 다시금 찾아왔으며 베트남에서의 실패로 궁지에 몰린 미국이 자신의 남한 공격을 막을 수 없을 것이라고 믿기 시작했다. 하지만 모스크바와 베이징은 군사적 지원을 확보하기 위해 동서분주하는 김일성에게 한국전쟁의 재발과 같은 어떠한 모험도 허락하지 않을 것임을 단호하게 표명했다. 1979년 10월, 중앙정보부장에 의한 박정희 암살은 김일성에게는 마지막 절호의 기회처럼 보였다. 남한은 극심한 혼란 속에 빠져있었으며, 더불어 미국의 카터 대통령이 DMZ에 있는 미군 수를 4분의 1이나 감축하겠다고 선언했기 때문이었다. 그러나 북한 혼자의 힘으로는 절대로 승리할 수 없다고 생각한 중국과 소련은 김일성의 어떠한 제안에도 귀를 기울이지 않았다. 한국의 새로운 철권 지도자가 된 전두환은, 이전 정권이 사용했던 북풍작전을 똑같이 되풀이하며 북한 위협의 심각성을 과장하기는 했지만, 그 자신은 북한에 크게 신경쓰지 않았다. 그에게는 민주주의를 요구하는 학생들의 시위가 김일성의 허풍보다 더 큰 위협이었기 때문이다. 한때 평양의 용이었던 김일성은 이제 종이 호랑이 신세로 전락했다.

"주체 만세!"[8]

장 콕토Jean Cocteau는 소설 〈에펠탑의 신랑신부(Les Mariés de la tour Eiffel)〉에서 "이 미스터리들은 우리의 이해력을 초월해 있다. 그렇기 때문에 이해하는 대신 그것을 창조했다고 가장한다."라고 썼다. 이 초현실주의적인 역설은 놀랍게도 김일성의 전략을 매우 정확하게 특징짓는다. 왜냐하면 북한은 스스로 독자 노선의 고독한 기사가 되기를 선택했다고 가장하는 만큼 실제로도 주변적인 존재가 되어가고 있는 중이었기 때문이다. 만약 그가 경제분야에서 그랬던 것처럼 정치 영역에서도 주도권을 잃는다면 이제 그에게 남은 것은 이념투쟁뿐이었다. 그는 아시아 문화가 지니고 있는 비밀스럽고 시적이며 수수께끼 같은 관념의 저장소에서, 주체라는 개념을 걷어 올렸다. 그것은 자족, 자주 독립, 운명에 대한 자주적 결정 등으로 번역될 수 있다. 자! 얼마나 완벽한 적용인가? 북한이 중심 노선에서 뒤처졌다고 믿는 사람들은 틀린 것이다. 왜냐하면 북한은 스스로 다른 길을 선택했으며, 자신들의 힘만으로 헤쳐나가기로 결정했기 때문이다. 그것이 바로 주체이다. 자유와 자주 그리고 주권을 가진[9] 주체 말이다.

사실 이 개념이 아주 새로운 것은 아니다. 그것은 이미 조선 시대, 개인적 자유와 집단적인 규범 사이의 차이를 구분하기 위해, 그리고 중국 문화의 지배를 수용한 사실을 고발하기 위해 유학자들이 저술한 저서들에서 발견할 수 있다. 오랫동안 자신의 지적 보증인이자 수족이었던 황

---

8) 타이틀 "주체 만세(Viva il Juché)"는 파시즘 당시 무솔리니에 열광하던 이탈리아 인민들의 구호, '두체 만세(Viva il Duce)!'를 패러디한 것이다.

9) 북한의 정치선전 사이트인 '내나라'에서 '주체'에 대한 공식적인 정의를 찾을 수 있다. http://www.naenara.com.kp/fr/great/guid.php/

장엽의 선동을 받은 김일성은 거기에서 자신의 사회주의 혁명을 정당화할 새로운 준거를 찾아냈다. 그러나 주체의 개념이 정치적 주권과 경제적 독립 그리고 국가의 자주 방어를 의미하는 완전한 독트린으로 받들어진 것은 1970년대의 전환기 때부터였다. 1972년 12월, 의회는 주체를 마르크스-레닌주의와 동등한 위치에 놓았으며, 이후 미디어와 정치선전에 의한 중계가 지겹도록 지속되었다. 심지어 그들은 김일성이, 겨우 18세가 되던 1930년 7월에 주체 개념을 이론화했다고 주장했다. 평양의 주특기 중 하나인 역사 다시 쓰기는 당연히 그것을 분석하는데에도 주저함이 없었다.

사실, 주체는 정권의 새로운 필요에 대한 반응이었다. 국제적인 측면에서 북한은 실추된 이미지를 재정립하고자 노력하고 있었는데, 그런 면에서 1976년 9월의 마오쩌둥 사망은 매우 시의적절한 사건이었다. 김일성의 눈에 중국의 위대한 주석은 후계자가 없었다. 그의 괴팍한 부인 장칭과 한달 만에 그를 대체한 후계자들은 진정한 역량이 부족한 것처럼 보였다. 자신을 마오의 영적인 후계자로 간주하던 김일성은 적어도 아시아에서 사회주의의 도덕적 주도권이 자신에게 돌아왔다고 생각했다. 그는 또한 역사에서 근거를 찾기도 했다. 조선의 왕이 중국 황제의 동생으로 간주된 것과 마찬가지로 자신을 마오의 동생으로 간주했다. 그들이 모두 평민 출신이며, 항일투쟁 시기 '대장정'과 '혁명'을 승리로 이끌었고, '인민에 대한 사랑' 등을 과장했으며, 또한 그것을 자랑스럽게 드러내는 식이었다.

그러나 이 두 사람의 지적 위상은 대등한 것이 아니었다. 마오 주석 어록이 마오에게 국제적인 명성을 가져다준 반면, 김일성은 뛰어난 이론가는 아니었다. 군주제 국가에서 과학재단이나 문학상, 예술품 전시 등이 군주의 후견 아래 이루어지는 것과 마찬가지로 수천에 달하는 그의 저작들은 일종의 명예칭호로서 김일성의 이름에 바쳐진 것뿐이었다. 바로 이때 '주체'가 나타났으며, 이 '천재적인 생각'은 김일성을 마오 사상의 후계자로 만들어주었다. 이것은 그가 평양에서 공산주의와 가까운 모든 지도자를 접대하는 것처럼 단순한 허영심의 충족을 위한 것은 아니었다. 오히려 이념적 스승에 대한 책임감과 관련된 것이라고 믿었다.

주체는 정권에 이념적인 피난처를 제공했다. 이를 통해 주체는 북한 내에서 특별히 핵심적인 역할을 담당했다. 평양은 항시 주권이 국민에게 있다고 선전했다. 그러나 이제 그 주권은 정확히 말하자면 모두가 인정할 수 있는 이상적 가치로 구현되어야 할 필요가 있었다. 그때까지는 김일성의 권위가 사실상의 주권 역할을 했다. 그러나 이제 주체가 그동안 부족했던 이론적 교리의 역할을 담당하게 된 것이다. 이때부터 김일성의 정통성은 주체에 관한 최고의 해석자이자 가장 효과적인 기술자로서 새롭게 확립되었다. 즉 주체 이론은 김일성이 창안했기 때문에 특별한 것이며, 종국에는 그의 정통성 강화에 이바지했다. 그러나 이러한 눈속임이 새로운 것은 아니다. 모든 전체주의 국가는 독창적인체하지만, 후에 만들어진 원리를 내세우며 작동하기 때문이다.

주체는 예상되는 어려움에 맞서기 위한 여론의 동원을 가능케 한다. 이 개념이 상이하고 아주 넓은 범위에 적용될 수 있기 때문이다. 모든 사람, 즉 군인과 일반 인민, 진보주의자와 보수주의자, 호전주의자와 경제 개방주의자들 모두가 이 이론에서 이득을 볼 수 있었다. 바로 그것이 중요한 것이다. 결국 브라이언 마이어스Brian Myers가 언급했듯이, 주체에는 분명한 의미가 있는 것이 아니며, 그럴 필요도 없다. 그것은 논리 정연한 이론으로 구성된 것이 아니며, 그저 하나의 집합 신호, 혹은 전략적 구호로 작용할 뿐이다. 사실상 그것은 김일성이 어떤 상황 혹은 어떤 순간에 적용하기 알맞게 재단된 것이며, 그의 지지자들 또한 그 사실을 잘 알고 있다. 누군가 김일성의 총애를 받고 있다면 그는 주체의 주요 지지자이지만, 만약 총애를 잃게 되면 그는 주체사상이 부족한 것으로 비난받는다. 로마에 있는 바티칸 최고 종교회의에서 교황은 교의에 관한 한 필연적으로 무오류의 존재이듯이, 평양의 교황인 김일성 또한 교의상 오류가 있을 수 없다. 왜냐하면 그 자신이 바로 주체이기 때문이다.

이러한 모호성은 또한 혁명과 사회주의 준거들로부터 벗어날 수 있는 표면적인 이유로도 사용된다. "우리의 주권과 독립을 수호하자.", "모든 문제는 우리 자신의 힘으로 해결한다.", "우리의 창조력을 보호하자."와 같은 반복되는 구호들은 결국 민족주의자들의 심금을 울리는 것이었다. 김일성은 이러한 민족주의적 슬로건을 항일 저항운동기는 물론 한국 전쟁기간 중에도 사용했다. 그는 어떤 순간에 한국인들이 그것에 민감해지는지를 정확히 알고 있으며, 그것의 사용을 포기하지 않았다. 주체의 이름으로 그는 수천 년에 걸친 한국의 역사와 유구한 전통을 내세울 수 있게 되었다. 심지어 이러한 경향은 터무니없는 수준으로까지 치닫기도 했다. 1979년, 그는 평양의 동물원에 있는, 호치민이 선물로 보낸 코끼리를 치워버리라고 명령했는데, 그 이유는 한국의 동물원에는 한국의 동물만을 전시해야 한다는 이유에서였다.

한민족의 독창적인 개성과 아름다움, 순수성에 대한 김일성의 반복되는 찬사로 말하자면, 일본 제국주의의 인종적 집착은 물론 심지어 나치 독일을 연상시키는 인종차별주의적인 색채를 띠고 있다. 만약 주체가 의도하는 것이 그것이라면, 북한식 국가-사회주의의 탄생인 것인가? 주변국의 정치 지도자들은 그렇게 보았다. 몇 년 전, 러시아의 역사학자 안드레이 란코프는 평양에 주재했던 구소련과 구동독 외교관들의 외교 공문을 입수했다. 거기에는 에둘러 쓰는 표현조차 찾아볼 수 없었다. 그 문서들은 김일성의 측근들을 노골적으로 '정치 게슈타포'라고 불렀으며, 좌천되기 전의, 김일성의 잔인한 동생 김영주에 대해서는 '북한의 괴벨스'라고 쓰고 있다. 그리고 평양은 히틀러가 알베르트 슈페어Albert Speer에게 건설하도록 명한, 제3제국의 세계 수도 게르마니아[10]의 하찮은 모방에 불과하다고 폄하했다. 얼마나 멋진 비유인가!

---

10) 세계 수도 게르마니아Germania는 나치 독일 당시 히틀러가 제2차 세계대전 승리 후 베를린에 새롭게 건설할 예정이었던 제3제국의 수도로 1950년 세계 박람회를 개최할 예정이었다.

당중앙

1975년 4월 5일, 쫓겨간 대만에서 보낸 25년을 포함, 60년 동안의 파란 많은 정치 역정 끝에 장제스가 87세의 나이로 사망했다. 그때, 전 세계는 그의 장남 장징궈가 일정의 애도 기간을 거친 후 중화민국 총통 자리에 오를 것으로 믿고 있었다. 김일성과 같은 나이로 이제 젊지도 않은 그의 승계에 놀라는 사람은 아무도 없었다. 그것은 대만이 자유민주주의 세계에 속해 있기 때문이었다. 하지만 북한의 경우에는 정반대 현상이 일어났다. 김일성이 자신의 아들에게 권력을 승계할 것이라는 사실이 알려졌을 때 서구의 지도자들은 그것을 공공연히 비웃었다. 북한에서는 권력 승계에 대한 언급이 오랫동안 금기시되었다. 군과 당, 여론이 그 사실에 익숙해지기를 기다리며 김정일은 신중하게 앞으로 나아갔다.

공식적으로 김정일은 1973년 9월 이후 계속해서 역임하고 있던 선전선동부 부장에 불과했다. 그러나 그는 그 직책을 권력을 향한 디딤대로 활용했다. 권력 후계자들이 참을성 없이 안절부절못하고 종종 권력자에 맞서는 것과는 반대로 김정일은 아버지 뒤에서 보좌만 할 뿐 전면에 나서지 않았다. 그 대신 아버지와 일체를 이루고자 했다. 나아가 그는 아버지를 영웅화하는 것이 바로 자기 자신을 고양시키는 길임을 깨달았다. 결국 김일성의 우상화 작업에 가능한 모든 수단이 동원되었다.

모든 미디어는 김일성을 마치 '보호와 자비의 신'처럼 추켜세웠다. 하루의 방송을 최고 수령의 일거수일투족을 소개하는 것으로 시작했다. 새로운 텔레비전 채널들, 즉 1971년의 개성텔레비전과 1973년의 만수대텔레비전, 1974년 최초의 컬러 방송을 선보인 중앙텔레비전 등이 이 시기에 방송을 시작한 것이 우연의 산물일까? 오락과 대중의 계몽을 목적으로 하는 이들 채널들은 스포츠경기와 김일성의 영광을 다룬 기록물들을 교대로 방송했다. 각각의 프로그램은 김일성의 항일 저항운동과 한국전쟁 당시 활약상, 혹은 일상생활 등에 대해 다루면서 정권의 수령에게 지속적인 찬사를 바쳤다. 문학계 역시 사정은 마찬가지였으며, 특히 4·15 집단은 그들의 활동을 전적으로 김일성의 삶과 관련된 일화를 소개하는 데에 바쳤다.

김정일은 또한 아버지의 현장 지도를 위한 이동과 여행에 특별한 관심을 기울였다. 이때부터 현장 방문은 과거의 감찰 형식이 아니라, 전통적인 군주제 국가에서 행하는 일종의 의례적인 방문을 연상시키게 되었다. 김일성은 더 이상 정치적 명령을 하달하거나 결정을 내리지 않았다. 왜냐하면 그는 이제 이러한 모든 것을 초월한 존재가 되었기 때문이다. 즉 그는 단지 지엄한 존재감을 보여주기만 하면 될 뿐이었다. 구호들 역시 때에 맞춰 세심하게 준비되었다. "꽃의 아름다움을 보지 못하는 사람들은 꽃들을 키울 수 없다."거나 혹은 "인생은 음악-노래와 함께 쌍으로 나아간다." 같은 공자풍의 경구를 읊는 식이었다. 그러면 모든 사람은 감탄하며 넋을 빼앗긴다. 수령의 유순한 호의와 추종자들의 순진한 경탄을 담은 사진들은 그 순간을 영속화한다. 비록 이러한 상황이 유치하기 짝이 없지만, 이제 그것은 더 이상 중요하지 않게 되었다. 폐하는 증명할 것이 아무것도 없으며, 그는 그의 존재만으로 충분했다.

상투적인 방문에 관한 이러한 기록물은 수도 없이 많다. 이들은 당연히 정치선전부서가 스스로 원해서 촬영한 것들이다. 그러나 이를 통해 간파할 수 있는 더 중요한 사실이 있다. 그것은 항상 정중하고, 언제나 자연스러우며, 심지어 뛰어난 청중인 김일성을 직업적으로 인식하는 것이다. 김정일이 자신의 아버지를 놓고 벌인 작업은 60년 동안의 통치에도 불구하고 여전히 싫증나지 않는 영국 엘리자베스 2세 여왕의 이미지를 방불케 한다. 반면, 아들인 김정일은 이러한 행사에 아주 간헐적으로만 참여한다. 이것은 물론 김일성이 나이에 비해 여전히 활기 넘치며, 건강해 보였기 때문이다. 결국 권력 상속을 고려하는 것은 아직 때가 아닌 것처럼 보였다.

김정일 자신이 우상화의 대상이 되기 시작했을 때조차 그것은 김일성의 영광에 대한 메아리 정도에 그쳤다. 1972년 이후, 김정일의 이름을 딴 학교와 공장들이 생겨났다. 그러나 그것은 언제나 더 큰 김일성 건물의 부속시설에 지나지 않았다. 언론들은 점점 더 많은 지면을 김정일 찬양 기사로 채웠다. 예를 들면 그가 3주 만에 걷기 시작했으며, 한 달 후 말을 하고, 3세 때에는 글을 쓸 수 있었다는 식이었다. 특히 7세 때에는 벌써부터 영화에 심취한 그가 영화 〈내 고향〉의 감독을 설득해 비현실적으로 보이는 장면들을 모두 재촬영하도록 만들었다고 한다. 이러한 정치 선전은 북한의 모든 인민이 천재적인 소년으로 기억하고 있는 김일성을 향한 경배에 지나지 않았다. 아들이란 결국 아버지의 새로운 구현에 불과한 것이니까.

김일성의 첫 번째 아내이자 김정일의 어머니인 김정숙의 경우도 마찬가지였다. 1977년 12월, 그녀가 살아있었다면 60세에 해당하는 생일날을 맞아 김정일은 '세 사람의 대장군 운동'을 전개했다. 세 사람이란 물론 김일성과 김정숙, 그리고 자기 자신이었다. 그녀의 박물관이 고향인 회령에 세워졌으며, 수많은 영화와 전기가 그녀를 '민족의 어머니' 반열로 올려세웠다. 이러한 영웅화의 목적은 당연히 김정일의 정당성을 강화하는 것이었다. 자신의 부모를 신격화하는 것이야말로 결국엔 자기 자신을 신격화하는 것이기 때문이다. 김정숙은 인민의 딸이자, 남자들의 안내자이며 불굴의 투사, 천재적인 전략가임과 동시에 당연히 시대를 앞서

간 주체 이념의 선구자로서 김일성과 똑같은 재능을 소유한 존재로 표현되었다. 결국 그녀는 김일성의 분신인 것이다. 세 사람의 인성이 하나의 몸체로 구현된 것, 북한 역시 삼위일체를 믿었음이 분명하다.

김정일은 무대 뒤에서 조용히 그리고 치밀하게 자신의 앞날을 설계하기 시작했다. 새로운 인재를 천거한다는 명목으로 그는 점차적으로 당과 행정부의 요직에 자신의 사람들을 심기 시작했다. 그러자 이전 세대의 이익을 대표하는 삼촌 김영주가 그들의 이름을 내걸고 김정일에 맞불을 놓았지만, 패하고 말았다. 1975년, 김영주는 면직된 후 한적한 곳으로 추방당했다. 그 순간 정치 각료들은 김정일이 대세임을 깨달았다. 아직은 김정일이 중요 공직을 차지하고 있지 않았기 때문에 사람들은 은유의 방법을 사용해야 했다. 그들은 김정일을 '당중앙'이라 지칭했다. 북한에서 이 표현법이 의미하는 바를 모르는 사람은 아무도 없었다. 김일성은 군림하지만, 통치하는 사람은 당중앙이었다.

이제 김정일에게 남은 것은 군을 장악하는 문제였다. 그의 가장 든든한 후견인은 오진우 장군으로 김일성에 대한 최고의 충성심이 김정일에게로 이어졌다. 그는 군대 내에서 김정일을 지지하는 젊은 장교들을 추천하고 승진시켰다. 그러나 문제는 혁명 1세대의 자녀들이자 새로운 귀족층을 형성하고 있던 젊은 장교들이 자신들과 비슷한 배경을 갖고 있는, 김일성의 둘째 아들 평일을 여전히 선호하고 있다는 것이었다. 자신의 상황을 너무 확신한 이 둘째 아들은 무절제한 모습을 보이던 중 결국 자신의 운명을 결정할 치명적인 실수를 저질렀다. 자신의 인맥을 강화하기 위해 주최한 거창한 파티에서 손님들에게 자신의 이니셜이 들어간 선물을 안겨준 것이다. 김정일 또한 이런 파티를 주관했지만, 그러한 행동이 김일성을 격분시킨다는 사실을 알았기에 비밀리에 행하곤 했다. 김일성은, 가족의 일원이라 할지라도, 경쟁자가 되는 것을 용납하지 않았다. 결국 1978년 초, 김평일은 학업을 끝마치기 위하여 다시 대학으로 돌아갔으며, 1979년에는 강요에 의한 외교관 생활을 시작했다. 그는 당의 지지를 잃어버렸다. 이제 김정일에게는 어떠한 경쟁자도 남지 않게 되었다.

하지만 그는 승리감에 도취되지 않도록 조심했다. 여전히 김일성의 그림자 뒤에 겸손하게 서 있었다. 그것은 조심성의 문제였다. 하지만 그에게는 치명적인 약점이 있었는데, 바로 숨겨진 사생활이었다. 그는 김일성에 의해 강요된 적절한 배필과 결혼했음에도 불구하고 성혜림과의 관계를 유지했다. 성혜림은 이러한 비밀스러운 상황에 점점 더 불안해했지만, 김정일은 여전히 그녀를 규칙적으로 찾아갔으며 또한 부양했다. 그는 그녀가 낳은 첫 번째 아들 정남에게 무한한 애정을 보였다. 이 아들은 이모인 성혜랑과 함께 극도의 보안이 유지되고 있는 비밀 처소에서 숨겨진 채 양육되었다.

마침내 1975년 봄쯤 김일성이 이 사실을 알았을 때, 그가 매우 불쾌해했음은 물론이다. 물론 자신에게 손자가 있었다는 사실에 불만을 표시한 것은 아니었지만, 그는 유교적 관점에서 연예인을 경멸했을 뿐만 아니라 성혜림을 정권에 해로운 존재로 여겼다. 사실 남한 출신에 북한으로 오기 전에는 일본에서 살았던 지주 출신인 그녀의 아버지는 김정일의 보호가 없었다면 적대 계층을 격리하는 수용소행을 면치 못했을 것이다. 이 사실은 1977년에 비슷한 이유로 요덕 정치범수용소에 수감되었던 강철환의 증언[11]에 의해서 알려졌다. 결국 김정일은 아버지의 신뢰를 고수하기 위

---

11) 강철환, 송유경, 피에르 리굴로 공저 《평양의 수족관》 파리, 로베르 라퐁, 2000 Kang Chol-hwan, Song U-kyung, Pierre Rigoulot, *Les aquariums de Pyungyang,* Paris, Robert Laffont, 2000.

해 사과했으며 겸손하고 절제된 생활을 약속했다.

이렇듯 그림자로 행동하는데 익숙해진 김정일은, 어쩌면 당연하게, 모호함과 은폐, 비밀을 일종의 후천적인 성격으로 갖게 되었다. 심지어 나라 전체가 그 영향을 받았다. 1980년 봄, 평양에 주재하고 있던 소련의 외교관은 모스크바의 요구에 답하면서 "북한의 정부 조직체계를 더 이상 이해할 수 없다."고 실토했다. 1명의 내각 총리와 6명의 내각 부총리를 필두로 20여 명의 장관들이 경제 문제를 담당하고, 또 다른 20여 명의 장관들은 사회 문제에 관여한다. 그들의 지시 하에서, 막연하게 편성된 수많은 부서들과 기구들은 당의 상반되는 지령을 만족시켜야 했다. 간부들은 간부들대로 수시로 진행되는 감사와 정치경찰, 혹은 그 비슷한 조직의 평가를 받아야 했다. 이처럼 비효율적이고 비용만 많이 드는 미로에서 오로지 '당중앙'만이 중요성을 갖는다. "편을 가르고 그 위에 군림하라." 마키아벨리가 찬양한 통치 기술이다. 김정일은 매일매일 그것을 실천했다.

14. 인민의 어버이

배턴 터치

북한 노동당은 1980년 10월, 제6차 전당대회 개최를 대대적으로 공포했다. 당이 이번 전당대회에 대해 전례없는 규모의 정치선전을 벌인 만큼 모든 평양 시민의 관심이 여기에 집중되었다. 제왕적으로 통치하는 김일성은 정당이 필요 없었다. 실제로 이 전당대회는 3,220명의 대의원들이 만장일치로 김정일을 후계자로 선정하는 행사에 불과했다. 행사에 초대받은 117명의 외국 대표단은 이 요식적인 행사에 조금은 당황한 듯이 보였다. 노동당의 양대 최고기관인 중앙위원회와 중앙군사위원회의 위원으로 선출된 김정일은 이제 북한의 No.2, 즉 황태자임과 동시에 내각 총리이며, 김일성의 후계자로 지명된 것이다.

전혀 놀랄 일은 아니었다. 이미 여러 해 전부터 북한의 매체들은 김정일에 대한 찬사를 그치지 않았다. 당 중앙군사위원회 회의 당시 김일성은 친히 모든 군에 자신의 아들에게 충성할 것을 명령했다. 아울러 1979년 4월, 김일성은 자신의 아들에게 북한 최고 권위의 김일성 훈장을 수여했다. 1972년부터 당원들은 돌아가며 훈장 수여를 추천했지만, 김정일은 매번 그 영광을 사양했었다. 이제는 그도 때가 되었다고 느꼈음이 분명했다. 앞에서도 이미 언급했듯이 북한은 암시와 상징의 체제이다. 이 전당대회의 목적이 명백하게 드러나는 실례를 들자면, 1980년 4월부터 《노동신문》은 오로지 김일성의 이름에만 사용했던 붉은 글씨로 김정일의 이름을 표기하기 시작했다. 이제 완성된 것이다. 전당대회를 통해 마침내 공식적으로 루비콘 강을 건넌 것이다. 북한은 이제 왕조가 되었다.

그러자 이 은혜에 감사하기 위해 김정일은 아버지를 위해 일종의 명예 대관식을 하기로 결정했다. 1982년 4월 15일, 김일성의 70번째 생일잔치는 상상을 초월할 만큼 화려하게 거행되었다. 온통 김일성화로 장식된 나라는 그의 영광을 기리는 서약식과 군사행진, 기념물 제막식으로 가득했다. 여러 달 동안의 열광적인 행사가 끝났을 때 평양은 거대한 '김일성랜드'로 변모해 있었다. 현대화되고 규모가 더 커진 모란봉경기장은 그의 영광을 기리기 위해 '김일성경기장'이라는 새로운 이름을 얻게 되었다. 자금성 외관을 닮은 거대한 도서관인 인민대학습당은 김일성광장의 서쪽에 건립되었다. 이 건물은 루마니아의 독재자 차우셰스쿠에게 영감을 주어 세계에서 가장 큰 행정 건물인 부카레스트 인민궁전을 건설하게 만들었으며, 이로 인해 체제의 파산을 초래했다는 설이 있다.

광장 맞은편의 대동강 건너 쪽에는 파리 에펠탑의 반 정도 높이인 170m짜리 화강암 탑이 건설되었다. 자유의 여신상 횃불을 연상시키는 불꽃이 맨 꼭대기에 있는 이 탑은 김일성이 국가이념으로 창조해낸 주체사상에 헌정되었다. 공장 굴뚝같은 모양의 이 주체사상탑은 총 18층으로 이루어졌으며, 김일성이 살아온 날들을 기념하기 위해 25,500개의 블록으로 구성되었다. 그리고 만수대 의사당 북쪽, 즉 김일성이 소련에서 돌아와 첫 번째 연설을 한 바로 그 장소에는 전체가 네모 반듯한 대리석으로 구성된 개선문이 세워졌다. 그곳에는 김일성 시대의 가장 중요한 두 날짜가 새겨져 있다. 하나는 김일성이 만주로 떠난 1925년이고, 또 하나는 김일성이 평양으로 돌아온 1945년이다. 워싱턴의 기념비보다 1m가 더 높은 주체사상탑과 마찬가지로, 평양의 개선문은 파리의 개선문보다 10m 더 높았다. 이렇게 해서 북한은 기네스북에 등재된 첫 번째 독재 권력이 되었다.

점진적으로 이 두 정치가 자리를 잡았다. 그때까지 기꺼이 아버지의 그늘에 머물렀던 김정일은 이제 밝은 세상으로 자신을 드러냈다. 김정일에 대한 언론 보도가 쏟아지기 시작했고, 그의 동상이 건립되었다. 김정일의 생일인 2월 16일은 김일성의 생일인 4월 15일과 마찬가지로 공휴일로 선포되었다. 또한 그가 태어난 곳으로 선전되는 백두산의 귀틀집은 조선혁명박물관에 전시되고 있다. 1,500편이 넘는 것으로 파악된 김정일의 연설과 에세이는 일련의 연구원들에 의해 대학에서 연구되었다. 사람들은 김정일이 단 하루에 댐 건설을 지휘하고, 조산원을 감찰하며, 영화음악을 작곡할 수 있는 전지전능한 존재라고 했다.

이러한 영웅화는 김일성의 영웅화와 경쟁 구도 속에 있는 것이 아니었다. 오히려 김일성의 영웅화를 완성하는 것이다. 한 국가의 어버이 수령인 김일성은 주권과 통치권, 연속성의 화신이었다. '경애하는 지도자'인 김정일은 자애로움, 친근함 그리고 일상 안에 있었다. 특히 어머니 쪽에서 이어받은 김정일의 이미지들은 놀랍게도 매우 여성적인 것들이었다. 그는 가족의 안녕과 아이들의 행복을 지키는 '어머니 당'의 지도자로 대표되었다. 아버지와 아들이 시찰을 위해 함께 이동할 때면, 각각은 자신들의 독자적인 스타일을 계발했다. 양복을 입고 넥타이를 맨 김일성은 뒷짐을 지고 너그러운 미소를 짓는다. 김일성은 경험과 차분함, 성숙함을 구현한다. 반면에 김정일은 바람에 머리카락을 날리며, 비만을 숨김과 동시에 인민을 대변하는 노동복 차림으로 즉각 행동에 나선다. 절대권력의 두 가지 모습이다.

이미지는 사실 업무의 분배를 반영한다. 김정일은 이제 일상의 권력을 담당했다. 그는 오랜 동안의 권력 승계 준비과정에서 그 업무에 자신의 적성이 있음을 발견했다. 불신과 완벽주의로 직무 위임을 내키지 않아 하던 김정일은 사소한 것들에 이르기까지 모든 것을 스스로 결정했다. 모두에게 맹목적인 복종, 토조차 달 수 없는 전면적인 순종을 요구했다. 그 어떤 지적도 비판으로 해석하고 배신으로 간주하여 처벌하였다. 이제 시력도 악화되고, 행정업무를 지겨워하던 김일성에게는 자신이 선별한 것만을 큰 글씨로 간략하게 인쇄해 보고했고, 나중에는 비디오테이프로 전달했다. 김일성이 심장발작을 겪은 1986년 여름부터 김정일은 이에 대한 진실을 숨기기 시작했다. 이때부터 김일성은 경제통계 보고를 더 이상 받지 못했다. 어차피 중요한 일을 수행할 수도 없었기 때문에 딱히 불평하지도 않았다. 김일성이 평양 교외에 건설된 노동자들의 거주지를 방문하려고 했을 때, 관료들은 외국 관광객들에게 좋은 인상을 주기 위해 건설된 고급 아파트를 대신 보여주기에 이르렀다.

김일성이 정말 속았을까? 30년 이상을 한 국가의 원수로 지낸 김일성은 그가 조국에 지대한 공헌을 했다고 평가했다. 뒤로 물러난다는 것은 있을 수 없는 일이며, 또한 그것은 그의 스타일도 아니었다. 하지만 그는 이제 스스로를 늙은 현자로, 인민의 어버이로 인식했다. 김일성이 좋아하던 영역은 그의 경험을 유용하게 사용할 수 있는 국제관계였다. 1984년 봄, 김일성은 베이징과 모스크바, 유고슬라비아를 포함한 동구권의 나라들을 방문하기 위해 몇 주간의 철도여행을 시작했다. 바로 이때 김일성은 독일의 유명 여류소설가인 루이제 린저Luise Rinser와 친분을 맺었다. 몇 차례에 걸쳐 북한을 방문했던 루이제 린저[12]는 자신의 저서《북한 기행(Nordkoreanisches Reisetagebuch)》을 통해 김일성의 북한에 열렬한 찬사를 보냈다. 그러나 이는 이탈리아의 페미니스트 마리아-안토니에타 마치오치Maria-Antonietta Macciocchi[13]가 마오쩌둥을 묘사한 글만큼이나 순진

---

12) 루이제 린저, 《북한 기행》, 프랑크푸르트, Fischer Verlag 출판사, 1983 Luise Rinser, *Nordkoreanisches Reisetagebuch,* Frankfurt, Fischer Verlag, 1983.

13) 마리아-안토니에타 마치오치Maria-Antonietta Macciocchi(1922~2007)는 이탈리아 태생의 페미니스트이자 사회주의자로 마오 시대의 중국을 소개한 저서《중국으로부터(De la Chine)》로 유명하며, 1992년 프랑스의 미테랑 대통령으로부터 명예훈장을 수여받았다.

한 것이었다.

비슷한 경우로, 극소수의 프랑스인들을 제외한 대부분의 프랑스인들은 김일성이 프랑수와 미테랑Francois Mitterand을 만났었다는 사실조차 모르고 있다. 1981년, 대통령 선거를 두 달 앞두고 그는 자신의 측근인 리오넬 조스팽Lionel Jospin과 가스통 데페르Gaston Defferre를 동반하고 평양을 방문했다. 김일성은 파리와 외교관계가 수립되기를 기대하며 회담 후 미테랑에게 "프랑스 공화국의 미래 대통령을 만나게 되어 기쁩니다."라고 말했다고 한다. 5월 10일, 김일성은 새로 당선된 프랑수와 미테랑 대통령에게 가장 먼저 축하 전보를 보낸 사람들 가운데 한 사람이었다. 하지만 프랑수와 미테랑은 김일성에 대해 "양식이 있고 대단히 현실적인 사람"이라고 평했음에도 불구하고 이후 별다른 행동을 취하지는 않았다. 아마도 '평양의 용'이 사귈 만한 사람이 아니라고 인식했음이 분명했다.

철권통치

비록 그들은 최대한 속이려고 했지만, 북한의 경제 상태는 침체일로에 있었다. 불균형이 팽창했다. 농산물의 작황은 매년 악화되었으며, 공장의 기계들은 녹이 슬거나 저속으로 돌아갔다. 10여 년 동안 거의 제자리 걸음만 하던 성장은 1986년부터는 급격하게 후퇴하기 시작했다. 게다가 경제발전의 성장기에 들어선 덩샤오핑鄧小平의 중국과 개방-개혁 정책에 돌입한 미하일 고르바초프Mikhail Gorbatchev의 소련은 그동안 활발했던 북한에 대한 경제지원을 줄여나갔다. 채무 조정 협상이 곤란해진 북한은 마침내 1987년 여름부터 상환을 무기한으로 중단하기에 이르렀다. 주요 채권국들, 즉 모스크바와 베이징, 동독과 일본 등은 시장경제로의 개방을 촉구했으나 벽에 부딪혔다. 30년 전부터 김씨 일가에게 주체사상의 영감을 주며 최측근 조언자로 군림했던 황장엽은 개방경제를 옹호하는 입장을 보임으로써 결국 총애를 잃어버렸다. 그때부터 김정일은 스승이었던 황장엽의 충성심에 대해 의심을 품기 시작했다.

난국에 맞서 김정일은 상황을 정면 돌파하기로 결정했다. 1984년 8월 3일, 평양 인민 소비품 전시회를 개최함과 동시에 '8·3 인민소비품 생산운동'을 전개했다. 경제 활성화 방안을 고심하던 젊은 관료들의 조언으로 시작된 이 운동은 민간의 자주적 경제활동 증진을 중심목표로 삼았다. 이 계획으로 인해 농민들은 작은 면적에 한해 자신들 소유의 땅을 경작할 수 있게 되었으며 소상인들과 장인들 역시 자신들의 상점을 열 수 있게 되었다. 심지어 국영기업들도 수익이 발생했을 경우 그 이익의 일정 부분을 재투자할 수 있는 권리와 함께 여러 유사한 자율권을 갖게 되었다. 1989년 6월 발표된 제4차 계획은, 그때까지는 존재하지 않았던 소비재와 관광산업에 우호적인 것이었으며, 나아가 1991년에는 외국

자본을 끌어들이기 위해 북·러 국경 근처에 '나진-선봉 경제특구'를 설정하기에 이르렀다.

그렇다고 경제정책의 체질을 혁신한다는 것은 절대 아니었다. 1987년 4월, 김일성의 생일을 맞아 김정일이 발표한 연설에 따르면, 국가는 스스로의 힘으로 난관을 헤쳐나가야 하며, 동시에 체제에 충성해야 했다. 1984년의 개혁은 단지 수레바퀴에 기름칠을 하는 목적이었을 뿐 그 이상은 아니었다. 소비와 투자가 결여된 계획경제와 생산성 제일주의운동은 그대로였다. 1986년 11월, 김정일은 10년 전에 시작된 붉은 깃발운동에서 가장 뛰어난 실적을 올린 2,000여 명을 북한식 모델의 우수성을 증명하는 본보기로 추켜세웠다. 맹신인가? 아니면 선전인가? 전 세계의 경제가 원유 파동의 후유증을 딛고 그 반작용에 따라 가파른 상승곡선을 그리고 있을 때 북한은 반대로 주체사상의 원칙에 매달리면서 마지막 기회를 잃어버렸다.

정치선전은 "우리는 천국에 살고 있다." 또는 "우리는 사회주의 체제의 최상위 단계에 도달했다." 같은 슬로건을 내세우며 국면 전환을 시도했지만, 그럼에도 불구하고 김정일은 상황이 점점 더 경직되고 있다는 사실을 인식했다. 경제 상황이 악화될수록 김정일의 정책에 불만을 드러내는 사람들 또한 늘어났다. 결국 숙청을 통해 당과 군을 엄격하게 정비할 필요가 있었다. 최측근 협력자이자 국가 안전보위부의 수장인 김병하를 비롯해, 농업성 장관 서관희, 인민군 사령관 이봉원이 스파이 혐의와 방해공작 등의 이유로 체포되어 처형당했다. 외국 정보기관들은 이 사건을 인민 소요 사태로 언급했다. 1980년 5월, 원산에서 발생한 소요 사태가 체제 전복을 시도하는 혁명적 폭동으로 발전하기도 했다. 심지어 폭동을 주도한 사람들이 일본에 도움을 요청했다고도 한다. 또한 1986년 6월에는 또 다른 쿠데타 시도가 있었다고 추정되었다. 김정일은 주저하지 않았다. 그는 철권

통치도 마다하지 않았다.

그의 성격 또한 그를 이러한 철권통치로 이끌었다. 나이와 책임감이 그를 더 강경하게 만들었다. 여전히 그에게 접근할 수 있던 극소수의 외교관들은 그가 매우 계산적이고 냉철한 사람이며, 그의 사고방식에 편집증적인 면이 엿보인다고 분석했다. 나아가 그의 폭력적인 분노와 강박적인 원한에 관한 몇몇 소문들도 떠돌았다. 예를 들면 1982년, 그는 증오하던 장모가 후원한다는 이유로 남산초등학교를 철거했으며, 이후로 남산초등학교 출신의 그 어떤 사람도 자신의 측근으로 승진시키지 않았다. 조금은 서툴던 예전의 젊은이는 이제 약탈자가 되어 매일 사냥에 매진하고, 여성 편력을 과시하며, 기회가 되면 납치도 서슴지 않는 자가 되었다.

성혜림에 대한 김정일의 열정은 이제 사라졌다. 이 전직 여배우는 신경쇠약 치료를 위해 모스크바를 점점 더 자주 방문했으며, 결국 그곳에 자리를 잡았다. 1978년부터 성혜림을 대신해 김정일의 곁을 지킨 사람은 만 15세의 어린 고용희[14]였다. 예쁘고 재능이 넘치며 무척 유순했던 고용희는 전사의 휴식을 갈망하던 경애하는 지도자에게 완벽하게 맞아떨어졌다. 나아가 고용희는 김정일에게 3명의 자식을 선사했다. 두 아들, 즉 정철과 정은이 각각 1981년 9월과 1983년 1월, 그리고 1987년 9월에는 딸 여정이 태어났다. 성혜림처럼 고용희의 출신성분도 완전한 것은 아니었지만, 이번에는 누구도 감히 그 사실을 지적하지 못했다.

김정일의 북한에서는 이제 오로지 그의 명령만이 모든 것을 뛰어넘는다. 막강한 군대, 과도하게 경쟁적인 공안과 국가안전보위성 덕분에 북한은 무소불위의 진정한 경찰국가로 변모되었다. 아울러 효율성을 극대화하기 위해 김정일은 파렴치하게도 소위 관리소라는 것을 운영했다. 이

---

14) 역주: 김정은 모친의 이름은 '고영희'로 알려져 있었으나 통일부가 '2019 북한 주요 인물 책자'에서 '고용희'로 표기했다. 따라서 여기서는 이를 따라 '고용희'로 표기한다.

것은 감옥과는 달리 어떠한 법적 절차도 없이 체포하고, 무기한 감금할 수 있는 북한의 강제노동수용소였다. 또한 그는 군대의 진압이 필요했을 정도로 심각했던 1987년의 온성수용소 폭동과 탈옥 사건 등이 재발하지 못하도록 5~6만여 명의 수감자들을 6개의 수용소에 분산 수용할 것을 명령했다. 비참함과 폭력, 고문 등 그곳의 끔찍한 상황에 대한 몹시 소름 끼치는 소문들이 빠르게 퍼져나갔다. 당연히 국민들은 공포에 사로잡혔다. 바로 그것이 목적이었다.

수용소의 위협만큼 심각하지는 않았지만, 역시 효과적이었던 방법은 바로 주체사상이 퍼뜨리던, 순종과 절대복종을 강요하는 도덕질서였다. 순간의 향락을 위해 가끔 술집을 드나들거나 노래를 하거나 사랑을 속삭이던 북한 주민들에게 모든 것이 점차적으로 금지되었다. 이미 전쟁 후부터 금지되기 시작한 댄스홀과 작은 호텔들에 이어 이제 식당과 술집들이 가정적인 삶을 권장하기 위해 차례로 사라졌다. 결혼식이나 특별히 허가된 경우를 제외하고 사람들은 이제 노래도 마음대로 할 수 없었다. 또한 광장이나 대로변에서는 옷을 잘 갖추어 입어야 하며, 우아하게 걷고 몸을 웅크리거나 목소리를 높여서는 안된다고 권고되었다. 자전거나 애완동물들은 즉시 압수되었다. 심지어 아이를 업거나, 머리 위에 물건을 이고 가는 행위도 할 수 없었다. 마침내 평양 주재 외교관들은 북한 위로 무거운 장막이 덮였다고 불만을 토로하기에 이르렀다. 권태에 의한 사회 통제의 무거운 장막이 내려 앉은 것이다.

체제를 효과적으로 관리하기 위해 김정일은 정권의 귀족계층에 대한 특권을 강화했다. 자신만의 논리에 따라 이권과 은혜를 하사함으로써 김정일은 특권계층의 충성을 확고하게 만들었다. 어떤 장관에게는 김일성의 고향이자 이제는 평양의 부촌이 된 만경대의 사택을 하사하는가 하면, 어떤 당원에게는 최고의 대학에 아들을 입학시켜주는 것을 허락했다. 또 어떤 장군에게는 만주에서 구입한 물품들을 엄청난 이윤을 남기며 북한에서 되팔 수 있는 권리를 주었다. 마치 루이 14세 시대에 그가 살던 성에 초대되는 것이 영광의 상징으로 여겨졌듯이, 김정일 또한 여러 별장에서 리셉션을 열고 특권층을 초대했다. 평양 북동쪽 30여km 떨어진 곳에 있는 강동의 여름 별장에서 벌였던 리셉션은 특히 유명했다. 이 파티는 단순히 먹고 떠드는 것이 아니었다. 초대 손님들의 기분을 맞춰주지만 유혹에는 넘어가지 않는, 백여 명의 우아한 '기쁨조' 여성들과 함께 노래하며 춤추는 것이었다. 이런 행사에 참석하는 것에는 그럴 만한 가치가 있었다. 이 자리에 초대된 행복한 자들은 그들이 호의를 받고 있으며, 빈손으로 돌아가지 않을 것임을 알고 있었다. 고가의 의류, 보석, 롤렉스 시계나 화장품, 또 가끔은 자동차 같은 것들로 이득을 본 것이다.

물론 이러한 후한 인심에는 돈이 많이 들었다. 김정일도 아버지만큼이나 주저하지 않고 국가의 금고를 마음대로 썼지만, 김정일은 전쟁 때부터 계속된 미국의 봉쇄와 국제적 제재를 우회할 수단도 강구해나가야 했다. 그래서 그는 1974년, 마카오에 수출입회사인 조광무역을 설립하고 북한에서는 얻을 수 없는 사치품을 구입하는 업무를 맡겼다. 조광무역은 은행과 세관 규제를 거의 받지 않는 회사였다. 1982년부터는 노동당사 지하에 있다고 알려져 있을 뿐, 그 정체는 철저히 가려져 있던 '39호실'이 마약과 군수품 밀수를 담당하는 것으로 알려져 있다. 김씨 일가의 독재정치는 이제 도둑정치도 겸하게 되었다.

올림픽 전투

산적한 어려움을 숨기려고 노력하는 김일성과 김정일을 더욱 분노케 한 것은, 이제 명백해진 남한의 경제적 성공이었다. 그들의 눈에 말도 안 되는 이 성공은 국가 독립의 유용성과 공산주의의 효율성 그리고 주체사상의 합법성에 대한 모욕이었다. 남한을 무력으로 점령하는 것은 이제 선택지가 될 수 없었다. 왜냐하면 주변의 어떠한 열강도 그들이 남한을 정치적, 군사적으로 조종하려는 시도를 용납하지 않을 것이었기 때문이다. 결국 평양은 가능한 모든 수단을 동원해 남한과의 끈질긴 경쟁 속으로 뛰어들었다. 단기적으로 그들의 선택은 인민을 동원하는데 효과적인 것처럼 보였지만, 장기적인 결과는 확실치 않았다.

남북관계의 주도권을 잡기 위해 북한은 보란 듯이 남한에 손을 내밀었다. 1980년 5월, 박정희의 뒤를 이은 독재자 전두환 장군이 전라남도 광주에서 발생한 민중봉기를 피로 진압하는 사태가 벌어졌다. 전두환은 시위자들이 북한에 매수된 것이라고 주장하며 그 행위를 정당화했지만, 그것이 거짓이라는 것을 모르는 사람은 없었다. 하지만 민주주의 체제보다는 군사독재 정권과 더 뜻이 잘 맞았던 평양은 마지 못해 반박하는 정도에 그쳤다. 나아가 서울이 전혀 호응하지 않음에도 불구하고 1980년 10월, 김일성은 노동당 전당대회를 통해 마치 새로운 일이라도 된다는 듯이 고려연방제를 또다시 제안했다. 아울러 1984년 9월, 초강력 태풍으로 남한이 큰 피해를 입었을 때 김일성은 적십자를 통해 식량원조를 보냈으며, 심지어 1985년 9월에는 한국전쟁 당시 헤어졌던 이산가족이 단 몇 시간 동안이라도 상봉할 수 있도록 허락했다.

늘 그렇듯, 북한은 온풍과 냉풍을 번갈아가며 사용했다. 국경 쪽 비무장지대에서는 새로운 사건들이 잇따라 터져 나왔다. 몇 차례에 걸쳐 남한은 북한의 침투조직을 와해시켰으며, 해변으로 상륙한 특공대를 분쇄시켰다. 평양이 과격파를 선호하고 가끔은, 일본의 젊은 여성들을 납치하는 등 해적 행위도 일삼았기 때문에 서울은 어떠한 도발이 뒤따를지 염려했다. 하지만 사건은 서울이 아닌 양곤에서 발생했다. 1983년 10월 9일, 미얀마를 공식 방문하고 있던 전두환 대통령이 테러의 대상이 된 것이다. 그는 일촉즉발의 상황에서 운 좋게 위기를 모면했지만, 사절단 가운데 17명이 희생되었다. 테러의 충격은 일파만파로 퍼져나갔다. 물론 평양은 모든 개입을 부인했지만, 그 말을 믿는 사람은 아무도 없었다.

1982년 봄에는 기묘한 사건이 발생해 남한을 아연실색하게 만들었다. 당시 가장 명망 있던 영화감독인 신상옥과 그의 아내이자 60년대 남한 최고의 영화배우였던 최은희가 연락이 두절된 지 며칠 만에 김정일에 의해 북한으로 납치당했다는 소식이 전해졌기 때문이었다. 늘 똑같은, 사회주의 전통의 형식주의에 빠져있던 북한 영화계에 실망한 김정일은 신상옥 감독에게, 새로운 돌파구를 열고 정권에 걸맞은 위대한 영화를 제작해달라고 요청했다. 처음에 신상옥 감독은 이를 거절했으며, 여러 달 동안 수용소에 수감되는 고초를 겪어야 했다. 하지만 그는 결국 제안을 받아들였다. 그는 여러 편의 영화를 제작해 특히 동구권에서 주목을 받았다. 그중에는 모스크바 국제영화제에서 최은희가 여우주연상을 수상한 〈소금〉이 있으며, 특히 영화 〈불가사리〉는 착취당하는 농부들을 위해 싸우는 놀라운 사회주의 괴물의 이야기로 남한에서도 유명세를 탈 정도였다. 하지만 1986년 3월, 신상옥과 최은희는 비엔나 순회 도중 북한 요원들을 따돌리고 도망쳐 미국에 정치적 망명을 요청했다.

사실 이 사건은 몇 가지 의문점을 내포하고 있다. 몇몇 사람들은 이 납치 사건을 신상옥의 자작극으로 의심하기 시작했다. 박정희에 의해 영화

촬영이 금지당하자 손가락만 깨물며 아무것도 못하는 신세가 되느니 차라리 북한으로 넘어갔다는 것이다. 하지만 사랑받던 스타로서 북한으로 도피할 하등의 이유가 없던 최은희만큼이나 신상옥도 북한에 필사적으로 저항했다. 그런데 만약 그들의 말이 사실이라면, 김정일은 왜 그들을 납치했을까? 그는 북한 영화를 어떻게 재도약시킬 생각이었을까? 신상옥과 최은희가 그리는 김정일에 관한 모습은 그들의 회고록 《조국은 저 하늘 저 멀리》[15]에서 일부 찾아볼 수 있다. 그들은 김정일의 급변하는 성격, 즉 매력적인가 하면 파괴적인 성향을 드러내고, 시니컬한가 하면 순진하고 버릇없는 아이 같은 정신세계를 보이며, 그 누구도 자신에게 반대하는 것을 용납하지 않는 그의 모습을 회상하고 있다. 자신이 진정한 한국의 정신을 구현한다고 믿기에 이런 일─납치극─을 벌여도 된다고 확신한 영화광 김정일은, 자신의 시나리오를 굳게 믿었던 것이 분명하다. 비록 신상옥 감독과의 일은 실패로 돌아갔지만, 김정일은 좌절하지 않았다. 신상옥이 탈출하고 1년이 지난 1987년 9월, 김정일은 북한의 첫 번째 국제영화제인 '평양 비동맹 영화축전'의 개막식을 거행했다. 쇼는 계속되어야만 한다. 김정일은 실험적인 영화인이며 그 스튜디오는 바로 북한이다.

하지만 예상치 못한 결정으로 인해 그의 할리우드적 야망은 흐트러졌다. 1981년 9월, 올림픽위원회가 제24회 하계올림픽 개최지로 서울을 선택한 것이다. 김씨 부자는 입맛이 쓸 수밖에 없었다. 전쟁 후부터 한반도의 스포츠 강국은 항상 북한이었으며, 그들 눈에 스포츠는 공산당원의 우월함을 증명하는 것이었다. 북한은 1965년에 제1회 아시아 신흥국 경기대회의 예선전을 평양에서 개최했으며, 특히 처음으로 올림픽 무대에

---

15) 신상옥과 최은희의 회고록, 《조국은 저 하늘, 저 멀리》, 조선일보 출판부, 2001.

참여한 1972년 뮌헨 경기에서 남한보다 더 많은 메달을 획득했다. 북한은 그 사실을 남한이 실패한 증거로 간주했다. 이후 1980년 모스크바 올림픽과 1984년의 로스앤젤레스 올림픽은 미국과 소련이 아프가니스탄 침공 문제로 번갈아 불참하는 등 파행을 겪었다. 그러나 1985년, 고르바초프가 출현하면서 모든 상황이 바뀌었다. 서울올림픽은 화해의 장이 될 것을 약속했다. 자! 김정일은 이제 무엇을 할 것인가?

　김정일은 먼저 위협을 생각했다. 서울은 원래 1970년 제6회 아시안게임의 개최지로 선정되었지만, 북한은 공포를 자극하여 결국 개최지를 태국의 방콕으로 옮기게 한 경험을 갖고 있었다. 또다시 공포를 조성하면 충분할 것이라고 생각했지만, 양곤의 테러에도 불구하고 남한의 결의가 확고한 것을 확인하자 평양의 태도는 급변했다. 만약 아시안게임이 위협이 아니고 반대로 두 한국 간의 화해의 장이 된다면? 그러자 아시아올림픽평의회가 이 일에 큰 관심을 나타냈다. 하지만 김정일은 너무 큰 욕심을 부렸다. 1986년 1월, 김정일은 북한이 남한과 똑같은 자격으로 아시안게임의 주최국이 되며, 대회의 반을 평양에서 개최하고, 개회식도 서울과 동시적으로 열 것을 요구했다. 협상은 당연히 결렬되었다. 하지만 1986년 10월, 서울이 올림픽의 모의시험에 해당하는 제10회 아시안게임을 완벽하게 성공시키자 북한은 다시 공세적인 국면으로 전환했다. 서울 올림픽에 불참할 것을 통보하고, 1989년 여름, 공산주의 국가에 의해 은밀히 통제되는 행사인 제13회 세계청년학생축전을 개최하겠다고 선언한 것이다.

　2주 앞으로 다가온 남한의 대통령 선거와 다음 해에 열릴 올림픽을 방해할 목적으로 북한은 1987년 11월 29일, 바그다드발 서울행 대한항공 858편을 폭발시켜 115명의 희생자를 발생시켰다. 2명의 폭파범 가운데

조사를 받은 김현희는 재판 도중 김정일이 이 테러를 직접 명령했다고 진술했다. 하지만 북한의 이러한 도발에도 불구하고 남한은 굴하지 않았으며, 공황상태에 빠지지도 않았다. 서울 올림픽은 예정대로 1988년 9월에 개최되어 대성공을 거두었다. 또한 올림픽은 마침내 남한에 민주주의를 정착시키는 결정적인 계기가 되었다. 같은 시기, 평양은 민주주의 인민공화국의 40번째 기념일[16]을 자축했지만, 그 누구도 이 사건을 주목하지 않았다.

하지만 약속된 것은 이행되어야 하는 법이다. 세계청년학생축전은 개최될 것이었다. 김일성이 동독의 수상 호네커에게 언급했듯이, 평양으로서는 배를 채우는 것보다 남들의 인정을 받는 것이 더 중요했다. 비용은 생각하지 않고, 15만 명을 수용할 수 있는 5월1일경기장을 대동강의 섬 능라도에 건설했다. 또 다른 경기장은 양각도에, 그리고 소학교, 중학교 학생들을 위한 학생소년궁전이 만경대에, 마지막으로 다수의 호텔들이 당시의 모든 궁전을 압도하는 사상 최대의 규모로, 건설되기 시작했다. 하지만 143m의 높이에 500개가 넘는 객실을 보유한 고려호텔만이 제때에 완공되었을 뿐, 1,000여 개의 객실과 골프장, 회전식당을 갖춘 양각도호텔은 프랑스 부동산 개발업체인 깡쁘농 베르나르Campenon Bernard와의 합작으로 1995년에야 완공되었다. 또한 높이가 에펠탑만 한, 피라미드식 외관의 유경호텔은 그 개장을 25년이나 기다려야 했다.

여세를 몰아 김정일은 몇 년 전에 실패한 할리우드식 모험에 대한 설욕전을 펼 기회를 맞이했다. 마카오 내 연줄을 동원해 이탈리아식 서부극에 일가견이 있는, 저예산 영화감독 페르디난도 발디Ferdinando Baldi—

---

16) 이 행사들은 폴란드 작가 안드레이 피딕Andrzej Fidyk의 1989년 다큐멘터리 〈군사행진 Defilada〉에서 확인할 수 있다.

일명 테드 캐플란Ted Kaplan을 설득해 평양에서 서양 배우들과 영어로 된 공상과학영화를 찍게 한 것이다. 우리는 뻔한 걸 보게 될 것인가? 불행히도 그렇게 되었다. 영화 〈텐잔, 마지막 임무(Ten Zan: The ultimate mission)〉[17]는 보기에도 안쓰러운 B급 영화였다. 하지만 놀랍게도 우리는 이 영화를 통해 영화 촬영을 위해 텅 비워둔 지하철과 넓은 대로 등, 당시 평양의 모습을 생생하게 엿볼 수 있었다. 물론 이것은 김정일이 원하던 결과가 아니었다. 결국 그의 영화적 야심은 다시금 꺾일 수밖에 없었다. 그러나 현명하게도 그는 같은 실패를 되풀이하지는 않았다. 전략을 바꾼 김정일은 애니메이션 영화 쪽으로 시선을 돌렸다. 설립된 지 10년 만에 조선과학교육영화촬영소(SEK: Scientific Education Korea)의 스튜디오들은 미국과 유럽의 제작자들에게 가장 수익성이 좋은 하청업체로 인정을 받기에 이르렀다. 영화는 아니었다. 어림도 없었다. 하지만 애니메이션 영화가 외화를 벌어들일 수 있다면, 못할 이유가 없지 않은가?

이러한 좌절에도 불구하고 예정대로 1989년 7월 1일, 세계청년학생축전이 1주일 동안 성대하게 개최되었다. 이 기회를 통해 평양은 운동 경기, 민속춤, 매스게임 등으로 구성된 대규모의 공연을 선보였다. 의상과 깃발들을 제작하기 위해 수용소의 죄수들이 밤낮으로 일했으며, 국가의 좋은 이미지를 심어주기 위해 장애인들이 모두 강제이송된 사실은 침묵 속에 지나갔다. 축전은 성공한 것처럼 보였다. 177개의 나라에서 총 22,000명의 젊은이들이 참여함으로써 김씨 부자가 무척 만족하도록 만들었다. 하지만 사실대로 말하자면 딱 그만큼이었다. 서양의 관심은 한 달 전에 피로 진압된 중국의 천안문 사태에 집중되었다. 또한 동구권의 와해와 더불어 철 지난 것처럼 보이는 이러한 사회주의적인 축전에 관심

---

17) 〈텐잔, 마지막 임무Ten Zan: The ultimate mission〉는 1988년에 완성되었으며, 2000년 우디네 극동 아시아 영화제에 소개되어 "프로파간다 영화보다도 더 최악"이라는 혹평을 받았다.

을 기울이는 사람은 거의 없었다. 게다가 1년 전에 이미 모스크바와 베이징은 아무런 문제없이 서울 올림픽에 참여하지 않았던가?

더 심각한 문제는 채권국들이 북한에 대한 신용대출을 모두 동결한 상태에서, 어떤 소득도 가져오지 못하는 축전이 북한의 재정상태를 고갈시켰다는 것이다. 축전 비용을 충당하기 위해 여러 농업투자 프로그램을 조정할 수밖에 없었고 이로 인해 국가의 식량 배급에 불균형을 초래하게 되었다. 하지만 평양의 어버이와 아들이 남한의 올림픽과 똑같은 성대한 게임을 벌였다는 사실 이외에 무엇이 중요하겠는가? 전제정치라는 것은 우선 자아의 문제다.

15. 송별회

은퇴

평양에서 김일성의 후계를 언급하는 것은 여전히 금기였다. 그가 더 이상 국가를 통치하지 못할 것이라고 생각하는 것 자체가 불경죄에 해당되었다. 하지만 1989년 말부터 상황은 바뀌기 시작했다. 80세에 가까운 고령의 지도자는 이제 권태로움을 숨기지 않았다. 그는 이미 1986년 여름에 심장마비로 한 차례 쓰러졌으나 살아남았다. 하지만 몸은 쇠약해졌고 목소리는 쉬어갔다[18]. 20년 전 오른쪽 목 뒤에 생긴 혹은 계속 커졌지만, 그는 수술받기를 거부했다. 이제는 야구공만큼 커져 더 이상은 숨길 수가 없는 장애가 되었다. 남한의 매체들은 그것이 마치 국가 기밀이라도 되는 양 기회가 생길 때마다 이 신체적 장애를 강조했다. 그것은 물론 국가 기밀도 아니었으며, 북한 주민들도 잘 알고 있는 사실이었다. 오히려 그것으로 인해 사람들은 그에게서 나이의 흔적을 보았고, 연민을 느꼈다.

북한 정권은 이 노년의 시련이 사람들에게 불러일으키는 자연스러운 공감을 이용했다. 김일성의 피로함을 앞세우며, 그만큼의 헌신을 요구했다. 사람들은 그를 기쁘게 하려고 애썼으며, 실망을 주지 않으려고 노력했다. 하지만 절망적인 상황들이 줄을 이었다. 1989년 가을부터 동유럽의 공산체제가 카드로 만든 성처럼 무너져 내렸다. 12월 25일에는 사회주의 세계에서 김일성의 든든한 동반자였던 루마니아의 니콜라이 차우

---

18) http://www.youtube.com/watch?v=o4Z5ypN_08Q/

셰스쿠 일가가 총살되는 충격적인 사건이 벌어졌다. 김일성은 깊은 슬픔에 빠졌고, 두려움에 사로잡혔다. 북한에서도 마찬가지의 상황이 벌어질 것인가? 김일성은 보안 시스템을 강화하고, 매일 저녁 거주지를 바꾸었다. 하지만 최악의 상황은 아직 도착도 하지 않았다. 1991년 12월, 미하일 고르바초프의 소련이 마침내 붕괴된 것이다. 김일성은 "딱 한 명만이 살아남는다면, 그건 바로 나일 것"이라는 빅토르 위고식 결의를 보여줬지만, 그는 깊은 슬픔에 빠져들었다.

결국 단념할 순간이 다가왔다. 1986년 가을부터 북한을 통치한 사람은 사실상 김정일이었다. 이제 그 상황을 공식화할 때가 된 것이다. 늘 그렇듯이 북한의 의전은 길고 까다로웠다. 1991년 12월 24일, 고르바초프가 소련의 대통령직을 사임하기 바로 전날, 노동당 중앙위원회는 김정일을 조선인민군 최고사령관으로 추대했다. 그 다음날에는 모든 군 장성이 그에게 충성 서약을 했다. 이듬해 2월 16일, 김정일은 만 50세가 되었다. 온 인민이 벌인 생일 축하 행사는 그 전례를 찾아볼 수 없을 정도로 화려한 것이었다. '친애하는 어버이 수령' 타이틀은 여전히 김일성에게 한정되었지만, 이제 언론은 김정일을 '경애하는 지도자'로 부르기 시작했다. 아울러 4월 9일에는, 1972년 이후 20년 만의 헌법개정에 착수해, 마르크스-레닌주의를 삭제하고 그것을 주체사상으로 대체했다. 왕조적 계승을 위한 마지막 사상적 장애물이 제거된 것이다.

마침내 4월 25일, 김일성 부자는 김일성광장에서 열린 인민군 창설 60주년 기념 축하 퍼레이드에 나란히 참석했다. 김일성은 인민군에게 김정일을 향한 절대적 충성을 한번 더 요청한 다음 마이크를 아들에게 넘겼다. 아직 군중 앞에서의 연설에 익숙하지 않던 김정일은 콧소리가 나는 목소리로 "영웅적 조선인민군 장병들에게 영광 있으라!"라고 외쳤을 뿐이었다. 그래도 우레와 같은 박수소리와 함께 전통적인 만세 삼창이 울려 퍼졌다. 때를 같이해, 김씨 일가의 영원한 지지자 오진우 장군은 인민군 원수로 승진되었으며, 김정일은 공화국의 원수로, 그리고 김일성은 공화국의 대원수로 추대되었다. 또한 김일성은 인민공화국의 주석으로 남았다. 하지만 군대 자체가 바로 국가인 북한에서 이것은 별다른 의미를 지니지 않는다. 왜냐하면 국가를 통치하기 위해서는 군대를 통치해야만 하기 때문이었다. 아울러 이듬해 김일성은 아들에게 북한의 실질적 최고 권력인 국방위원회 위원장직도 넘겨주었다. 이때 김일성은 아들에게 존칭을 쓰고 김정일의 영광을 기리기 위해 그를 광명성에 비유하는 찬가를 작성했다. 권력이 완전하게 이양된 것이다.

본인의 취향을 따른 것이었든 유교적 관습에 따른 것이었든 김일성은 보통의 할아버지들처럼 고서를 읽고, 시조를 지으며, 예술을 즐기는 달관한 은퇴자의 이미지를 보여 주었다. 아울러 회고록 작성에 전념했다. 총 8권의 회고록은 1994년 봄 《세기와 더불어》라는 제목으로 출간되었다. 그는 스탈린과 호치민, 마오쩌둥 같은 공산주의 동료들 중에서 가장 오랫동안 살아남았다. 또한 끔찍이도 증오하던 식민지배자 히로히토의 죽음(1989년)도 지켜보았다. 당시 지구상의 어떠한 지도자보다도 더 오랫동안 국가를 지배했기 때문에 그는 국제정치계 최고 연장자로서의 역할을 즐겨 수행했다. 외국의 언론인들을 초청해 자신의 견해와 경구를 전달하곤 했다. 그렇다고 신랄함이 없었던 건 아니다. 폭넓은 계층의 시청자를 보유하고 있는 CNN과의 독점 인터뷰[19]에서 그는 한 기자에게 "세계에 자신을 내세울 생각이 전혀 없다."고 대답했다. 그러나 그가 수십 년 동안

19) 마이클 브린은 이때의 인터뷰 내용을 2004년에 출간된 저서 《김정일: 북한의 경애하는 지도자》에 수록했다. 뉴욕, 와일리 출판사, 2004 Michael Breen, *Kim Jong-il: North Korea's Dear Leader*, New York, Wiley press, 2004.

서구의 유명 일간지들, 특히 《르몽드》 등에 자신의 영광을 선전하는 게시문들을 주기적으로 게재하던 지도자였다는 사실을 감안하면 매우 역설적인 답변이 아닐 수 없었다.

비록 김일성이 권력은 포기했지만, 여전히 그의 생일은 웅장했다. 특히 1992년 4월 15일, 80세 생일 당시 김일성은 큰 비용을 들여 외국에서 초대한 수백 명을 포함해 3,600명의 손님을 맞아 그들에게 값비싼 선물을 안겨주었다. 또한 같은 날, 그는 '평양-개성고속도로'의 개통식에 참가했다. 평양에서 개성을 거쳐 DMZ에 이르는 이 고속도로는 5년간 18개의 터널과 84개의 고가도로가 건설된 끝에 완공되었다. 오직 고급 관리들만이 업무용 승용차를 탈 수 있는 나라에서 이 거대한 고속도로가 무슨 소용이 있단 말인가? 하지만 그것은 한민족 전체의 아버지가 되려는 이 노쇠한 지도자의 꿈을 부추기는 것이었다. 그거면 충분했다.

최고급 은퇴자였던 김일성은 자신의 지위를 과시하듯 변덕을 부렸다. 나이가 들면서 그는 점점 더 남한에, 특히 박정희에 대해 많은 관심을 드러냈다. 결국 박정희를 알고 있던 사람, 즉 최덕신을 자주 불러들였는데, 그는 남한의 장군 출신으로 월북한 매우 드문 인물로 천도교 운동의 수장을 맡기도 했던 사람이었다. 또한 그와 동갑이며 북한에서 태어나 남한에서 거대 재벌을 이룬 정주영 현대회장을 여러 번에 걸쳐 예우했다. 그의 환대에 감동을 받은 정주영은 통일의 가교 역할을 떠맡았으며, 2001년 3월 사망할 때까지 북한에 대한 투자를 멈추지 않았다. 북한 정권이 매스게임을 벌이는 능라도 5월1일경기장이 바로 정주영의 후원으로 건설된 것이다.

나이가 나이인 만큼 건강에 집착하던 김일성은 자신의 주변을 의사와 영양사, 민간요법 치료사, 마사지사들로 채웠다. 그러자 서양 매체들 사이에서 터무니없는 소문들이 떠돌기 시작했다. 김일성이 120세까지 살기 위해 거액의 비용을 들여 수백 명의 외국인 의사들을 고용했다는 것이다. 유쾌한 생활이 건강에도 좋기 때문에 아이들과 코미디언까지 동원해 자신을 웃기게 했다는 등의 소문이었다. 당연히 과장된 소문들이다. 마오쩌둥도 말년에 소아성애자이며 변태적인 색마라는 소문에 시달렸다. 이러한 소문들은 김일성이 마치 아무 잘못도 없는 것처럼 공경받고 있는 상황을 인정하기 힘들어하는 사람들에 의해 생겨난 것들이다 .

마지막 일전

김일성이 고상한 아버지이자 은퇴자 역할에 만족하자, 이제 김정일은 대놓고 무대의 전면을 차지했다. 이때부터 민심의 동향을 살피고 정권의 지지를 결집하기 위해 군대와 공장, 집단농장 등을 시찰하는 일은 김정일의 몫이 되었다. 그렇다고 그가 호화롭고 사치스러운 삶을 포기한 것은 아니었다. 일본인 요리사 후지모토 겐지가 13년간 평양에 머물면서 경험한 사실들을 통해 우리는 김정일의 놀라운 일면을 엿볼 수 있다. 그는 어떤 낭비도 서슴지 않았다. 고급 와인과 사치품, 최신형 전자 장비 등을 거금을 들여 서양에서 들여왔다. 도깨비의 식욕과 화려한 여성 편력을 자랑하며 정력적으로 활동했다. 1992년 10월에는 승마 도중 떨어져 몇 시간 동안 혼수상태에 빠졌을 정도였다. 냉소적인 성향 때문이든 혹은 정치적 계산이든 그는 이러한 사실을 숨기지 않았다. 항상 그렇듯이 측근들을 매수하는 것과 함께 인민을 지배하는 것이 중요했다. 또한 북한이 여전히 뭔가를 이룰 수 있는 부와 수단이 있다는 것을 인민들에게 보여주는 것이 중요했다.

그런데 상황이 점점 더 악화되었다. 소련의 붕괴는 북한이 그들로부터 많은 원조를 받아 생존해왔다는 사실로 볼 때 돌이킬 수 없는 재앙이었다. 이제 비싼 값으로 에너지를 수입해야 했다. 베트남과 쿠바를 제외하고는 어떤 상업적인 파트너도 없었다. 1990년 9월, 그리고 1991년 10월에 김일성은 베이징을 방문했지만, 결과는 미사여구로 가득찬 연설만 있었을 뿐, 실제적으로 얻은 것은 환멸뿐이었다. 그래도 정권은 고양이가 등을 구부리듯 내부적으로 결속을 다져 나갔다. 제로 성장, 심지어 마이너스 성장에도 불구하고 군비 지출은 계속되었다. 1991년 8월에 행한 마지막 시찰 당시 김일성이 최상의 경제정책이라고 회고했던 계획경제 역시 포기하지 않았다. 그래도 인민을 걱정하던 그는 베란다에서 옥수수를 경작한다거나 거대 토끼를 기른다거나 하는 등 나름대로 기발한 아이디어를 몇몇 제안했지만, 곧 실패로 끝났다.

결과는 돌이킬 수 없는 것이었다. 공장들은 하나둘 문을 닫았으며, 건설 현장은 공사를 멈추어버렸다. 평양의 심장부에 세워지던 화려한 유경호텔의 건설도 중단되었으며, 공사가 재개되기까지는 16년이 걸렸다. 더 이상 인민을 먹여 살릴 수가 없게 된 북한 정권은 1990년 봄부터 "하루에 두 끼 식사로 만족하자."는 첫 번째 절약 운동을 벌여나갔다. 이후로도 비슷한 운동이 많이 뒤따랐다. 하지만 단전과 식량 문제로 격분한 인민들이 불평을 터트리기 시작했다. 일본인 전문가 하기와라 료 Hagiwara Ryo에 따르면, 1991년 가을에 신의주에서 과격한 소요사태가 일어났으며, 이어 1992년 3월에는 쿠데타 시도가 발생했지만, 실패한 것으로 보였다. 우리는 김정일의 즉위가 군 장악과 연관되어있음을 알고 있다. 그것은 한마디로 무력 과시였던 것이다. 군대가 김씨 일가를 지지하는 한 어떠한 시도도 성공할 수 없었다. 1992년 여름, 행정부서에 대한 가혹한 숙청이 이루어졌다. 300명에 가까운 고위 관료들이 면직됨과 동시에 수용소에 수감되었다.

그래도 김정일은 야만적인 힘만으로는 충분치 않다는 사실을 인식할 만큼의 분별력은 있었다. 체제를 지탱하기 위해서 그는 소련과 중국을 대체할 다른 후원자를 찾아야 했다. 가장 먼저, 이제 부인할 수 없는 경제적 성공을 거둔 남한이 떠올랐다. 남한과는 이념적 공감대를 이루지 못하니 민족적 유대를 이용해보면 어떨까 하는 생각이었다. 올림픽을 계기로 벌어졌던 남북한 간의 치열한 경쟁은 많은 상처를 남겼지만, 이제 기댈 곳은 남한밖에 없었다. 평양은 또다시 진로를 변경했다. 오랫동안 김일성의 최측근이었던 연형묵 총리의 지휘 아래 1990년 9월부터 시작된 서울과의 접촉은 드디어 1991년 12월 13일, 상호 체제 인정과 상호 불가침을 기본사항으로 하는 역사적인 '남북 기본합의서' 채택을 끌어냈다.

상호 인정과 평화적인 공존을 담은 이 예상치 못한 화해로 말미암아 국제사회는 장밋빛 무드 속에 빠져들었다. 이러한 분위기를 뒷받침하듯 남북한은 3달 전인 1991년 9월에 UN 동시 가입이라는 성과를 이뤄냈다. 또한 평양과 서울은 수차례의 스포츠 교류를 실시했으며, 나아가 흰 바탕에 파란색으로 한반도를 형상화한 남북한 단일팀 국기를 만들고 단일팀 여론 조성에도 힘을 쏟았다. 심지어 남북한 대통령 간의 정상회담에 관한 언급마저 새어나왔다. 하지만 김정일의 관심사항은 오직 하나, 경제협력뿐이었다. 1991년 7월, 김정일은 서울로부터 5,000톤의 쌀을 얻어냈으며, 나아가 더 많은 것, 즉 산업투자를 기대했다. 1992년 1월, 대우그룹의 김우중 회장이 평양을 방문하여 남포항에 섬유와 전자부품 공장 투자를 결정하면서 그 기대는 충족되는 듯이 보였다.

그러나 남한의 원조는 장래성은 있었지만 충분하지는 않았다. 결국 김정일은 미국을 상대로 하여, 속임수 포커 게임을 계속 하기로 했다. 규칙은 간단했다. 자칭 강한 핵 능력을 보유한 북한이 핵 위협 카드를 뽑아들며 상대에게 공을 떠넘긴다. 그 말을 안 믿었다가는 전쟁의 위험을 감수해야 할지도 모른다. 반대로 그것을 확인하려면 돈을 내야 한다. 협박은 피할 수 없다. 과거 소련과 먼저 시나리오를 구성해 본 사람은 김일성이었다. 1961년, 김일성은 베이징에 핵 기술의 전수를 요청했지만, 마오쩌둥은 이를 단호히 거절했다. 하지만 1965년, 모스크바가 이를 수용하자, 평양은 북쪽으로 100km 정도 떨어진 영변에 핵 원자로를 갖춘 발전시설을 완공하기에 이르렀다. 20년 후 북한은 핵폭탄 제조에 필요한 기술을 갖추었다고 주장했다. 그러면서 석유와 상업용 경수로의 건설을 지원해주면 자신들의 핵 프로그램을 중단하겠다고 선언했다. 그때 소련은 그들의 요구를 들어주는 것 외에는 다른 선택의 여지가 없었다. 그 대신 소련은 핵확산방지조약에 가입할 것을 북한에 요구했다. 판세가 유리하게 돌아가고 있다고 생각한 북한은 1985년 이를 수용했다. 하지만 1991년 소련은 사라졌다. 이제 어떻게 할 것인가?

김정일은 그런 식의 협박이 소련에 통했으니, 미국과도 통하지 않을까 하고 생각했음이 분명하다. 이러한 도발은 사실 매우 위험한 일이었다. 1958년, 냉전이 한창일 당시, 워싱턴은 북한을 위협하기 위해 소형 핵탄두가 장착된 마타도르Matador 미사일을 남한에 실전 배치한 전력이 있었다. 하지만 1991년 12월, 이 무기들은 모두 철거되었다. 이러한 상황은 평양에 유리했다. 결국 김정일은 미국의 핵 보복을 두려워하지 않고 게임을 시작할 수 있었다. 그는 매우 협조적인 자세를 취했으며, 심지어 국제원자력기구의 전문가들이 북한을 방문하도록 허락했다. 하지만 미국 CIA와 국방부가 평양의 이중적인 태도를 간파하는데 오랜 시간이 걸리지는 않았다. 1993년, 위성사진들을 통해 북한의 핵 프로그램의 재가동을 확인했다. 심지어 그 위력은 히로시마의 원자폭탄보다 3배는 더 강력한 것으로 추정되었다.

국제사회는 규탄했지만 북한은 이를 부정했다. 그리고 1994년 5월, 핵확산방지조약에서 탈퇴하겠다고 협박했다. 다른 한편, 북한은 일본 열도 위로 노동미사일을 발사했다. 이 전략으로 긴장은 고조되었다. 워싱턴은 충격을 받았으며, 호전적으로 일변한 백악관은 "전쟁 가능성을 배제하지 않고 있다."고 선언했다. 이 선언의 숨겨진 의미는 영변의 핵시설을 폭격할 것이냐 하는 문제였다. 하지만 사실 클린턴 대통령은 주저했다. 한국에서 새로운 전쟁을 개시한다는 것은, 그가 최우선 과제로 삼고 있던 미국 경제 활성화 정책을 위험에 빠뜨릴 수 있었기 때문이었다. 어쩌면 평화가 가장 나은 선택이 아닐까?

결국 6월, 클린턴 대통령은 마지막 남은 가능성을 타진하기 위해 지미 카터를 평양으로 보냈다. 탁월한 선택이었다. 재임 중 주한미군 철수 문제 등으로 한국 정부와 갈등을 겪기도 했던 이 전직 대통령은 1980년 대통령 선거에서 로널드 레이건에게 패한 이래로 분쟁 해결과 민주주의 발전, 개발-원조 분야의 전문가가 되었다. 그리고 모두가 반신반의하고 있는 상황에서 그는 실제로 협상을 성공시켰다. 북한에 에너지와 상업용 경수로 발전소의 건설을 약속하는 제네바협정이 10월에 성사되자 북한은 핵 프로그램을 중단하겠다고 선언했다. 긴장 상태가 누그러들었으며, 다시 평화가 찾아왔다.

김정일로서는 대성공이었다. 그의 핵 공갈이 통한 것이다. 필요한 자원과 핵 능력을 교환함으로써 북한을 궁핍 상태로부터 구할 수 있게 되었다. 그도 아버지처럼 물러서지 않고 중대한 난국을 돌파할 수 있는 능력을 증명한 셈이었다. 따라서 그의 계승은 정당한 것이 되었다. 그는 김일성과 북한 정권에 최상의 신성함을 선사했다. 지미 카터가 6월 16일부터 19일까지 면담을 한 사람은 김정일이 아니고, 그 기회를 맞아 다시 정치 전면에 나선 김일성이었기 때문이다. 한국전 직후부터 북한은 미국과의 직접 교섭을 끊임없이 요구했지만, 워싱턴은 계속 거부해오고 있었다. 비록 전직 대통령이라 할지라도 임무를 가지고 평양까지 찾아온 지미 카터는 이러한 요구에 부합하는 것이었다. 북한 인민들에게 이것은 김일성이 최강대국의 지도자와 동등하게 교섭할 수 있는 지구상의 가장 강력한 지도자 중의 한 명이라는 사실을 증명하는 것이었다.

신격화

지미 카터와의 면담 후 3주가 채 지나지 않은 7월 8일 새벽 2시, 미국 전직 대통령과의 역사적인 회담에 만족한 나머지 너무 흥분해서인지, 아니면 그 만남을 위해 너무 많은 기력을 소모해서인지, 영변에서 멀지 않은 묘향산 별장에서 휴식을 취하던 김일성은 또다시 심장마비를 일으켰다. 이번에는 회복할 수 없었다. 공식적인 발표는 판에 박힌 것이었다. 7월 7일, 새벽에 일어난 김일성이 산책을 거른 채 통일에 관한 글을 작성했으며, 오후에는 외교관들과 면담하고, 저녁에는 식사도 하지 않은 채 엔지니어들과 홍수 예방에 대해 토론했다는 것이다. 즉, 과로사라는 주장이었다. 그가 꽤 오래 전부터 공적 업무를 맡지 않았다는 점을 감안할 때 이 사망 원인을 믿기는 힘들다.

사망 원인이 영웅적이든 일상적이든, 김일성의 죽음은 평범할 수 없었다. 7월 9일 아침, 3번의 징소리와 함께 사이렌이 온 나라에 울려 퍼졌다. 공식적으로 발표된 소식은 북한 주민들을 경악 속에 빠뜨렸다. 공식 성명은 과장된 어조로 그 충격을 다음과 같이 묘사했다. "세상의 지도자 중 최연장자이고, 세계적 혁명 지도자인 우리 아버지의 서거 소식은 온 나라를 5,000년 역사상 가장 큰 슬픔 속에 잠기게 했다. 결코 돌이킬 수 없는 이 상실은 하늘을 찢는 번개처럼 나라를 덮쳤으며, 태양 빛을 영원히 가리고, 세상을 뒤엎었다. 우리의 조국은 이제 눈물바다가 되고, 울음의 대양이 되었다. 산들은 울부짖고, 강들은 고통으로 뒤틀리며, 숲과 들은 삶의 의미를 잃어버렸다."

"조선노동당 중앙위원회 총비서이시며, 조선민주주의인민공화국의 주석이신 위대한 수령 김일성 동지께서 1994년 7월 8일 2시에 급병으로 서거하셨다는 것을 가장 비통한 심정으로 온 나라 전체 인민들에게 알린다."[20]

"김일성 수령께서 쌓아올린 위대한 혁명 업적은 역사와 더불어 천년 만년 길이 빛날 것이다."

"한 나라 5,000년 역사에 온 나라가 이처럼 크나큰 슬픔에 잠긴 때는 일찍이 없었습니다."

"땅이 꺼지고 하늘이 내려앉는 듯한 인민의 큰 슬픔을 안고 삼가 큰절을 올립니다."[21]

인민 모두가 고인에게 애도를 표할 수 있도록 10일장으로 정해진 국장은 이후 13일로, 그 다음엔 100일로 연장되었다. 문상을 위한 끝도 없는 행렬이 관공서와 온 나라에 퍼져있는 수만 개에 달하는 김일성의 동상과 기념물 주위로 펼쳐졌다. 그들은 고인의 초상화 앞에서 마지막으로 절을 올리며 그에 대한 존경을 표현했다. 흐느낌과 통곡, 실신이 줄을 이었다. 수십 명, 아니 어쩌면 그 이상의 인민들이 자살했다고 한다. 김일성의 권좌에 오르는 순간을 기억하는 노인들과 김일성의 시대만을 알고 있는 중년들, 그리고 김일성이 사라질 수 있다는 생각을 한 번도 하지 못했던 아이들은 가슴을 때리며 목적 없이 배회하고 또 몇 시간이고 엎드려 있었다.

고통은 공식 장례식 날인 7월 19일에 극도에 달했다. 온 마을, 온 도시, 온 인민이 민간 참배 행렬과 군사행진에 가세해 고인에 대한 애도를 표했다. 가장 웅장한 장면은 김일성의 운구 행렬이 평양의 중심축을 따라 행진할 때 연출되었다. 선두에 선 김정일과 가족들, 정권의 총애를 받았던 사람들이 교대로 운구하는 가운데 수천 명의 장교들과 고관들이 그

---

20) https://www.youtube.com/watch?v=cZ_pyTr-K88

21) https://www.youtube.com/watch?v=rYgs2SY7i80

뒤를 따라 40km를 행진했다. 행사는 총 10시간이 걸렸으며, 길 양쪽으로는 200만 명에 달하는 수도의 모든 주민이 대부분 전통 한복을 차려입고 모여들었다. 그들은 슬픔으로 일그러진 얼굴로 오열했다. "어버이 수령님, 이렇게 가시면 어떻게 합니까? 수령님 없이 어찌 살란 말입니까?" 많은 사람이 절망을 견디지 못하고 쓰러졌으며, 정신을 잃기도 했다. 무장한 수천 명의 군인들이 질서 유지를 위해 배치되었지만, 군중들의 절망적인 움직임으로 인해 수십 명의 인민들이 군중들의 발에 깔려 압사하거나 질식사하기에 이르렀다.

다음날, 김정일은 김일성광장에 모인 10만 명의 지지자들과 함께 아버지의 거대한 초상화가 걸려있는 인민대학습당 앞에서 인상적인 추도회를 전개했다. 그는 장례식을 맞아 발표된 담화문을 통해 "위대한 수령 김일성 동지를 우리 공화국의 영원한 주석으로 높이 모시자."라고 선언했다. 두 달 후인 9월엔 "위대한 수령 김일성 동지는 우리 인민과 민족의 마음속에, 인류의 마음속에 영생할 것이다."라고 발표했다. 라디오와 TV는 장례식 담화문을 10일 동안이나 재차 방송했다. 몇몇 증언에 따르면 심지어 수용소의 죄수들마저 슬픔에 사로잡혀 자신들에게 형을 선고한 사람이지만, 그를 위해 울었다고 한다. 선동의 효과, 혹은 습관의 힘, 그도 아니면 순응적인 태도? 어쨌든 조선 인민들 모두는 자신들이 이제 고아가 되었다고 느꼈다.

이제 북한의 절대권력을 손에 쥔 김정일은 금수산 태양궁전에서 캄보디아의 국왕이자 아버지의 오랜 친구인 노로돔 시아누크를 비롯, 남한의 문익환 목사, 그리고 외국 대표단들을 맞았다. 여전히 공산주의 국가인 중국과 베트남, 쿠바 등은 물론이고, 미국을 포함한 대부분의 자유민주주의 국가들 역시 평양에 사절단을 보내 자리를 빛냈다. 이들 모두 북한 인민들이 표출하는 애통함에 깊은 인상을 받았다. 농민이건 노동자건 학생이건 군인이건, 거리의 모든 시민은 물론 심지어 고관들까지 온 나라가 눈물에 젖었다.

나폴레옹 시대에 외무부 장관을 역임한 탈레랑은 "과도한 모든 것은 무의미하다."라고 말한 바 있다. 냉혹한 폭군의 죽음에 어떻게 그렇게 깊은 슬픔을 나타낼 수 있을까? 주체사상의 이론가였지만, 1997년 2월 남한으로 탈출한 황장엽은 이러한 현상을 부정적으로 설명했다. 절망적인 발작도, 슬픔도 모든 인위적인 거짓이며, 사실상 북한의 정치경찰이 쇼를 하도록 인민을 강제로 동원했다는 것이다. 김일성의 장례식에 참여하지 않는 사람에게는 나중에 혹독한 복수가 뒤따를 것이라고 협박했음이 분명하다고 주장했지만, 사실 그의 말을 믿기는 어렵다. 격해진 상황에 따른 눈물은 충분히 있을 수 있는 일이다. 하지만 어떻게 온 나라가 '울보 연기'를 할 수 있단 말인가? 당시에 촬영된 영상들이[22] 이를 증명한다. 사람마다 이유는 다를 것이다. 그러나 미래에 대한 두려움에 싸여 진심으로 낙담하거나 불안해하는 감정, 집단적으로 신경이 곤두서 발작을 일으키는 감정들을 가짜라고 하기에는 그 애통함이 매우 구체적이고 너무 생생하다. 김일성의 죽음은 인민 모두에게 개인적이자 집단적인 비극[23]으로 생생하게 느껴졌다.

이제 고인에 걸맞은 최후의 장소를 찾는 일만 남았다. 1921년, 몽고의 수흐바타르가 사망했을 때부터 독재정권의 설립자에게는 원통형의 흰 대리석으로 지은 장대한 기념관을 헌정하는 경향이 생겨났다. 1930

---

22) http://www.youtube.com/watch?v=5zYsUqAYg6c/

23) 파시즘 역사학자들은 이러한 현상은 히틀러나 무솔리니에게도 마찬가지였다고 강조하고 있다. 크리스토퍼 더간 《그들은 그것을 믿었다. 무솔리니 이탈리아의 은밀한 역사》, 파리, 플라마리옹, 2014. Christopher Duggan, *Ils y ont cru, Une histoire intime de l'Italie de Mussolini*, Paris, Flammarion, 2004.

년 레닌의 경우가 그랬으며, 1953년의 아타튀르크, 1975년의 호치민, 그리고 1977년의 마오쩌둥이 그랬다. 당연히 평양은 그것들보다 더 훌륭해야 했다. 좋은 아이디어를 낸 사람은 역시 김정일이었다. 시체를 방부처리하는데 100만 달러를 들였으며, 아울러 김일성 탄생 65주년을 기념해 1977년 건립 이래 그의 집무실로 사용했던 북한의 금수산궁전을 헌정하기로 결정했다. 사후에도 김일성은 계속 인민들을 보살펴야 하니 사실 이보다 더 논리적인 결정도 없었다.

김일성의 묘에는 상상도 못할 정도의 비용이 들었다. 그러나 세상에서 가장 거대한 영묘라는 기록은 김일성에게 걸맞은 결과였다. 그는 그곳의 유리관 안에서, 목 뒤의 혹을 숨기려고도 하지 않은 채, 베개 위에 머리를 누이고, 빨간 깃발로 몸을 덮은 채 영면을 취하고 있다. 경의를 표시하기만 한다면 외국인들도 방문할 수 있는 이 궁전은 어떤 이들에게는 부조리한 곳이며, 또 다른 이들에게는 조악한 스타일의 향연처럼 보이겠지만 그래도 놀라운 곳임에는 틀림없다.[24] 미로 같은 복도와 부속실, 음산한 조명, 관람객에게 공개된 시체 정화의식, 직원들의 부자연스러운 꼿꼿함 등이 그렇다. 모든 것이 방문자들에게 깊은 인상을 주기 위해, 또 그들을 설득하고 전향시키기 위해 만들어졌다. 김일성의 시신은 분명히 그곳에 있다. 하지만 존재로서의 그는 다른 곳에 있다. 단군을 따라 그는 영적인 세계로 들어간 것이다. 그는 백두산과 주체, 그리고 조선 그 자체와 융합되었다. 중국이나 일본의 황제들처럼, 카이사르나 아우구스투스처럼, 그의 죽음은 그를 신격화시켰다. 이제 김일성은 신들의 향연에 자리하고 있는 것이다.

---

24) 언론인 제라르 뒤퓌Gérard Dupuy의 2000년 4월 19일《리베라시옹Libération》기사 발췌.

제4부

김정일 혹은 핵 왕조

1994~2011

제4부

김정일 혹은 핵 왕조

1994~2011

김일성의 죽음으로 이제 김정일은 북한의 권력을 홀로 떠맡게 되었다. 오래전부터 이 순간이 오기를 고대했었지만, 막상 그날이 닥치자 김정일은 아버지의 존재가 자신이 생각했던 것보다 훨씬 더 큰 영향력을 행사하고 있었다는 사실을 깨닫게 되었다. 여지껏 김정일은 거의 하루도 빠짐없이 아버지를 만나고, 그와 면담하며, 그의 의도가 무엇이고 또 거기에 어떻게 대답해야 할 것인지 자문하면서 평생을 보냈다. 그런 아버지의 부재는 그에게 잔인하도록 무거운 짐이었다. 웬만해서는 연민을 보이지 않는 김정일이 김일성의 장례식에는 가족들, 심지어 총애를 잃은 가족 구성원까지 모두 불러모았다. 1년 전에 용서를 받고 다시 평양으로 돌아온 김일성의 동생 김영주는 당의 명예직 자리에 올랐으며, 계모인 김성애, 두 이복형제인 김평일과 김영일도 장례행렬의 선두에서 걷도록 초대되었다. 하지만 권력 승계전戰에서 패한 그들은 조심스럽게 행동했으며, 곧 다시 외국으로 떠났다.

하지만 이미 15년 전부터 무대 뒤에서 권력을 휘두른 김정일에게 사실 권력 자체는 새로울 것이 없었다. 오케스트라의 바이올린 악장이 지휘자가 된 것뿐이었다. 그러니 악보를 바꿀 필요가 있겠는가? 군사독재와 북한 사회의 엄격한 통제 그리고 국제사회와의 힘 겨루기 등은 여전히 북한 정치의 알파와 오메가로 남아있었다. 반면에 놀라운 것은 그의 가속이었다. 김일성이 장거리 육상선수였다면 김정일은 단거리 주자처럼 통치하는 인물이었다. 자신만의 업적을 남기기에는 52세인 자신의 나이가 너무 많다는 것을 깨달았기 때문일까? 이율배반적이게도, 그는 위기 상황에서만 통치할 줄 아는 사람이라는 인상을 주었다. 그는 북한 인민들을 전례가 없는 경제적 재앙의 고통 속으로 안내한 예언자였으며, 전체주의 체재의 냉혹한 대부임과 동시에 조선의 새로운 계몽 독재 군주였고, 북한을 깡패국가로 만든 냉소적인 공갈범이었다. 70번째 생일을 몇 달 앞두고 맞이한, 때 이른 죽음은 그의 통치가 미완성에 그쳤다는 인상을 남겼다.

16. 예언자

재앙

과연 김일성이 적절한 시기에 사망한 걸까? 사실 그는 북한이 붕괴하여 침몰하기 직전에 생을 마감했다. 1992년부터 북한은 총체적 난국에 처해 있었다. 전력 부족으로 광산과 공장, 교통시설이 모두 마비되었으며, 비료와 트랙터, 트럭 등의 결핍은 특히 농업 생산량의 붕괴를 가져와 1995년의 수확량이 10년 전의 3분의 1 정도에 그쳤다. 국가는 이제 인민을 먹여 살릴 식량이 없었다. 그런데 채무는 가득해서 더 이상 어떤 물품도 수입할 수 없었다. 결국 필수품조차 구입이 불가능해졌다. 이 경제적 재앙에 대처할 방법을 몰랐던 김정일은 감자를 적극 활용하는 캠페인을 대대적으로 펼쳤다. 그렇게 몇 년 더 버틸 수 있다고 확신했지만, 이러한 조치들은 곧 실패로 드러났다.

그의 여러 시도가 실패하게 된 데에는 일련의 환경적 재앙도 한몫을 했다. 1995년 8월, 3주간의 장마는 과도한 산림 벌채로 이미 약화되어 있던 북쪽의 땅을 집어삼켰다. 그 해의 농산물만 피해를 본 것이 아니라 지하 보관창고의 저장품도 대부분 사용할 수 없게 되었다. 석유 수입의 통로가 막힌 상태에서 전력의 대부분을 의존하고 있던 수력발전소의 3분의 2 역시 심각하게 파손되어 작동이 중단되었다. 설상가상으로 다음 해인 1996년 7월에 태풍과 홍수가 다시 밀려왔다. 이번에는 황해도 남쪽의 곡창지대가 커다란 피해를 입었으며, 평안도 북쪽의 광산들마저 침수되었다. 반면 1997년에는 극심한 가뭄으로 인해 어린 새싹들이 말라

죽었으며, 또다시 가동을 멈춘 발전소로 인하여 지하로부터 물을 끌어올릴 수조차 없었다. 3년 동안의 자연재해로 모든 생산활동이 멈추자 그전부터 악화되고 있던 북한 경제는 완전히 무릎을 꿇을 수밖에 없었다.

이제 제대로 작동하는 시스템은 아무것도 없었다. 하지만 누구도 그런 상황에 신경 쓰지 않았다. 왜냐하면 이제부터 가장 중요한 일, 즉 먹고 살 길을 찾아야 했기 때문이었다. 전체 인구의 3분의 2가 사는 도시에서는 공공 배급시스템이 중요한 역할을 담당했는데, 이제 이 시스템까지 헛돌기 시작했다. 그때까지 북한 주민 한 사람은 하루 평균 700g 정도의 쌀을 지급받을 수 있었다. 그러나 1994년에는 그 반으로 줄었으며, 1995년에는 150g, 그리고 1997년에는 30g에 불과했다. 1998년부터 북한 당국은 인민들에게 이제 정기적인 배급을 담당할 수가 없다고 밝히면서 각 가정은 알아서 양식을 찾으라고 권고하기에 이르렀다. 이것은 당연하게도 암시장의 개방과 활성화로 이어졌다. 상황은 더욱 악화되어 심지어 농민들조차 먹을거리를 찾기가 힘든 상황이 되었다. 몇 달 만에 쌀 1kg의 가격은 600%나 올라 북한 평균 월급의 4분의 1인 50원에 달하게 되었다.

식량 부족은 순식간에 전 인민을 극심한 기아의 상태로 몰아넣었다. 그들은 애완견은 물론 평양 동물원의 동물들도 잡아먹었으며, 꽃들을 따먹고, 나무줄기를 벗기며, 식용이 아닌 풀들마저 먹었다. 그리고 나서는 주변 시골을 배회하며 채 익지도 않은 어린 밀과 옥수수까지 공략하고 다녔다. 배고픔의 고통을 견디다 못한 가족들은 와해되었고, 노인들이나 어린아이들은 버려졌다. 만성적인 영양결핍으로 인해 전염병까지 급격히 퍼져나갔는데, 그 속도가 하도 빨라 당국이 어떻게 대처할 수가 없을 지경이었다. 특히 산모와 어린아이들, 노인들이 큰 타격을 입었으며, 당연히 사망률이 급등했다. 비록 추정치에 약간의 모순이 있기는 하지만,

그 수치는 등골이 오싹할 정도였다. 총 50만 명에서 150만 명 정도가 사망한 것으로 추정된다. 이는 북한 전체 인구의 3~7%에 해당하는, 정말로 어마어마한 재앙이었다.

그러자 수단이 있거나 아직 힘이 있는 사람들이 탈북하기 시작했다. 30만 명에 가까운 북한 주민들이, 특히 만주의 지린성으로 가기 위해 압록강과 두만강을 건넜다. 환경은 거칠고, 중국 당국은 그다지 호의적이지 않았지만, 적어도 거기서는 배고픔을 면할 수 있었다. 그중에는 말로할 수 없는 고통을 치르며 남한으로 가는 사람들도 있었다. 해방 후 50여 년 동안 매우 드물었던 남한 귀순자들의 숫자가 이제 매년 수천 명에 이르게 되었다. 그들 가운데에는 지옥이 되어버린 북한에서 더 이상 견딜 수 없었던 특권층도 포함되었다. 대표적인 인물이 바로 주체사상의 이론가이자, 김정일의 멘토였던 황장엽이었다. 1997년 2월, 그가 정치적 망명을 요구했을 때 심지어 남한 정부마저 아연실색했을 정도였다. 미국의 《워싱턴 포스트》지는 "이것은 마치 괴벨스가 나치 독일을 버린 것과 같다."라고 논평하기까지 했다.

이러한 상황에서 특히 전력난의 타개가 힘들어지면서 결국 국가의 모든 기능이 차례로 붕괴되었다. 공공서비스와 공장, 집단농장 등이 하나둘씩 차례로 가동을 멈추었으며, 나아가 상점들과 학교, 병원 등도 더불어 텅텅 비게 되었다. 기차들 또한 역에 정차한 채 녹이 슬었다. 공적 조직, 특히 노동당에 기대할 것이 별로 없다고 생각하게 된 인민들은 이제 가족과 부락 혹은 지역 단위의 새로운 연대를 맺어가며 각자도생하기 시작했다. 여전히 북한 방문이 가능했던 극소수의 외국인들에게 북한은 자신들 속으로 완전히 틀어박힌 듯한 인상을 주었다. 결국 김정일은 1996년, 백두산 발치의 삼지연에서 개최하기로 예정되어 있던 동계 아시안게임을 어쩔 수 없이 포기해야 했다. 김일성의 죽음으로 무산되었던 1994

년 8월의 남북한 정상회담 역시 무기한 연기할 수밖에 없었다.

　상황이 이렇게 되자 국제사회에서는 북한 체제가 붕괴될지도 모른다는 관측이 돌기 시작했다. 정권이 모든 정보를 차단하려고 노력했음에도 불구하고, 폭동은 물론 심지어 혁명에 대한 소문이 끈질기게 떠돌았다. 미국 국제개발처(USAID)의 책임자인 앤드류 나치오스Andrew Natsios에 따르면, 9월에는 동해안의 함흥지역 주민들이 상황 타개를 요구하며 벌인 행진이 진압 기동대와의 충돌 과정에서 폭동으로 번졌다고도 한다. 더불어 함경북도 지역에서도 1996년 가을, 배고픔으로 인한 폭동이 발생했으나 힘겹게 진압되었다는 말들이 나돌았다.

　이러한 혼란에 직면한 김정일은 평소와 다르게 수동적이었다. 사실 공식적으로 선택의 여지가 없었다. 아버지의 상중이라 행동을 자제해야만 했다. 그런데 만약 그것이 자신의 무능을 숨기기 위한 핑계라면? 미국 정보기관들은 김정일이 새 집무실로 사용하고 있는 용성 관저의 경비가 대단히 강화된 사실을 발견했다. 평양 북쪽으로 12km 떨어진 곳에 위치한, 별장과 인공호수, 공원, 마구간 등이 갖추어져 있는 이 공산주의 판 베르사유궁전은 이제 전기 철조망과 지뢰밭, 포병중대 그리고 핵 방공호를 갖춘 진지로 전환되었다. 이 편집증은 과연 종말의 시작일까?

희생정신

나라가 초토화되는 큰 위기의 직면에도 김정일은 포기할 생각이 없었다. 그는 장단점을 면밀히 검토하며 행동하는 냉소적인 정치인이 되었다. 끝까지 밀어붙일 수만 있다면, 핵 위협이 장기적인 승부수가 될 것이라는 사실을 인식하고 있었다. 하지만 북한 체제가 곧 붕괴될 것으로 예측하고 있던 워싱턴과 서울은 북한에 했던 약속에 큰 열의를 보이지 않았다. 1994년 10월에 벌인 김일성과 지미 카터 간의 회담에 따라, 북한이 핵 프로그램을 포기하는 대가로 미국은 평양에 매년 50만 배럴의 석유를 제공하고, 평안북도 대천에 100% 민간용 핵발전소의 건설을 보장하기로 제네바협정에 서명한 상태였다. 그러나 한반도에너지개발기구(KEDO)—제네바 합의문 이행을 위해 남한과 일본, 유럽연합 등이 설립한 컨소시엄—의 엔지니어들은 전혀 서두르지 않았다. 심지어 북한으로부터 아연과 마그네사이트 광산에 투자할 것을 제안받은 미국 기업은 그 요청을 거부하기까지 했다.

이렇게 되자 당장의 호구지책을 위해 김정일은 핵 위협을 뒤로 미루고, 인도주의적 협박 카드를 꺼냈다. 그동안 오직 성공 사례만을 선전하던 은둔국가 북한이 갑자기 자신들이 처한 비극을 공표하기 시작했다. 비밀경찰이 선정하고, 기획했음이 분명한 처참한 사진들과 기사들이 전 세계의 방송을 통해 쏟아져 나왔다. 근심에 싸인 군중들과 심하게 여윈 얼굴들, 발육상태가 나쁜 아이들, 죽음의 그늘이 드리워져 있는 노인병원 등의 이미지는 곧 전 세계로 퍼져나가 북한의 끔찍한 상황을 모르는 사람이 없을 정도가 되었다. 이 처참한 이미지들은 기대했던 결과를 이끌어냈다. 서방국가들과 국제 비영리단체들이 움직이기 시작한 것이다. 4년 만에 10억 유로 상당의 식량 수백만 톤과 약품, 생필품들이 북한에

도착했다. 이보다 더 많은 지원을 받은 나라는 옛 유고연방의 해체 이후 내전을 겪고 있던 발칸반도의 국가들뿐이었다. 주요 지원국으로는 미국과 남한, 중국이 있었으며, 특히 중국은 발전소를 재가동시키고, 침수되었던 광산들을 건조시키는데 필요한 부품과 에너지를 제공했다.

이 인도주의적 원조는 북한으로 하여금 새로운 출발을 가능케 했다. 비록 영양 결핍 문제가 완전히 해소된 것은 아니었지만, 그러나 식량과 의약품의 원조는 아사를 저지하고, 수십만 명의 생명을 구할 수 있게 해주었다. 나아가 인민들은 점차적으로 노동할 수 있는 힘을 되찾았고, 기계도 재가동되기 시작했다. 원조가 무정부 상태로 북한이 침몰하는 사태를 막아낸 것이었다. NGO 단체들은 종종 자신들이 북한 정권에 이용당한다고 불평했다. 즉 식량이 병자나 어린이들에게 공급되지 않는다는 불평이었다. 그러나 북한 정부가 식량 분배 시스템을 움켜쥐고 있어 어쩔 수가 없었다. 그들의 불평대로, 원조의 첫 번째 수혜는 당연히 체제에 변함없이 충성하던 사람들에게 돌아갔다.

김정일은 국가의 위기를 최소화하는 대신 비극적 상황을 마치 자랑처럼 공식화하고, 표면에 노출시켰다. 정치선전은 여기서도 체제의 명예를 회복하게 해주는 영웅적인 해석을 이끌어냈다. 즉 위기는 무능력한 재난 관리의 결과가 아니라 정기적으로 북한을 덮치는 자연의 광포함 때문이라는 것이다. 김정일이 어떻게 이 불가항력적인 자연재난을 책임질 수 있겠는가? 반대로 그들은 모든 역경에도 불구하고 최일선에서 보여준 그의 용기와 결단을 찬양하기 시작했다. 이전에는 김일성의 행동을 모방하여 주체사상의 신도들에게 복음을 전파하는 차분한 모습을 보였으나, 이제는 적대적이고 광포한 자연이나 격동의 바다를 배경으로 서 있는 고독하고 번민에 찬 김정일의 초상화가 줄을 이었다. 외국에서는 파산 관리인으로 간주되는 김정일이, 북한에서는 국가를 수호한 영웅으로 환호를 받은 것이다.

또한 김정일은 한국인들이 재난과 전쟁, 침입에 맞서 역사적으로 늘 보여주었던 희생정신에 호소했다. 한국인들이 일제 시대와 남북한 분단에서 살아남을 수 있었던 것도 바로 이러한 희생정신 덕분이었으며, 박정희 장군이 남한의 재건을 밀어붙일 수 있었던 것도 바로 이 희생정신 덕분이었다. "선 성장, 후 번영." 나라의 산업적 비상을 위해 그야말로 뼈 빠지게 일하던 노동자들에게 그가 늘 하던 말이었다. 평양 정권이 인민의 의욕을 고취시키고 여론을 환기시키기 위해 사용한 모토 역시 바로 그것이었다. 북한이 처한 위기는 훨씬 더 심각한 것이었으며, 이는 분명한 사실이었다. 하지만 북한 인민들은 다른 것을 보았다. 이 위기의 극복을 위한 용기와 자기희생 정신을 찾았다. 김정일은 북한 인민이 고난을 견디는 데에 필요한 용기와 영감을 불어넣는 꼭 필요한 안내자였다.

이로써 경애하는 지도자는 모든 책임으로부터 면제되었다. 이 위기를 국가적 규모의 실험으로 해석할 수도 있었다. 국제구호단체와 비정부기구들의 개입이 정당화된 것이다. 김정일은 적들에게 구원을 요청한 것이 결코 아니며, 다만 그들 앞에 진실을 펼쳐놓은 것이다. 비극의 규모에 놀라 원조하겠다고 자발적으로 결정한 것은 바로 그들이며, 북한은 그저 그들이 내민 손을 잡았을 뿐이지 그들에게 빚진 것은 없다는 식이었다. 물론 허울뿐인 말이었다. 하지만 그는 민족주의적 정치선전에 열광하는 인민을 이용했다. 잘못된 사람들은 항상 외부인이고, 그러니 대가를 지불해야 하는 것도 당연히 외부인이었다. 위기의 상황에 방심하지 않고, 국가관리능력을 또다시 입증한 경애하는 지도자 동지에게 영광이 있기를.

이 와중에도 김정일은 권력의 주변 정리를 멈추지 않았다. 그는 자신

의 권위에 동조하지 않거나 불신하는 당과 정부의 관료들은 그들이 능력
자이건 아니건 철저하게 숙청했다. 이에 따라 그는 사람들이 의지할 수
있고 중재할 수 있는 유일한 인물이 되었다. 관리상의 실수는 무능한 관
료들의 잘못이며, 김정일은 그것들을 교정할 뿐이었다. 지도자는 결코
틀리지 않았으며, 단지 조언이 잘못되었을 뿐이었다. 이렇게 해서 그는
모든 책임으로부터 면제되었다. 김정일은 또한 기아로 파괴된 질서를 복
구시킬 것을 강조했다. 고난의 행군 시절, 만연한 폭력과 절도 등으로 인
해 혹독한 고통을 겪었던 인민들이 이에 동의했음은 물론이다. 정권은
또한 위기가 이념적 실패로 해석되는 것을 막기 위해 이러한 도덕적, 사
회적 혼란 상황을 이용했다. 결국 하찮은 범죄자들이 문제를 일으킨 것
이지, 그것은 김씨 왕조나 주체사상의 탓이 아니었다. 체제는 위기를 겪
었지만, 체제 자체의 위기는 아니다. 적어도 이것이 북한 정부의 공식 입
장이었다.

영원한 주석

책임을 물어야 할 사람을 구원자로 뒤바꾼 이 파렴치한 사기를 합법화하기 위해 김정일은 김일성의 정신적 후원이 필요했다. 유교 전통에서는 아버지의 죽음 후에도 그의 의지를 계속해서 존중해나가는 것이 그 가문의 이름에 걸맞는 아들의 의무다. 김정일의 이러한 표방은 아주 노골적이었다. 특히 위기가 한창일 때 북한 전역에 나붙은 구호 "김정일은 김일성이고, 김일성은 김정일이다!"가 그것을 증명한다. 이제 김일성은 체제의 필수 준거이자 공식 교리이며 주요 해설자가 되었다. 북한은 왜 김일성 개국조의 사망 직후 파멸적인 위기를 맞이했는가? 그것은 그의 가르침을 제대로 따르지 않았기 때문이다. 그럼 어떻게 해야 할 것인가? 물론 그의 근원으로 돌아가는 것이었다.

김일성의 교리인 주체사상은 자급자족과 민족 안으로의 퇴각, 가족과 민족의 가치 증진을 궁극적인 해결책으로 내세웠다. 사회주의와 계급 간 투쟁, 마르크스-레닌주의 혁명은 중요한 문제가 아니었다. 1994년 12월, 당 간부들 앞에서 행한 연설에서 김정일은 "공산주의 혁명은 소련과 유럽 역사의 한순간에만 필요한 것이다."라고 강조했다. 그러니 이제 이것을 준거로 삼을 필요가 없어졌다. 바야흐로 주체사상이 북한의 미래가 된 것이다. 하지만 실상은 완전 반대였다. 북한이 역사상 외부 원조에 이렇게 많이 의존한 적이 없었다. 결국 논리적으로 버틸 수 있는 방법은 현실 부정뿐이었다.

게다가 위기를 상징화하기 위해 언론은 '고난의 행군'이라는 의미심장한 은유를 사용했다. 이것은 1938년 겨울에서 1939년 봄까지, 김일성이 이끄는 항일독립군이 혹심한 추위와 일본군의 추격을 뚫고 지린성에서 백두산까지 벌인 영웅적인 행군에 붙여진 이름이었다. 사람들은 같은 평면의 비교에 익숙하다. 즉 전에는 일본군이, 최근에는 미국인들이, 그리고 이제는 광포한 자연이 그들을 가로막고 있는 것이다. 적은 바뀌었지만, 전투는 계속된다. 결국 문제는 끝까지 버티며 싸워나가는 것이다. 1999년에 발표된 강중모 감독의 〈추억 속에 영원하리〉는 이런 면에서 전형적인 영화이다. 영화의 절정은 영웅적인 군인들이 급속하게 불어나는 강물을 막기 위해 둑을 쌓고 그 위에 서서 "김일성 만세!"를 외치는 장면이다. 정신착란적인 프로파간다지만 중요한 의미를 담고 있다. 위기는 단순한 경제적 재앙 그 이상이다. 그것은 북한의 새로운 전쟁이었으며, 김정일은 새로운 김일성이었다.

김일성 숭배의 기상천외함은 1995년 10월 10일, 노동당 창건 50주년을 맞아 김정일이 새롭게 제막한 기념탑으로 형상화되었다. 공산주의의 낫과 망치에 지식인과 예술가의 붓을 쥐고 있는 3개의 거대한 주먹으로 구성된 당 창건 기념탑이었다. 50m 높이에 과격한 상징이 있을 뿐어디에도 쓸모가 없는 이 기념탑은 물론 김일성의 영광을 위해 고안된것이다. 대동강 좌안에 건설된 기념탑은 만수대 언덕에 서 있는 그의 동상 연장선상에 서 있다. 또한 직경 70m의 화강암 기단은 1926년 10월, 당시 군사학교에 재학 중이던 김일성이 결성한 타도 제국주의동맹에 대한 경의의 표시다.

3년 후 김정일은 그의 아버지가 1939년 5월, 일본군과 벌였던 무산지구 전투의 60주년을 기념하기 위해 그 현장이었던 양강도 삼지연군(구 함경북도 무산군)을 성지화했다. 총대를 형상화한 35m의 탑과, 팔을 앞으로 내밀고 있는 15m 높이의 김일성 동상으로 구성된 무산지구 전투승리 기념탑을 건설한 것이다. NGO들은 기아에 허덕이는 나라가 벌이는 이 터무니없이 비싼 건설 현장을 고발했지만, 정권은 어제의 저항과 오늘의 저항을 의도적으로 섞어놓았다. 동쪽의 무산으로부터 거대한 김일성 부조물이 있는 서쪽의 보천보까지, 그리고 그 사이에 있는 백두산 기슭의 거대한 김일성 동상과 주체사상탑까지, 북한에는 인민들이 애착을 갖는 김일성의 전설이 서리지 않은 곳이 없게 되었다.

하지만 고인이 된 영도자를 찬미하기 위해서라면 평양 정권은 언제나 예상을 뛰어넘었다. 1997년 7월, 최고 수령의 사망 3주기를 맞아 최고인민회의가 소집되어, 김일성 탄생연도인 1912년을 시작으로 하는 주체연호를 공표했다. 평양은 이제 공식적으로 한국전쟁이 주체력 39년에 시작되었다거나, 주체력 83년에 김정일이 권력을 승계했다고 표시하기에 이르렀다. 서양에서는 웃음거리가 될 이 상황이 아시아에서는 완전히 다른 반향을 불러일으켰다. 중국에서는 옛날부터 황제들에 따라 연도를 계산했다. 각각의 군주는 자신의 통치기간을 나타내는 연호와 그에 상응하는 시대를 갖고 있다. 예를 들어 일본은 1989년 1월, 히로히토가 사망함으로서 쇼와 시대가 끝나고, 아들인 아키히토가 자리를 이어받으면서, 헤이세이 시대로 들어섰다. 조선왕조 시대도 마찬가지였다. 나아가 항일민족주의자들은 단군 탄생의 해인 기원전 2333년부터 시작되는 단기를 사용했다. 새로운 군주이자 새로운 단군인 김일성을 위해 북한은 조상의 아시아적 관습으로 돌아갔다. 이제 군주제 관습의 채택을 숨기려고도 하지 않고, 공공연히 드러낸 것이다.

이러한 관습에 따르면, 김정일은 벌써 주석직에 올라야 했지만, 주체력 87년, 즉 1998년 초까지 여전히 주석직에 오르지 않고 있었다. 1997년 10월, 그때까지는 존재하지도 않았던 직책인 노동당의 총비서로 공표된 것이 고작이었다. 외국의 전문가들은 이것을 김정일 승계가 반발에 부딪쳤다는 증거로 보았지만, 이것은 사실 연출된 것에 불과했다. 헌법 개정에 착수한 최고인민회의는 1998년 9월, 김일성 유훈통치를 명시한 새로운 헌법을 채택했다. 새 헌법은 "조선민주주의인민공화국과 조선인민은 조선노동당의 영도 밑에 위대한 수령 김일성 동지를 공화국의 영원한 주석으로 높이 모시며, 김일성 동지의 사상과 업적을 옹호 고수하고 계승 발전시켜 주체혁명 위업을 끝까지 완성하여 나갈 것이다."라고 그 서문에 명확하게 밝히고 있다. 아울러 공화국의 주석직과 관계된 이전 헌법의 모든 조항이 삭제되었다. 김일성은 대체되지 않을 것이다. 이제 그는 국가의 영원한 주석이 되었다.

파푸아 부족을 연구한 인류학자들에 따르면 몇몇 부족들은 대족장이 죽으면 단어 하나를 함께 매장하는 관습이 있다고 한다. 그의 영광을 기리기 위해 그 단어의 사용을 금지해버린 것이다. 북한 사람들은 자신들의 주석직에 그 방식을 적용했다. 최고인민회의는 헌법개정을 통해 상임위원장을 국가수반으로 정했지만, 그것은 단지 제도적 장식에 불과했다. 실제 권력은 헌법 110조항에 따라 조선민주주의인민공화국의 최고지도자로 규정된 국방위원회 위원장직을 맡은 김정일의 몫이었다. 헌법 117조항에 "인민회의 상임위원장은 국가를 대표하고 대사들의 신임장을 받는다."라고 명시했다. 이로써 김정일은 의전에 관련된 짐들은 다른 사람에게 전가하면서 자신은 실제적인 통치와 지배에 전념할 수 있는 방법을 찾아낸 것이다. 영원한 주석인 아버지처럼 김정일 또한 사소한 일에 허비할 시간도, 의향도 없었다. 이제 김정일은 주체사상의 왕좌 위에 군림할 것이다. 이제 그는 북한의 안녕에만 힘쓰면 된다.

17. 대부

선군정치先軍政治

1995년 1월, 김일성 사망 이후 첫 번째 공식 시찰로 김정일이 선택한 곳은, 국가의 북동쪽 경계를 담당하고 있는, 함경북도 청진의 군부대였다. 인민군에 바쳐진 이 경의는 사실 절대적인 것이었다. 백만 명이 넘는 군인으로 구성된 인민군은 병력수로는 세계에서 네 번째에 해당된다. 당시 북한 전체 인구가 2,200만 명인 것을 고려할 때 북한에서 가장 중요한 조직이다. 게다가 1998년, 헌법개정이 있기 전까지 김정일의 중요 직책은 모두 군과 관련된 것이었다. 그는 국방위원회 위원장이었으며, 원수였고, 최고사령관이었다.

하지만 이 군대 시찰은 특별한 의미를 품고 있었다. 지역 고위 관료들과 공장 노동자들, 협동조합의 농민들을 만나기 위해 정기적으로 지방을 방문했던 아버지와는 달리 김정일은 군대에만 관심을 갖는 것 같았다. 나라의 사정이 어려워질수록 이것은 점차 강박관념이 되었다. 최고 정예 군인들의 경호를 받으며, 김정일은 헬리콥터와 방탄 차량을 이용해 끊임없이 순시를 돌았다. 충성심과 결의가 분명한 고위급 장교들은 물론이고 일반 사병들도 만났다. 정치선전을 보면 그는 특히 일반 사병들과 격의 없이 나란히 앉아 식사하는 것을 좋아했다. 아울러 식량문제에도 불구하고 군인들에게만큼은 식량이 충분히 배급되도록 무척 신경을 쓰는 것처럼 보였다. 이렇게 규칙적으로 군대의 상태를 점검하는 것은 물론 정치적 목적에 따른 것이었다. 사실 나라의 상황이 악화되는 상황에서 질서를 유지하기 위해 김정일이 믿을 수 있는 곳은 군대밖에는 없었다. 실제로 기아 상황으로 인해 1995년부터 터져 나오기 시작한 폭동을 진압한 것은 힘 없는 경찰을 대신한 군대였다. 나아가 하나같이 무능력한 공무원들과 당의 네트워크를 보완하기 위해 그가 점점 더 자주 의존한 것도 군대였다. 홍수와의 싸움을 비롯해 문화재 재건, 원조 물품의 분배—물론 자신들을 위해 중간에 가로채는 것이 더 많았지만—등의 업무를 맡은 것도 군인들이었다.

인민군이 위기를 헤쳐나갈 유일한 위엄과 권력으로 자리잡자 김정일은 이를 법제화하고 새로운 정치사상을 만들었다. 늘 그렇듯 정치선전에 의한 여론 조성이 시도되었다. '군사 선행'을 의미하는 선군이라는 새로운 형태의 슬로건이 방송매체에 나타나기 시작한 것이다. 곧 이어 김정일은 당의 문제에 군이 개입할 수 있음을 여러 차례에 걸쳐 암시했다. 국방위원회를 정부 최고기관으로 명시한 헌법의 개정은 추가적인 신호였다. 마침내 1998년 10월 20일, 당 최고위의원들이 선군 슬로건을 정치적 사상으로 전환하는 결의안을 가결했다. 이로서 북한은 '군사 선행의 원칙으로 혁명과 건설의 모든 문제를 풀어나가며, 군대를 혁명의 기둥으로 내세워 사회주의 위업 전반을 밀고 나가는 정치'를 표방하게 되었다.

이 새로운 사상을 창안한 공로 역시 김일성에게 돌아갔다. 그의 부친 김형직이 죽음을 앞둔 상황에서 그에게 두 자루의 총을 물려준 1926년 6월 5일에 선군이 시작되었다고 본 것이다. 김일성은 1932년 4월 25일, 엄숙한 훈시와 함께 그것을 항일 저항의 우선순위이자 주요 슬로건으로 발표했다. 평양은 이것을 인민군 창건 행위로 간주하고 있지만, 물론 사실이 아니다. 항일 게릴라 시절 김일성은 조직화된 군대도, 사상도 없었다. 하지만 김정일은 그렇게 믿었다. 그 시대에는 혁신이 중요한 게 아니었다. 그는 항일 게릴라 정신의 연속선상에서 아버지를 대체할 수 있었다. 역사를 다시 쓰는 한이 있더라도.

선군사상은 통치의 일대 전환점이 되었다. 왕조와 독재는 그 반대지만 김일성의 북한은 적어도 목표에서는 평등을 지향했다. 1998년의 개정 헌법은 '인민은 나의 신이다! 이것이 김일성 수령의 신조였다.'라는 것을 상기시키며 다음과 같이 명시하고 있다. "언제나 인민의 가까이에 있었던 그는 전 일생을 인민에 헌신하였으며, 자비로운 정치로 항상 인민을 보살피고, 전체 사회를 하나의 통일된 대가족으로 변모시키며 인민을 조직했다." 군대의 우위를 공표하는 것은 불평등을 위해 평등의 원칙을 포기하는 것이었다. 하지만 위장된 인민민주주의 개념과는 반대로 이제 선군정치가 크고 높게 울려퍼졌다. 북한은 공식적으로 군사 과두제가 되어가고 있었다.

당연히 김정일은 선군정치로부터 많은 것을 기대했다. 그가 군의 우두머리로 자리 잡을 수 있었던 것은 결정적으로 선군정치 덕분이었다. 공짜로 얻는 것은 아니었다. 용감히 싸웠던 아버지와는 반대로 그는 항일투쟁의 정통성이 없었다. 아버지의 투쟁 동료였으며, 이제 고령이 된 장교들은 젊은 김정일에 복종하는 것을 못마땅해 했다. 게다가 김정일은 주요 지지자들을 연달아 잃었다. 1995년 2월, 오진우 인민무력부장이 암으로 사망했으며, 1997년 2월에는 최광 참모총장이 심장병으로 쓰러졌다. 하지만 이을설의 보좌를 받으며, 김정일은 군의 충성을 확고히 하기 위해 숙청작업을 계속했다. 그러자 여기저기에서 불만이 터져 나왔다. 3년 연속 국경 너머로 군사쿠데타에 대한 소문들이 퍼져나갔으며, 1996년의 쿠데타는 장남인 김정남의 도움으로 피로써 진압되었다. 주동자들은 평양의 심장부인 5월 1일 경기장에서 산 채로 불에 타죽었다.[1] 그럼에도 불구하고 폭동은 계속되었다. 이러한 상황에서 군대를 안정시키기 위해 내세운 것이 바로 선군정치였다. 김정일은 선군정치를 표방함으로써 군대와 화해한 것이다.

인민군을 앞세우는 것은 또 정치적인 이점도 있었다. 당과 정부 기관들의 무능력으로 고난의 행군 기간 동안 무너졌던, 최고지도자를 향한 충성심과 권위에 대한 존경, 위계질서에의 복종 등이 군에 의해 점차 지배가치로서의 위치를 되찾았다. 이것은 마치 북한이 털갈이를 한 것과 같았다. 구태의연한 당의 오래된 이미지를 군사적인 활력으로 대체한 것이다. 심지어 김정일은 남자들에게는 목이 드러나는 짧은 머리를, 젊은 여성들에게는 멋 부리지 않는 소박함을 요구하는 등 자신의 취향까지 강요하기에 이르렀다. 아울러 가능하면 흰색의 복장과 유니폼 같이 통일성 있는 옷차림이 권장되었다. 이 획일화된 통제는 군대가 권력을 상실한 이후 군사적 가치가 내리막길을 걷고 있던 남한과는 정반대되는 상황이었다. 유약한 남한에 비해 스파르타 북한은 강건함을 유지하고 있었다.

그러나 김정일이 자가당착에 빠진 것은 아니었는지 생각해봐야 한다. 단기적으로 선군은 김정일이 위기를 당당하게 헤쳐나갈 수 있게 해주었다. 즉 그의 권력을 안정화시켰으며, 나라를 수렁으로부터 끌어올렸고, 심지어 국제적인 위상까지 유지할 수 있게 만들었다. 하지만 지불해야 할 대가는 너무도 컸다. 군의 예산은 폭발적으로 증가했으며, 광산과 공장들, 토지개발권과 같은 권리들까지 군에 주어지면서 이제 군은 국가

---

1) 세르게이 수코루코프, '열차 폭발은 북한 지도자를 암살하려는 음모' 《데일리 텔레그라프》, 2004년 6월 13일, Sergey Soukhorukov, 'Train blast was a plot to kill North Korea's leader', *The Daily Telegraph*, 13, 6, 2004.

안의 국가가 되기에 이르렀다. 만약 그가 정책을 바꾸는 날이 오면 어떻게 될까? 군을 공식적인 귀족계급으로 변모시키면서 그는 군의 통제권을 움켜쥐었지만, 그는 또한 군의 인질이 되었다. 특권을 없애려고 하면 군대도 그를 버릴 것이다. 힘겨루기가 시작되었으며, 결국 그것은 김정은 시대에까지 이어지고 있다.

성공을 위해서라면 무엇이든 한다

비록 김정일이 오래 전부터 권력을 행사하였지만, 김일성의 죽음은 그를 더 모질게 만들었다. 김일성의 유순한 아들이자 겸손한 그림자였을 때 김정일은 단순함을 지녔다. 그러나 그는 이런 인간성을 상실하고 말았다. 그의 권력은 이제 절대적이었으며, 그의 변덕은 법과 같은 효력을 갖게 되었다. 인생의 쓴맛으로 주름살이 패이고, 쇠약해지는 그의 얼굴에는 쓸쓸함이 드러났으며, 그 쓸쓸함은 환멸과 냉소로 이어졌다. 게다가 그는 차림새를 무시하는 경향이 있었다. 거리의 일반인들처럼 입는다는 핑계 하에 그는 사실 오래 전부터 아무도 입지 않는 멋없는 카키색 잠바에 통 넓은 바지를 마치 지도자의 공식 복장이나 된다는 듯이 입고 다녔다. 게다가 나이가 들면서 곱슬머리를 산발한 채 눈에 띄는 선글라스를 시도 때도 없이 쓰고 다녔다. 그는 자신에게 아버지처럼 풍채에서 우러나오는 아우라가 없다는 것과 사람들이 은밀히 그 사실을 비웃는다는 점도 알고 있었다. 어쩔 수 없었다. 그는 변하지 않을 것이다.

그의 성격 또한 점점 어두워졌으며, 그로 인해 주변인들이 고통을 겪었다. 그는 모스크바에 자리를 잡은 성혜림과의 관계를 끊고, 아들 김정남과만 연락을 했다. 1996년 2월, 성혜림의 언니 성혜랑이 스위스 여행 도중 탈북하는 사태가 발생했으며, 김정일은 분노했다. 성혜랑이 자신의 아들 김정남을 도맡아 키웠기 때문에 어찌 보면 그녀는 가족의 일원이었고, 김씨 가족은 누구도 일가를 배반하면 안되었다. 김정일은 탈북한 그녀의 아들 이한영에게 복수의 칼날을 겨누었다. 탈북 이후 이한영은 서울에서 살고 있었으며, 생계유지를 위해 김일성의 숨겨진 아들 김현에 대한 스캔들을 담은 책 《대동강 로얄 패밀리》[2]를 발간했는

---

2) 이한영, 《대동강 로얄 패밀리》, 동아일보 출판국, 1996.

데, 이게 김정일의 심기를 건드린 것이었다. 1997년 2월, 이한영은 침투한 2명의 북한 비밀요원에게 살해당했다. 2002년 5월, 성혜림이 모스크바의 작은 아파트에서 심장마비로 사망했을 때 김정일은 전혀 슬픔을 표시하지 않았고, 시신의 북한 송환도 거부했다.

김정은의 어머니인 고용희에게는 그나마 조금 나았다. 김정일은 그녀의 위상에 대해 어떠한 공식 입장도 표명하지 않았다. 때문에 그녀는 정치 행사에 아주 잠깐씩만 모습을 비추곤 했다. 1998년, 이번에는 김정은의 보모로서 스위스에서 지내던 고용희의 여동생 고용숙이 미국으로 망명하는 사태가 발생했다. 로마의 시인 호라티우스가 "똑같은 일이 두 번 발생하면 사람들은 웃게 된다."고 말했던가? 하지만 김정일은 웃지 않았다. 그는 다른 애인들에 둘러싸인 채 고용희를 원망하며, 점차로 그녀를 멀리했다. 2002년 말에 그녀는 유방암 진단을 받았는데 이미 한발 늦은 뒤였다. 결국 여러 달에 걸쳐 치료를 받았음에도 불구하고, 그녀는 2004년 8월 27일, 파리에서 사망했다. 이번에는 시신을 평양으로 운구해 왔지만, 그는 어떠한 논평도 하지 않았다.

그가 호화생활을 한 것은 틀림없다. 나라를 강타한 극심한 기아에도 불구하고 그는 계속해서 별장들을 아름답게 꾸몄으며, 심지어 새로운 별장 건설도 마다하지 않았다. 1999년, 그는 자신의 아버지가 그렇게 좋아하던 백두산 발치의 삼지연 별장을 밀어버리고 좀 더 외진 곳에 더 넓은 별장을 건설했다. 또한 화려한 저녁 파티들을 통해 계속해서 여성 편력을 드러내며, 주위의 침체된 분위기에 지지 않는다는 것을 보여주었다. 어떤 위기 상황도 그에게 영향을 미치지 못하며, 자신에게 충성하는 사람들은 그 대가를 얻는다는 사실을 보여주기 위해 비용을 걱정하지 않고 돈을 썼다. 이 파티의 새로운 점이라면 손님이 당의 고위급에서 군의 고위급으로 대체된 것이었다.

김정일은 자신의 권력 유지를 위해 보상해주고, 환심을 사야 하는 사람들을 제외한 나머지에 대해서는 냉혹하게 대했다. 화려한 정치에 필요한 예산이 부족했으므로 그는 가장 끔찍하고 개탄할 방식을 선택했다. 이미 오래 전부터 정권의 적들과 그 가족들은 수용소로 가거나 처형을 당해 줄어들었다. 하지만 위기가 최악으로 치닫자 그는 시골마저도 각자 자신의 운명에 맡겨버렸다. 농부들은 항상 먹을 것을 구할 수 있었다. 그러나 이제 어렵게 되었다. 심지어 15년 전부터 경제 활력을 잃기 시작한 동해안 지방을 희생시켜야 하는 지경에까지 이르렀다. NGO들의 보고는 참혹한 것이었다. 양강 지방은 이제 녹슨 쇳덩이만 남은 들판이 되었고, 무산시는 유령도시[3]가 되었다. 국제개발처(USAID)의 책임자인 앤드류 나치오스에 따르면, 기아로 인해 청진과 함흥 지방 주민들의 10% 내지 15%가 쓰러졌다고 한다. 어쩌겠는가? 김정일에게 중요한 것은 오로지 쓸모 있는 북한뿐이었다. 그것은 물론 평양과 농업지역인 황해도 그리고 중국과 마주하고 있는 서해안 쪽이었다.

동시에 어떠한 반대라도 싹부터 자르기 위해 김정일은 공포정치를 실시했다. 자신의 주머니를 털어 비밀경찰의 수를 늘렸으며, 그들로 하여금 인민을 감시하고 때로는 서로를 감시하게 만들었다. 국가 기능이 고난의 행군 시기에 완전히 와해되었기 때문에 이들은 법을 떠나 행동했다. 하지만 인민들을 직접적인 폭력보다 더한 공포 속으로 몰아넣는 것은 수용소였다. 대략 추정해 보면, 최대 20만 명의 죄수들, 즉 전체 인구의 1%가 수용소 안에서 들끓게 되었다. 매년 수천 명이 수용소에 끌려갔다 사라졌으며, 새로 온 다른 수천 명이 사라진 사람들의 자리를 채웠다.

---

3) 영국 연출가 카를라 개라퍼디안의 다큐멘터리, 〈비밀 국가의 아이들〉 BBC, 2000 Carla Garapedian, *Children of the Secret State*, BBC, 2000.

'정부에 의한 민간인 학살(Democide)'[4] 문제 전문가인 루돌프 럼멜Rudolph Rummel 교수에 따르면, 전쟁 중에 이미 운영되기 시작한 북한의 수용소에서 죽어나간 사람은 총 100만 명에 이른다고 한다. 요덕수용소에서 어린 시절을 보낸 강철환의 끔찍한 이야기를 비롯해, 북한 굴라크에 대한 공포스러운 증언들이 쏟아져 나오면서 국제 여론 또한 이에 경각심을 가지기 시작했다. 노예 생활과 고문, 약식 처형이 법을 대신하는 수용소에 관한 증언들이 서양에까지 들려오는 것을 보면, 북한 인민들 역시 그러한 사실을 알고 있음이 분명했다. 물론 북한 정부는 어떠한 공식 논평도 내놓지 않고 있다. 당연하다. 소문은 체념을 유도하는 가장 좋은 수단이기 때문이다.

공포의 기관이 원활하게 작동하기 위해서 김정일은 재원이 필요했다. 모든 수단, 심지어 최악의 수단도 마다하지 않았다. 옛날에 독립운동자금을 조달하기 위해 김일성의 아버지 또한 아편을 밀수하지 않았던가? 김정일에 이르러서 어둠의 수단들은 사업적인 외양을 띠기 시작했다. 먼저 도박장이 마련되었다. 1999년에 반환된 포르투갈의 옛 식민지 마카오는 가격만 맞으면 모든 것이 협상되는 곳으로, 이미 20여 년 전부터 북한은 그곳에 확고한 기반을 마련해두고 있었다. 고모부 장성택의 안내로 김정남은 마카오에 머물면서 의심스러운 여러 계약들을 체결했다. 이를 통해 평양의 대형호텔에 카지노를 설치할 수 있는 충분한 자금을 끌어모았다. 이제 수만 명의 중국 관광객들이 매년 그곳에 와 도박을 즐긴다.

도박판 다음은 마약이었다. 식민지 시절 일본인들에 의해 함흥지구에

---

4) 루돌프 럼멜,《정부에 의한 민간인 학살 통계: 1900 이래 행해진 학살과 살해》뮌스터, LIT Verlag, 1998 Rudolph J. Rummel, *Statistics of Democide: Genocide and Murder Since 1900*, Munster, LIT Verlag, 1998. "Democide"는 정부에 의해 행해진 대량 학살을 의미한다.

서 시작했던 메스암페타민 생산을 재개하기 위해, 그리고 아편을 헤로인으로 정제시키기 위해 일단의 화학자들이 소집되었다. 모스크바와 도쿄, 워싱턴은 이러한 움직임과 관련해서 북한을 규탄했지만, 평양은 부인으로 일관했다. 그러나 몇몇 북한 대사들이 마약으로 가득한 외교 행낭과 함께 현장에서 검거되기에 이르렀다. 마침내 그들은 명령에 따라 움직였다고 자백했다. 북한은 또한 담배 밀수와 음반 불법복제, 고미술품 위조는 물론 심지어 위조화폐도 발행한 것으로 의심을 받고 있다. 탈북자들은 일관되게 평양 북쪽의 편송 인쇄소가 '슈퍼달러Superdollars'를 전문적으로 인쇄하는 곳이며, 100달러짜리 지폐들이 얼마나 정교하게 복제되었는지, 위조 여부를 판단하려면 정밀 스캐너가 필요할 정도라고 증언했다.

하나의 연루는 또 다른 연루를 낳는 법이다. 평양은 또한 무기 거래에도 전문이었다. 북한이 사회주의 국가로 막 성장하던 시기에 동맹국들은 북한을 돕기 위해 대량의 군수품을 지원했다. 하지만 이제 이념은 사라졌다. 고객이 대금을 지불하기만 한다면 북한은 소총과 대포, 기갑 전투 차량, 노동 미사일, 로켓 등의 무기들을 누구에게라도 팔 준비가 되어 있었다. 특히 이란과 이라크, 리비아가 주요 고객들이었다. 미국 CIA에 따르면 북한은 2001년, 이라크의 주선으로 4억 달러에 상당하는 미사일 공장을 수단에 건설하기까지 했다. 이쪽 시장이 돈이 되는 것은 사실이지만, 여기에는 위험이 따랐다. 왜냐하면 평양이 전통적인 무기 거래에서 핵 관련 무기로 옮겨가지나 않을까 두려워한 핵확산방지조약 가입국들이 평양의 무기 거래에 맞서 추가적인 경제 제재에 나서겠다고 협박했기 때문이었다. 하지만 이미 경제 제재는 진행되고 있었으며, 결국 평양은 선택의 여지가 없게 되었다. 김정일의 새로운 힘겨루기가 시작된 것이다.

김정일은 두 가지 문제에 직면하게 되었다. 하나는 심각하게 파괴된 국가 재정상태를 끌어올리는 것이었으며, 동시에 김씨 왕조의 비밀자금

을 관리하는 것이었다. 경애하는 영도자 또한 걸프만의 왕자들처럼 공공
예산을 마음대로 쓸 수 있었다. 하지만 어떠한 상황이 발생할지 모르는
상황에서 그는 군사예산만큼은 축적하고자 했다. 결국 김씨 일가는 자신
들만의 컨소시엄을 만들게 되었는데, 그것이 바로 인삼과 희귀 광물을
전문으로 취급하는 대성총국이었다. 영국의 주간지《선데이 텔레그래
프》는 유럽, 특히 룩셈부르크의 은행들에 숨겨진 김정일의 재산이 40억
달러에 이른다고 보도했다. 그것은 지구상에서 가장 재산이 많은 군주들
인 아부다비의 에미르와 브루나이의 술탄, 태국의 왕들의 재산에 필적하
는 수준이었다.

비록 이러한 정보들이 충격적이기는 하지만, 이것은 물론 가정에 불
과하다. 평양이 비밀을 키우고, 정보를 조작하는데 뛰어난 능력을 보유
하고 있기 때문에 정확한 수치를 확인할 수는 없다. 하지만 금액이 중요
한 것은 아니다. 문제는 방식이다. 폭력과 협박, 밀무역과 음성적인 조직
망, 부패와 돈에 대한 탐욕 등 이쯤 되면 누구나 짐작할 수 있다. 김정일
이 마피아처럼 행동한다는 것을.

"우리의 위대한 영도자께서 제게 우승할 힘을 주셨습니다"

1999년 8월 29일, 세비야 세계육상선수권대회 여성 마라톤은 예상 밖의 승리자를 선보이며 끝났다. 북한의 정성옥 선수가 2시간 26분의 기록으로 우승한 것이다. 기자들이 취재 경쟁을 벌인 것은 물론이었다. 특히 같은 민족으로 북한의 메달 획득에 흥분한 한국의 기자들이 우승자에게 질문 공세를 퍼부었다. 정성옥은 숨을 고르고 우승 소감을 묻는 질문에 결연하게 대답했다. "경기 내내 위대한 김정일 장군님만을 생각했습니다. 제게 우승할 힘을 주신 것은 바로 위대한 영도자이십니다!" 한국의 기자들은 당황했으며, 외국의 기자들은 조롱 섞인 미소를 지었다. 어떻게 저런 객쩍은 소리를 할 수 있단 말인가? 정치선전은 강력한 습관과도 같은 마약이며, 북한에서 그것은 차고 넘치게 널려있다.

하지만 김정일에게 있어 정치선전은 사활이 걸린 문제였다. 그의 아버지가 사망한 후로 그는 실제적인 헌법상의 지위도 없이, 또한 한 번도 소집한 적이 없는 당과의 유기적인 결합 없이 국가를 지배하고 있었다. 그러므로 그의 권력은 선거에 의한 것도, 법적 자격이 있는 것도, 종합적인 평가에 의한 것도 아니었다. 심지어 1996년 10월 1일, 김일성대학 개교 50주년 기념행사에서 그는 단도직입적으로 "국가의 토대는 당이 아니다. 모든 것은 나의 권위에 달려있다."고 선언하기까지 했다. 달리 말하면 '내가 차지하고 있으니, 내게 권력이 있다.'라는 의미였다. 결국 그는 정당성을 쇄신할 필요가 있었다. 이것이 바로 정치선전의 몫이었다.

그는 그 목적 달성을 위해 어마어마한 예산을 쏟아부었다. 남한의 영어 일간지 《코리아 헤럴드》는 황장엽의 증언을 빌어 선전선동부의 예산이 1997년, 즉 경제 위기가 최고조에 달했던 시기에도 무려 7억 8,000

만 달러에 이르렀다고 보도했다. 기아로 인한 사망자들을 모두 살리고도 남을 금액이었다. 할 일이 그렇게 많았단 말인가? 식량난에도 불구하고 무슨 핑계로든지 계속해서 인민을 동원해야만 했다. 예를 들면 1997년 2월 16일, 김정일의 55세 생일을 맞아 1만 명의 젊은이들이 생일 축하를 위해 김일성광장에 모여들었으며, 김정일의 영광에 헌정된 김정일화의 첫 번째 품평회도 막을 올렸다. 또한 자기 암시적 기조에 바탕을 둔 구호들이 사방에 걸렸다. "힘들어도 끝까지 밀고 나아가야 한다", "주체사상의 성공을 보장하자", "우리나라는 인민의 천국이다" 그리고 물론 "우리 삶의 위험으로부터 최고사령관 김정일 동지를 보호하자" 등등.

이미지 또한 텍스트만큼이나 중요했다. 만수대 스튜디오는 체제와 지도자들의 영광을 찬양하는 동상들과 벽화, 포스터 등을 생산하기 위해 전력을 기울였다. 사람들은 이제 모두가 달고 있는 배지며 지폐며 동전이며 우표 등 도처에서 만화경 속 빅 브라더 커플 같은, 김일성과 김정일의 초상화나 사진을 발견하게 되었다.

사람들은 이 이미지들을 마치 성화처럼 숭상했다. 1997년 10월, 경수로 건설 계획으로 평양에 머물고 있던 한국의 기술자들이 거센 비난을 받은 적이 있었는데, 그들의 죄는 김일성의 초상화가 그려진 《노동신문》을 감히 쓰레기통에 버렸다는 것이었다. 그것은 또한 연속성의 문제이기도 했다. 선전기관은 인쇄 매체와 라디오-텔레비전 방송은 물론이고, 예술가, 음악가, 배우, 영화 관계자, 소설가들의 동업조합 그리고 초등, 중고등학교 및 대학들과도 항시적인 관계를 구축하고 있다. 그 어느 것도 우연에 맡겨지는 것은 없었다. 매일 아침 학생들은 위대한 영도자의 초상화 앞에서 머리를 숙여야 했으며, 모든 대학생과 특히 인턴 기자들은 김일성학과 김정일학 교육을 받았다. 예술가들은 김씨 부자의 생으로부터 영감을 얻고, 나아가 그것에 경의를 표하도록 선동되었다. 어떤 사람도 이러한 상황으로부터 자유로울 수 없었다. 북한의 가장 유명한 음악단은 1937년에 벌어진 그 유명한 '보천보 전투'에 대한 경의로 '보천보 전자악단'이라는 이름을 갖게 되었다. 북한 영화 전문가인 앙투안 코폴라Antoine Coppola에 따르면, 어린이를 위한 만화나 소설, 영화는 그 어떤 것도 정치선전의 기본 뼈대에서 벗어날 수 없다고 한다. 주인공은 조국을 위해, 그것의 은유적 구현인 즉 김씨 부자를 위해 희생할 준비가 되어 있어야 한다는 것이다.

이러한 강박적인 정치선전의 목적은 명확하다. 아버지처럼 김정일도 일상의 도처에 존재하며, 모든 것을 보고 모든 것을 아는 사람이었다. 아버지처럼 그도 초인간적 위상을 갖게 된 것이다. 예를 들면 1997년 10월 8일, 그가 노동당의 총비서로 선출되었을 때 배나무들이 다시 꽃을 피운 것처럼 말이다. 게다가 그는 못하는 것이 없었다. 이미 20세의 나이에 6편의 오페라를 작곡했으며, 협정서를 작성했고, 쉬지도 않고 밤낮으로 일할 수 있었다. 또한 모두에게 사랑받기를 원했던 무솔리니처럼 김정일 역시 여자들의 마음을 뛰게 할 줄 알았다. 아울러 그는 누구에게도 비할 바 없는 천부적인 운동선수로 1994년, 첫 번째 골프 시합에서 골프 역사상 가장 높은 점수를 기록한 바 있다. 나아가 그는 모든 것을 발명해냈다. 영화, 컴퓨터, 인터넷 그리고 북한 인민들의 잡지인 《민주 조선》에 따르면, 심지어 햄버거까지[5].

이러한 정치선전은 과연 무엇인가? 프레베르[6]식의 뒤죽박죽 목록인

<hr/>

5) 헬렌 반 리르, '김정일이 햄버거를 발명했다와 11가지 다른 신화', 네덜란드 《폴크스크란트 신문》, 2011년 12월 19일자. Heleen Van lier, 'Kim Jong-il vond de hamburger uit – en 11 andere mythes·, *De Volkskrant*, 19, 12, 2011.
6) 쟈크 프레베르Jacques Prévert(1900~1977): 프랑스의 시인이자 각본가. 그의 시에는 별 상관 없는 매우 다양한 것들이 뒤섞여있는 것으로 유명하다. 이브 몽땅의 명곡 '고엽'의 작사가이기도 하다.

가? 시장 바닥에서 벌어지는 허풍? 그도 아니면 순진한 아이들을 위한 우화인가? 어쩌면 그럴지도 모른다. 하지만 김정일에게 있어서 중요한 문제는 그것을 믿게 하는 것보다는 사람들 정신 속에 항시적으로 자리 잡는 것이었다. 두려움이든 감탄이든, 짜증이든 광신이든 또는 진정한 신봉이든 위선적인 동의든, 아니면 이 모든 감정이 섞인 것이든, 그는 불변의 준거이자 행동 원리, 개인적 혹은 집단적 강박관념이 되고 싶은 것이었다. 무관심을 빼고 그 어떤 것이든 괜찮았다. 시칠리아의 마피아 멤버들은 자신들의 충성심을 증명하기 위해, 주인의 손등에 입을 맞추며 "대부님, 당신은 저에게 모든 것을 주셨습니다."라고 읊조린다. 김정일은 다른 것을 원하지 않았다. 인생, 성공, 열정, 사랑, 증오, 모든 것이 그에게 달려있어야만 한다. 그가 바로 북한의 대부이기 때문이다.

18. 계몽 군주

햇볕정책

2000년 6월 15일, 그 자체만으로는 평범하다 못해 진부하기까지 한 사진 한 장이 전 세계 언론을 강타했다. 손에 손을 잡고, 승리의 표시로 팔을 높이 쳐든 채 환한 미소를 짓고 있는 두 정치인의 사진이었다. 사진의 구도는 진부했지만, 그 속의 인물은 그렇지 않았다. 김정일과 남한의 김대중 대통령이 평양에서 3일간의 정상회담을 끝내고 6·15 남북공동성명을 발표한 것이다. 남북한은 한반도의 '선 평화 후 통일'을 기본 원칙으로 동의했으며, 그 방식과 시기는 오로지 한민족만이 선택할 수 있다고 공표했다. 분단 종식을 위한 연방이나 혹은 다른 형태의 국가 형태가 구상되는 동안, 남북한은 이미 국경을 넘는 경제, 문화협력, 즉 이산가족 상봉과 금강산 관광과 같은 민간교류 사업을 시작했다. 역사적인 사건이었다. 한국전쟁이 마침내 그 끝에 도달한 것인가?

하지만 이런 상황이 늘 그렇듯이 열광적인 분위기는 좀 진정시킬 필요가 있었다. 좋은 의도 속에서도 각각의 국가원수는 자기 쪽에 유리한 정치셈법을 계산하고 있었다. 전 인생을 남한 군사독재에 저항한 끝에, 또한 3번의 도전 끝에 마침내 권력을 쟁취한, 73세의 김대중 대통령은 나머지 임기를 후대, 즉 한반도의 미래에 헌신하기로 결정했다. 1997년 12월, 김대중 대통령은 선거 전부터 아시아 경제를 차례로 강타하면서 남한을 전례 없는 외환위기 속으로 몰아넣은 경제 위기에 직면해야 했다. 하지만 그는 500억 달러의 IMF 구제금융을 얻어내고, 필요한 구조개혁을 강행하며 힘겹게 위기를 헤쳐나간 끝에 결국 1999년부터 한국의 경제를 다시 성장세로 돌려놓았다. 위기에서 기적적으로 탈출한 것이다.

이 성공의 여세를 몰아 김대중은 한반도의 근본적인 문제, 즉 남북한 관계에 이 경제적 활력을 이용하기로 결심했다. 지난 반세기 동안의 긴장과 불신으로 남북한은 그동안 어떠한 진전도 이루어내지 못했다. 심지어 독재자들은 그러한 상황을 자신들의 권력을 위해 이용하기까지 했다. 이제 180도 방향 전환을 할 때가 된 것이다. 주저하는 대신에, 평양에 과감하게 손을 내밀어 우선 긴장을 완화하고, 그럼으로써 한국의 민주주의를 확고히 하며, 나아가 어쩌면, 북한에도 민주주의를 퍼뜨리는 기회로 삼을 수도 있었다. 김대중은 한국에도 잘 알려진 이솝 우화 북풍과 태양에서 영감을 빌어와 이 새로운 독트린을 '햇볕정책'이라고 명명했다. 이 우화를 모르는 사람은 거의 없을 것이다. 옛날에 북풍과 태양이 한 목동의 외투를 벗기려는 내기를 벌였다. 북풍은 거센 바람을 날려보냈지만 아무 소용이 없었다. 목동이 바람에 나부끼는 옷을 더 꽁꽁 여몄기 때문이었다. 그러나 태양이 따뜻한 빛을 내리쬐자 목동은 스스로 외투를 벗었다. 이 우화의 교훈은 힘으로는 북한을 변화시킬 수 없으며, 변화하는 것이 북한 스스로에게 이익이 된다는 점을 들어 설득해야 한다는 것이었다. 목적 달성을 위해 김대중은 정치적이고 인권적인 개입이 아니라, 경제협력을 '평화의 무기'로 앞세우는 정책을 우선시했다. 게다가 그는 평양의 급변이나 도발에 매번 무작정 대응하기보다는 북한을 있는 그대로 받아들인다는 '유연한 상호주의', 즉 "우리는 우리가 원하는 북한이 아닌, 있는 그대로의 북한과 상대해야 한다."고 천명했다.

김정일은 남한 지도자의 의도를 눈치챘지만, 그의 도구가 될 생각은 추호도 없었다. 북한의 경제 상황을 고려하면 그는 남한의 지원이 절대적으로 필요했으며, 반대로 김대중 역시 그의 정책이 성공하려면 김정일의 협조가 필요했다. 그러자 김정일이 이 상황을 이용하기 시작했다. 그는 서울에서의 만남을 거부하면서 정상회담의 평양 개최를 고집했다. 그러면 그가 이동할 필요가 없기 때문이었다. 결국 하인리히 4세처럼 김대중이 카노사Canossa[7]로 가야만 했다. 2000년 4월 10일, 정상회담 개최에 대한 기본 합의가 완료되었을 때 북한은 3번의 징 소리를 울려 퍼지게 함으로써 북한 주민들에게 그 사실을 공표했다. 평양 정권이 마지막으로 이러한 예식 절차를 거친 것은 김일성의 죽음을 알릴 때였다. 1994년 7월로 예정되었던 최초의 정상회담은 김일성의 갑작스러운 죽음으로 취소되었지만, 이제 유교식의 3년상이 끝났으니 회담은 다시 열릴 수 있었다. 결국 정상회담의 일정을 통제하는 것은 북한이라는 인식을 심어주었다.

이 회담에 될 수 있는 한 최대의 이목을 집중시키기 위해 회담 며칠 전 김정일은 갑자기 일정을 하루 연기한다고 선언했다. 사람들은 선전효과를 극대화하기 위한 폭군의 변덕으로 치부했지만, 사실은 이면 거래가 있었을지 모른다는 의문도 제기되었다.[8]

이 샅바싸움에서 승리한 김정일은 정상회담 내내 즐거움을 감출 수 없었다. 감동적인 상황으로 인해 약간은 부자연스러웠던 김대중에 비해, 김정일은 그가 상황을 지배하고 있다는 것을 증명하려는 듯이 충동적인 상냥함을 보여줌으로써 남한 사람들을 매료시켰다. 특히 남한의 언론매체들이 흥분했다. 정상회담이 마치 다른 날과 다를 것이 하나도 없다는 듯한 자연스러운 태도와 그가 항상 즐겨 입는 인민복, 그리고 끊임없이 쏟아내는 재치 있는 언행들은 곧 선풍적인 인기를 끌게 되었다. "보셨

---

7) 1077년 1월 28일 신성로마제국의 황제 하인리히 4세가 자신을 파문한 교황 그레고리오 7세를 만나 관용을 빌기 위해 이탈리아 북부의 카노사 성으로 간 사건.

8) 2003년 5월 14일자 《중앙일보》 기사.

죠? 제가 머리에 뿔 달린 괴물이 아니잖아요."라고 웃음보를 터뜨리는가 하면, "보니까 제가 김대중 대통령보다 술을 더 잘 마시는군요."라는 말도 했다. 아내도 동거인도 대동하지 않은 그는 "우리 북한에서는 여성들을 대접할 줄 안답니다."라고 말하며 김대중 대통령의 부인을 테이블의 상석으로 초대하는 등 신사적 태도를 보였다. 초대받은 사람들은 완전히 매혹되었다.

그때까지 편집증에 빠진 괴물로 취급되던 그가 남한에 일종의 신드롬을 일으킬 정도로 많은 호감을 자아냈다. 곱슬거리는 머리 스타일로 인해 어제까지만 해도 '뽀글이'라고 불리던 그는 이제 '김정일 장군'이라는 칭호를 얻게 되었다. 대학 캠퍼스의 학생들은 그를 '쿨하다'거나 심지어 '귀엽다'고 생각하기에 이르렀다. 그의 옷과 선글라스 복제품들이 불티나게 팔렸다. 법으로 금지된 것임에도 불구하고, 재미 반, 열광 반으로 그의 초상화가 그려진 티셔츠들이 판매되기 시작했다. 하지만 김대중 대통령은 똑같은 대우를 받지는 못했다. 북한 매체들은 잔인하게 그의 나이를 강조하는가 하면, 독재 치하에서 고문의 후유증으로 얻게 된 저는 다리를 빗대 그가 찰리 채플린처럼 걷는다고 보도했다. 아울러 일본의 한 늙은 모략가는 남한 정부가 정상회담을 준비하기 위해 김정일과 꼭 닮은 사람을 고용했다고 주장하기도 했다.

김정일은 김대중 덕분에 이미지 면에서 승리할 수 있었지만, 그것이 중요한 것은 아니었다. 이제 새로운 시대가 남북한 모두에게 열린 것이 중요했다. 8월 15일, 광복 55주년을 맞아 전쟁 동안 헤어졌던 남북한 이산가족들이 적십자의 깃발 아래 상봉할 수 있었다. 그 다음달, 시드니 올림픽에서는 남북한 선수들이 '한반도기旗'를 들고 공동 입장하는 장관을 연출해냈다. 이는 2006년, 토리노 동계올림픽까지 계속되었다. 또한 10월부터 남북한은 경제와 군사 협상을 시작했으며, 현대그룹이 제일선에 나섰다. 한반도에서 가장 아름다운 곳인 금강산에 관광지구를 세우기 위해 수십억 달러를 투자한 것이다. 그렇지만 남북회담의 진정한 승리자는 김대중 대통령일 것이다. 그 해 10월, 오슬로의 노벨상위원회는 그에게 노벨평화상을 수여했다. 그가 바로 이 역사적인 변화의 선도자였기 때문이다.

북한식 해빙

사실 햇볕정책은 모두가 포기했던 북한에 일시적인 경제 상승을 가져왔다. 완전히 붕괴되었던 실물경제가 다시 재건될 조짐을 보였으며, 농업생산은 기아의 위험 범위를 벗어날 정도로 증가했다. 인민은 이제 다시일하고 소비하기 시작했다. 북한은 신뢰할 만한 정부 통계를 발표하지 않기 때문에 정확히는 알 수 없지만, 통일부는 1999년부터 북한이 2~3%를 넘나드는 성장을 보인 것으로 예상했다. 2004년, 북한은 대기근 전인 1990년대 초반 수준을 되찾았다. 이듬해에 평양은 식량원조의 중단을 UN 세계식량계획에 통보했다. 시련의 시간이 마침내 끝난 것이다.

김정일은 그러나 일시적 경제 호전에 만족하지 않았다. 국가 경제가 빈사 상태라는 것은 그도 오래 전부터 알고 있었다. 이와 관련된 직접적인 증언도 있다. 평양으로 납치되었다가 1986년 3월에 탈출한 신상옥 감독과 배우 최은희가 김정일과의 대화를 녹음한 수십 개의 테이프를 가져온 덕분이다. 거기에는 경애하는 지도자 동지가 허심탄회하게 공산주의가 이제 제 기능을 하지 못하며, 경제 문제에 있어서 북한은 아직도 유치원 수준이라는 것을 인정하는 말이 들어있었다. 2001년 봄, 그는 상하이 여행에서 돌아온 후 개혁에 박차를 가하기 시작했다. 20년 전에 그토록 퇴락했던 대도시 상하이의 상전벽해 같은 변모에 그는 입이 떡 벌어질 정도로 충격을 받았다. 과연 현대성과 공산주의가 궁합이 맞는다는 말인가?

그렇게 해서 2002년 7월 1일, 북한 정권은 7·1 경제관리 개선 조치를 발표하며 일련의 개혁정책을 전개했다. 그것은 현장에서 굉장한 반향을 일으켰다. 공장과 가게들은 자신들이 생산하는 물건의 질과 양은 물론 재고와 판매가격을 결정하며, 50%까지 이익을 재투자할 권리를 갖게 되었다. 마음대로 직원을 고용하거나 해고할 수 있는 권리와 함께 수익에 대한 상여금을 지급할 수도 있게 되었다. 또한 공공기관 역시 무조건 따라야 하는 공동관리와 같은 계획경제를 포기했으며, 기업가들은 더이상 당을 대표하는 인물이나 담당자에게 복종하지 않아도 되었다. 결국 공식적으로 인정하지는 않았지만, 평양은 자유로운 기업 활동 쪽으로 눈을 돌린 것이다. 8월에는 원화의 공식 가치가 이보다 60배나 낮은 실제 가치에 맞춰졌다. 1984년부터 허용되었지만, 통화의 고정환율정책에 의해 사실상 막혀있었던 외국투자가 이제 대대적인 환영을 받았다. 비록 15년 정도 늦었지만, 북한은 중국과 같은 길을 취하는 것처럼 보였다. 즉 붉은 자본주의의 길 말이다.

경제 전환기의 인큐베이터로 사용하기 위해 북한은 중국 모델에 따라 특별경제지구를 설정했다. 투자자들과 기업가들은 보고를 하거나, 세금을 지불할 필요 없이 그곳에 자리를 잡을 수 있었다. 처음 두 지구가 중국 국경 가까이에 문을 열었다. 하나는 2000년에 지정된 동해안 두만강 하구의 나선 경제특구이며, 다른 하나는 그로부터 2년 뒤에 지정된 압록강 서쪽의 신의주 특별행정구이다. 세 번째 지구는 2004년 12월, 비무장지역 서쪽, 고려의 옛 수도 개성에 자리잡았다. 성공까지는 오랜 시간이 걸리지 않았다. 수만 명의 북한 주민들이 이 경제특구의 섬유와 식품 가공업 공장은 물론 카지노 등에서도 일하기 시작했는데, 비록 급여는 적었지만, 능력은 인정받았다. 이들은, 나라의 다른 곳에서는 쉽게 구할 수 없는 상품들을, 그곳에서 상여금 형식으로 받아 암시장에 내다 팔 수도 있었다.

이러한 혁신들은 국가를 무기력에서 구해주었다. 그때까지 당국이 눈을 감아준 덕에 존치되었던 노점상들이 몇 달 만에 제법 그럴듯한 모양을 갖춘 상점으로 변신했다. 이러한 변화는 평양은 물론 지방도시들로 퍼져나갔다. 작은 상점들과 약국, 구둣방, 옷가게, 미용실, 카페, 식당들과 함께 자전거 또한 다시 모습을 드러냈다. 심지어 중국에서 들여온 휴대폰과 스쿠터를 타고 다니는 젊은이들도 나타났다. 하지만 너무 과하면 걸리는 법이다. 공권력은 스쿠터는 묵인했지만, 해외통화가 가능한 휴대폰은 2004년 5월, 사용을 금지시켰다. 하지만 암시장을 통한 유통은 지속되었다.

그때까지 오로지 정치선전에만 노출되었던 평양 주민들은 2003년 봄에 첫선을 보인 상업광고판을 보고 입을 다물지 못했다. 체제를 전복하려는 선전이었을까? 물론 절대 아니다. 공권력이 허락한 일이었다. 이제 사람들은 조국을 부유하게 만드는데 일조하고 있다며 기업가들을 추켜세웠다. 경제 위기 동안 폐지되었던 평양 국제상품전람회가 외국기업들을 유치하기 위해 2000년부터 재개되었다. 2004년 여름에는 스위스 정부의 도움으로 평양 비지니스 스쿨이 문을 열었다. 엄청나게 많은 학생들이 몰려들었다. 이후, 북한 대부분의 대학들에서 경영학과가 신설되었지만, 남한의 모델에 비하면 물론 한참 뒤떨어진 것이었다. 그러나 몇몇기업의 성공, 예를 들어 부강제약과 승리자동차 그리고 박규홍이 이끄는 능라도 수출입회사 등은 북한 경제의 재도약을 꿈꿀 수 있게 만들었다.

이 흐름을 이어나가기 위해 김정일은 통제의 고삐를 늦출 필요가 있다고 생각했다. 2000년 6월의 정상회담이 그에게는 시험대였다. 이전에는 그토록 비밀스럽던 김정일이 이제는 쿨한 지도자의 이미지로 나타난 것이다. 언론에서 일상의 언어를 사용하는 것이 허용되었으며, 제안이나 심지어 건설적인 비판, 혹은 국제 상황에 대한 언급도 가능해졌다. 더불어 남한 소식을 전하는 것도 이제 금기가 아니었다. 2002년부터 평양영화제는 스웨덴 감독 앤더스 방케Anders Banke의 공포영화 〈Frostbite〉나 영국 거린더 차다Gurinder Chadha의 〈슈팅 라이크 베컴〉 같은 서양영화를 상영하기에 이르렀다. 비록 소수의 선택된 관람객이긴 했지만, 대중들은 실제로 영화를 즐겼다.

기아로 인해 몇 년 동안 중단되었던 이동 통제가 2001년에 다시 시작되었지만, 철저하게 이루어진 것은 아닌 것 같다. 돈만 있으면 운전면허증은 쉽게 취득할 수 있었다. 이제 북한 주민들은 사업상의 목적으로 지방을 오갈 수 있었으며, 평양을 방문하고, 심지어 쇼핑을 위해 국경을 넘어 만주까지 갈 수 있게 되었다. 북한은 평양의 적으로 간주되는 사람들, 특히 탈북하려는 사람들에게는 무자비했지만, 충성스럽고 정치에 간여하지 않는 사람들에게는 얼마간의 자유를 주었다. 물론 김정일은 고르바초프가 아니었다. 북한식의 해빙은 10년 전 소련을 쓸어버린 격동만큼 폭이 넓지도, 깊지도 않았다. 왜냐하면 김정일은 그가 가진 어떤 특권도 포기하지 않을 것이기 때문이다. 하지만 그의 독재정치는 이제 태양빛으로 빛나고 있었다.

변화의 카드를 택한 김정일은 이 기회를 이용해 북한 외교를 일신하기로 결정했다. 김일성이 워싱턴과 동등한 위치에서 협상을 벌였던 과거를 상기하며, 아울러 워싱턴과의 관계 개선의 희망을 키우며 2000년 10월, 그는 미국 국무장관 마들렌 올브라이트를 성대하게 맞아들였다. 미 국무장관은 김정일이 "매우 단호하고, 실용적인 감각이 뛰어난 사람"이라고 평가했다. 두 번째 임기를 성공적으로 마감하고 싶어 했던 클린턴 대통령은 북한 방문을 진지하게 고려했다. 이 방북이 성사되었다면, 평양으로서는 지난 50여 년간의 적대관계를 청산하고, 아시아의 용으로 재부상할 수 있는 계기를 마련하는 절호의 기회가 되었을 것이다. 하지만 12월, 조지 W. 부시 대통령의 예상치 못한 승리로 이는 없었던 일이 되어버렸다.

미국과는 실패했지만, 김정일은 고르바초프 시대 이래로 멀어졌던 러시아와는 다시 우호관계를 맺었다. 2000년 1월에 대통령으로 당선된 블라디미르 푸틴이 7월에 평양을 방문하자, 다음해 7월, 답방 형식으로 기차를 타고 모스크바까지 여봐란듯이 여행했다. 그곳에서 김정일은 북의 재정상황을 메울 수 있는 시베리아 산림개발과 관련된 계약을 비밀스럽게 체결했다. 특히 예상치 못한 상황은, 새롭게 일본 수상으로 취임한 고이즈미 준이치로가 2002년 9월에 갑작스럽게 평양을 방문하면서 일본과도 가까워졌다는 것이다. 일본과의 관계 수립과 경제지원을 얻기 위해 경애하는 지도자는 70년대의 일본인 납치사건을 인정하고, 사과를 표하기에 이르렀다. 김정일이 정말로 변한 것이다.

아리랑

사실 김정일은 전술을 변경했지만, 전략을 바꾸지는 않았다. 그의 목표는 늘 똑같았다. 무슨 일이 있어도 버티는 것이었다. 경제 위기에서 헤쳐나오기 위해 그는 한발 물러섰지만, 딱 난파를 피하고 폭풍에서 벗어날 정도 만큼이었다. 달리 말하면, 그는 희생할 수 있는 것들, 즉 사회 시스템과 국영화 경제, 철저한 문화적 고립 등을 포기했다. 그러나 그의 지배에 필수적인 조건들, 예를 들면 군대와 주체사상은 무슨 일이 있어도 지켜야만 했다. 그걸 위해 나머지를 희생시켰다. 김정일이 시장경제에 동조한 것은 기회주의적 필요성 때문이었을 뿐 진정으로 돌아선 것이 아니었다. 김정일이 유일하게 확신했던 것은 자신의 정당성 뿐이었다.

국가가 겪은 시련들은 그가 초기에 품었던 꿈들을 흩어놓았다. 이제 아무도 사회주의식 복지국가가 모두에게 풍요와 평등, 정의를 보장해줄 것이라고 믿지 않게 되었다. 북한이 국가 간 협력과 교류 없이도 행복하게 살 수 있는 순수하고 천국 같은 나라라는 선전도 더 이상 통하지 않았다. 북한 인민들이 일상의 삶을 위해 물건을 생산하고, 팔고, 사고 싶어한다는 것을 인정해야만 했다. 그럼 좋다. 까짓것 그렇게 하도록 하고, 용기도 주자! 그것이 바로 2002년 7월에 행해진 개혁의 의미였다. 김정일은 사람들이 원하는 흐름을 마지 못해 받아들인 것에 불과했다. 그러나 겉으로는 경제성장의 불꽃을 재점화하기 위해 할 수 있는 모든 것을 한 비전 있는 지도자로 자리잡았다.

하지만 그의 속마음은 완전히 달랐다. 김정일은 시장을 경계했다. 시장이라는 것은 예측 불가능하게 행동하는 무서운 경쟁자였다. 김정일은 지금까지 선물과 소득, 호의를 나눠주면서 인민들을 조종해왔다. 그런데 이제 주민들이 스스로 부유해질 수 있다고 믿는다면 무슨 일이 벌어질 것인가? 주민들이 이제 물질적, 사회적인 성공을 김정일의 덕으로 생각하지 않는다면, 그들로부터 어떤 복종을 기대할 수 있겠는가? 비즈니스가 이념을 대체한다면, 당에 대한 믿음과 군대를 향한 충성심은 어디로 갈 것인가? 자유시장경제가 민주주의의 발판을 마련하고 경제적 번영이 군인들을 권력으로부터 몰아냈던 남한처럼 북한도 진화할 것이라는 데에 내기를 걸어도 될 것이다. 하지만 북한 정권의 생존을 위해서는 있을 수 없는 일이었다.

결국 우회하는 방식이 해결책이었다. 돈에 의해 새롭게 형성된 귀족층이 당과 군의 간부를 대체하는 상황을 막기 위해서 김정일은 비공식적이며 은밀한 혜택을 당원들에게 주었다. 전에는 단순히 측근들에게 후한 선물을 안겨주었다면, 이제는 장성택과 같은 최측근, 고급장교, 고급 공무원들에게 수익성 높은 계약을 몰아주었다. 심지어 이들이 사적 이득을 취하는 것도 내버려두는 방식을 택했다. 투자보다는 약탈하는 법을 가르치는 게릴라 정신에 입각해, 김정일은 자신의 권력을 유지하기 위한 이러한 배임행위를 문제시하지 않은 것이다. 하지만 이는 사회적 불평등을 야기했으며, 현대화에 필요한 자원들을 헐값에 빼앗기고, 결국 경제를 다시 위축시키는 결과를 초래했다. 2005년, 큰 화제가 된 위성사진 한 장은 에너지와 전력망의 부족으로 평양과 국경 도시를 제외한 북한 전역이 암흑 속에 잠겨있는 모습을 극명하게 보여주었다.[9]

악화된 여론을 가라앉히기 위해 그는 경쟁을 진정시켜야 했다. 시스템의 개혁에는 동의하지만, 시스템 자체의 철회는 있을 수 없는 일이다. 2005년, 정권은 한편으론 시장지향적 개혁을 추구함과 동시에 다른 한편으론 공공기관에 의한 배급 체계를 개선했다. 교육과 의료, 공공주택 등과 같은 핵심 분야에 대한 민영화를 거부하며 정부 통제를 강화했다.

9) http://www.evolutionnews.org/2013/04/every_day_is_ea071451.html/.

급여의 갑작스러운 자유화는 공급보다 더 많은 소비욕구를 불러일으켰으며, 결과는 인플레이션과 암시장의 폭발적 증가로 나타났다. 몇 달 사이에 시장의 쌀값이 10배나 뛰었으며, 2004년 여름의 가격은 2002년 7월에 비해 25배나 더 비싸졌다. 소수만이 용케 궁지를 벗어났다. 그들은 바로 빈틈없는 사업가들과 투기꾼 패거리들 그리고 양심 없는 밀수꾼들이었다. 나머지 인민들은 이 새로운 재앙으로 인해 큰 혼란에 빠졌다. 예전에는 먹을 것이 없었다. 그런데 이제는 생필품은 다시 생겼지만 살 돈이 없게 된 것이다. 하지만 그들에게는 다행스럽게도 국가가 있었다.

고삐 풀린 자유주의에 맞서, 김정일은 나라의 가장인 위대한 영도자를 중심으로 현대와 전통을 새 환경에 적응시키는 사회 모델을 제안했다. 그 한가운데에 위대한 영도자의 가부장 같은 모습이 있었다. 선전도구가 된 것은 늘 그렇듯 영화였다. 해외에서는, 특히 프랑스에서는 평양에서 6개월 동안 체류했던 만화가 기 들릴[10]의 증언에 의해 북한은 만화영화만 만드는 것으로 믿는 경향이 있다. 그러나 평양의 스튜디오들은 남한 작품에서 영감을 얻은 사실주의적인 스타일을 따라 은유적인 방식으로 이기주의나 물질만능주의, 그리고 돈을 숭배하는 금권주의 같은 동시대의 실상을 고발하는, 달콤씁쓸한 영화 작품들을 많이 만들었다. 그 가운데에서 주목할 만한 작품은 2003년 발표된 전종팔 감독의 〈우리의 향기〉와 2006년에 큰 성공을 거둔 장인학의 〈한 여학생의 일기〉 등을 들 수 있다. 이 두 영화에는 체제가 숨겨진 영웅들이라고 추켜세우는 인물들이 등장한다. 즉 개인적인 야망과 집단에의 헌신 사이에서 주저하고, 물질적인 부유함과 도덕적인 완성 사이에서 망설이는 북한 젊은이들이 등장한다. 당연히 결말은 늘 이들이 조국과 주체사상 쪽을 선택하는

---

10) 기 들릴, 《평양》, 밀라노, 라소시아시옹 출판사 2003 Guy Delisle, *Pyongyang*, Milan, L'association, 2003.

것으로 끝이 난다.

암묵적으로 이들이 겨냥하는 것은 남한이었다. 김정일도 중국으로부터 수입된 불법 음반들을 통한 한류의 확산을 알고 있었다. 남한의 감상적인 드라마, 젊은 아이돌 가수들이 다른 아시아 국가들처럼 북한에서도 급격히 확산되고 있다는 사실을 모르진 않았다. 2006년 말, 평양에 다녀온 만화가 오영진은 그의 놀라운 작품 《평양 프로젝트》[11]에 평양의 부호 자제들이 남한 스타일의 옷과 헤어 스타일을 하고 있으며, 심지어 서울 억양으로 말한다고 그렸다. 북한으로서는 남한을, 부유할지는 몰라도 퇴폐적이고 부패한 국가로 낙인찍을 필요가 있었다. 2001년 봄, 김정일의 아내 고용희는 《노동신문》에 〈나는 인간답게 살고 싶다!〉라는 제목의 사설을 게재했다. 고용희는 여기에서 유혹당하고 버림받는 남한 사람들이 결국엔 가난과 매춘에 빠져드는 도덕적 좌절을 고발하고 있다. 결국 돈이 주체사상을 대신할 수 없다는 것이었다.

이 상투적인 말의 효과는 뛰어났다. 남한은 유혹적인 만큼 두려운 존재였다. 남한 모델에 대항하기 위해 체제의 영광을 찬양하는 매스게임 공연을 재개하기로 결정했다. 암흑 같던 고난의 행군 시절에는 중단되었던 이 행사가 2000년부터 전대미문의 화려함으로 다시 태어난 것이다. 평양의 5월1일경기장 한가운데에서 남자, 여자, 아이들로 구성된 총 15만 명의 자원 참가자들은 몇 시간 동안에 걸쳐 똑같은 동작을 반복하는 일사불란한 무용을 선보였다.

결과를 보면 그만한 가치가 있었다. 김정일이 2000년 10월에 미 국무장관을 초대해서 선보인 〈북한노동당은 항시 승리한다〉는 공연을 보고 마들렌 올브라이트는 완전히 얼이 빠져 버렸다. 2002년 봄, 한국인들의

---

11) 오영진 《평양 프로젝트》, 서울, 2006년, 창비. 《남한 방문객 오 선생의 북한 일기》라는 제목으로 프랑스어로 번역됨. *Le Visiteur du Sud, le journal de Monsieur Oh en Corée du Nord*, Paris, Editions FLBLB, 2009.

전통민요에서 이름을 딴 〈아리랑〉 공연은 훨씬 더 성대했다. 당연한 일이었다. 이 공연은 김일성의 90주년과 아들 김정일의 60세 생일을 축하하기 위해 기획되었을 뿐만 아니라, 남한에서 개최되는 제17회 세계 월드컵 축구대회와 경쟁하기 위한 것이기 때문이다. 이후, 매년 거대한 국가 기념행사가 있을 때마다 북한은 〈아리랑〉을 선보이며 자랑스러워했고, 관광객들은 입을 다물지 못했다. 북한은 문호를 개방했다. 시대와 발맞춰 살아가야 하니까 어쩔 수 없는 일이었다. 그러나 결코 영혼을 잃어버리지는 않았다. 영혼은 여전히 아리랑의 리듬에 따르고 있었다.

19. 협박의 장인

깡패국가

2001년 9월 11일, 영화보다도 더 스펙타클하게 일어난 3건의 자살 테러는 뉴욕의 월드트레이드센터 쌍둥이 빌딩과 펜타곤을 황폐화시켰다. 아마도 이 날은 미국 역사상 가장 고통스러운 날로 기록될 것이다. 이 테러에 환호한 아랍인들과는 달리, 미국과의 오랜 적대관계에도 불구하고 평양은 이 유례없는 공격에 예상 밖의 큰 충격을 받았다. 대다수의 국가들처럼 북한 당국도 이러한 행위를 단호하게 비난했으며, 심지어 미국 국민들에게 공감과 애도의 뜻을 표명했다. 그러나 주체사상에 매혹된 북한 체제는, 세계에서 떨어져 살 수 있다고 가정했기에 이 비극의 불똥이 곧 자신들에게 튈 것이라는 것까지는 예상하지 못했다.

2000년 12월 18일, 민주당 후보 엘 고어와의 전례 없이 혼란스러웠던 선거에서 승리해 백악관의 주인인 된 조지 W. 부시 대통령은 북한에 대한 일말의 호의도 갖고 있지 않았다. 뼛속까지 보수주의자이고, 공산주의를 공개적으로 모욕하는 기독교 우파 출신의 부시 대통령은 전임 빌 클린턴과는 정반대되는 입장을 공공연히 드러냈다. "김정일, 그는 버릇없이 행동하는 꼬마이며, 국민을 굶주리게 하고, 휴스턴 만한 크기의 강제 노동수용소를 이끄는 괴물"이라고 말하곤 했다. 게다가 9·11사태는 그의 신랄함을 더욱 증폭시켰다. 이제 북한을 공식적으로 '깡패국가'로 간주한 것이다. 2002년 1월, 연례 일반교서에서 그는 북한이 국제 테러를 지원한다고 공개적으로 비난하며 이란, 이라크 등과 더불어 북한을

'악의 축'으로 규정했다.

비록 그의 연설이 흥분되고 혼동된 것이긴 했지만, 전혀 근거 없는 비난은 아니었다. 초창기부터 평양은 항상 반대파 무장단체를 지원해왔다. 서 사하라의 폴리사리오 전선Front Polisario[12]이나 팔레스타인 해방기구에 무기를 대고, 태국 공산당이나 스리랑카의 마르크스 인민전선을 지원하는 등 북한은 언제나 반식민주의적이며 혁명적인 입장을 자처했었다. 하지만 공산주의 혁명과는 별 상관없는 이슬람 원리주의자들이나 잔혹한 아프리카 독재자들, 암살과 비행기 납치 전문인 일본 적군파에 대한 원조는 어떻게 설명할 것인가? 납치와 살인 그리고 폭탄 테러, 특히 양곤에서 자행한 행위들은 그들이 바로 테러의 장본인임을 증명하는 것이 아니고 무엇이겠는가?

2003년 3월, 대량학살 무기를 빌미로 이라크전쟁을 정당화하면서 미국은 아울러 김정일의 핵 야망을 강력하게 비난했다. 아버지 김일성이 지미 카터 전 미국 대통령과 맺은 협정에도 불구하고 김정일은 몰래 우라늄 농축을 계속하고 있었다. 1998년부터 클린턴 정부도 그 사실을 알고 있었으며, 2002년 10월 평양을 방문했던 국무부 차관보 제임스 켈리는, 북한의 핵폭탄이 이제 가상의 위협이 아니며 실제적 위협이 되는 것은 시간 문제라는 확신을 갖고 워싱턴으로 돌아갔다.

더 심각한 문제도 있었다. 워싱턴은 북한이 이라크, 리비아, 시리아 등과 핵물질을 전문적으로 거래하는 파키스탄 핵의 아버지이며 위험한 인물인 압둘 칸과 관계를 맺고 있는 사실에 주목했다. 2003년부터 긴장된 움직임이 증폭되었다. 먼저 1월에 북한이 핵확산방지조약에서 탈퇴한다고 선포하자, 같은 해 가을 북한 화물선이 예멘 도착 직전에 조사를 받는 등 대북제재 또한 한결 강화되었다. 선박은 평양의 비밀스러운 단골인

---

12) 폴리사리오 전선은 모로코로부터 서 사하라의 독립을 쟁취하기 위한 살라위족 반군 단체이다.

시리아를 목적지로 하는 것처럼 보였다. 배 안에는 미사일과 화학무기, 핵 부품 등이 실려있었다. 달리 말하면, 북한은 자신들보다 앞섰던 이전 '깡패국가'들의 노하우를 취득한 후 뒤처졌던 기술을 따라잡고, 마침내는 그것의 확산을 시도하는 국가로 변모한 것이다.

2002년 선거에서 상·하원을 장악한 워싱턴의 강경파들에게 이는 용납될 수 없는 일이었다. 부시 대통령은 식량원조를 즉각 중단하고, 빌 클린턴의 유화정책에 돌이킬 수 없는 낙인을 찍었다. 그 영향으로 김대중 대통령이 시작한 햇볕정책도 큰 타격을 입게 되었다. 김정일과 그 패거리가 착복한 남한의 원조금이 북한의 핵 프로그램에 사용되었다는 의혹이 제기되자, 미국은 2004년 10월, 10년 전에 체결된 제네바협정을 중단하기로 결정했다. 게다가 의회는 1953년부터 북한에 내려진 통상금지 규정을 추가적으로 강화하고, 북한 정권에 대항해 투쟁하며 집단수용소의 참상을 고발하는 개신교 단체에 넉넉한 예산을 할당하는 '북한 인권법'도 통과시켰다.

미국의 이러한 강경한 자세는 북한 국수주의자들의 부활을 이끌어냈다. 정치선전에 의해 타오르기 시작한 여론은 전쟁 직후의 반미주의로 귀착되었다. 당시 분위기를 재현하기 위해 김정일은 1951년 제국주의의 협력자이자 악랄한 미국 목사를 그린 한설야의 베스트셀러 소설 《승냥이》를 증쇄하도록 명령했으며, 영화 쪽에서는 류호손의 〈이름 없는 영웅들〉과 같은 영화들이 스크린에서 재상영되었다. 1978에서 1981년 사이에 상영되었던 20편의 에피소드로 구성된 이 작품은 한국전쟁 동안 남한에 침투해 미국의 전쟁 준비를 방해한 북한 애국자의 영웅담을 노래하고 있다. 60년대에 북한으로 도망친 2명의 미국 군인 찰스 로버트 젠킨스Charles Robert Jenkins와 제임스 드레스녹James Dresnok이 중요 배역을 맡았다. 인민들은 그들을 전리품으로 활용했다.

북한 정권이 주적으로 삼고 있는 일본 역시 이 국수주의 캠페인의 타깃이 되었다. 2000년, 영화감독 김춘송은 우키시마 마루호의 비극을 화면에 옮기는 막중한 책임을 맡았다. 이 비극은 일제 시대에 강제 징용당한 7,000명의 조선 노동자들을 본국으로 송환하던 일본 수송선이 1945년 8월 26일, 일본 해군의 소행으로 의심되는 사고로 인해 5,000여 명의 사망자를 내며 교토 앞바다에 침몰한 사건이었다. 여전히 할리우드적 야망에 사로잡혀 있던 김정일은 열광했다. 과연 북한 영화 〈살아있는 영혼들〉이 제임스 카메론의 〈타이타닉〉을 넘어설 것인가? 김정일은 이 영화 한 편에 그해 영화 예산의 반을 쏟아부었으며, 1만 명의 군인을 동원시켰다. 영화는 일본인들을 난폭하고 야비한 사람들로, 조선인들은 김일성을 찬양하는 노래를 끊임없이 부르는 사람으로 그려냈다. 청중들은 열광했으며, 결국 승리한 것은 정치선전이었다. 이후 북한 정권은 비슷한 장르의 영화들을 양산해냈다. 예를 들어, 2006년에 영화감독 표광은 식민지 시절 일본 최고의 유도선수를 꺾은 조선 선수의 활약상을 그린 〈평양 날파람〉을 찍었는데, 무려 600만 명이 넘는 관람객들이 이 영화를 봤다고 한다. 북한 주민 4명 중의 1명은 이 영화를 본 셈이다.

북한의 이러한 공격적인 분위기는 남한과의 관계에도 영향을 미쳤다. 공식적으로 협력은 여전히 양호한 상태였지만, 속사정은 그렇지 않았다. 김정일은 IMF 위기 이후 한층 더 활기를 띠고 있는 남한의 경제성장에 불쾌해했다. 2001년 3월, 김대중 대통령은 통일될 미래를 대비해, 남한의 수도 서울과 고려의 역사적인 수도 개성에서 거의 등거리에 위치한, 세계에서 가장 현대화된 국제공항인 인천공항을 개항했다. 이에 김정일이 지체하지 않고 반응했다. 2001년 8월 15일, 그는 전통 한복 차림의 여성 2명이 마주 보고 팔을 둥글게 모으고 있는 모습을 형상화한, 30m 높이의 '조국통일3대헌장기념탑'의 준공식을 가졌다. 끔찍하게 조악한

이 기념물은 평양~개성간 고속도로의 입구에 위치하고 있다. 남한이 개성을 이용하도록 내버려두는 것은 절대로 용납할 수 없는 일이었다. 또한 2002년 봄에 재개된 한미 합동 군사작전도 김정일의 입맛을 쓰게 만들었다. 곧 남북한 해상 경계선을 따라 소규모 충돌이 산발적으로 터져나왔다. 결국 평양은 2003년 가을, 몇 주 동안 유지되던 서울~평양 직항로를 중단시켰다. 햇볕이 기울기 시작한 것이다.

닥터 스트레인지러브

모든 핵 전략의 원칙을 한마디로 요약하자면 그건 아마도 '불확실성'이라는 단어일 것이다. 상대방이 핵무기를 보유하고 있는지, 정말 핵무기를 사용할 것인지, 언제 사용할 것인지 어떻게 알 수 있단 말인가? 김정일은 의혹을 퍼뜨리는데 탁월한 감각을 지닌 독재자였다. 스탠리 큐브릭의 걸작 〈닥터 스트레인지러브 혹은 내가 어떻게 폭탄을 사랑하며 걱정을 그만두는 법을 배웠을까?〉[13]의 배우 피터 셀러스Peter Sellers처럼 그도 모든 역할로 분장할 줄 알았다. 그는 국가의 이익을 책임지는 국가 원수이자 동시에 무슨 일이 있어도 평화를 사수하려는 단호한 협상가였고, 전쟁광 장교이자 핵 종말을 시도하려는 미치광이 과학자였던 것이다.

사실, 반전의 연금술사이자 다중화법의 챔피언인 김정일은 당연히 사람들이 예상하는 곳에는 절대로 나타나지 않았다. 그가 핵폭탄을 보유하고 있다고 미국이 비난하는가? 김정일은 사실을 부인했지만, 의심이 확산되는 것을 막지는 않았다. 사실 북한은 오래 전부터 로켓 발사능력을 발전시켜 나가고 있었다. 1998년 8월, 그들은 인공위성을 궤도 위로 쏘아 올렸다고 자랑하며, 이 '광명성' 위성은 우주에 김일성의 영광을 찬양하기 위한 것일 뿐이라고 공식적으로 발표했다. 그 말을 누가 믿을 것인가? 워싱턴과 도쿄는 그것이 사실상 사정거리 2,000km, 즉 일본 열도를 공격할 수 있는 새로운 대포동 미사일의 시험이었다고 추정했다. 이후 북한은 많은 양의 미사일을 제조, 보관해 왔다. 2003년 11월에 찍힌 위성사진은 북한에 적어도 10군데의 발사 장소가 있다는 것을 보여주고

---

13) 역주: 〈닥터 스트레인지러브Dr Strangelove or How I learned to stop worrying and love the bomb〉는 스탠리 큐브릭이 1964년에 발표한 영화로 냉전의 허약한 본능과 핵무기의 상호확증 파괴를 비꼬고 있다. 금세기 최고의 정치풍자영화로 평가받고 있다.

있다. 폭탄이 없다면, 탄도 미사일은 무슨 소용이 있겠는가?

때맞춰 김정일이 다시 핵 협박을 재개했다. 역시 똑같은 제안, 즉 "우리가 핵을 포기하기를 바란다면 비용을 지불하라."는 것이었다. 워싱턴은 한발 물러섰지만, 평양이 약속을 지키도록 강제하기 위해 모스크바와 베이징, 서울, 도쿄를 협상 테이블로 불러모았다. 2003년 8월에 베이징에서 처음으로 시작된 6자 회담은 그 후 2년 동안 계속되었다. 공식회담 4차례와 수많은 비공식 협상들을 통해 결국 2005년 9월 19일, 전권사절들이 1차 합의에 이르렀다. 평양은 핵무기를 포기하고 가능한 한 빠른 시기에 핵확산방지조약에 합류하기로 약속했으며, 그 대신 다른 5자들은 북한의 에너지 자립도를 높이기 위한 상업용 경수로 건설 계획을 인정하기로 했다. 1994년 여름에 실패한 흥정이 2005년에 결실을 맺는 것처럼 보였지만, 장담은 할 수 없었다.

의심할 만한 이유는 충분히 있었다. 6자 회담 동안 우려할 만한 소식이 북한으로부터 새어 나왔기 때문이다. 2004년 9월 12일, 중국의 비밀 공안이 한반도의 북동쪽 양강도 지방으로부터 원자폭탄의 버섯구름과 비슷한 연기 기둥을 감지했다고 보고했다. 결국 그것은 2003년 여름부터 떠돌기 시작했던 소문, 즉 평양이 첫 번째 핵실험을 실시했을지도 모른다는 소문의 근거로 제시되기에 이르렀다. 미 당국은 이 소식을 믿지 않았다. 협상에서 주도권을 차지하기 위한 김정일의 허풍으로 간주한 것이다. 하지만 그렇다고 어떻게 확신할 수 있겠는가? 2005년 2월부터는 북한도 더 이상 핵을 보유하고 있다는 의혹에 대해 부정하지 않고 있지 않은가? 그렇다. 카터와의 약속과 제네바 합의에도 불구하고 김정일은 핵 프로그램을 계속 발전시킨 것이다. 누구 말이 사실이고, 누구 말이 거짓인가? 상황이 어떻든 '불확실성'은 김정일에게 유리했다.

북한의 명확한 입장 표명을 유도하기 위해 워싱턴은, 매우 민감한 사항인 평양의 '돈줄'을 죄기로 결정했다. 6자 회담과 동시에 미국은 북한 정부의 불법 자금세탁에 이용된다고 비난을 받고 있던, 마카오의 델타 아시아은행에 대해 보이콧 절차에 들어갔다. 파산을 피하려면 은행은 북한 계좌를 막는 것 이외에 다른 선택권이 없었다. 김씨 일가 수입의 원천을 말리는 이 조치로 궁지에 몰린 김정일은 격분했다. 그는 문제를 베이징에서 다루자고 요구했지만, 워싱턴은 단호히 거절했다. 평양은 6자 회담의 협상 테이블을 떠나겠다고 협박한 끝에, 결국 2005년 11월 11일, 회담장 문을 박차고 나가버렸다.

새로운 허풍인가? 모두가 그렇게 생각했다. 다음해 4월, 평양은 마카오에 있는 자신들의 자금에 대한 미국의 의향을 다시 떠보았다. 그러나 미국은 요지부동이었다. 결국 판이 커지기 시작했다. 2006년 7월 4일, 미국 독립기념일을 맞아 북한은 7발의 미사일 발사를 강행했다. 이번에는 하와이섬, 즉 진주만과 심지어 알래스카까지 도달할 수 있는 미사일, 비행거리가 3,500~6,700km에 이르는 2세대 대포동 미사일이었다. 전세계의 규탄과 경제제재를 비웃으며, 김정일은 이제 '그 어떠한 양보'도 하지 않을 것이며, 미국과 '전면전'을 할 준비가 되었다고 선언했다.

그러나 '최악의 상황'은 아직 도착도 하지 않은 상태였다. 같은 해 10월 9일, 평양이 첫 번째 핵실험을 성공시킨 것이다. 북한의 조선중앙통신사는 "주체 95(2006)년 10월 9일, 조선민주주의인민공화국은 지하 핵실험을 안전하고 성공적으로 진행했다.…(중략) 이 실험은 100% 우리 지혜와 기술에 의거하여 진행된 것으로서 강력한 사회적 국방력을 갈망해 온 우리 군대와 인민에게 커다란 고무와 기쁨을 안겨준 역사적 사변이다."라고 발표했다.

세계는 당황했다. UN의 안전보장이사회는 긴급하게 북한을 UN에서 추방하는 결의안 제1718조를 만장일치로 통과시켰다. 그러나 때는 늦었다. 김정일은 이제 핵폭탄을 보유하게 된 것이다. 그가 계속 "늑대야!"라고 소리쳤기 때문에 아무도 그를 믿지 않았는데, 이번엔 모두 틀렸던 것이다. 물론 힘겨루기는 아직 끝나지 않았다. 할 수 있는 데까지는 해봐야 할 일이었다. 때문에 평양과의 협상은 다시 시작될 것이었다. 그렇다 해도 첫판은 북한의 승리로 돌아갔다. 북한은 끝내 '핵'이라는 결과물을 얻었다. 동시에 '그 프로그램에 대한 포기'를 팔아 이득을 취하는 일거양득의 상황을 이끌어냈다. 아울러 북한은 협박의 레퍼토리를 더 다양하게 만들 수 있게 되었다. 전에는 '핵을 포기하겠다는 약속'만 할 수 있었던 반면, 이제는 '사용하지 않겠다는 약속'도 추가로 팔아먹을 수 있게 된 것이다. 확실히 북한의 몸값은 더욱 비싸졌다.

이것은 김정일에게 일석이조의 상황이 되었다. 핵폭탄이 내수용이었기 때문이다. 그것은 북한의 국가적인 오만을 부추겼다. 2006년 10월 20일, 수만 명의 북한 인민들이 김일성광장에 모여들어 히스테리에 가까운 분위기에서 김정일의 "핵 승리"를 연호했다. 비록 자발적인 집회라는 발표를 의심할 수는 있어도, 국가적인 열광 그 자체는 꾸민 것이 아니었다. 남한도 충격을 받았다. 10월 9일, 서울은 공식적으로 핵실험을 규탄했지만, 대경실색한 여론의 반응은 엇갈렸다. 물론 김정일은 독재자다. 하지만, 배짱 하나는 끝내주지 않은가! 소셜 네트워크에서는 폭탄에 겁먹은 일본인들을 조롱하는가 하면, 심지어 '한국의 폭탄'이라거나 '우리의 폭탄'이라는 민족주의적 언급마저 튀어나왔다. 세계에서 김정일은 위험한 협박범으로 통한다. 하지만 북한에서는 그 협박으로 인해 그의 정당성이 더 확고해졌다.

경제적인 관점에서 볼 때 핵폭탄에 엄청난 비용이 들어갔으며, 게다가 유엔에서 통과된 경제제재로 인해 워싱턴은 말 그대로 북한의 목을 조르고 있었다. 하지만 그동안 이득을 얻지 못했던 자들은 핵폭탄을 통해 그들의 몫을 챙기기 시작했다. 특히 군대의 경우가 그랬다. 경제 귀족들에게 특권을 빼앗기지나 않을까 두려워하던 그들은 이제 안심할 수 있게 되었다. 2004년 4월에 발생한, 중국 국경에서 멀지 않은 용천역의 폭발 사고[14]는 1,000명 이상의 목숨을 앗아갔다. 계속되는 소문에 따르면 그것은 아마 군사쿠테타였던 것 같다. 하지만 2년 후에 그런 걱정은 일소되었다. 김정일의 인기가 군대 안에서 절정을 구가했기 때문이다. 2003년 4월, 미국의 침공으로 인한 사담 후세인의 추락은 경애하는 지도자가 옳았음을 증명했다. 핵폭탄이 있는 한 북한에서는 그러한 일이 절대 발생하지 않을 것이다.

항일투쟁을 정권의 핵심으로 표방하던 북한이 핵 강대국의 반열에 오르게 된 것은 추가적인 정당성을 입증한다. 일본은 1930년대부터 핵무기를 갖추고자 했으며, 그 연구를 위해 북한 동해안의 항구도시 흥남에 실험센터를 세웠다는 사실이 전쟁 후 알려졌다. 일본의 전쟁광들이 끝까지 항전하기 위해, 심지어 히로시마와 나가사키에 핵폭탄이 떨어지고 며칠이 지난 1945년 8월 12일 핵폭탄 실험[15]을 하려 했다는 증언도 나왔다. 하지만 일본은 실패했고, 반대로 북한은 성공한 것이다. 그러니 이게 우월성이 아니고 무엇이겠는가? 이제 김정일은 더 위대해진 것이다. 지금까지 김정일은 김일성의 아들이었지만, 이제 그는 '핵 북한'의 아버지가 되었다.

---

14) 세르게이 수코루코프, '열차 폭발은 북한 지도자를 암살하려는 음모였다'《데일리 텔레그라프》, 2004년 6월 13일자. Sergey Soukhorukov, 'Train Blast was a Plot to Kill North Korea's Leader', *The Daily Telegraph*, 13, 06, 2004.

15) 로버트 K. 윌콕스,《일본의 비밀 전쟁: 자신들의 핵폭탄을 건설하려는 시대 착오적인 일본》. Robert K. Wilcox, *Japan's Secret war: Japan's race against time to build its own atomic bomb*, William Morrow & Company, 1985.

푸만추

나폴레옹 3세 치하에서 태어나 1925년에 사망한 경제학자이자 통계학자인 에드몽 테리Edmond Théry는 이제 잊혀진 사람이다. 그러나 1901년에 발표한 글, 아시아인들이 비상하여 백인들을 앞지를 것이라는 예측을 담은 〈황색 위협〉이라는 수필의 제목만은 유명하게 남아있다. 이후 〈황색 위협〉에 해당하는 사람들, 즉 백인 지배를 위협하는 아시아인들은 여러 곳에서 많이 등장했다. 중국 고급관리들과 일본 군인들, 베트콩과 광신도 크메르 루주 등이 그 예다. 하지만 가학적인 잔인함과 냉소적인 퇴폐성으로 가장 악명이 높았던 인물은 소설 속 악당 캐릭터인 닥터 푸만추였다. 색스 로머Sax Rohmer[16]라는 영국 소설가의 풍부한 상상력에 의해 1912년에 태어난—공교롭게도 김일성이 태어난 해와 같은—푸만추는 거의 한 세기 동안 잔혹하고 이국적인 절대 악의 화신으로 군림했다. 하지만 2006년부터 푸만추는 최고의 악당 자리를 김정일 독재자에게 내주었다.

그의 진화는 놀라웠다. 초기 김정일은 거의 흥미를 끌지 못했으며, 아시아의 많은 다른 독재자들 가운데 한 명일 뿐이었다. 마오쩌둥보다는 카리스마가 적고, 폴 포트보다 덜 괴물스러우며, 그의 아버지보다는 덜 터무니없는 그저 부차적인 독재자였다. 그렇지만 그의 왕조적 계승이나 평범치 않은 옷차림과 태도, 이념적인 변절 등의 독특함은 있었다고 인

---

16) 본명이 아서 헨리 사스필드 와드Arthur Henry Sarsfield Ward인 색스 로머(1883~1959)는 영국 출신의 소설가로 특히 악의 화신 푸만추의 모험을 다룬 14편의 소설, 즉 1912년의 《푸만추 의사의 미스터리The mystery of Dr Fu Manchu》부터 1973년의 《푸만추의 분노와 다른 이야기들The wrath of Fu Manchu and other stories》로 유명하다. 이 소설들은 보리스 카를로프Boris Karloff와 크리스토퍼 리Christopher Lee가 주연을 맡은 12편의 영화로도 만들어졌으며, 미국의 SF만화이자 TV 시리즈, 영화로도 만들어진 Flash Gordon의 악당 밍Ming의 모델이 되기도 했다.

정해야 할 것이다. 저명한 영국 잡지 《이코노미스트》는 남북한 정상회담에 대한 2000년 6월의 한 사설에서, 김정일이 불러일으키는 감정을 다음과 같이 요약했다. 그것은 '안녕, 지구인들(Greetings, earthlings)'이었다. 김정일은 친구도 적도 아니었다. 그저 외계인일 뿐이었다. 그러나 핵 힘겨루기는 모든 것을 바꾸어놓았다. 2005년 2월, 할리우드 가십에 일가견이 있는 타블로이드판 신문 《유에스 위클리US Weekly》는 김정일을 '지구상에서 가장 나쁜 괴물' 순위에서, 수단의 종신 독재자 오마르 엘 베시르Omar el-Bechir 다음으로 2위에 올려놓았다.

강제수용소, 끔찍한 숙청, 원조기금의 착복 등 북한 체제의 악행은 이미 잘 알려져 있다. 남한과 미국으로 망명한 수십 명의 생존자들이 생생한 증언으로 책을 출간하기 시작했으며, 그것들은 순식간에 팔려나갔다. 피 묻은 증언들이 속속 모습을 드러냈다. 《푸른 수염》[17]처럼 그도 마음에 안 드는 사람들을 죽이는 습관이 있는 모양이었다. 적어도 한국 언론이 전하는 가수 윤혜영의 슬픈 운명은 이를 증명하고도 남았다. 2003년 여름, 윤혜영을 유혹하기 위해 많은 돈을 쓰던 김정일에게 추행당한 그녀는, 그의 집적거림을 피할 수 있는 길은 죽음밖에 없다고 생각해 애인과 함께 투신자살을 시도했지만 불행히도 그녀는 살아남았다. 격분한 영도자는 복수를 결심했다. 김정일은 큰 비용을 들여 그녀를 치료하고, 그녀가 회복되자 배신을 이유로 그녀를 총살에 처해버렸다.[18]

이러한 잔인함을 설명하는 것은 하나 밖에 없었다. 김정일이 미쳤다는 것이다. 정신과 의사 프레데릭 쿨리지Frederick L. Coolidge와 다니엘 시

---

17) 역주: 〈푸른 수염Barbe- Bleue〉은 프랑스의 동화작가 샤를 페로가 1697년에 발표한 민간전승으로 6명의 부인을 살해한 성주 푸른 수염의 이야기이다. 헝가리의 작곡가 벨라 바르톡의 오페라로도 유명하다.

18) '김정일의 열렬하고 로맨틱한 인생' 《조선일보》, 2009년 8월 8일자.

걸Daniel L. Segal은 김정일이 아돌프 히틀러와 사담 후세인에 견줄 만한 가학적인 성적 취향에 편집증, 극심한 자기애와 정신분열 증세를 지녔을 것이라고 분석했다. 스캔들 지향적인 언론의 관심은 증폭되었다. 김정일은 작은 키와 못생긴 외모에 대한 콤플렉스[19]를 지니고 있으며, 정서가 불안정하고, 자살 충동을 지니고 있으며, 김일성의 기일 때마다 눈물바다를 이룬다고 매체들은 조롱 섞인 보도를 쏟아냈다. 언론에 따르면 그는 미성숙하고, 동시에 미신적인 인물이었다. 점쟁이의 계시 없이는 어떤 결정도 내리지 못했으며, 생일이 두 번째 달 16일임을 들어 9라는 숫자를 특히 좋아했는데, 왜냐하면 '1+6+2=9'라는 결론이 나오기 때문이다.

이 불안정한 사람은 또한 미셸 투르니에Michel Tournier의 베스트셀러 소설 《마왕(Le roi des Aulnes)》에 나오는 괴물, 나치 독일의 괴링 원수와 같은 식인귀였다. 여름이나 겨울, 김정일은 사슴과 멧돼지를 사냥하기 위해 말을 타고 꽤 많은 시간을 보냈으며, 폭식증이 있고, 구하기 힘든 귀한 음식만 먹는다고 했다. 사람들은 그에게 시베리아의 사슴고기, 중국의 뱀, 일본의 곰, 태평양의 해삼, 태국의 파파야, 우즈베키스탄의 캐비어, 그리스의 당나귀 고기, 슬로바키아의 맥주, 덴마크 유틀란드 반도의 돼지고기 등 전 세계의 진미를 계속해서 갖다 바쳤으며, 그의 지하 저장고에는 제조연도 별로 분류된 코냑과 특급 포도주들이 쌓여있고, 특히 세계 최고의 적포도주인 보르도의 샤토 마고는 1만 병도 넘게 보관되어 있다고 증언했다.

이 모든 소문의 결정판 같은 일화는 이미 널리 알려져 있다. 2001년 7월 말, 블라디미르 푸틴은 김정일을 모스크바로 초청했다. 어떻게 갈 것

---

19) 제이슨 G. 골드만, '독재의 심리학: 김정일' Scientific America 블로그, 2011년 12월 11일. Jason G. Goldman, 'The Psychology of Dictatorship: Kim Jong-il', Scientific American Blog, 11, 12, 2011.

인가? 김정일도 아버지처럼 병적인 비행 공포증이 있었다. 항공 사고가 나면 대응할 시간이 없기 때문에 결국 기차를 타기로 결정했다. 하지만 그가 아무 기차나 타고 갈 수는 없었다. 그의 기차는 그 규모와 설비, 그리고 요란스러운 화려함 면에서, 프랑스 작가 자크 로브Jacques Lob의 종말론적인 만화에서 탄생해 2013년 한국의 봉준호 감독에 의해 영화로도 만들어진 〈설국열차〉를 연상시키는 장갑 기차였다. 러시아의 특사 콘스탄틴 풀리코프스키Konstantin Pulikovsky가 남긴 묘사는 가히 충격적인 것이었다. 김정일은 22대의 객차로 이루어진 이 열차 안에 화려한 객실들과 위성이 연결된 컴퓨터실, 영사실, 사우나실, 2대의 메르세데스를 위한 차고, 심지어 자체 발전소까지 갖추어 놓았다. 또한 20일 간의 왕복 여정 동안 수송 헬리콥터가 신선한 바닷가재와 과일들을 정기적으로 실어날랐으며, 음식들은 늘 은식기에 담겨 제공되었다. 호사 방탕했던 사르다나 팔루스 왕도 경험 못해 봤을 일이었다.

정말 이 기상천외한 일들이 모두 사실일까? 북한 체제가 하루도 빠짐없이 해대는 최고지도자에 대한 최상급의 찬양처럼 과장된 것은 아닐까? 단정하기는 어려운 일이다. 사실 관계가 어떻든 이러한 선전은 그의 이미지를 확고히 하는데 기여했다. 워싱턴은 불분명한 상대와의 전쟁에서 승리하려면 적의 실체를 명확하게 그려내는 것이 필요하다고 생각했다. 김정일이 그 역할에 안성맞춤이었다. 2002년에 리 타마호리Lee Tamahori 감독의 제임스 본드 시리즈 20번째 영화 〈다이 어나더 데이Die Another Day〉부터 존 밀리어스John Milius가 구상하고 루카스 아츠Lucas Arts社가 2005년에 세상에 내놓은 〈용병들: 파괴의 땅(Mercenaries: Playground of Destruction)〉이라는 비디오 게임에 이르기까지 할리우드는 김정일을 원형적인 '적'으로 채택하기에 이르렀다. 하지만 북한의 지도자는 손해 볼 것이 없었다. 믿게 만들기 위해서는 겁을 줘야 한다. "그들이 나를 증오한다고! 그들이 나를 두려워하기만 한다면!" 칼리굴라 Caligula가 한 말이다. 김정일 역시 똑같은 길을 달리고 있었다.

20. 게임의 끝

악의 징후

2008년 8월 25일, 김정일은 평양의 인민문화궁전에서 열린 군사 기념식에 참석했다. 선전당국은 〈우리의 존경하는 동지, 최고사령관은 우리의 운명이다〉라는 제목의 다큐멘터리 영화에 이날의 행사를 기록했다. 권좌에 오른 지 이제 15년이 되는 경애하는 지도자의 모든 것이 만사형통처럼 보였지만, 실제로는 정반대였다. 봄부터 만성적인 피로에 고생하던 김정일이 췌장암 진단을 받았다는 설이 돌았다. 8월 초, 김정일은 첫 번째 뇌질환으로 쓰러졌으며, 관자놀이에 검은 자국으로 그 흔적을 남겼다. 9월 초에 수술이 시도되었지만, 10월에 찾아온 두 번째 졸도를 막지는 못했다. 결국 임시 실어증이 왔고, 사지는 계속되는 고통을 겪게 되었다. 평양은 당연히 모든 사실을 부인했으며, 사람들은 추측에 의존할 수밖에 없었다. 게다가 김정일은 6개월 동안 대중 앞에서 자취를 감추었다. 특히 북한 정권 창건일(9월 9일)과 노동당 창건 60주년 창건 기념일(10월 10일) 같은 중요 행사에도 모습을 보이지 않자 추측들이 난무하기 시작했다. 심지어 일본인 한국학자 시게무라 토시미추Shigemura Toshimitsu는 김정일이 2003년에 당뇨병으로 이미 사망했으며, 그를 닮은 사람이 그의 역할을 대신하고 있다고 주장하기도 했다.[20]

김정일은 죽지 않았다. 그렇지만 2009년 4월, 그가 인민회의 개회식

---

20) 시게무라 토시미추Shigemura Toshimitsu, 《김정일에 대한 진실》, 일본어 작품, 도쿄, 코단샤Kodansha 출판사, 2008년.

에 모습을 드러냈을 때 그의 변한 모습을 인지하지 못할 사람은 아무도 없었다. 퉁퉁하고 쾌활했던 폭군은 이제 몹시 수척하고 무뚝뚝한 사람이 되었으며, 걷는 모습 또한 무척 부자연스러웠다. 이제 김정일의 제일 관심사는 자신의 건강인 것 같았다. 《노동신문》의 한 인터뷰에서 김정일은 그때까지는 건강에 충분히 신경 쓰지 않았다는 점을 인정했다. 2004년 1월에 이미 흡연을 중지했으며, 온 국민이 금연운동에 참여하도록 설득하기까지 했다. 그는 심지어 "흡연자들은 음악과 컴퓨터를 전혀 모르는 사람들과 더불어 이 시대의 3대 바보들이다."라고 단언하기에 이르렀다. 아울러 그는 가볍고 건강한 음식만 섭취했으며, 음주도 포기했다. 북한 같은 전제주의 체제에서 지도자의 건강은 아주 민감한 정치 사항이다. 김정일이 병으로 고통받으면, 온 나라가 고통을 받는다.

그런데 바로 그때 북한의 경제 상태가 다시 악화되었다. 김정일은 자신의 권력과 이념들을 손상시키지 않는 범위 내에서 외국투자와 민간기업의 활동을 증진시킴으로써 다시 성장세를 회복하는 점진적인 전환에 기대를 걸었다. 그러나 지난 10년 동안 겪은 폭우와 홍수, 그리고 미국과 유엔의 경제 보복 조치, 체불을 일삼는 무능력한 공권력으로 인해 경제는 다시 침체 상황에 빠져들었다. 신중한 투자자들은 사업을 단기적 안목으로만 진행시켰으며, 조그마한 경고음에도 몸을 움츠렸다. 생산이 원활하지 못하니, 북한은 자원 즉 석탄과 광석, 희토류 등을 싸게 파는 방식으로 먹고 살았다. 이러한 만성적인 불안정 속에서도 그나마 단단한 기반을 갖추고 있던 극소수의 기업들은 용케도 살아남았다.

게다가 국가 선전국의 모든 노력에도 불구하고, 이제 인민들에게 상황을 숨길 수 있는 방법이 점차 줄어들었다. 식량 위기 이후로 북한에 살고 있는 협력자들과 중국에서 들어온 불법 CD들, 그리고 국경 인근에서 중국의 방송들을 잡을 수 있는 위성 안테나 덕분에 북한 사람들도 이제 국가의 경제가 악순환에 빠졌다는 것과 심지어 미국의 식민지인 남한이 매우 부유하게 살고 있다는 사실을 알게 되었다. 개방을 원하는 사람들과 체제 유지에만 신경을 쓰는 진영 간의 지겨운 전쟁 끝에 마침내 정권은 어쩔 수 없이 한발 정도 양보하기에 이르렀다. 2008년 봄, 정보통신 부처와 이집트의 오라스콤 홀딩스Orascom Holdings 사이의 조인트-벤처로 이동통신 서비스가 재개된 것이다. 곧 엄청난 인파가 몰려들었으며, 채 2년도 안돼 북한 주민의 절반이 휴대폰을 소유하기에 이르렀다. 이론적으로는 외국과의 통화는 불가능했지만, 가끔 기술적인 기적이 일어났다. 2008년 8월, 김정일이 쓰러졌을 때 서울은 단 몇 분만에 그 사실을 알게 되었다. 휴대폰을 통해 한국의 많은 기자들이 그 정보를 입수한 것이다.

그리고 그동안 인민들을 옥죄던 도덕적 통제가 애국심이나 체제에 대한 충성심을 부정하지 않는 선에서 점차 느슨해졌다. 특히 젊은이들은 자유분방한 언행과 술, 자유연애의 즐거움을 발견했으며, 평양을 비롯한 대도시에서는 이제 사람들이 즐기고, 춤을 추기 위해 저녁에 외출하기 시작했다. 물론 아직 남한만큼 요란스럽지는 않았다. 결단코 시기상조였다. 이러한 해금이 또한 부패와 매춘, 마약 같은 독버섯들을 동반했으므로 인민들 스스로도 얼마간은 걱정을 했다. 하지만 변화는 피부로 느껴질 수 있었다. 사람들은 차차 공권력으로부터 상투적인 선전 구호 대신 효율적인 일처리를 바라게 되었다. 정치적 위험이 없는 선에서, 물론 소규모지만, 집단적 항의나 거부 운동까지 발생했다. 2008년 3월, 청진의 어머니들은 시장에서의 통제를 줄여달라고 집단적으로 항의했으며, 같은 해 9월에는 회령에서 경찰의 태만에 분노한 주민들의 4분의 3이 민간 방어훈련 참여를 보이콧해버렸다. 위반자들은 상당한 액수의 벌금형에 처해졌지만, 그러나 아무도 벌금을 내지 않았다. 지역 치안 담당자는 어쩔 줄 몰랐지만 강압적으로 몰아붙이지는 않았다. 2011년 2월, 아랍의 봄에서 영감을 받은 듯한 시위, 즉 인플레이션에 항의하는 진정한 시위가 마침내 터져 나왔다. 그러나 김정일을 향한 것은 절대 아니었다. 그들은 과장하거나 한꺼번에 너무 많은 것을 요구하면 안된다는 것을 알고 참을 줄 알았다. 하지만 언제까지 참을 것인가?

이러한 변화에 두려움을 느낀 노동당 당원들과 군인들, 정부기관의 간부들은 문제들을 수습하려 들었다. 김정일의 '와병'도 그들에게는 기회였다. 건강 악화로 전처럼 일을 할 수 없었던 김정일은 장기판의 졸처럼 다루던 관료들에게 이제는 업무를 위임해야 할 정도가 되었다. 2005년, 인플레이션을 잡기 위해 쌀과 곡물의 거래가 다시 국영화되었으며, 가격도 새로 정해졌다. 행동이 자유로워진 그들은 나아가 장마당과 밀수, 금지된 제품 등을 통제하기 시작했다. 2009년 1월 1일, 시장은 이전처럼 15일 대신 한 달에 3일만 개장이 허가되었다. 11월에는 특별경제구역, 특히 개성지구에의 접근이 제한되었다. 마침내 12월 1일, 국가계획위원회 위원장인 박남기가 통화 개혁을 발표하기에 이르렀다. 그는 외국통화 사용을 금지하고, 북한 원화를 100% 평가절하함과 동시에 원화 보유자들에게는 총 10만 원에 한해서 1주일 내에 새 화폐로 교환해주겠다고 발표했다. 정부는 이러한 조치들로 인플레이션과 일부 상인들이 거두는 과도한 수익 문제를 단번에 처리할 수 있을 것으로 생각했다.

그런데 상황은 예상과는 정반대로 흘러갔다. 이 조치는 검소한 이들과 '모아놓은 현금'을 가지고 있던 소규모 장사꾼들을 파산시켰고, 그 대신 이 상황을 이용한 투기꾼들만이 떼돈을 벌게 되었다. 조심스러웠던 그들은 돈을 외국에 묶어두거나 물건들로 바꿔 창고에 쌓아두었다. 5주 동안 혼란이 이어졌다. 처음에 하락하던 가격은 이내 폭등으로 돌아서 시장을 패닉상태로 몰아넣었다. 분노의 시위가 사방에서 터져 나왔으며, 사람들은 행정기관과 경찰서를 공격하기 시작했다. 혼란이 극에 달하자 정부는 결국 2010년 1월, 이 조치들을 철회하기에 이르렀다. 장마당에 대한 통제가 모두 거두어졌으며, 10만 원 상한선도 없어졌고, 외국통화의 보유도 다시 허가되었다. 그러나 체제의 과오를 인정할 수는 없었기 때문에 정권은 자신들이야말로 관료들에게 속았다고 둘러댔다. 당연히 개혁의 주체였던 박남기가 안성맞춤의 희생양으로 올려졌다. 77세의 나이에도 불구하고 그는 '부르주아 사상에 물들고, 국가 경제를 파괴하기 위해 공모한 죄'로 체포되었으며, 재판을 받고 3월 초에 공개처형되었다. 쓰디쓴 결과만을 남긴 채 통화정책은 실패로 돌아갔다. 김정일은 여전히 북한의 주인이었다. 하지만 이 실패를 기점으로 경제에 대한 그의 통제력은 현저하게 줄어들었다. 이제 시장이 자리를 잡은 것이다.

허풍 아니면 고집?

국내 상황의 진화에 실망한 경애하는 지도자는 국제무대에서 설욕전을 펼쳤다. 시장경제에서는 실패했지만, 핵 포커 게임의 규칙은 통제할 수 있었기 때문이다. 그는 2006년 10월의 핵실험으로 교착 상태에 빠진 협상을 위해 양보할 때가 왔다는 것을 알았다. 12월, 북한은 6자 회담 테이블에 돌아오는 것을 수락했으며, 이러한 긍정적인 반응에 대한 보상으로 미국은 마카오에 동결된 북한 자산에 대한 협상을 병행할 것에 동의했다. 재개된 6자 회담은 2007년 2월 13일, 지난 2005년 9월의 선언을 갈음하는 역사적인 '2·13 합의문' 채택과 함께 종결되었다. 평양은 100만 톤의 석유와 민간용 원자력발전소 건설을 보장받는 대신 핵 프로그램의 포기를 수락했다. 회담 당사자들은 신뢰를 표시했지만, 언론들은 의구심을 감추지 않았다. 이 새로운 해빙이 제네바협정에도 불구하고 핵 개발을 지속했던 클린턴 정부 시절의 데자뷰처럼 느껴졌기 때문이었다.

신뢰를 얻기 위해 김정일은 담보물을 내놓았다. 2월, 2·13 합의문 채택과 동시에 그는 1965년 가동을 시작한 후 북한 핵 위협의 상징과도 같던 영변 핵시설의 해체를 수락했으며, 약속을 증명하기 위해 국제원자력기구(IAEA)의 중재를 요청했다. 심지어 3월에는 핵확산방지운동에 기여한 공로로 2005년에 노벨평화상을 수상한 국제원자력기구(IAEA)의 사무총장 모하메드 엘바라데이를 평양으로 초청했다. 7월에는 핵시설의 가동이 중단되었으며, IAEA 감시단은 몇몇 설비가 분해되기 시작했다고 보고했다. 그 대가로 5만 톤의 석유가 북한에 전달되었다.

워싱턴과의 일도 잘 풀려나가는 듯 보였다. 동아시아 담당 크리스토퍼 힐 국무부 차관보는 2007년 6월, 영변을 방문했으며, 긍정적인 인상을 받은 채 돌아갔다. 그 다음 달, 미 재무부 장관이 마카오의 델타아시아은행에 동결되었던 북한 자금을 해제하자 김정일은 자금을 회수할 수 있게 되었다. 12월, 힐 차관보는 조지 W. 부시 대통령의 긍정적인 편지를 들고 평양에 다시 들어갔다. 북한을 깡패국가 리스트에서 삭제하는 문제였으며, 동시에 핵시설 분해작업을 시찰하기 위해 영변을 다시 방문했다. 실제로 2008년 6월, 국제원자력기구의 감시단과 미국 감독관들의 참관 하에 원전의 냉각탑이 폭파되었다. 이에 앞서 2월, 지휘자 로린 마젤Lorin Maazel이 이끄는 뉴욕 필하모닉 오케스트라가 북한 공연을 위해 평양을 방문함으로써 사람들은 세 번째 핵 위기가 화합의 연주회처럼 마무리될 것이라고 믿기 시작했다.

이러한 해빙 모드는 사그라지던 '햇볕정책'을 다시 수평선 위로 떠오르게 만들었다. 김대중의 뒤를 이어 남한의 대통령이 된 변호사 출신의 진보적인 노무현은 임기 초반 탄핵 소동을 겪기도 했지만, 활력이 넘치는 경제 상황을 바탕으로 남북 화합을 이끌어냄으로써 임기를 성공적으로 마치길 희망했다. 2007년 10월 2일부터 4일까지 평양에서 열린 남북정상회담을 위해 노무현 대통령은 상징적으로 비무장지대를 걸어서 통과했다. 아울러 평양~개성 고속도로를 통해 평양에 도착했고, 2000년 6월의 공동선언을 재확인했다. 특히 그는 남북 간의 화해와 협력을 고착시키고, '영구적인 평화체제' 정착을 위해 1953년 판문점의 '비극적인 결정'을 끝낼 준비까지 하고 있었다. 당시 남북한은 휴전에만 서명했기 때문에 이론적으로는 여전히 전쟁 중인 상태였다.

하지만 이러한 훌륭한 의도에도 불구하고 정상회담은 절반의 성공으로 끝났다. 북한 쪽에서 명확한 반응을 보이지 않은 것이다. 2000년 6월, 매력적으로 행동했던 김정일은 이번에는 냉정하게 거리를 두며 행동했다. 사실 이미 개성공단을 통해 남한으로부터 필요한 것을 얻어낸 북한으로서는 급할 것이 없었으며, 오히려 남한의 해로운 영향을 경계하는 눈치까지 보였다. 한류가 통일에 이바지할 것이라는 노무현 대통령의 선언이 북한의 자존심을 건드린 것이었다. 평양은 이 발언을 남한이 북한을 문화적으로 흡수 통일하겠다는 의미로 받아들였다. 게다가 김정일은 두 번의 진보적인 대통령에 실망한 남쪽에서, 다시 보수세력이 용솟음하고 있는 상황을 모르지 않았다. 더더구나 보수세력 후보인 대북 강경파 이명박은 햇볕정책에 대한 공공연한 비난을 멈추지 않았다. 2007년 10월의 정상회담은 어쩌면 공연한 헛수고처럼 보였다.

김정일의 병세가 악화된 2008년 여름, 모든 상황이 다시 요동치기 시작했다. 쇠약해질수록 그는 강한 모습을 보이려 애썼는데, 그것은 군대와 북한 여론의 흔들림을 방지하기 위해서였다. 또한 새롭게 형성된 주변의 정치 상황, 즉 2008년 2월에 대통령에 취임한 이명박과 5월에 대통령에 당선된 러시아의 드미트리 메드베데프, 9월부터 일본 수상의 자리에 오른 아소 다로, 그리고 11월 4일 대통령에 당선된 버락 오바마 등에게 자신의 존재를 입증하고 싶어했다. 그들의 반응을 떠보기 위해 김정일은 뻔뻔스럽게 이전의, 그러나 한층 강화된 시나리오를 꺼내들었다. 2008년 9월, 테러 지원국 해제가 연기된 것을 문제 삼아 해체되고 있던 영변 핵시설의 원상복귀를 선언했으며, 다음 해 4월 5일에는 광명성 위성 발사를 강행함으로써 국제사회의 분노를 불러일으킨 것이다.

UN의 안전보장이사회가 참견하자 평양은 2007년 9월부터 잠정 중단 상태였던 6자 회담으로부터 영구적으로 탈퇴하겠다고 선언했으며, 2005년 9월과 2007년 2월의 합의문을 비난하고, 핵 프로그램을 재개하겠다고 국제원자력기구에 통보하기에 이르렀다. 그리고 예상대로 두 달도 채 지나지 않은 2009년 5월 25일, 평양은 두 번째 지하 핵실험을 강행했다. 모든 것이 원점에서 다시 시작되어야 할 상황이었다.

이후, 김정일은 신용할 만한 존재가 아니라는 사실이 거듭 확인되었다. 2009년 12월, 태국 정부가 북한발 화물 항공기를 조사했는데, 기내에서 이란으로 가는 핵미사일 부품을 비롯해 35톤 규모의 군수물자를 발견했다. 평양은 핵확산방지조약에 대한 약속을 비웃었다. 또한 2010년 봄에는 한반도 북쪽에서 새로운 우라늄 농축시설이 감지되었으며, 북한이 동해안에 핵잠수함 연구시설을 설립했다는 소문 또한 만주에서 날아들었다. 이처럼 다른 곳에 새로운 핵시설을 갖추고 있었기 때문에 그들은 영변 핵시설을 부분적으로 해체했던 것이다. 북한을 믿은 것은 커다란 실수였다.

김정일은 주변국들과의 이러한 핵 도발에 만족하지 않고 동시에 남쪽과의 긴장상태 조성에도 열을 올렸다. 2008년 7월, 금강산을 방문한 남한의 여성 관광객이 북한 병사의 총격에 사망하는 사고가 발생했다. 경고도 없이 발생한 이 사고에 한국 정부는 격렬하게 항의했지만, 북한은 이런저런 주장으로 시간 끌기에 나서더니, 결국 10개월 후 현대그룹이 거액을 들여 준비한 금강산 일주 관광 프로그램을 무기한 연기한다고 발표했다. 양국 정상 간의 합의 내용이 자신에게는 종잇조각에 불과하다는 것을 증명하기 위해 김정일은 서해 쪽 도발을 감행했다. 2010년 3월에는 남한의 초계함 천안함이 침몰해 승무원 46명이 희생되는 사건이 일어났다. 남한은 북한 측 어부의 활동을 제한한 것에 대한 북한의 보복 행위로 결론을 내렸지만, 이 사건의 정확한 발생 경위는 여전히 논란 중에 있다. 11월에는 북한 포병대가 서해상의 작은 섬인 연평도에 포탄을 쏟아부어 2명의 사상자가 발생했다. 게다가 이듬해 4월에는 1997년에 남한으로 망명한 주체 이론가 황장엽을 암살하기 위해 서울로 요원을 보냈다는 소식도 전해졌다.

긴장 상태를 조성한 장본인임에도 불구하고 김정일은 초연하기 짝이 없었다. 2009년 8월에는 미국을 모욕하기에 이르렀다. 스파이 협의로 미국인 2명을 체포한 후, 그 문제를 협상하기 위해 북한을 방문한 빌 클린턴 전 대통령을 앞에 두고 마치 아량을 베풀듯 인도주의적 차원에서 그들을 석방한다고 발표했다. 사실 그는 미국에만 집착하는 정책을 서서히 포기하고 있었다. 이미 10년 전부터 북한은 외교적, 상업적 관계의 폭을 넓혀왔으며, 결국 프랑스를 제외한 거의 모든 유럽의 국가가 평양 정권을 인정하고 대사관을 열기에 이르렀다. 과연 이것은 전 세계가 북한 핵 위협의 단호함에 굴복했다는 증거일까? 허풍 혹은 고집? 김정일의 속은 아무도 알 수 없다.

마지막 유언

힘 빼기 작전인가 아니면 악에 대항하려는 의지일까? 하지만 싸우다 정 든다고, 공공의 적 1호는 이제 풍자만화가들과 유명 코미디언들, TV쇼 의 최고 인기 모델이 되었다. 〈매드 티브이Mad TV〉의 보비 리Bobby Lee 를 필두로 〈락 쇼Rock show〉의 마이클 챈Michael Chan, 〈투나잇 쇼Tonight show〉의 제이 리노Jay Leno와 그 외의 여러 방송 진행자들이 김정일의 괴 상한 허풍과 헛소리를 놀림거리로 삼기 시작했으며, 티나 페이가 제작 및 연출한 '30 록ROCK'에 김정일로 깜짝 출연한 마거릿 조Margaret Cho와 〈새터데이 나이트 라이브Saturday Night Live〉의 에이미 포엘러Amy Poehler 등 여성 코미디언들도 이에 가세했다. 그 어떤 풍자 프로그램도 이 기회 를 놓치지 않았다. 김정일은 또한 〈폭스 티브이Fox TV〉의 인기 만화인 〈심슨〉에도 등장했으며, 프랑스 〈카날 플러스 채널Canal Plus Channel〉의 인기 풍자 인형극 〈레 기뇰〉의 고정 출연자이기도 했다. 또한 아르헨티 나, 스페인, 타이완과 일본을 거쳐 캐나다에서 호주에서까지 그에 대한 풍자는 끝없이 이어졌다. 한국에서는 북한을 탈출한 예술가 송벽이 마릴 린 먼로로 분한 김정일을 비롯해 다수의 패러디 작품을 선보여 유명해졌 다.

　미국 대중들이 특히 재미있어 하는 것은 미국식 생활방식(American Way of Life)의 유혹에 빠진 김정일을 보는 것이었다. 그는 미국 문화의 상징과 도 같은 코카콜라와 햄버거, 피자들을 얼마나 좋아했던지 그의 주거지마 다 피자 전문 요리사를 고용했을 정도였으며, 또한 할리우드 영화의 열 광적인 팬으로 소장 비디오와 DVD가 수만 편에 이른다고 했다. 어떤 이 들은 그가 〈13일의 금요일〉과 〈람보〉 시리즈, 〈대부〉, 〈바람과 함께 사 라지다〉 등의 작품을 질리지도 않고 수없이 반복해서 보며, 특히 엘비스

프레슬리와 엘리자베스 테일러, 제임스 본드 등에 광적인 집착을 보인다고 주장했다. 유럽에서는 김정일이라는 인물의 저속하고 조악한 취향 쪽에 더 흥미를 느꼈다. 프랑스의 언론인인 제라르 르포르Gérard Lefort[21]는 스티븐 소더버그Steven Soderbergh 감독의 2013년작 〈쇼를 사랑한 남자〉를 비평하면서 영화의 실제 모델인 미국의 요란한 피아니스트 리버라치Liberace에 김정일을 비교했다. 그러면서 "평양경기장의 무대 뒤에 숨어, 수천 명의 출연자들로 하여금 최고지도자의 영광을 찬양하며 춤추게 만드는 김정일이 일종의 북한식 혹은 나치식 리버라치[22]가 아니라면 무엇이겠는가?"라고 자문했다. 김정일의 영광, 물론 있는 그대로가 아닌 부조리한 차원의 영광을 보여주기 위해 블로그[23]를 개설한 포르투갈의 광고인 조아우 호샤Joao Rocha의 성공 또한 같은 맥락이라 할 수 있다. 김일성도 독재자였지만, 그는 웃음거리가 되지는 않았다. 하지만 김정일은 반反문화의 아이콘이 되었다.

경애하는 지도자는 이런 조롱 쯤에 눈썹 하나 까닥하지 않았음은 물론이다. 사실 김정일에게는 신경 써야 할 큰 문제가 따로 있었다. 긴장상태는 고조되는 반면, 그의 건강은 날로 악화되고 있었다. 위기 조성은 인민을 동원하는 데는 강력한 수단이었지만, 그 상황이 너무 오래 고착되면 붕괴의 위험도 있다. 만약 그가 갑자기 사라지면 무슨 일이 벌어질 것인가? 독재자로서 김정일에게 중요한 것은 자신이 지키고자 모든 노력을 기울인 '체제의 보존과 유지'였다. 2005년, 몽고에도 자유화 바람이 불어 공산주의 몽고의 아버지였던 담딘 수흐바타르의 무덤이 수도 울

21) 제라르 르포르 Gérard Lefort, 2013년 9월 13일자 《리베라시옹Libération》 기사.

22) 리버라치, 본명은 브와지오 발렌티노 리베라체(1919~1987)로 이탈리아 이민자의 아들로 태어나 리버라치라는 이름으로 50~60년대에 큰 인기를 모았던 미국의 피아니스트다. 매우 키치한 매너와 옷차림으로 유명했다.

23) http://kimjongillookingatthings.tumblr.com/

란바토르에서 시 외곽으로 쫓겨났다. 사람들은 대신 칭기즈칸을 숭배하기 시작했다. 김씨 일가도 같은 운명을 맞이할 것인가?

정권을 가능한 한 오랫동안 유지하기 위해 김정일도 그의 아버지와 똑같은 결론에 이르렀다. 그는 심지어 미국의 국무장관 마들렌 올브라이트가 2000년 10월, 평양을 방문했을 때 "모든 정치 시스템을 분석한 결과 그중에서 가장 효과적인 것은 태국과 영국의 시스템이다."라고 언급하기에 이르렀다. 왕이 다스리는 군주제 말이다. 반면 승계자가 누구인가는 부차적인 문제였다. 그는 장남인 김정남에게 권력을 승계하고 싶어 했지만, 막내 아들 정은이 더 확고하고 안정적으로 보였다. 그러면 정은으로 결정하면 되는 것이었다. 하지만 그는 아버지와는 반대로 승계 작업을 차근하게 밀어붙일 시간이 없었다. 결국 얼마 안 남은 시간 동안 모든 대안의 싹을 잘라야만 했으며, 이것은 또 하나의 강박이 되었다.

모든 경우에 대비하기 위해 김정일은 우선 정권의 핵심 권력층을 철저히 단속하기로 결정했다. 2006년 6월부터 함께 살고 있던 그의 마지막 배우자 김옥은 전적으로 의지할 수 있는 사람이었다. 그녀는 비록 성혜림의 아우라나 고용희의 아름다움을 갖고 있지는 못했지만, 활달하며 교양이 높은 데다 빈틈없는 충성심을 갖추고 김정일이 이동할 때마다 동행해 모든 것을 관찰하고 보고했다. 또한 적어도 야망을 숨기고 있는 모사꾼은 아니었으며, 확실한 것은 그녀가 김정일의 속 이야기를 들어주는 친밀한 사람이며, 환자를 돌보는 도우미 이상이었다는 사실이었다.

김정일은 또한 인맥이 넓고 수완도 뛰어난 매제 장성택과 여동생 김경희에게도 똑같이 효과적이고 확고한 충성을 기대했다. 장성택은 야망이 많고 위험을 감수할 줄 아는 노련한 인물이었다. 장성택은 두 번이나 모든 것을 잃을 뻔했다. 1978년에 김일성에 의해 지방의 작은 공장으로 추방당했지만, 김정일의 도움으로 돌아올 수 있었다. 하지만 경애하는 지도자도 점차 그의 술수와 탐욕에 혐오감을 느끼기 시작했다. 예를 들어 2000년, 마카오에 사는 장성택의 인맥 한 사람이 수상한 거래를 통해 100만 달러의 돈을 사취한 사건이 발생했다. 결국 2003년에 장성택을 가택 연금시키고 철저한 감시를 명령했다. 이러한 매제를 다시 불러들인 이유는 그래도 그가 일을 벌이고, 상황을 파악할 줄 아는 능력이 있었기 때문이었다. 비록 그는 파렴치했지만, 어쨌든 많은 노하우가 있었다. 게다가 김씨 일가와의 관계를 제외하면 그에게는 별다른 정당성이 없었다. 때문에 김씨 체제의 수호를 위해 모든 수단을 강구할 것이라는 점도 인정되었다. 수많은 음모와 함정들을 헤쳐나가야 할 김정일의 후계자에게 그만한 후원자가 있겠는가? 그렇게 장성택은 2006년에 노동당 중앙위원회 제1부부장으로, 2009년에는 국방위원회 위원으로, 2011년에는 육군 대장으로 승승장구했으며, 그의 기쁨 또한 최고조에 이르렀다.

김정일은 또한 최측근들을 전략적 요직에 배치했다. 2009년 2월, 차수 이영호는 총참모장으로 임명되어 군대와의 중계를 책임 맡았다. 유명한 항일 독립투사였던 최현의 아들 최용해 또한 차수로 임명됨과 동시에 노동당 중앙위원회 부위원장으로 당을 책임지게 되었다. 행정부는 내각총리인 최영림과 강제수용소 생존자로 이후 복권된 강석주가 이끌었다. 이들 모두는 김씨 일가와 친족 관계를 맺었거나 그들의 은혜를 입은 과거가 있었다. 그러므로 이들은 김정은을 지지할 이유가 충분했다. 냉소적인 김정일이 이 측근들 사이에 형성되어 있는 대립 관계를 모르는 것은 아니었다. 하지만 그것은 유리한 점이었다. 그들은 서로를 감시하고 김정은에게 충성 경쟁을 할 것이기 때문이다. 조심성이 넘치는 김정일은 이들의 충성을 사고, 더불어 이들의 측근의 충성도 산 것이었다.

다음으로 2009년 4월, 헌법이 개정되었다. 국가와 당의 공식 이념이었던 주체사상에 김정일이 대기근 동안 구축한 슬로건, 즉 선군정치가 추가되었다. "국방위원장이 조선민주주의인민공화국의 최고 영도자와 조선 인민군의 최고사령관"으로 "국가 업무와 군대를 총괄한다."고 명시되었다. 아울러 모든 것을 일일이 명시할 수 없으니, "국방위원장이 명령을 내리는 전반적이고 절대적인 권력을 보유한다."고 덧붙였다. 복종을 최고의 미덕으로 생각하는 군대가 권력을 행사하는 북한 같은 독재국가에서 이것은 근본적인 특권이었다. 경애하는 지도자는 권력을 보유하는 것이 아니라 권력으로 구현된 것, 즉 권력 자체가 된 것이다.

2010년 9월 28일, 이제 노동당이 다시 태어날 차례가 되었다. 물론 노동당은 항상 작동하고 있었지만, 30년 동안 계속된 기술관료주의의 무기력한 나태 속에 완전히 빠져있었다. 1980년 10월의 제6차 행사를 끝으로 당 대회는 오랫동안 열리지도, 갱신되지도 않았다. 가끔 당 대회보다 규모가 작은 당 중앙위원회가 열렸지만, 초기의 사명은 사라지고, 김씨 일가의 영광을 찬양하는 일종의 합창단 신세로 전락하고 말았다. 이전의 임무가 혁명의 승리를 위해 투쟁하는 것이었다면, 2010년 9월의 제3차 당 대표자회를 기점으로 노동당은 이제 김씨 일가를 위해 투쟁하는 '김일성 당'으로 수정되었다. 김씨 일가를 섬기는 것이 수단이 아니라 궁극적인 목표가 된 것이다. 이것 또한 김정은의 정권 유지에 이용될 것이다.

마지막으로 조선 시대 왕들의 옛 유교적 관습에 따라 김정일은 베이징에 자신의 후계자를 소개시키려고 노력했다. 충분히 논리적인 일이었다. 평양에게 중국은 이념적 대부인 동시에 군사적 방패이며, 최대 원조자였기 때문이었다. 2009년 1월 1일, 김정일은 북·중 친선 60주년 기념행사를 성대하게 치렀으며, 6월에는 늘 그랬듯이 기차로 후진타오를 방문했다. 공식적으로는 경제협력의 문제였지만, 뒤 배경은 김정은에 관한 문제를 상의하기 위한 것이었다. 김정일은 김정은이 아니면 대붕괴가 일어날 것이라고 간청했지만, 중국은 북한의 반복되는 핵 위협에 반대의 뜻을 표하며 꾸물거리다 결국 마지못해 받아들였다. 북한의 도발이 자칫 동북아 지역의 충돌로 이어질 수도 있었으며, 중국은 그러한 상황을 피하고 싶어했다. 김정일은 2010년 5월과 8월, 그리고 2011년 8월 등 여러 번에 걸쳐 중국 수뇌부를 설득하기 위해 공식 방문했다. 그러나 깊어진 주름과 어두운 안색으로 보아 이러한 행보들이 무척 피곤한 것이었으며, 그에게 걱정과 수치심을 안겨주었음을 짐작케 했다.

2011년 12월 17일 오전 8시가 조금 넘은 시각, 그를 덮친 심장발작은 이러한 불확실한 상황 속에서 발생했다. 당국은 그가 순시를 하기 위해 기차에 막 자리를 잡는 순간 갑자기 쓰러졌다고 발표했다. 비록 모두가 그의 악화된 건강 상태를 알고 있었지만, 어쨌든 그는 17년 전의 그의 아버지처럼 '과중한 업무'로 사망한 것이었다. 주체사상의 예수처럼, 북한 최고지도자의 권력에는 희생자적인 면모가 있었다. 일선에서의 사라짐이 그럴듯하게 보였다. 김정일은 위기의 한복판에서, 승부의 마지막 판을 다 완수하기도 전에 사망한 것이다. 허풍의 고수로서 약오를 만한 상황이었다. 의심을 퍼뜨리는데 천재적이었던 김정일은 이번에는 그 자신이 불확실성에 지고 말았다.

제5부

김정은 혹은 군주제 2.0
2011년 이후

제 5부

김정은 혹은 군주제 2.0
2011년 이후

작가 사후에 출간된 《왕의 두 육체》라는 저서에서 에른스트 칸토로비츠 Ernst Kantorowicz[1]는 왕들이 두 종류의 육체를 갖는다고 썼다. 첫 번째는 자연적이고 죽어 소멸되는 육체로 병이나 타고난 결함 그리고 노쇠에 굴복하는 육체이고, 두 번째 육체는 불멸하는 신비스러운 것으로 왕국을 구성함과 동시에 국가적 공동체를 구현한다. 비록 칸토로비츠는 중세 영국의 튜더 왕조와 프랑스의 발루아 왕조를 연구하며 이 분석을 발전시켰지만, 이 논리는 그들의 육체적인 허울을 초월해 북한 민족과 혁명, 주체의 원칙을 구현하는 김씨 일가의 구성원들에게도 적용될 수 있다. 2011년 12월 17일에 발생한 김정일의 뜻밖의 죽음으로 김정은이 자연스럽게 조선민주주의인민공화국의 최고지도자가 될 수 있었던 것도 이런 이유다. 그의 나이와 능력은 중요치 않으며, 이후로는 그가 국가의 상징이고, 북한 주권의 수호자가 되는 것이다. 그의 자연적인 육체는 이제 그의 신비로운 육체에 의해 대체된다.

---

1) 에른스트 칸토로비츠, 《왕의 두 육체: 중세 정치-신학 연구》, 프린스턴 대학 출판부, 1957 Ernst Kantorowicz, *The King's Two Bodies: A Study on Medieval Political Theology*, Princeton University Press, 1957.
브루스 커밍스, '김씨 왕조 혹은 왕의 두 육체', 《르몽드 디플로마티크》, 2012년 2월호, Bruce Cumings, "La Dynastie Kim ou les deux corps du roi", *Le Monde diplomatique*, 2, 2012.

1994년, 김정일이 그의 아버지 김일성을 승계할 때, 그는 3년 동안의 애도 기간을 선포하며 유교적 전통에 따라 그의 존경을 표시했다. 자신의 정통성을 확신한 김정은은 그의 아버지와 똑같이 행동할 필요가 없었다. 원칙적으로 권력 승계 예정자가 아니었기에 김정은은 권력을 쟁취하기 위해 싸워야 했고, 그의 아버지와 할아버지를 본받아 그것을 끝까지 밀고 나갔다. 이 현대의 햄릿은 섭정 의혹을 받던 고모부를 처형했으며, 집안의 가장 순수한 전통에 따라 즉위 직후부터 국제사회와의 새로운 힘겨루기 체제에 돌입하겠다고 선언했다. 결국, 이 예상치 않았던 후계자는 아버지가 새겨놓은 목표에 따라 강성대국의 약속과 국제적 도발을 번갈아 사용하며 북한 주민들로 하여금 전진하도록 강요하는데 성공했다. 이제 그에게는 자신만의 노선을 찾는 일이 남아있다. 새로운 정보통신기술에 심취한 이 지도자는 현대적인 군주제를 건설하고, 웹 2.0처럼 새로운 세대를 유혹하고 싶어한다. 하지만 그것은 쉽지 않을 것이다.

21. 어쩔 수 없이 선택된 왕세자

셋째 아들

만약 김정은이 북한의 운명을 지배하지 않았다면, 그는 셰익스피어 작품에 나오는 등장인물의 전형이 되었을 것이다. 그는 햄릿이면서 동시에 리처드 3세였고, 야망 중독증에 걸린 동생이었다. 그는 1월 8일 출생했다고는 하지만, 정확한 시점과 출생지를 아는 사람은 아무도 없다. 왜냐하면 붉은 왕조에서 그러한 사실은 매우 중요한 의미를 가지기 때문이다. 1983년이나 1984년생—이쪽이 더 맞을 듯하다—일 경우 그것은 별 의미 없는 숫자가 되지만, 1982년은 할아버지인 김일성 탄생 70주년이자 아버지인 김정일 출생 40주년이 되는 해로 정권이 끊임없이 사용하는 우주발생론적 주기에 잘 들어맞는다. 결국 공식적인 출생년도는 1982년이 되었다. 하지만 그의 형 정철이 1981년 9월에 출생한 사실을 고려할 때, 이 사실이 조작된 것임을 간파하는 것은 어렵지 않다. 출생지에 관한 논란도 마찬가지다. 김정일의 관저가 있는 원산과 중국 국경 근처의 창성군이라는 설이 유력하지만, 이것 또한 어떠한 상징적인 반향을 불러일으키지 않는다. 결국 그의 출생지는 김씨 왕조의 왕자에게 더 잘 어울리는 백두산 발치의 삼지연으로 결정되었다.[2]

태어나는 그 순간부터 김정은은 평범한 다른 아이들과 똑같지 않았음은 물론이다. 그는 출생 신분에 의해 재력과 명예가 단숨에 보증되는 붉

---

2) 정권호, '김정은과 만경대 혈통', *Daily NK*, 2009년 8월 4일자, http://archive.is/H088#selection-544.0~544.1.

은 왕자들 중의 하나였으며, 특히 출생과 동시에 주권의 수호자가 되기에 충분한 혈통을 보유한 왕위 계승 후보자였다. 게다가 이 사실은 지난 반세기 동안 한국은 물론 많은 아시아 국가들이 군주제적인 전통에 다시 가까워지고 있다는 이유에서 무시할 수 없는 중요성을 갖는다. 모두 주지하고 있듯이, 일본과 태국, 캄보디아는 여전히 군주제를 유지하고 있다. 또한 아버지의 뒤를 이어 대통령이 된 인도네시아의 메가와티 수카르노푸트리Megawati Sukarnoputri, 어머니의 뒤를 이어 대통령의 자리에 오른 필리핀의 베니뇨 아퀴노Benigno Aquino, 대를 이어 수상을 역임하고 있는 싱가포르의 이씨 일가, 그리고 무엇보다도 박정희 장군의 딸인 한국의 대통령 박근혜 등이 실질적 혹은 유사 군주제의 예다. 아버지와 딸, 어머니와 아들, 어머니와 딸로 이어지는 복잡하기 이를 데 없는 파키스탄과 인도, 스리랑카, 방글라데시 등의 사례는 굳이 언급할 필요도 없을 것이다.

김정은의 문제는 그가 장남이 아니라는 데 있다. 세 번째 부인의 두 번째 아들로, 그 찬란했던 베르사이유 궁전을 예로 들면 그는 계승 서열 3위의 존재에 불과했다. 달리 말하면, 후계 왕자가 왕위 계승을 못하고 사라졌을 경우 그 자리를 대체할 예비용 왕자로 기능할 뿐이다. 예정대로 장남이 왕위에 오르면, 그저 걸리적거리는 존재에 지나지 않는다. 장남인 정남과 차남인 정철과의 관계에서도 설명될 수 있는, 심리적으로 불안한 상태의 운명을 타고난 그는 어릴 때는 뚱한 아이였으며, 청소년기에는 다소 음흉한 성향을 보였다고 한다. 결국 그는 후계자가 될 거라는 어떤 보장도 없이 왕자라는 지위가 강요하는 모든 부자유와 강제에 복종해야만 했다. 첫 번째 구속은 바로 격리 생활이었다. 권력 승계의 가능성이 있는 어린 정은은 매우 호화롭고 삼엄한 경계 속에, 그러나 현실 세계와는 완전히 단절된 채 살아야 했다. 그의 주위에는 장난감과 가정교사, 그리고 경호원들뿐이었다.

격리 생활 후에는 강요된 망명이 기다리고 있었다. 많은 군주제 혹은 옛 군주제 국가의 자녀들이 교육을 위해 지구상에서 가장 오래된 공화국인 스위스를 택한다는 사실은 얼핏 아이러니처럼 보인다. 타이와 이란, 이집트, 이탈리아와 모나코는 물론 평양의 김씨 일가도 예외일 수 없었다. 장남인 정남이 1986년부터 1989년까지 제네바에서 수학한 것과 마찬가지로, 차남 정철은 1993년에 스위스의 수도 베른 근처의 귐리겐 Gumligen 국제학교에 보내졌으며, 2년 후 셋째 아들 정은도 같은 학교에 입학했다. 학교는 우아하고 수준 높았지만, 그곳에서의 체류 경험이 그다지 유쾌한 것은 아니었다. 그들은 갑작스럽게 새로운 사회생활을 경험해야 했으며, 서양 문화, 특히 프랑스어와 독일어에 적응해야 했다. 게다가 그들은 엄중한 보호를 받으며 살았고, 학교에서는 박철과 박은이라는 가명을 사용했다. 사치스러운 저택에 머물렀지만 바깥 출입은 절대 금지되었고, 등하교의 경우 오로지 기사와 경호원이 딸린 자동차에 의존했다. 심지어 어린 김씨 형제를 절대 시야에서 놓치지 않기 위하여 외모가 어린 한 경호원을 학생의 신분으로 등록시켰을 정도였다.

비밀스럽고 조용한 생활 속에서 그들은 어쨌든 최선을 다했다. 음악을 좋아한 정철은 학교 연극반에 가입해 미국의 유명 뮤지컬 〈그리스 Grease〉를 공연했으며, 보다 더 튼튼한 정은은 탁구와 농구 같은 스포츠를 선호했다. 그는 나이키 운동화를 수집했으며, 특히 미국 프로농구 리그인 NBA 경기와 마이클 조던, 데니스 로드맨이 소속되어 있던 시카고 불스 팀에 감탄했다. 아울러 성룡과 장-클로드 반담이 출연하는 액션 영화의 열광적인 팬이었다. 그러나 이들의 스위스 체류는 오래 가지 못했다.

1998년 그들의 보호자 역할을 맡고 있던 이모 고용숙이 북한 당국의 감시를 벗어나 미국 대사관으로 망명하는 매우 곤혹스러운 스캔들이 터졌기 때문이다. 정철은 그 즉시 북한으로 송환되었으며, 정은은 처소는 물론 학교마저 바꿔야 했다. 베른 남서쪽에 있는 리브펠트Liebefeld 학교로 전학한 김정은은 그곳에서 과학에 취미를 붙였으며, 특히 정보통신 분야에 깊은 관심을 드러냈다. 새로운 학교에 잘 적응했지만 성적은 그저 평범한 수준이었다. 그에게는 학급에서 최고 성적을 올리는 것보다 더 큰 야심이 있었음이 분명하다. 2000년 봄, 졸업도 하지 않고 갑작스레 스위스를 떠나 북한으로 돌아갔을 때 그는 이제 막 17세가 되었으며, 위대한 게임을 향한 첫 걸음을 시작했다.

스위스 체류 기간 동안 김정은은 자신의 위치를 숙고할 시간이 많았을 것이다. 그가 이해한 사실은 자신이 미케네의 역사를 피로 물들인 아트레우스 가문과 같은 상황에서 태어났다는 것이었다. 김씨 일가의 각 지류는 각각 한 파벌을 형성했으며, 당파의 각 멤버는 권력을 향한 투쟁에 내몰렸다. 그가 아주 불리한 조건만을 가진 것은 아니었다. 유교 문화에서 딸들은 논외의 대상이었기 때문에 그는 자신의 누이들을 걱정할 필요는 없었다. 김정일에 의해 인정된 그의 첫 번째 여자인 홍일천은 그에게 1968년 혜경이라는 딸 하나를 선사한 뒤에 매우 명예롭고 안정된 직위인 평양사범대학의 종신 총장으로 선출되었다. 자신들의 처지에 만족한 그녀와 딸은 그 후 조용히 잊혀졌다. 매우 모범적인 집안 출신이었지만, 별다른 매력이 없었던 김정일의 유일한 정식 부인, 영숙 또한 1974년에 설송과 1976년에 춘송이라는 두 딸을 낳았지만, 역시 무대의 전면에서 사라졌다. 1987년에 출생한 김정은의 여동생 김여정 또한 마찬가지였다. 김일성이 60세의 나이에 자신의 정력을 과시하기 위해 낳은 비공식적인 아들 김현남의 경우, 이름이 자신의 형제인 정일과 평일, 영일과 같은 돌림자인 '일'을 쓰고 있지 않다는 점에 비추어 진정한 가족으로는 받아들여지지 않았음이 분명하다.

게다가 정은은 자신의 아버지가 권력을 장악한 후 김일성의 두 번째 결혼으로 생겨난 삼촌들과 고모인 평일과 영일, 경진에게 강요된 상황을 잘 알고 있었다. 즉 절대적 침묵과 재외 공관장으로서의 화려한 망명, 그리고 알코올 중독으로 물든 사교생활 등을 모르지 않았다. 김일성의 셋째 아들 영일은 2000년 간경화 증상으로 독일의 한직에서 일하다 사망했다. 2011년 7월 병상에 누워있는 모친을 보기 위해 며칠간 평양을 방문한 차남 평일은, 정권의 정중한 대접을 받았지만 동시에 하루 빨리 바르샤바로 돌아갈 것을 종용당했다. 그 후 그는 결코 평양으로 돌아올 수 없는 것처럼 보였다. 심지어 배 다른 형 김정일의 장례식조차 참가할 수 없었다. 물론 그들은 영광스러운 백두의 혈통으로 필요한 모든 보호를 받을 권리가 있었지만, 이제 더 이상 왕국 내에 머무를 수는 없게 된 것이다.

불명예 추방? 이것이 동생 파벌에게 주어진 운명이란 말인가? 꼭 그렇지만은 않다. 남한으로 망명한 황장엽이 정보기관의 취조 때 설명한 바에 의하면, 옛날 조선의 궁정에서 벌어졌던 일, 즉 왕이 총애하는 왕비의 파당이 권력을 장악하는 일이 평양에서도 벌어졌다는 것이다. 평일과 영일이 권력 싸움에서 패한 것은 그들의 모친인 김성애가 나이가 들면서 김일성의 총애를 잃어버렸기 때문이다. 이것은 현재의 정철과 정은에게는 오히려 기회가 될 것이었다. 왜냐하면 정철과 정은이 평양으로 돌아왔을 때 그들의 어머니 고용희는, 루이 14세의 마지막 애첩이 그랬듯이 '현재의 부인'으로서 확고한 위치를 가지고 있었기 때문이다. 김정일은 장남 정남의 모친인 성혜림을 버렸다. 결국 현재 사랑받는 사람의 파벌이 장남 파벌에 승리를 거둔 것이다.

그들에게 유리하게 작용된 또 다른 요소는 김정남의 경우 김정일이 아직 권력을 확고히 장악하기 전에 비밀스럽게 출생한 신분이라는 점이다. 이와 반대로 정철과 정은은 1980년 10월 조선노동당 당대회에서 김정일의 승계가 확정된 후의 공식적인 분위기 속에서 출생했다. 정남이 할아버지인 김일성의 눈을 피해 키워진 반면 그들은 김일성의 무릎 위에서 어린 시절을 보냈다. 때문에 후계자들 중의 후계자로 여겨졌다. 과거 비잔틴제국의 예를 들면, 밖에서 낳은 아들들보다 황제가 되고 난 후에 황궁에서 낳은 아들을 더 중요한 후계자로 삼았던 것과 흡사하다고 할 수 있다. 김정은에게 이것은 많은 것을 의미했다. 셋째 아들은 사실상 차남에 해당되었으며, 보다 더 소중한 후원을 얻게 되었다. 마침내 계산이 끝났을 때 그는 왕권이 그다지 멀리 있는 것이 아니라는 사실을 깨달았다.

김 vs 김

스위스에서 돌아온 정철과 정은은 후계자 교육을 받았다. 그들은 먼저 역사와 정치학을 공부하기 위해 김일성대학에 등록했으며, 김정은은 거기에 김책공과대학의 물리와 정보통신 과정을 추가했다. 경호원과 가정교사들에 둘러싸여 그들은 다른 학생들과 교제할 기회를 많이 얻지는 못했다. 그러나 귀족층 자녀들은 미래에 필요할 중요한 인맥을 맺고자 그들의 환심을 사기 위해 모든 노력을 기울였음이 분명하다. 이러한 비밀의 무대에 더 편하게 적응한 것은 정철이었다. 그는 동생의 경계에도 불구하고 그를 자신의 비밀스러운 모임에 대동했다. 후에 사람들은 이때부터 벌써 정은이 성숙함과 결단성을 보여주었다고 술회했지만, 사실 수줍고 뻣뻣한 그는 이러한 비밀파티에 잘 적응하지 못했다.

2002년, 두 형제는 군 업무를 익히기 위해 김일성 사관학교에 입학했다. 학교는 그들을 위해 3년 동안의 장교 과정을 준비했다. 이번에는 정은이 훨씬 더 잘 적응했다. 그는 훈련과 신체 단련, 그리고 현장 군인들과의 접촉에 고무되었으며, 군 업무와는 잘 맞지 않는 형 정철과 달리 즉각적으로 매우 인기있는 존재가 되었다. 교육이 끝났을 때 그는 포병학교에 등록했으며, 그 후 북한의 북동쪽을 관할하는 제9군단 산하에서 견습 생활에 들어갔다. 그는 군대에서 눈부신 경력을 쌓을 것처럼 보였다. 반면에 정철은 빛나는 젊음과 떠들썩한 파티가 있는 평양으로 바로 돌아가버렸다. 이런 차이에도 불구하고 두 형제는 매우 친밀한 관계를 유지했다. 왜냐하면 그들에게는 공동의 적, 즉 아버지 김정일이 사생활을 엄격히 구분함으로써 사실상 한 번도 만나지 못한 그들의 형 정남이 있었기 때문이다. 그들은 그의 존재를 무시했지만 사실은 김정일이 정남에게 쏟아부었던 애정을 질투했으며, 결국 그를 증오하게 되었다.

이것은 사실 이해할 만한 일이다. 정남은 그들이 알고 있는 세상의 반명제였다. 김정남은 아버지 정일의 젊음과 열정의 산물이었다. 그는 벨기에 만화 〈탱탱의 모험〉에 나오는 캐릭터로 하독 선장의 부아를 돋우는 말썽쟁이 어린 왕자 압달라를 연상시킨다. 그는 자신을 위해 모든 헌신을 바치는 어머니와 할머니, 이모 등 극히 제한된 사람들과 호사스럽지만 비밀스러운 어린 시절을 보냈다. 그의 장난감 방은 거의 백화점 수준의 규모를 갖추고 있었으며, 아버지 김정일은 그 방을 선물로 뒤덮었다. 3세 때 메르세데스 벤츠 페달 자동차를 시작으로 4세 때는 소위 군복, 6세 때는 중위 군복을 선물했으며, 마침내 1995년에 이르러서는 4성 장군의 군복과 동시에 '장군 동무'라는 공식 칭호를 선사했다. 그리고 여러 차례에 걸쳐 그는 자신의 장남에게 북한의 정권을 물려주겠다고 다짐했다.

정남이 이러한 황금 새장에서 나와 처음으로 바깥 세상에 나섰을 때 그것은 충격이었다. 그는 즉시 현실 세계의 즐거움과 동시에 두려움을 발견했다. 그가 예를 들어 고려호텔 카지노와 같이 외교관과 엘리트들에게만 허용된 수도의 환락 시설을 돌아다니며 일으키는 스캔들은 온 평양을 쑥덕이게 만들었다. 그러자 1989년 김정일은 그를 제네바로 보냈지만, 그는 학업에는 그다지 관심이 없었다. 단지 외부 세상이 그가 배워왔던 바와는 달리 지옥과 같은 곳이 아니라는 사실만을 발견했을 뿐이었다. 결국 시장경제의 능력에 매료된 그는 북한을 중국과 같은 모델로 변환시켜야 한다는 생각을 갖게 되었다. 아버지 정일은 그것을 자신도 젊었을 때 경험한 적 있는 일시적인 변덕쯤으로 치부하며 정남을 내버려두었다. 다만, 신중한 감시를 위해 대학을 면제해주고 군 복무 또한 최소한도로 제한했다. 더불어 김정일은 그에게 안보와 정치선전 그리고 정보위원회의 책임을 전격적으로 위임했다. 그곳에서 정남은 자신의 감각과 관습에 구애 받지 않은 스타일을 발휘했다. 그는 여러 차례의 음모를 적발했으며, 돈벌이가 되는 의심스러운 계약을 맺고, 물론 전적으로 북한 내부용이지만 인터넷을 대중화하기 위해 노력했다.

이러한 충성과 능력에 흡족한 정일은 아버지 김일성이 자신에게 그랬던 것처럼 정남과 권력을 제휴할 의향이 있다는 사실을 공공연히 드러냈다. 하지만 평양의 대부분 인사들은 정남을 공산주의 정권의 흥미로운 패러독스이자 혁명적으로 위험한 인물로 인식했다. 그들에게 정남은 당연히 인기 없는 존재였다. 하지만 김정일은 이 사실을 인식하지 못했다. 당과 군에 우글거리는 무능력하고 독직을 일삼는 사람들은 김정남이 평양에서보다 더 많은 인맥을 보유하고 있는 마카오에 주로 체류하는 것을 못마땅해했다.

상황은 대기근, 즉 고난의 행군이 끝났을 때 돌변했다. 정남은 북한이 이제, 그의 마카오 인맥을 통한 개방경제체제를 받아들이는 것 이외의 다른 대체 수단이 없다고 설득하기 시작했다. 그는 특히 중국의 후원과 원조를 장담했으며, 또한 자신의 신념을 설파하는데 고모와 고모부인 김경희와 장성택에게 의지했다. 김경희와 장성택 부부에게는 딸만 하나 있었기 때문에 그들은 정남을 자신들이 갖지 못한 아들로 간주하며 어릴 적부터 많은 애정을 쏟아부었다. 그들은 정남의 권력 승계가 그들의 영향력 강화에도 도움이 될 것이라는 점을 고려했음이 분명했다. 막대한 재산 형성을 도모하고 있던 그들은 결국 자신들의 잇속을 챙기려는 야심으로 정남의 논리를 지원하게 되었다. 당시 김경희는 매우 성업 중인 한국식 이름을 붙인 햄버거 식당 체인의 숨은 소유주로 알려졌다. 장성택은 평양과 베이징, 마카오 사이의 의심스러운 계약들을 체결하고자 동분서주했다. 그러자 김정일의 의구심이 일어났다. 그는 무엇인가가 강요되는 상황을 싫어했다. 또한 시장을 통한 개방경제가 자신의 통치력을 약화시킬 수도 있다는 사실을 즉각적으로 이해했다.

1999년, 첫 번째 갈등이 불거졌다. 김정남의 오른팔로 알려진 박옥령이 감히 북한 정권의 경제적 취약성을 공개적으로 비난했다가 체포되어 처형당하는 사건이 발생했다. 격분한 김정남은 마카오에 정착하고자 떠났으며 몇 달 동안 김정일과 한마디도 주고 받지 않았다. 2000년 6월에 열린 남북한 정상회담에서 김정일은 남한의 정상에게 "아들이 권력 승계를 원하지 않는 것 같다."고 한탄하는 지경에 이르렀다. 2001년 5월, 또 다른 드라마가 전개되었다. 일본의 경찰이 가짜 신분증을 지참한 채 일본으로 입국하려던 김정남을 도쿄 나리타공항에서 체포한 사건이다. 당황한 김정남은 가족들과 함께 도쿄 디즈니랜드를 방문하기 위해 들어온 것이라고 설명했다. 그러나 사건은 중국 방문을 예정하고 있던 김정일이 그 일정을 취소할 만큼 일파만파의 스캔들로 번지며 정권의 이미지를 실추시켰다. 전 세계의 언론들은 이날의 사건을 계기로 그가 권력 승계의 자격을 상실했다고 떠들어댔다.

하지만 평양은 우리가 생각하는 것과는 달리 할리우드보다는 비잔틴제국에 더 가까웠다. 실제로 사건은 겉으로 드러난 것보다 더 많은 것을 암시했다. 사실 평양의 왕족이 익명으로 도쿄를 방문한 것은 이번이 처음도 아니었다. 1991년 5월, 고용희는 정은에게 조셉 박Joseph Pak의 이름으로 발급된 브라질 여권을 쥐어주고 일본을 동반 방문했다. 어쩌면 정남이 일본 정부와 비밀 계약을 체결하기 위해 도쿄를 방문했던 것인지도 모른다.

진정한 관심사는 과연 누가 일본 당국에 정보를 흘렸느냐는 것이다. 당연히 그 의심은 정철과 정은 형제를 향했지만, 어쨌든 그들의 시도는 실패했다. 김정일은 정남을 용서했다. 나아가 2001년 8월, 모스크바까지 가는 시베리아 횡단 열차의 호화로운 여정에 김정남을 대동했다. 러시아와 중국 같은 지원국에 아들을 소개시키는 것은 거의 후계자 결정과 같은 의미를 지녔기 때문이다. 하지만 두 형제를 누가 막을 것인가? 그들은 다시 시도했다. 2004년 가을, 정남이 빈에 체류하고 있는 동안 그를 향한 암살 시도가 발생했다는 소문이 떠돌았다.

그러나 사실대로 말하자면, 정남 스스로가 별다른 저항을 하지 않았다. 그는 아버지 정일과는 무척 가까웠지만, 북한 정권과는 점차로 멀어졌다. 그는 대부분의 시간을 외국에서 보냈으며, 2007년 마침내 마카오에 영구적으로 정착했다. 그동안 김정남을 등에 업고 영향력을 확대하던 김경희와 장성택은 그의 부재와 동시에 추락했다. 2003년 7월, 그들은 가택 연금되었다. 그 다음해인 2004년에 김정남이 서양 언론과의 인터뷰에서 북한 정권을 공개적으로 비난하자 김정일은 절망했다. 김정일은 집 나간 탕아가 돌아오듯 자신의 장남이 행실을 고치고 돌아오기를 기다렸지만, 정남이 권력 승계를 원치 않는다는 사실을 점차 받아들였다.

선택의 여지가 없는 후계자

전투원의 포기로 끝난 권력 승계 제1라운드는 아무것도 변화시키지 못했다. 정철과 정은은 자신들이 원했던 대로, 자신들만이 왕국에 남게 되는 상황을 달성한 것처럼 보였다. 그러나 여전히 둘 중에 누가 최종 승자가 될 것인가 하는 근본적인 문제가 남아있었다. 하지만 그들은 서로 다투는 상황을 만들지 않도록 신중했으며, 굳게 단결한 채 마지막 순간의 역전을 경계했다. 2007년 김정남은 가택연금에서 풀려난 고모부 장성택과 함께 장기간에 걸친 아프리카 순방길에 올랐다. 그것은 과거 우방이었던 몇몇 아프리카 국가들과 상업적인 관계를 공고히 하기 위한 것이었다. 장성택은 많은 술과 눈물로 정남에게 자신의 자리로 돌아올 것을 호소했다. 정철과 정은은 이에 격분했지만 그렇다고 그것을 밖으로 표현하지는 않았다. 장성택이 그들의 아버지인 김정일의 심중을 대신 전달한 것일 수도 있다고 의심했기 때문이다. 게다가 2008년 9월, 김정일을 쓰러트린 심장마비로 전 북한이 얼이 빠져있을 때 김정남은 파리로 달려가 최고의 신경외과 의사를 구해 평양으로 데려옴으로써 김정일을 감동시켰다.

그러나 그때는 김정일이 이미 결심을 굳힌 상태였다. 고용희의 아들들 중 하나가 그를 이어받을 것이다. 그럼으로써 그는 서방 언론들이 언급은 자제했지만 더 극적인 이야기 구성을 위해 속으로 바라던 전망, 예를 들어 고용희 파벌 이외의 인물이 후계자가 될 가능성을 일축했다. 모든 상황을 명확히 하기 위하여 그는 2005년 1월, 국영 라디오를 통해 방송된 담화문을 통해 김일성이 자신의 마지막 순간에 "북한 혁명은 3대에 걸쳐 자기의 자손들에 의해 진행되기를 희망한다."고 유언했음을 발표했다. 우리에게는 단순한 핑계로 비춰지지만, 효성스러운 아들이자 열성적인 투쟁가인 김정일에게 이러한 김일성의 소망은 거역할 수 없는 사명이었다. 때가 되면 그는 권력을 자신의 아들에게 물려줄 것이다. 좋다, 그런데 누구에게? 정철 혹은 정은?

김정일 또한 주저했음은 분명하다. 이제 유교 문화권에서는 필수적인 장남의 위치에 올라선 정철은 정치적 감각 역시 만만치 않았다. 그러나 주체사상의 왕자를 기다려온 군과 당에는, 비록 재능은 덜 타고났지만 정은이 더 적합한 것처럼 보였다. 2004년부터 그는 아버지 김정일의 연례 감찰순회에 동행했다. 과거 김일성이 잠시나마 생각했던 방안, 당은 김정일, 군은 김평일, 정부는 김영일에게 맡기는 삼두정치처럼, 김정일 역시 2두 정치를 꿈꾸었을까? 심지어 2000년 6월, 김대중 정부의 남한에는 북한이 당과 정부는 정철에게, 그리고 군은 정은에게 일임할 것이라는 소문이 공공연하게 나돌았다. 그러나 이것이 과연 가능할 것인가? 한국에는 권력은 부자지간에도 나누지 않는다는 말이 있다.

권력 승계의 제2라운드가 처음 시작되었을 때 김정일은 정철 쪽으로 기울어져 있었다. 정철의 특징없는 개성에도 불구하고 그의 모친인 고용희가 절대적으로 그를 후원했기 때문이었다. 그녀는 자신의 첫째 아들을 '샛별 왕자' 또는 백두산의 주요 세 봉우리를 시적으로 암시한 별명 '세봉'이라 불렀다. 2004년 8월, 그녀가 암으로 세상을 떠났을 때 김정일은 고용희를 자신의 가장 친애하는 동반자로 사후 추존했다. 이 결정은 겉으로 보이는 만큼 그렇게 임의적인 것은 아니었다. 사실 처음 고용희를 선택했을 때 김정일은 어느 정도의 체면 손상을 감수해야 했는데, 그것은 그녀가 혁명이 원하는 피를 물려받지 않았기 때문이었다. 그녀의 아버지는 남한 출신으로 일본으로 건너간 후 일본제국 군복 제조를 맡아 부를 축적한 사람이었으며, 이러한 점이 북한 정권의 눈에는 그녀의 아들들에게 불리하게 작용할 커다란 결점으로 비춰졌다.

2002년 8월, 선전선동국은 그녀를 고양시키는 매우 중대한 임무를 전개했다. 북한군은 고용희에게 '매우 존경 받는 어머니이며, 최고사령관인 경애하는 지도자 동지의 불멸의 동반자이자 충신 중의 충신'이라는 칭호를 수여했다. 언론들은 또한 그녀를 김정일의 신비스러운 어머니 김정숙과 동일시했다. 2003년 봄, 드라마 〈한라산의 노래〉가 텔레비전으로 방영되었다. 한라산이 고용희 가문의 출생지인 제주도에 있기 때문에 김정일을 북한의 최고봉인 백두산에 비유하고, 고용희를 남한의 최고봉 한라산에 비유한 그 암시를 이해하지 못할 사람은 아무도 없었다. 김정철은 이러한 상황으로부터 많은 이득을 보았다. 2003년 12월, 김정일은 자신들의 측근들에게 정철을 보좌할 것을 명령했으며, 2005년 6월, 중국 최고지도자 후진타오가 평양을 공식 방문했을 때 정철을 공식적으로 소개했다. 2006년 1월에는 급기야 언론들이 정철을 김정일의 가장 소중하고 충성스러운 협력자로 추켜세우며 다소 낯뜨거운 칭찬들을 쏟아냈다.

그러나 이상하게도 몇몇 상황이 엇박자를 내기 시작했다. 김정일은 확신을 가질 수 없었고, 김정철 자신도 솔직히 마찬가지였다. 정철은 지도층 사회에서는 능수능란했지만 인민들과의 만남에선 수줍어했고, 특히 군대 문제에 대해서는 어떠한 재능도 보여주지 못했다. 행동을 취함에 있어서도 그는 상류층의 인맥과 영향력에 의존했으며, 편하고 안락한 생활 습관을 고수했다. 특히 문제가 된 것은 북한에서는 공식적으로 매우 예민한 서양문화에 대한 탐닉을 숨기지 않았다는 것이다. 기대가 많았던 김정일은 기다리기로 결정했다. 서두를 필요는 어디에도 없었기 때문이다. 반면에 김씨 일가의 요리사였던 일본인 후지모또 켄지Fujimoto Kenji는 정철이 여성스러운 품성 때문에 후계 구도에서 제외된 것이라고 주장했는데,

이 증언이 신용할 만한 것인지에 대해서는 의구심이 든다. 왜냐하면 그는 정철의 8~12세 때의 모습만 보았을 뿐 그 이후의 상황, 특히 정철의 결혼 이후에 대해서는 확실한 증언을 하지 못했기 때문이다. 원리주의자들을 비롯해 전 세계의 언론들은 이 소문으로 한몫을 보기 위해, 마치 그 사실이 북한 정권의 오점이나 된다는 듯이 확대 재생산했다. 그러나 사실 김정철 역시 그의 배 다른 형 김정남처럼 절대권력의 시험 앞에서 스스로 포기한 것에 불과했다.

모든 상항이 김정일의 병세와 함께 가속화되었다. 이제 후계자를 결정하는 것이 다급하게 된 것이다. 이럴 경우, 군대가 누구에게 충성을 보이느냐가 선택에 결정적인 영향을 미친다. 이 점에 있어서는 김정은이 절대적으로 유리했다. 정철도 이 부분에 대해서는 수긍한 것처럼 보였다. 두 형제는 서로 친했기 때문에 정철은 정은에게 권력을 양보했다. 이제 미약한 존재에 불과한 고모 김경희와 고용희 사후 김정일의 마지막 부인이 된 김옥의 강력한 청원을 받아들여 김정일은 할아버지인 김일성의 얼굴을 그대로 빼다 박은 셋째 아들 김정은을 후계자로 최종 낙점하고, 2009년 1월 15일, 후계자로 공식 선언했다. 조선 왕조 창건자의 아들인 태종에게는 아들 셋이 있었는데 장남은 자신의 인생을 살기로 작정한 상태였고, 둘째는 불교 사원으로 들어갔다. 결국 셋째 아들이 세종의 이름으로 왕위에 올랐으며, 그는 현명한 정책을 펼쳐 한국 역사상 최고의 태평성대를 이루었다. 김정일이 이 역사적 사실을 염두에 둔 것일까? 시간이 말해줄 것이다.

그림자로 남겠다고 결심한 김정철은 충성을 다짐했고, 현재까지는 그 약속을 지키고 있다. 김정은도 그를 의지하고 있는 듯하다. 그러나 반대로 김정남의 경우는 매우 민감한 상태로 남아있다. 그는 부자 계승 체제에 적대적이었으며, 정권의 생존마저 의심했다. 2009년 4월, 김정일의 허가를 받은 김정은은 정남의 평양 관저를 수색하고 남아있는 그의 협력자들을 체포했다. 남한의 언론 보도에 따르면 정철과 정은은 심복을 마카오로 보내 배신자 형제의 암살을 시도하기까지 했다고 한다. 그것은 아마도 그의 죽음보다는 침묵을 목적으로 겁을 주기 위한 것이었을 것이다. 왜냐하면 어쨌든 그들은 2011년, 김정일의 장례식에 참석하도록 정남의 평양 체류를 허락했기 때문이다. 소문에 의하면 그 이후 과체중에 초췌한 얼굴의 김정남은 여러 부인들과 적어도 6명으로 추정되는 아이들에 둘러싸인 채 서울식 한국말을 즐겨 사용하고 남한의 신문만을 읽으며 마카오에서 사업을 지속하는 한편, 북한 정권에 대한 조소를 공공연히 드러냈다고 한다. 2012년 가을, 프랑스 파리정치대학 르 아브르Le Havre 캠퍼스에 입학한 장남 김한솔은 자신의 아버지를 모방해 "아버지는 정치 문제에 별 관심이 없다."[3]고 핀란드 TV와 가진 인터뷰에서 고백했다.

---

3) 《르 몽드Le Monde》 2012년 10월 19일자 기사.

22. 모범적인 손자

최고로 뛰어난 동지

이제 권력 승계자가 결정되었으니, 김정일은 두 배의 속도와 폭으로 정은의 승계 작업에 매진해야 했다. 자신의 건강을 고려할 때 김일성 아래에서 20여 년에 걸쳐 후계자 교육을 받은 자신의 전철을 그의 아들이 밟을 수 없다는 것은 자명해 보였다. 결국 김정은은 되도록 빨리 자신의 직책에 적응해야 했다. 특히 후계자의 위상에 맞는 능력을 보여주어야 했다. 먼저 김씨 일가는 그에게 타이틀 공세를 퍼부었다. 2009년 1월, 정은은 국가안전보위부장으로 임명되었으며, 동시에 당 수뇌부와 군 사령부에도 들어갔다. 3월에는 216지역 위원으로 선출되었는데, 그 지역은 김정일의 생일인 2월 16일에 대한 존경의 의미로 특별히 선정된 것이다. 이어 2010년 9월, 그는 장군으로 승진했으며, 노동당 중앙위원회 위원으로 선출되었다. 2011년 2월 10일, 그는 마침내 국방위원회 제1위원장이 되었는데, 헌법의 규정에 의하면 그 자리는 '정부 권력의 최고기관' 역할을 했다. 자! 이제 그는 공식적으로 정권의 2인자가 된 것이다.

　김정일은 또한 정은의 이러한 전광석화 같은 출세를 공고히 하기 위해 정치선전을 동원했으며 만족할 만한 성과를 거두었다. 그들은 먼저 김정은에게 '최고로 뛰어난 동지'라는 별칭을 수여했으며, 그 다음에는 그의 초상이 새겨진 배지를 만들어 사람들의 몸에 부착하도록 만들었다. 더불어 정은의 생일로 추정되는 1월 8일이 즉시 공휴일로 선포되었으며, 작곡가 이종오는 그의 명예를 기리기 위한 행진곡, 〈발걸음〉을 작곡해 그가 이동할 때마다 군악대가 이를 연주하도록 했다. 나아가 팸플릿과 다큐멘터리는 물론 〈최고지도자의 깃발 아래서 보낸 일 년〉이라는 영화가 헌정되었다. 이것은 주로 김정은이 군대 지도자들에게 명령을 내리는 모습을 보여주며, "젊은 장군은 군사학의 천재"라든지 "젊은 장군은 16세의 나이에 최초의 군사전략에 관한 논문을 썼다."고 과장했다. 또한 은연중에 그가 잠도 자지 않으며 자연적인 욕구의 해소도 필요로 하지 않는 사람이라고 선전했다. 과장된 아이러니인가 아니면 순진함인가? 하지만 김씨 가문 3세가 범상의 굴레를 벗어날 수 있다면 그런 사실이 뭐가 중요하겠는가?

그의 뛰어난 능력을 강조하기 위해 정권이 동원한 모든 행사에는 그의 이름이 체계적으로 올라갔다. 먼저 2009년 5월, 정권은 김정은이 직접 광명성 2호 발사 준비를 감찰했으며, 5월 21일의 핵실험이 대성공을 거둔 것도 그의 지도 덕분이었다고 앞다투어 발표했다. 또한 2010년 5월에 발생한 남한 초계함 천안함 격침 사건은 김정은의 복수의 일환이었으며, 아울러 같은 해 11월의 연평도 포격도 그의 업적이라고 선전했다. 이러한 과장은 그가 2009년 12월에 발생해 북한 전역을 최악의 혼란에 빠뜨린 화폐개혁를 지지했던 사실을 은폐하기 위한 것이었다. 그동안의 정치선전을 통해 김정일은 정은의 승계를 열성적으로 후원하는 지도층은 물론, 여전히 반신반의하는 북한 인민들에게, 화폐 평가절하의 참사를 제외하면, 그가 어린 나이에도 불구하고 북한 권력을 계승할 능력이 있음을 설득할 수 있는 좋은 조건이 되었다고 믿었다.

그러나 권력의 이양은 예상보다도 더 빨리 이루어졌다. 시드니대학 교수인 북한 전문가 레오니드 페트로프Leonid Petrov는 김정은의 권력 확립을 속전속결로 단행함으로써 추후의 반대 세력을 싹부터 자르기 위해 김정일이 자살했는지도 모른다고까지 생각했다. 하지만 우리 경애하는 지도자의 확고한 자기중심적 자아는 이러한 스캔들 지향적인 논리와는 맞지 않는다. 어쨌든 그의 갑작스러운 사망으로 예상치 않게 신속하게 이루어진 권력 이양은 모든 사람으로 하여금 어떠한 주도권이나 창의성도 없이 오로지 의례에만 집착하도록 만들었다. 심지어 해외 정상들도 신중한 태도를 보였다. 버락 오바마와 블라디미르 푸틴은 자신들의 재선에만 신경을 썼고 후진타오와 이명박은 자신들의 임기 마지막 순간이 큰 실수 없이 지나가기를 기다렸다. 김정은은 정말로 운이 좋았다.

결국 모든 것이 김정일이 예상한 대로 흘러갔다. 상황에 맞춰 김경희와 장성택을 위원장으로 한 권력승계위원회가 조직되었다. 최고 권력자들, 즉 이영호 인민군 차수와 최영림 총리, 김정일의 어린 시절 친구인 최용해 장군 등이 즉각적으로 김정은 편에 가담했다. 그리고 새로운 '경애하는 지도자'는 사람들이 자신에게 기대하는 역할을 조심스럽게 수행해나갔다. 김정일의 사망 당일, 그는 전군에 비상사태를 선포하고 장례위원회의 의장이 되었으며, 아버지의 유해를 만경대 궁전에 안치한 후에는 성대한 장례식에 걸맞은 범접할 수 없이 근엄한 태도로 매일 조문객들을 받았다. 김정은이 아직 공식적으로 지명되지 않은 채 최고 권력을 발휘하는 상황이었다. 그러나 12월 30일에 열린 노동당 중앙위원회에서 그가 이미 군의 최고지도자라는 것을 확인해줌으로써 문제는 일단락되었다. 하지만 김정일은 사실 10월 8일, 비밀스러운 결정을 통해 그에게 이미 전권을 위임한 상태였다. 권력 이양 진행과정이 지나치게 면밀한 감이 있었지만, 그것을 제외하면 사실 아무것도 남지 않는다. 평양에서 타이틀은 권력으로 가는 원천이 아니었다. 반대로 타이틀이 권력에서 유래한다.

그 당시 중요한 문제는 김정은을 최고지도자의 자리에 안착시키는 것이었다. 그래서 취임식 행사들이 꼬리에 꼬리를 물고 이어졌다. 그것은 대관식이 지속되는 동안 그의 대중 동원 역량을 확고히 보여줄 수 있기 때문이었다. 1월 한달 내내 정권은 새로운 최고지도자의 인기를 돋우기 위해 김일성광장에서 대대적인 공식행사들을 조직했다. 2월에 그는 주둔 부대 시찰에 착수했으며, 4월 초에 시작될 당의 새로운 전체회의를 3월에 공표했다. 4월 11일에 열린 그 행사에서 김정은은 조선노동당의 제1비서라는 타이틀과 함께 수장으로 선출되었으며, 이 자리에서 행한 수락 연설은 결국 그의 대관식 담화가 되었다. 그는 먼저 자신의 할아버지와 아버지에 경의를 표한 뒤 '김일성주의와 김정일주의', 달리 말하면 주체 사상과 선군사상을 위해 '최후의 승리 때까지' 싸울 것을 천명했다. 이틀 후에는 국방위원회가 그를 제1위원장으로 선출함으로써 모든 법적 절차 가 끝났다. 이제 김정은은 공식적으로 조선민주주의인민공화국의 헌법상 의 최고지도자가 되었다.

그러나 새로운 지도자가 실질적인 최고 지위에 오른 것은 7월 12일에 이르러서였다. 그날 정권의 세 주요 기관인 최고인민회의와 당 중앙위 원회, 국방위원회가 합동해 만장일치로 김정은을 북한 역사상 오직 김일 성과 김정일에게만 수여되었던 최고의 타이틀인 공화국 원수로 승격시 킨 것이다. 이 타이틀은 북한에 존재하는 최고의 타이틀로 인민군 원수 인 이을설과 차수에 불과한 이영호보다 명백히 높은 것이었다. 김일성의 옛 동료였던 이을설은 91세의 나이에도 불구하고 김정은의 권력에 기 여했다. 그는 7월 17일 《노동신문》을 통해 "과거 조국 해방을 위해 싸운 모든 베테랑은 이제 김정은 동지의 뒤에 마치 한 사람처럼 정렬해야 한 다."[4]고 선언했다.

---

4) 김태홍, '90세의 장군, 김정은을 찬양하는 노래를 부르다' 《Daily NK》, 2012년 7월 19일, http://english.dailynk.com/english/read.php?cataId=nk01700&num=9542.

100주년 기념 왕자

권력 승계를 제도적으로 인정받은 김정은은 이제 인민들이 자신을 받아들이기를 원했다. 자신의 지배력이 결실을 맺게 하기 위하여 그는 김일성이 기초를 세운 정통성의 토양에 뿌리를 박기 시작했다. 그가 권력에 오른 해는 주체 100년에 해당하는 2012년, 즉 할아버지인 김일성 탄생 100주년이 되는 해였다. 그는 자신을 100주년의 왕자로 소개하면서 이러한 우연이 자신의 권력 승계를 정당화시켜준다고 생각했다. 더불어 그 정통성으로 여론을 설득하기 위해 그는 통 큰 씀씀이를 선보였다. 그해 내내 축하와 회고 행사, 김일성의 영광을 기리는 기념비와 동상의 제막식이 끝없이 이어졌다. 아리랑 페스티벌은 그 유래를 찾을 수 없는 규모로 치러졌으며, 남한의 전문가에 의하면 북한의 한 해 투자 재원의 반에 해당하는 약 10억 달러가 소요되었다고 한다. 이제 북한에는 김일성 동상이 10m가 넘는 것만 80여 개에 총 2만 개 가까이 존재하게 되었다. 북한 주민들은 종종 자신들의 나라를 '김일성의 나라'라고 일컬었다. 그들은 확실히 자신들이 무슨 말을 하는지 알고 있다.

게다가 자연과 역사가 서로 합의한 것처럼 김정은은 할아버지인 김일성을 놀라우리만치 꼭 닮았다. 딱 한가지 그의 눈부신 미소만 제외하면 말이다. 할아버지와 손자는 키가 175cm로 거의 같은 신장이며, 볼이 통통한 얼굴형에 똑같이 거대한 풍채를 가지고 있다. 진위를 파악할 수 없는 소문 중에는 심지어 김정은이 김일성의 친아들이라는 설도 있을 정도였다. 어쨌든 김정은은 그 이점을 바로 인식했으며, 그렇게 보이기를 멈추지 않았다. 표현 방식과 거동, 머리 모양 등을 흉내 내는 것은 물론 심지어 김일성의 의상들도 모방했다. 심지어 김정은이 할아버지와 비슷하게 보이기 위해 여섯 차례에 걸쳐 성형수술을 받았다는 소문이 남한의

SNS상에서 떠돌았을 정도였다.

비록 자신의 조상들을 직접 보지는 못했지만, 평양의 새로운 주인은 붉은 왕조를 건설하는데 기여한 전설적인 조상들을 찬양했다. 즉 김일성의 첫 번째 부인으로 용감한 어머니의 전형인 김정숙을 비롯하여, 김일성의 부모이자 혁명의 개척자들인 김형직과 강반석 그리고 심지어 김일성의 조부모로 한국 농부의 원형이 된 김보현과 이보익 등을 찬양하는 기회를 놓치지 않았다. 그렇게 함으로써 유교적 경애심과 함께, 김정은은 김씨 일가가 평양의 유서 깊은 가문이며, 그가 비록 나이는 어릴지라도 전통을 등에 업고 있다는 사실을 상기시켰다. 또한 그는 아버지가 주문한 부탁, 즉 마카오에 정착해 정권을 비난하는 이복형 김정남을 돌봐주는 문제를 받아들였다(비록 오래 가지는 않았지만). 방탕한 생활에도 불구하고 어쨌든 그의 혈관에도 김일성의 피가 흐르고 있으므로 그는 모든 필요한 지원을 받을 권리가 있었다. 북한은 여전히 씨족 정권이었던 것이다.

김일성을 칭송하기 위해 그는 쉬지 않고 백두혈통의 우상화 작업에 몰두했다. 그는 그의 조부가 1930년대에 활동한 장소들을 차례로 방문해 수리나 확장 등을 명령했다. 마치 자신이 주교가 되어 북한 전체를 김일성의 성지로 만들기라도 할 것처럼 말이다. 이러한 논리에 따라 2012년 2월, 330m 높이의 거대한 유리-콘크리트 피리미드인 유경호텔이 개장했다. 파리의 에펠탑보다 높은 이 거대한 실루엣은 평양 전체를 지배하고 있다. 원래는 1989년 세계청년학생축전을 계기로 개장될 예정이었지만, 경제 파탄으로 거의 20여 년 동안 방치되어 있다가 북한에서 이동통신 사업을 벌이고 있는 이집트의 오라스콤Orascom그룹의 재정 지원을 받아 주체 100주년인 2012년에 개장하게 된 것이다. 과장되고 거대하며 별 쓸모가 없는 이 계륵 같은 존재는, 남한과의 마천루 경쟁에서 승리함으로써 백두 혈통의 정당성을 입증하는데 열중하고 있는 김정은의 변덕을 상징한다고 서양 언론들은 보았다.

어쩌면 맞는 의견일 수 있다. 그러나 유경호텔은 특히 백두산의 알레고리이다. 삼각형 스타일, 중앙의 거대한 피라미드를 중심으로 양 측면의 뾰족한 두 날개, 바빌로니아식의 중량감 그리고 형식의 단순함은, 상징화된 산의 외양을 나타내며 더불어 산을 의미하는 중국의 한자 '山'과도 일치한다. 백두산처럼 그것은 웅장하고, 백두산처럼 그것은 김씨 왕조 3대에 헌정된 상징적인 3개의 봉우리를 얹고 있다. 북한의 정치선전에 따르면, 이 상징적인 건물을 처음으로 암시한 사람은 김정일의 모친인 김정숙으로, 그녀는 죽음을 앞둔 상황에서 김정일로 하여금 자신이 그를 낳았던 장소에 대한 헌정의 뜻으로 이 상징적 산을 건설하도록 부탁했다고 한다. 이 계획을 구상하기 위해 김정일은 먼저 김씨 일가의 영광을 나타내는 건축물들을 전문으로 담당하는 백두 건축사무소에 자문을 구했다. 그들이 암시하고자 하는 뜻은 명확하다. 이슬람에는 "산이 마호메트에게 오지 않으면, 마호메트가 산으로 갈 것이다."라는 오래된 격언이 있는데, 비록 김씨 일가가 이 경구를 몰랐다 하더라도 그들은 백두산이 평양으로 오게 만드는 데에는 성공했다. 물론 이 구상을 결정한 것은 김정은이 아니라 김정일이었지만, 여러 곡절 끝에 어쨌든 젊은 장군에 의해 이 업적은 완수되었다. 주체 100주년의 왕자는 이제 완벽하게 백두의 왕자로 거듭나게 된 것이다.

일을 완벽하게 마무리하기 위해 김정은은 이제 김정일을 '김일성화'하는데 진력했다. 2011년 12월 22일, 기관지《노동신문》은 그 시작의 총성을 울렸다. 신문은 1면 톱 기사를 통해 "위대한 김정일 동지는 군과 인민의 가슴 속에 영원히 살아남을 것"이라고 대서특필했다. 이제부터 모든 것이 이 약속을 지키기 위해 동원되었다. 김정일의 유해는 막대한 비용을 들여 방부 처리되었으며, 김일성의 기념관으로 사용되는 금수산궁전에 전시되었다. 아버지와 아들을 동등한 높이와 위치에서 전시하기 위해 궁전 내부를 완전히 새로 개조해야 한다는 결정도 내려졌다. 이 공사는 1년이 넘게 걸렸으며, 그 비용으로 무려 2,000만 달러가 사용되었다. 심지어 그보다 두 배가 더 들었다는 소문도 있다. 김정일의 관을 포장하기 위해 이탈리아에서 수입한 대리석 값만 해도 무려 500만 달러에 이르렀다.

하지만 2012년 12월 17일, 1년 간의 공사기간이 끝나고 김정일 1주기를 맞아 재개장된 금수산궁전을 방문한 사람들은 그와 같은 공사의 이유를 단숨에 알아차렸다. 프랑스 왕가들의 유해를 보존하고 있는 생드니 대성당의 북한판에 해당하는 이 기념관은 김씨 가문 1세와 2세가 이제부터 영원히 함께 왕좌에 앉기라도 한 것처럼, 그들 각자에 맞는 웅장한 예배당과 조문객, 기념 박물관을 가진 쌍둥이 영묘로 만들어졌다. 그들의 초상화도 파사드 위에 나란히 걸렸다. 2013년 4월, 정권은 이 쌍둥이 기념관의 특성을 강조하기 위해 궁전의 이름을 개명하기에 이르렀다. 이전의 금수산기념궁전은 이제 태양을 상징하는 김일성을 위해, 그리고 밝게 빛나는 별인 광명성을 상징하는 김정일을 위해 금수산태양궁전으로 다시 태어났다. 아마도 이것은 끝없이 계속되는 정치선전 중에서도 최상급의 것임이 확실하다.

하지만 그들은 언제나 더 멀리 나갔다. 김일성의 경우, 사망한 후 '종신 주석'의 타이틀이 수여되고, 그의 신격화를 헌법상에 올리기까지 4년이 걸렸다. 그러나 김정일의 경우, 2012년 1월 8일, 김정은의 생일을 맞아 노동당이 김정일을 '종신 지도자'로 선언함으로써 속전속결로 이루어졌다. 더불어 2월 16일, 고인의 생일을 맞아 그때까지는 오직 김일성에게만 한정되어 있던 북한 최고 명예인 대원수 타이틀이 김정일에게 증정되었다. 이와 동시에 김정일 훈장이 신설되어 고인의 마지막 부인인 김옥을 비롯, 최측근 협력자와 주민, 군인 등 132명에게 수여되었다.

이것이 전부가 아니었다. 4월 11일, 노동당 전체회의 개막식에서 김정일은 노동당의 '영원한 총비서'라는 사후 타이틀을 증정받았다. 이것이 바로 김정은의 당 공식 타이틀이 왜 제1비서에 불과한지를 설명해준다. 또 4월 13일에는 김정일이 국방위원회로부터 군 '종신 위원장'으로 지명되었다. 어쩌면 그는 그의 아버지처럼 '종신 주석'은 되지 못하겠지만, 거의 비슷한 지위에 오르게 되었다. 그것을 증명하듯 김일성의 100주기 전야인 4월 14일, 마침내 그의 동상이 만수대 언덕 위에 있는 아버지 동상 옆에 나란히 세워졌다. 22m의 높이에 비록 김일성 동상에 비해 덜 과장되고 보다 정적이긴 하지만, 그의 동상은 아버지의 동상과 더불어 마치 한 쌍의 올림포스 신들처럼 현재까지 그 유례 없음을 과시하며 서 있다. 북한 정권은 고난의 행군 시절 "김일성은 바로 김정일이고, 김정일은 곧 김일성이다."라는 정치선전을 몰아붙였다. 이제 김정은의 치하에서 그것은 단지 슬로건으로 머물지 않고 확고한 사실이 되었다.

짐이 바로 국가다

모범적인 손자인 김정은은 전통과 의식을 지켜 자신의 선조를 경배했음은 물론이고 조상의 공포에 의한 통치 방식도 승계했다. 그는 자신의 협력자들로부터 완전한 충성을 기대했다. 그 어떤 일탈이나 주저함, 미온적인 태도는 모두 즉시 처벌되었다. 일말의 의심에도 용의자들은 좌천되고, 강등되었으며, 심지어 수용소로 보내졌다. 김정일이 항시적으로 경계하고 누구도 신뢰하지 말 것을 그에게 가르쳤기 때문이다. 2008년 8월, 심지어 김정은이 후계자로 결정되기 전에 교통사고를 당했는데, 자동차의 사적인 소유가 금지된 북한 같은 나라에서는 매우 의심쩍은 사건이 아닐 수 없었다. 그는 사고에서 살아남았으며, 또한 교훈도 얻었다. 그의 목숨은 매 순간 위협받는다. 아마도 김정남과 김정철이 피하고자 한 것이 바로 이 상시적인 위협이었는지도 모른다.

북한의 새로운 주인이 된 그는 즉위와 동시에 아버지와 할아버지의 전철을 밟았다. 그는 북한의 3대 권력기관인 정부와 군, 당에 대한 대대적인 숙청을 개시한 것이다. 그의 권력 토대가 군이었던 만큼, 자신의 인물을 심기 위해 군에서부터 숙청작업을 시작한 것은 어찌 보면 당연한 것이었다. 2012년 한 해 동안 북한은 거대한 의자 뺏기 게임의 장이 되었다. 먼저 모든 장교가 재배치되었다. 김정일과 학창시절부터 알고 지냈던 사람들과 2010년 작전을 함께한 장교들, 즉 현영철과 장정남 장군 등이 승진되었다. 다른 사람들은 오지의 부대로 떠나거나 이전투구 식으로 서로를 감시하는 부서에 배치되었다. 또한 김정은 체제에 의구심을 품었던 사람들은 본보기의 대상이 되었다. 예를 들어 국방부 내각 부총리 최철의 경우 김정일의 상중에 떠들썩한 파티를 열었다는 죄목으로 체포되어 2012년 10월, 14명의 부하들과 함께 총살당했다. 이러한 불명예는 전례가 없었다. 심지어 소문에 의하면 어떠한 흔적도 남기지 않기 위해 박격포로 그를 처형했다고 한다[5]. 그 후 2015년 5월에도 전격적으로 해임된 후 반역의 죄목으로 처형된 부원수 최영철과 관련해서도 이와 비슷한 소문이 나돈 바 있다.

2012년 7월, 당 중앙위원회가 차수 이영호를 모든 직책에서 전격적으로 해임했을 때 숙청은 절정으로 치달았다. 공식적인 발표는 김정일의 충성스러운 협력자인 차수가 갑자기 병으로 쓰러졌다는 것이다. 전문가들은 당연히 의심하기 시작했다. 역시 소문에 의하면 그는 체포당하기를 거부했으며, 그의 경호원들에게 발포를 명령하여 그를 체포하러 오는 병사들과 교전을 벌이다가 결국 살해당했다는 것이다. 이러한 처참한 종말에는 무슨 이유가 있지 않을까? 김정일은 그에게 아들 정은의 보호를 위탁했는데, 그는 그것을 정은을 훈계해도 되는 것으로 오역했으며, 이제 최고 수장이 된 김정은에게 그것은 용납될 수 없는 태도였다. 특히 그는 김정은에게 2012년 봄의 군부 숙청에 대해 군의 반발 위협을 강조하며 은근히 훈계하려 들었다고 한다. 사실 쿠데타 시도가 5월 중순에 있었던 것은 사실이지만, 김정은은 모든 책임에 스스로 맞서기로 결심했다. 철의 재상인 비스마르크 시절 프로이센 국왕은 "재상이 너무 많아 나라를 통치하기가 어렵다."고 불평했지만, 김정은은 그와 같은 인내심도, 유머도 없었다. 이영호의 자리는 새로운 지도자에게 전적으로 충성하고 그를 안심하게 만들 사람으로 대체되었다.

군의 숙청 이후 이제는 당과 정부의 차례가 되었다. 그곳에서도 김정

---

5) 팔라쉬 고쉬, '처형된 북한군 장성: 김정은의 계속되는 피의 숙청'《인터내셔널 비즈니스 타임즈》, 24, 10, 2012 Palash Ghosh, 'North Korean Army Figure Executed As Kim Jong-un continues Bloody Purge', *International Business Times*, 24, 10, 2012.

은의 엄명에 따라 교체와 면직이 줄을 이었다. 하지만 이곳에서의 숙청은 적은 양의 피로 마감되었다. 그 이유는 기술관료들에게는 쿠데타를 선동할 수단이 없었기 때문이다. 이러한 민간인 숙청의 대미를 장식한 것은 2013년 12월에 발생한, 다른 사람도 아닌 고모부 장성택의 체포와 처형이다. 이제 숙청은 셰익스피어 비극과 동등한 차원으로 승화되었다. 전혀 예상치 못한, 충격적인 드라마에 가까운 이 숙청은 모든 언론인의 펜에서 잉크가 바닥나도록 만들었다. 가까운 친척이자 어제까지 자신의 멘토였던 장성택을 거리낌 없이 처형한 것에서 우리는 김정은의 가학적 성향을 보게 되었다.

그런데도 우리는 전후 배경을 분석할 의무가 있다. 사실 고모부와 조카는 정치적 관계 그 이상도 이하도 아니었다. 이미 오래 전부터 김정일의 동생인 김경희는 장성택과 별거 상태에 놓여있었으며, 1972년 사랑해서 한 결혼이었음에도 장성택이 결혼생활에 불성실하다는 소문은 이미 평양 전체에 자자했었다. 그들의 마지막 공동사업이 김정남의 승계 실패와 더불어 좌절되면서 그들은 점차 멀어지기 시작했다. 2006년 가을, 파리에서 외동딸인 금송이 자살하면서 이들은 완전한 결별에 이르렀다. 김정일이 아들의 권력 승계를 도와달라고 부탁했다 할지라도 이제 장성택은 김씨 일가라 할 수 없었으며, 그를 유지시켜준 것은 그의 경제 감각과 마카오 인맥, 서울과의 관계 그리고 베이징의 후원이었다.

몰이해, 불손한 태도, 거만함, 이영호와 마찬가지로 장성택 또한 자신을 숙청될 수 없는 존재로 생각했음이 분명하다. 2010년 가을, 김정일의 부탁으로 서울을 방문한 장성택은 자신의 측근들에게 과시용으로 제공될 엄청난 양의 선물 보따리를 들고 돌아왔다. 그 몇 주일 후 최고위층 인사인 황장엽이 남한으로 망명하는 사태가 벌어졌다. 이때를 맞추어 한국의 언론들에는 장성택이 김정일의 뒤를 계승할 것이라는 소문이 유포되었다. 많은 사람이 그 소문을 믿었다. 그런데 장성택이 정말로 후보자들 중 하나였을까? 확실히 김정은의 권력 승계는 그를 실망시켰다. 물론 그는 새 지도자에 협력했지만, 그의 조카가 자신의 지지에 만족할 것이라는 자만심으로 마지 못해 김정은 측에 가담했다. 우리는 김정일의 장례식 날, 너무 큰 장군 군복을 입은, 씁쓸한 모습의 장성택을 알아챌 수 있었다. 최악의 수는 그가 자신의 정책을 앞세우고, 어린 김정은에게 명령조의 조언을 하며, 심지어 공공연히 반대 의견을 피력하는 등 마치 섭정처럼 행동한 것이다.

결코 용납될 수 없는 실수였다. 북한에서 단 하나의 굳건한 정통성은 백두 혈통뿐이었다. 가까운 친척은 종종 유용했지만, 필수불가결한 존재는 아니었다. 김정일 사망 당시 아직 권력 기반이 확고하지 않았던 김정은은 장성택이 필요했다. 그는 고모부를 '최측근 동지'라고 소개하며 자신의 모든 현장 방문에 동행시켰다. 그러나 몇 달이 지나자 상황은 돌변했다. 늙은 고모부는 이제 짐스러운 존재가 되어버렸다. 정치적으로 그는 김정은의 권위를 거부했으며, 사상적으로는 사적 이익을 위해 권력을 남용했고, 군의 경멸을 받고 있었으며, 더불어 베이징의 후원을 너무 내세우는 교만한 태도를 보였다. 2012년 봄이 되자 그의 막강한 영향력도 차츰 흐려지기 시작했다. 그러자 김정은은 이제 자신이 직접 관리할 것을 결심하여, 장성택과 측근들을 국방위원회에서 모조리 축출하고 심지어 몇몇을 체포해 처형했다. 과거 김정일이 후계자였던 시절, 그의 오른팔 노릇을 한 김병하를 장성택과 비교할 수 있다. 김병하는 김정일이 권력을 쟁취하자마자 곧바로 사라진 바 있다. 하지만 장성택은 여전히 건재했으며, 나아가 8월에 거행될 김정은과 후진타오의 정상회담 업무의 책임자가 되었다. 그 후 몇 달 동안 고모부와 조카는 경제정책과 관련하여 반목했으며, 심지어 2013년 11월에는 장성택의 최측근 두 명이 숙청당했음에도 불구하고 장성택은 별다른 걱정을 하지 않았다. 북한은 원래 은총과 실총의 리듬에 맞춰 요동치는 정권이 아니었던가? 김정일 시절 이미 두 번의 실총과 복귀를 경험해본 장성택은 언제고 은총이 자신에게 되돌아올 것을 의심치 않았다.

그러나 12월, 마침내 단두대의 칼날이 그의 목으로 떨어졌다. 3일, 그는 모든 직위에서 해임되었으며 8일, 자신을 변호하기 위해 참석한 중앙위원회 전체 회의 도중 전격적으로 체포되었다. 북한 전역에 전방위로 중계된 최초의 이미지를 통해 판단할 수 있는 사실은 그가 충격적인 체포에 질겁했다는 것이다. 확실히 그는 사태가 그렇게까지 확산될 줄은 몰랐을 것이다. 드라마의 효과를 극대화하기 위해 김정은은 일을 더 신속하게 몰아붙였다. 10일, 고모부는 특별군사법정 앞에 끌려 나왔으며, 서둘러 판결지어졌고, 자신의 죄목을 인정했다. 파당주의, 불복종, 무능력, 반혁명적 태도, 권력 남용, 사기와 밀수입, 간통, 마약 등 죄목은 끝없이 이어졌다.

판결로 사형이 선고된 것은 어쩌면 모든 과정 중에서 가장 평범한 부분일 것이다. 새로운 지도자의 환심을 사려는 판사들은 장성택에게 모든 오명을 덧씌웠다. 장성택은 '개보다 못한 인간 쓰레기'로 취급되었으며, "최고지도자와 당의 아버지 같은 사랑을 배신했다."고 공개적으로 모욕당했다. 12일, 마침내 그는 사형 집행인의 손에 넘겨졌다. 며칠 후 그와 관련된 모든 기록은 체계적으로 삭제되었으며, 대부분의 가족과 측근들은 체포된 후 사라졌다. 물론 그의 부인인 김경희만은 어떠한 걱정도 할 필요가 없었다. 당뇨병과 알코올 중독으로 노쇠하고 괴팍해진 그녀는 자신의 남편을 구하기 위해 손가락 하나 까닥하지 않았다. 심지어 사형 집행 전날, 정권이 이혼을 강요했다는 소문도 떠돌았다. 이후 그녀는 두 번 다시 공식 석상에 모습을 나타내지 않았으며, 얼마 후 사망 혹은 식물인간이 되었다는 보도만이 나돌았다.[6] 자! 이제 백두 혈통을 길들일 수 있다고 믿었던 사람들은 모두 사라졌다.

스탈린 시절 모스크바의 숙청 이래 처음이자 극도로 언론화되고, 엄청난 이목을 집중시킨 이 숙청에 충격을 받은 외국의 전문가들은 한국판 성 바르텔레미 학살 혹은 더 나아가 내전을 예상했다. 하지만 그 반대의 현상이 일어났다. 장성택이 처형된 후 평양은 곧바로 평정을 되찾았다. 자신은 못 할 것이 없다는 사실을 입증한 김정은은 이후 군과 당, 정부를 유지하는데 도움을 줄 새로운 측근들로 둘러싸였다. 장석택의 체포를 지휘하고 처형식에도 참석한 형 김정철을 필두로 여동생 김여정은 그의 내각을 지휘하고 개인적인 조언자 역할을 맡게 되었다. 또한 이복 누나이자 김정일이 정식 혼인에서 낳은 두 딸 중의 하나인 김설송은 중령으로 진급했으며, 검열국의 수장이 되었다.

최고위급 장교들 역시 승격되었는데, 먼저 김정은에 충성을 다하는 차수 최용해는 이영호의 자리를 물려받았다. 전쟁 말미에 김정일의 어머니 김정숙의 보살핌을 받았던 늙은 장군 오극렬은 최용해와 마찬가지로 국방위원회 위원이 되었다. 물론 몇몇 젊은 기술 관료들도 포함되었지만, 김정은은 그들을 여전히 신뢰하지 못하고 있는 듯 주기적으로 교체했다. 하지만 과연 그가 전폭적으로 신임하는 사람들로 구성된 지휘 체계를 가질 수 있을 것인가? 한 가지 확실한 사실은 그가 이제 스승도, 섭정도 원치 않는다는 것이다. 김정일의 장례식에서 김정은과 함께 관을

---

6) 줄리안 라이알, '김정은의 고모 사망한 것으로 추정', 《더 텔레그라프》, 2014년 1월 6일자. Julian Ryall, 'Kim Jung-un's aunt Reported to be dead', *The Telegraph*.

들고 나란히 걸었던 고관들, 남한의 언론이 '7인조'라 불렀던 고관들은 이제 모두 사라졌다. 모두 쫓겨나거나 사형당한 것이다. 김일성, 김정일과 마찬가지로 김씨 가문 3세 역시 자신 이외의 어떠한 권력도 용납하지 않았다.

23. 방탕한 아들

젊은 왕자

서양의 언론들은 "이제 30대가 되고, 여전히 쾌활하며 포동포동한 김정은이 지구상에서 가장 폐쇄적이고 억압적인 정권의 문을 열 것인가?" 하고 자문한다.[7] 그의 집권 초기에는 약간의 가능성이 보였던 것도 사실이다. 그는 2015년 10월, 조선노동당 70주년 기념일을 맞아 화려한 기념행사를 펼치는 등 노동당과 인민의회에 대한 존경의 표시를 여러 차례 표명했다. 그런가 하면 2012년 7월, 그는 마치 평범한 구경꾼처럼 평양의 동물원을 방문했으며, 이틀 후에는 영국의 공식 방문단을 맞아 새로 개장한 테마파크에서 롤러코스터를 타는 등 어린아이처럼 즐거워하는 모습도 포착되었다. 또한 31일에는 평양에 주재하는 외교관들을 자신의 관저로 예고도 없이 초대해 측근들과 함께 새해를 축하했다. 그런 그의 모습은 소탈하면서도 현대적이었기에 신중하지 못한 언론들은 때 이른 해빙을 언급하기에 이르렀다.

그러나 이러한 태도는 사실 고전적이다. 롤랑 바르트Roland Barthes는 그의 저서 《신화(Mythologies)》에서 "모든 왕은 초인간적인 본질을 가지고 있다."고 썼다. 왜냐하면 "그가 민주적인 삶, 범속한 일상생활의 형태를 일시적으로 차용할 때, 그것은 자연을 거스르는 폭넓은 삶으로 구현되기 때문이다.…(중략) 또한 왕에게 범속한 능력이 있다고 주장하는 것은 그들

---

7) 필립 퐁스, '북한식 개방에 대한 소문들' 《르 몽드》 2012년 7월 18일자, '살인자 김정은' 《르 몽드》 2013년 12월 14일자. Philippe Pons, "Spéculations sur une 'glasnost' nord-coréenne", *Le Monde* 18, 7, 2012. 'Killer Kim', *Le Monde* 14, 12, 2013.

이 여전히 신으로서의 권리가 있음을 확증하는 것이다."라고 분석했다. 즉 김정은이 평범한 사람의 역할을 하면 할수록, 그가 전제군주라는 것이 더욱 확실해진다는 것이다. 증거는 곧바로 나타났다. 장성택의 처형은 그의 매력이 굴절된 것임을 증명했다. 김씨 가문 3세 역시 그의 전임자들과 마찬가지로 가혹하며 피에 굶주려있다. 그렇다 하더라도 그는 매력적으로 보이기 위해 많은 노력을 기울였다.

인민들의 지지를 이끌어내기 위해 김정은은 자신의 젊은 나이를 정교하게 이용했다. 사실 북한 정권은 시간이 지남에 따라 점점 화석화되었다. 국가의 최고 권력기관인 국방위원회의 위원 평균 연령이 70세를 넘어섰으며, 최고인민회의 의장인 김영남은 86세, 내각 총리인 박봉주는 75세였다. 게다가 남한과는 정반대로 북한은 이제 막 인구-통계학적인 전환을 맞이하고 있었다. 출생률은 여전히 높았고, 대가족도 적지 않아 높은 수준의 영아 사망률을 상쇄하고도 남았다. 전 국민의 4분의 1일이 15세 미만으로 남한의 15%에 비해 훨씬 높았다. 달리 말하면, 김정은은 이러한 재탄생의 역동성을 상징한다. 독립전쟁으로 자신들의 시간을 구현한 김일성과 백두산 항일 게릴라들이 30세를 넘어서며 권력을 획득한 후 그들의 영광을 우상화하는 정책 안에 박제화되었다면, 비록 전쟁을 경험하지는 못했지만, 김정은은 그들에게 '젊음의 화신'으로 재탄생했다.

하지만 여전히 유교적 전통의 잉걸불을 소중하게 감싸고 있는 정권에서 젊음은 자칫 양날의 검처럼 작용될 수 있다. 왜냐하면 그것은 경험 부족과 불안정성 그리고 순진성을 의미하기 때문이다. 이러한 함정에 빠지지 않기 위해 김정은은 그의 할아버지가 중년의 나이에 들어서야 갖게 된, 그리고 그의 아버지는 전혀 갖지 못했던 육체적 중후함을 내세웠다. 나이는 어릴지 몰라도 육체적으로 그는 정력이 넘쳐 보이고 원숙한 인상을 준다. 한국의 남자 한류스타들의 여성스러운 외모와 호리호리한 몸매에 익숙해진 사람들에게 육중한 그의 외형과 두 턱이 진 목, 귀 위로 시원스럽게 드러난 네모난 얼굴 등은 어떠한 매력도 없으며, 심지어 지극히 촌스러워 보인다. 그러나 북한의 경우 옛날과 마찬가지로 여전히 강인한 힘과 육체적 후덕함을 높이 평가한다. 김정은은 한국의 전통 스포츠인 씨름의 장사이자 시골 장터의 차력사이고, 한국의 시골에서 여전히 인기 있는 '진짜 사나이'인 것이다.

이러한 이미지를 완성하기 위해 그는 곧이어 인민들에게 결혼 소식을 선사했다. 2012년 7월 9일, 김정은은 북한 국영방송의 초대를 받아 모란봉악단의 갈라 공연에 참석했다. 공연은 서구인들에게는 실소를 선사했는데, 그것은 미국 디즈니사의 캐릭터들을 뻔뻔하게 무단 도용한 공연 내용 때문이었다. 김정남의 '도쿄 디즈니 참사'에도 불구하고 디즈니의 미키 마우스가 북한을 매혹시켰음은 확실하다. 하지만 이날 행사에서 모든 사람의 이목을 집중시킨 것은 최고지도자가 동반한 젊은 아가씨였다. 그녀는 그때까지 모든 인기를 독차지하고 있던 가수 현송월도 아니었고, 잠시 동안 김정은의 애인이었던 성악가 서은향도 아니었다. 그녀는 성악을 전공한 26세의 새로운 얼굴로 2010년에 김정은과 비밀리에 결혼식을 올린 이설주였다. 정기적으로 평양을 방문하는 미국의 농구 선수 데니스 로드맨에 따르면, 그들은 같은 해에 주애라는 이름의 딸을 낳았다고 한다. 2012년은 바로 김일성 탄생 100주년이 되는 해임을 고려할 때 모든 것이 각본대로 작동되었음을 알 수 있다.

당연히 이 왕실 결혼식은 세계 타블로이드 잡지들에 대서특필되었으며, 북한이 다른 군주제 국가와 다를 바 없음을 증명했다.[8] 이 행운의

---

8) 다비드 르 바이, '북한: 독재의 미소' 《파리 마치》, 2013년 1월 10일자. David Le Bailly, Corée du Nord, 'la dictature a le sourire', *Paris Match*.

여인은 함경남도의 사상적으로 확고한 집안 출신이며, 김일성의 첫 번째 부인으로 후에 신격화된 김정숙과 닮았다는 이유에서 김정일에 의해 선택되었다고 한다. 심지어 그는 자신의 아들이 여러 여배우 사이를 떠돌지 않고 권력 승계 작업에 집중하도록 그 결혼을 강요했다. 북한 정권으로부터 전해진 첫 번째 장밋빛 소식에—비록 많은 부분이 단순한 추측에 불과했지만—전 세계의 SNS망은 흥분에 휩싸였다. 솔직히 사실 관계는 그다지 큰 중요성을 갖지 못한다. 북한 정권에 중요한 점은 진실 자체가 아니라 전하고자 하는 메시지다. 결혼하고, 한 집안의 가장이 된 김정은은 이제 그의 책무에 걸맞을 만큼 성숙했다는 것이다.

그는 그러한 메시지로 자신의 어린 나이에 대한 의구심을 불식시키고, 그의 통치권을 확고히 할 부성적인 지위를 획득했다. 테마파크와 미키 마우스, 농구에 대한 그의 열정은 그 소문을 고지식하게 믿는 외부 세계의 끝없는 조롱을 유발시켰다. 과연 북한이 이렇듯 덜 떨어진 10대 같은 사람의 통치를 받아들일 것인가? 하지만 이러한 의심과 조롱은 북한 정권을 근본적으로 규정하는 가부장적인 성격에 대한 몰이해 때문이다. 북한 인민들의 아버지였던 김정일을 승계하면서, 그도 이제 똑같이 북한 인민들의 아버지가 되었다는 말이다. 그 보답으로 그는 인민들로부터 자식으로서의 충성을 기대한다. 그가 소아적인 기호를 가졌든 아니든 그것은 전혀 중요하지 않다. 중요한 점은 그가 인민-아동을 즐겁게 해주기 위해 자신을 소아 수준으로 떨어뜨렸음을 가장하는 것이다. 스포츠에 대한 열정과 끊임없는 학교 방문, 자신의 기념일을 맞아 아이들에게 사탕을 나눠주는 행위 등은 어쩌면 그의 변덕일 수도 있다. 그러나 그것은 또한 매우 정교한 프로파간다의 수단이기도 하다.

모든 인민의 아버지로서 그는 중재인의 역할을 자연스럽게 떠맡았다.

자신의 비밀 처소에서 대부분의 시간을 보낸 김정일과는 달리 그는 대중들과 어울리는 것을 좋아한다. 친절하고 항시 웃음짓는 그는 사람들이 가까이 다가오거나 사진 찍는 것을 허락했으며, 심지어 그들과 여담을 주고받기도 했다. 살아있는 신을 맞아 대부분의 사람들은 말문을 열지 못하지만, 전부 그런 것은 아니다. 기쁨의 오열을 터트리면서도 몇몇은 그들의 곤란을 호소하는데, 예를 들어 한 어머니는 자식의 일자리를 부탁했으며, 한 시민은 지역 행정담당관의 태만을 고발했다. 김정은은 언제나 문제의 해결을 약속했으며, 대부분 그 약속을 지켰다. 민중 선동 정치인가? 물론이다. 그러나 이러한 감동적인 일화 또한 북한 정권에서는 전형적이다. 그것은 이미 김정일 시대에, 그리고 그에 앞서 김일성의 시대에 만개했었다. 심지어 그들은 김정일 측근들의 무능력이 종종 그를 불같이 화나게 했다는 일화를 은연중에 퍼트렸다. 만약 군주가 과오들을 교정한다면 그것은 적어도 시스템이 작동한다는 의미다. 결국 그에게는 잘못이 없으며 관료들이 태만을 부렸기 때문이다. 군주는 정의를 재건한다. 김정은은 이것을 잘 이해했다. 그는 유순함을 보이고, 경청했으며, 정권의 잘못을 수정할 준비가 되어있음을 드러냈다. 인민들은 그가 변화를 가져올 거라고 기대하게 되었다.

강성대국 건설

2013년 1월 1일, 지구상의 모든 지도자처럼, 김정은 역시 TV방송을 통해 인민들에게 신년사를 발표했다. 김정일은 이 방식을 거의 사용하지 않았음으로 호기심에 이끌린 많은 사람이 새로운 지도자의 발표를 경청했으며, 그리고 꽤 놀랐다. 단호한 결의의 김정은이 가장 당면한 목표로 인민들의 생활수준 향상을 공언했기 때문이다. 선임자들의 은혜와 주체사상의 승리라는 아주 일상적이고 수사적인 칭송에 이어, 그는 북한을 '경제 대국'으로 전환하기 위한 '근본적인 변혁'을 선언했으며, 심지어 "한반도의 분단을 끝내고 통일에 이르기 위해서는 남측과의 대결을 중단하는 것이 중요하다."고 첨언했다. 그 해 8월에는 당에 '강성대국을 건설'하고 "인민들에게 행복과 문명을 선사하라."는 사명을 하달했다. 반복되는 숙청에도 불구하고 그는 과연 이 약속을 지킬 수 있을 것인가?

좋은 징조는 그가 이데올로기보다는 실용주의를 선호하는 것처럼 보인다는 것이다. 2002년 7월, 아버지 김정일은, 소수에게는 기회이지만 대부분의 인민들에게는 혹독한 개혁을 강요해서 너무 도그마적이라는 평을 받았다. 김정은은 반대로 현실적인 방식을 선호했다. 2012년 김일성 100주년을 맞아 그는 몇몇 개혁 작업을 전개했다. 특히 그가 지원 여단이라 명명한 특별히 선발된 학생들을 자원봉사단으로 모집해 주택 10만호 건설 사업을 벌였다. 그러나 지금은 좀 더 장기적인 개혁들, 즉 공업 체계의 개편과 농업의 현대화, 상업의 육성, 그리고 외부 투자 촉진 등에 집중하고 있다. 4월, 그는 박봉주를 내각 총리로 재임명했는데, 이미 2003년에서 2006년까지 내각 총리를 역임했던 이 경영인은 당시 개방경제를 주장하다 군부 보수파에 밀려 실각했던 경험이 있었다. 장성택의 측근이었던 그의 귀환을 외부 세계는 좋은 징조로 받아들였다. 김정은이 보이는 것만큼 그렇게 과격한 인물은 아닐 것이라는 인상을 받게 된 것이다.

경제 재건의 전투에서 승리하기 위해 그는 조부의 방식을 모방했다. 자신이 전면에 나선 것이다. 이후 그의 모습은 많은 공장과 작업장, 도시와 농촌, 그리고 외진 바닷가와 산골에서도 찾아볼 수 있었다. 특히 평양은 그의 전시장이 되었다. 그는 평양의 공터를 꽃의 공원으로 변모시켰으며, 거대한 유경호텔의 여세를 몰아, 외국인들이 조롱 반 칭찬 반으로 북한의 두바이라 부르는 스카이라인을 김일성광장 옆에 건설했다. 또한 그는 선전 구호 같은 표현을 즐겼다. 자신이 '풍요의 시대'를 건설하고, '상업의 만개'를 이룰 것이며, 필요하다면 외국환을 사용해도 좋다고 선언했다. 왜냐하면 "남한과는 달리 달러를 사용한다고 해서 미국에 굴복하는 것은 아니기 때문이다." 그러자 사업가들은 즉각적으로 반응했다. 이제 2009년의 화폐 개혁과 북한 내부로 한정한 기업 활동 그리고 사리사욕과의 전쟁은 모두 과거의 일이 되었다. "노동과 저축을 통해 부자가 되자." 비록 여전히 매우 제한된 범위에 머물렀지만, 김정은은 이제 새로운 북한에서 자유무역주의의 옹호자임을 자청했다.

심지어 그의 생활 양식 또한 고무적인 상징으로 비춰졌다. 물론 김씨 일가가 전제군주처럼 화려하게 살아왔음은 사실이지만, 이전에는 그러한 생활을 절대 공개하지 않았다. 그러나 김정은은 이러한 조심성을 보여주지 않았다. 그는 최고가 자동차와 조니 워커 위스키, 입생 로랑 담배 등에 대한 애정을 공공연히 드러냈다. 또한 승마를 하고 제트 스키를 타며, 골프를 즐기는 모습을 보여주었으며, 부인인 이설주 역시 샤넬 의상과 디오르 핸드백을 과시하듯 몸에 걸치고 다녔다. 다시 말해, 그는 산유국의 에미르 혹은 중국의 졸부인 태자당의 붉은 왕자들처럼 번쩍거리는 삶을 과시하고 있다. 이것이 과연 부잣집 도련님의 단순한 무절제인가? 꼭 그렇지는 않다.

사실 김정은은 평양의 소비지향적인 새로운 중산층들의 갈망을 구현한다. 일제 식민통치와 한국전쟁을 경험하지 않은 그들에게, 백두의 투사들을 자극했던 정의와 연대라는 이상은 더 이상 의미가 없었다. 이제부터 북한 엘리트를 자극하는 것은 부에 대한 새로운 욕망이었다. 주체라는 사탕발림에도 불구하고, 이들은 점점 더 홍콩과 상하이, 서울의 중산층들을 닮아가고 있다. 공산주의 사상과는 다른 김정은의 생활 방식에 분노하는 대신 오히려 그의 과시적인 삶을 동경하는 것이다. 과연 서울 강남의 부자들처럼 사는 것이 모든 북한 인민이 꿈꾸는 바란 말인가? 김정은이 북한에 한 약속은 결국 남한과 같아지는 것이다. 70년에 가까운 기간 동안의 동족상잔 끝에 도달한 곳이 바로 강남 스타일인 것이다. 역사에는 정말 수없이 많은 아이러니가 있다.

게다가 공식적으로도 북한은 점차 나아졌다. 2011년 말, 프랑스의 언론인 로랑 리바도-뒤마Laurent Ribadeau-Dumas[9]는 자신의 기사에서 이렇게 썼다. "서구인들은 여전히 북한의 모든 인민이 핵실험에 의한 피폭 혹은 기아로 죽어가고 있다고 떠들어대지만, 지난 2년 동안의 발전은 눈부시다.…(중략) 오늘날 공장의 기계들은 재가동되고 있다. 전력 부족 사태도 현저히 줄어들었고, 굴뚝들에서는 연기가 솟아오르고 있다. 평양에서는 건물들에 대한 보수 공사가 한창이며, 호텔들도 중국과 러시아 투숙객들로 만원이다. 또한 많은 북한 주민들이 이동전화기를 소유하고 있다."라고 쓴 바 있다. 북한 정권은 두 가지의 치명적인 문제, 즉 식량과

---

9) 로랑 리바도 뒤마, '김정일 사후, 김정은과 현재?', 《월간 제오폴리스》, 2011년 12월 20일자. Laurent Ribadeau-Dumas, 'Après Kim jung-il, Kim Jung-un et Maintenant?', *Géopolis*.

전력 문제를 해결하기 위해 총력을 기울였다. 식량난의 경우 최근 몇 년 동안의 풍년으로 인해 어느 정도 자급할 수 있는 수준으로 올라섰으며, 새로운 댐의 건설과 중앙발전소의 현대화 등으로 전력난 역시 나아지고 있다. 적어도 평양에 한해서는 전력 차단이 사라지면서 중심가의 상점들이 다시 쇼윈도의 조명을 밝혔고, 밤거리도 점차 활기를 띠기 시작했다. 통계자료는 평양에서는 과대평가되고, 서울에서는 과소평가되는 등 여전히 이데올로기적 측면을 담고 있지만, 그러나 명확한 사실은 국내 총생산과 일인당 국민소득이 점차로 증가하고 있다는 것이다.

사실, 북한의 경우 천연자원의 부족이 문제가 된 적은 없었다. 그들의 땅속은 거의 금고 수준으로 무연탄과 철, 금, 은, 백금, 구리, 납, 아연, 인산염 등이 풍부하며, 특히 스마트폰과 휴대용 컴퓨터, 하이브리드 자동차 제조에 필수적인 희토류의 경우 전 세계 매장량의 10%를 보유하고 있다고 평가된다. 북한은 또한 매우 성실한 양질의 값싼 노동력을 보유하고 있다. 그들의 임금은 중국에 비해 4배, 남한에 비해서는 무려 40배가 저렴하다. 북한은 중국과 남한 같은 경제 대국을 이웃으로 두고 있다. 게다가 베이징과 서울이 정치적 돌발 사태에도 불구하고 북한에 대한 투자를 멈추지 않은 덕분으로 북한 경제는 느리지만 지속적인 성장을 하고 있다. 매일 수만 명의 북한 노동자들에 의해 소비재 물품이 생산되는 남북한 국경지대의 개성공단은(이것이 폐쇄되기 전까지는), 북한 사람들이 너무 좋아한다는 한국의 과자 초코파이의 인기[10]만 봐도 알 수 있듯이, 미래의 번영과 통일의 상징 같은 곳으로 간주되었다. 모험적인 중국인 사업가들은 조인트-벤처형식의 투자를 선호했다. 2005년에 설립된 태안

---

10) 아티스트 채진주 전시회, '북한의 쵸코파이화', 2014년 1월. http://www.koreasociety.org/policy/the_choco_pie-ization_of_north_korea.html)

유리 같은 회사를 모델로 하는 이러한 투자는 현재까지 평양 공업단지에서 가장 핵심적인 역할을 담당하고 있다.

자! 얼마나 적절한 타이밍인가! 공산주의 블록의 붕괴에 의해 파산되었고, 1990년대의 환경 파괴로 혹독한 자연재해를 겪은 북한은 생존을 위해 그들의 경제를 개혁하는 방법 이외에는 다른 해결책이 없었다. 김정일은 북한의 문제점을 직시하고는 있었지만, 비용이 많이 드는 핵 개발정책에 매달리면서 문제 해결에는 도달할 수 없었다. 결국 자신의 권력을 확고히 하기 위해 경제 개혁에 성공하는 것이 김정은에게는 무엇보다도 중요했다. 바로 그때 중국의 경제적 성장과 한국의 대북 투자가 궤도에 오르게 된다면 북한의 경제 상황도 개선될 수 있는 일이었다.

곰 세 마리

자! 이쯤에서 북한의 용이 자신의 재로부터 부활해 다시 한번 웅장한 날 갯짓을 펼칠 것인가? 흥분하기에는 너무 이르다[11]. 비록 모두가 북한의 경제 개선을 믿을 만한 이유가 있다 하더라도 평양의 정권을 속단하는 것은 여전히 어렵다. 재판정에서 장성택은 "나는 단지 인민의 생계수단 과 경제 상황을 통제하는데 실패한 정권에 대해 군과 인민들이 가지고 있는 불만을 전하고자 노력했던 것뿐이다."라고 자신을 변호했다. 정권 의 실패? 비록 처형장의 절박함이 그에게 용기를 주었다 할지라도 최고 지도자들 중 하나였던 그가 정권의 실패에 대해 이런 말을 솔직하게 했 다는 것은 많은 것을 말해준다. 김정은 왕국에 숨겨져 있는 썩은 부분이 있는 것인가?

사실 계획경제의 무능과 주체의 지리멸렬은 많은 흔적을 남겼다. 1960년대의 조직적인 농지 정리와 대규모의 개간, 그리고 산림의 황폐 화는 자연적인 토양을 지속적으로 약화시켰다. 결국 1995년과 2007년, 그리고 2010년과 2012년 여름의 장마철 호우로 북한의 곡창인 황해도 평야지대가 완전히 침수되는 대재난이 발생했다. 북한 인민들을 먹여 살리기 위해 북한은 또다시 국제사회의 원조에 호소해야만 했다. 만약 1995년처럼 심각한 위기가 다시 발생한다면 북한은 과연 살아남을 수 있을 것인가? 장담할 수는 없다. 사회기반시설 또한 죽어가고 있다. 북 한의 일부 중심도시를 제외한 도로들은 구멍이 파인 채 침식되고 있다.

---

11) 브누와 케네데, 《북한 경제: 아시아의 새로운 용으로 탄생?》 파리, Les Indes Savantes 출판 사, 2013 Benoît Quennedey, *L'Economie de la Corée du Nord: Naissance d'un nouveau dragon asiatique?*, Paris, Les Indes savants, 2013.
파트릭 모뤼스, '북한은 미래 아시아의 용을 꿈꾼다' 《르 몽드 디플로마티크》 2014년 2월호. Patrick Maurus, 'La Corée du Nord se rêve en futur dragon asiatique', *Le Monde diplomatique.*

결국 대형트럭만이 운행할 수 있는 상황으로 변했지만 그나마도 겨울에는 폭설로 인해, 여름에는 진창으로 인해 운행이 매우 어려운 형편이다. 완전히 노후한 철도망 역시 지난 50여 년간 개·보수가 거의 이루어지지 않아 아슬아슬하게 운행되고 있다. 예를 들어 300km도 채 되지 않는 평양~함흥 노선은 무려 10시간 정도가 소요된다. 결국 고위층과 부유층은 비행기를 이용하며, 그렇지 못한 대다수의 국민들은 악화된 운송 시스템에 적응하고 있지만, 점점 더 불만을 표시하는 단계에 이르고 있다.

몇십 년에 걸친 중앙통제경제와 과도하게 크고 방만한 조직, 만성적인 불안전성에 의해 무력화된 정부 조직 역시 시장경제 시대에 적응할 능력이 없다. 2012년 12월, 김정일 시절에 급조된 회천 수력발전소가 그 불완전함으로 인해 고장이 나는 사태가 발생했다. 교체할 부품과 장비 점검을 담당하는 인력의 부족으로 발전 중단 사태가 장기화 되자, 질책을 두려워한 발전소장은 김정은의 관저와 정권의 주요 기념물, 대부분의 외국인들이 체류하고 있는 고려호텔에만 전력을 우선적으로 공급했다. 뇌물을 줄 형편이 되는 일부를 제외한 대부분의 평양 시민들은 무려 2주 동안 어둠 속에 잠겨있어야 했다. 모든 시민이 격분한 것은 물론 김정은마저 대노했다. 하지만 관료주의적 부패라는 오랜 전통에 맞서 어떻게 싸울 것인가? 부패와의 전쟁은 2013년 12월에 발생한 장성택 숙청의 중요한 이유 중 하나로 사용되었는데, 정권은 그를 최악의 부패 관료라고 고발했다. 하지만 북한의 모든 관료가 이 숙청으로부터 교훈을 얻은 것 같지는 않다.

이러한 구조적인 장애들을 극복하기 위해 평양은 나쁜 선택들 사이에서 갈팡질팡하고 있다. 몇 년 전부터 중국은 시장경제를 통한 개혁을 동맹국인 북한에 권고했다. 중국은 석유 공급과 식량 지원, 직접투자 확대

등을 전향의 인센티브로 내세우지만, 북한은 그 위험성 또한 인식하고 있다. 중국이 관심을 두는 것은 북한의 천연자원과 값싼 노동력이지 북한의 공업 발전이나 현대화가 아니다. 2006년 당시 한국의 전임 대통령이었던 김대중은 "북한이 중국의 자본과 상품에 휩쓸려가고 있다. 우리가 아무것도 하지 않는다면, 북한은 곧 중국 경제블록 속에 함몰될 것이다."라고 우려했다. 현재 북한의 경제는 중국과의 무역에 4분의 3을 의지하고 있다. 중국의 경제 식민지가 될 위험성이 있는 이 상황을 북한 정권은 과연 용인할 것인가? 한반도에 대한 일본의 강점에 대항하며 권력을 획득한 김씨 일가가, 중국의 보호국으로 전락해 지방 귀족으로 강등될 이 상황을 결코 받아들이지는 않을 것이다.

그러나 핵 개발에 집착하는 것 역시 더 좋은 전망을 제공하지는 못했다. 국제사회의 경제 봉쇄는 매년 조금씩 더 북한의 목을 죄고 있으며, 북한이 국제사회에서 공식적으로 구할 수 없는 물품의 목록이 날로 늘어났다. 그들의 은행 또한 제재 조치를 받게 되었고, 모든 송금 거래에 대해 철저한 조사를 받고 있다. 결국 국제사회의 이런 장애물들을 우회하는 것은 점점 더 어려워졌다. 2013년 7월, 2톤의 설탕과 재고 무기를 적재하고 있던 북한 선적 화물선이 파나마에 억류되는 사건이 발생했는데, 파나마 정부는 물물교환 형태의 결제를 더 이상 허용할 수 없다고 발표했다. 불법적인 밀수의 경우도 이제 점점 더 위험해지고 있다. 북한의 화물선들은 아주 사소한 의심에도 수색당하기 일쑤였고, 심지어 북한과 친밀하게 지냈던 국가들마저 차차 거리를 두기 시작했다.

정권의 생존 문제에만 사로잡혀 있는 평양은, 나라를 저개발국 상태로 묶어둘 위험이 있는 주체사상과 중국의 위성국가로 고착될 수 있는 붉은 자본주의 사이에서 대안을 찾지 못하고 있다. 기아나 시장경제 모두 김씨 일가 정권의 유지에 위협이 되는 상황에서 결국 평양은 개방과 전통으로의 회귀라는 두 가지 방식을 번갈아 사용하고 있다. 경제 중산층을 지원했다가 그 다음에는 군대의 우선권을 재확인하는 식의 방법을 사용하는 등 교활한 김정일은 어느 한쪽만을 전적으로 지원하지 않았다. 그리고 김정은 역시 그러한 방법이 정권의 이익에도 부합됨을 어렵지 않게 이해했다. 장성택의 처형은 김정은 자신이 한때 선도자였던 경제 개방주의자들을 얼어붙게 만들었다. 중국은 그 숙청의 의미를 즉각적으로 이해했으며, 북한의 새로운 지도자를 "경솔한 젊은이"라고 격렬하게 비난했다. 중국은 가능한 한 빨리 베이징을 방문해 "양국 간의 우호 관계를 안정시키자."고 김정은을 초대했지만 그는 응하지 않았다. 그러나 2013년에 발표한 김정은의 입장은 정반대의 것이었다. 그가 다시 시장에 의한 경제성장을 옹호하고 나선 것이다. 하지만 다음 대격변이 언제 올지 누가 알겠는가? 김정은의 북한은 마치 국왕이 이 당파에서 저 당파로, 한 파벌 대신 또 다른 파벌을 선택하며 정국을 통제하던 조선왕조 시대를 연상시킨다.

사실, 정권은 핵 개발 정책과 경제 개발을 동시에 진행하는 제3의 길을 꿈꾸고 있었다. 정권은 그것을 국방과 경제를 동시에 발전시킨다는 의미로 '병진정책'이라는 이름을 붙였다. 그러나 이미 김일성이 1960년대에 주창했던 노선, 이데올로기적인 통합운동을 닮은 이 논리에 설득당한 사람은 아무도 없었다. 군은 자신들의 기득권을 쪼그라들게 만드는 어떠한 시도도 불신했으며, 사업가들은 군과 당의 들러리 역할에 이제 신물을 내게 되었다. 어느 경우든, 혹은 두 가지가 동시에 작동한다 할지라도 그것으로부터 이득을 얻는 경우는 군 귀족층이거나 평양 부르주아 계층일 뿐이었다. 나머지 국민 80%는 여전히 궁핍과 불평등, 혹은 둘 다를 견디며 살아가야만 했다.

왜냐하면 북한은 김일성이 건설한, 모든 인민이 평등한 혁명 사회에서 이제 근본적으로 불평등한 사회로 전환되었기 때문이다. 모든 것이 출신 계층과 돈의 문제로 귀결되었다. 한때 정권이 자랑스럽게 여기던 보건-위생 시스템은 이제 완전히 붕괴되어, 암페타민과 같은 임시 방편용 의약품과 마약 밀거래가 그 자리를 대체하고 있다. 부자들은 물론 외국으로 치료를 받으러 떠날 수 있지만, 그럴 능력이 없는 북한 인민들에게는 그야말로 최악의 재난이 아닐 수 없다. 이제 북한에서 능력주의는 먼 과거의 기억이 되고 말았다. 한국의 경우와 마찬가지로, 북한의 중산층은 이데올로기의 쳇바퀴에 얽매인 채 기초적인 수준에 머물러있는 공교육 제도에서 벗어나 사립학교 혹은 학원 시스템으로 몰려들고 있다. 결국 정치적 후원도 재산도 갖지 못한 학생들에게 김일성대학은 이제 한낮의 꿈에 불과했다.

이러한 혼란을 인식한 정권은 문제에 대응하고자 전력을 기울였다. 공적 배급 시스템을 재가동시켰으며, 인민들에게 김일성 시대 말기의 배급량에 해당하는 하루 필요량을 마련해주었다. 동시에 김정은은 공공주택과 운송 시스템, 의료 체계 등의 문제를 해결하기 위해 나섰다. 그러나 해결해야 할 문제는 너무 많았고, 필수품을 생산하는 대다수의 공장들이 여전히 가동 중단된 상태로 남아있다. 결국 정권은 인내와 충성을 요구하면서 동시에 사소한 소요도 단호하게 탄압했다. 서울로 내려온 탈북자들은 북한의 일상생활을 묘사하며 인민들의 인내가 한계에 도달했으며, 체념과 절망이 광범위하게 퍼져있다고 진술했다. 물론 북한에는 여전히 어떠한 형태의 반체제 조직도 존재하지 않지만, 몇몇 증언은 매우 충격적이었다. 일본의 작가 다케야마 소뎃수Takeyama Sodetsu[12]의 증언에 따르면 2010년 이후, 북한에는 곰 세 마리 노래가 비밀리에 퍼지기 시작했다고 한다. 원산의 한 고등학생은, 용감했던지 아니면 경솔했던지, 유명한 동화 곰 세 마리를 패러디하여 "할아버지 곰은 뚱뚱해, 아버지 곰은 쪼만해, 아기 곰은 멍청해."라는 낙서를 벽에 남겼다. 그 학생이 체포되어 사라진 것은 언급할 필요도 없을 것이다. 씀씀이가 크고, 호탕한 지도자의 호의에도 한계는 분명히 있었다.

---

12) 다케야마 소뎃수Dakeyama Sodetsu,《김정일과 김정은의 정체》, 서울, 심비언 출판사, 2011년. 역주: 불어판 원본에는 아기 돼지 삼 형제로 되어 있는데 우리의 곰 가족 노래를 모르는 저자가 아마 프랑스에도 유명한 아기 돼지 삼 형제 동화로 바꾼 듯하다. 이 책의 한국어 번역본을 보면, 여기서는 돼지가 아니라 곰으로 나온다. '할아버지 곰은 뚱뚱해, 아버지 곰도 뚱뚱해, 아기 곰은 미련해'로 나온다.

24. 슈퍼 악당

전가傳家의 보도寶刀

한국의 몇몇 전문가들은 김정일이 사망할 때 여동생 김경희에게 비밀 유언을 남겼다고 믿고 있다. 그는 북한이 선군 도그마에 충실해야 할 필요성을 강조하면서 군 우선주의와 핵 개발 전략을 무슨 수를 써서라도 지켜야 한다고 했다는 것이다. 유언을 남겼든 아니든 김정은에게 핵 도그마의 철회는 결단코 재고할 성질의 문제가 아니었다. 오히려 국가를 방어하도록 조상들이 그에게 물려준 '전가의 보도'였다. 그는 2012년 4월, 김일성 탄생 100주년을 기해 헌법에 "조선민주주의인민공화국은 핵 강대국이다."라는 문구를 삽입했다. 심지어 북한을 '강성대국'으로 만들기 위해 '근본적인 개혁'을 약속했던 2013년 신년사에서 김정은은 미국과 일본, 한국 등이 끝끝내 북한의 주권을 부정한다면 핵 전쟁을 각오해야 할 것이라고 협박하기까지 했다.

아랍의 봄을 믿었던 것처럼, 북한의 봄을 여전히 희망하고 있는 사람들은 이것이 북한 정권의 전략적인 수사학일 뿐이며 실제로 핵을 사용하진 않을 것이라고 주장했지만, 그들의 생각이 얼마나 순진한 것인지는 곧 밝혀졌다. 2003년, 무아마르 카다피는 핵 개발 프로그램을 철회하겠다고 거창하게 선언함으로써 국제 외교사회로부터 사면을 받았다. 하지만 실제 상황은, 한때 자신의 철권통치를 뒷받침했던 핵 개발을 포기함으로써 이 리비아의 독재자는 스스로 자기 발등을 찍는 어리석은 짓을 저질렀다. 김정일이 사망하기 3주일 전인 2011년 10월 20일, 추락한 폭군 신세가 된 카다피가 분노한 군중들에 의해 린치를 당한 뒤 처참하게 살해된 것이다. 그 이후 평양의 김씨 일가는 똑같은 실수를 결코 저지르지 않을 것을 결심했다. 핵무기는 자신들의 생명보험인 것이다. 결국 김정은은 김정일이 시작한 미국과의 힘겨루기 전략을 그대로 본떠서 채택하고, 자신의 아버지처럼 그도 강-온 전략을 교대로 사용하고 있다.

화해의 표시로 먼저 손을 내민 것은 북한이었다. 한국인들이 '길일'로 여기는, 4년에 한번씩 찾아오는 윤년 2012년 2월 29일을 맞아 김정은은 북한을 주권국가로서 인정하고, 스스로 발전할 수 있도록 지원해준다면 핵실험과 미사일 시험 발사를 철회할 의향이 있다고 천명했지만, 이전의 위기 때마다 낭패를 본 미국은 이 제안에 반신반의하는 태도를 보였다. 실제로 오바마 대통령이 핵 위협 논의를 위한 한미정상회담에 참석하기 위해 서울에 도착하기 10일 전인 3월 16일, 김정은은 김일성의 100주년을 맞아 그의 영광을 기리고자 새로운 위성을 발사하겠다고 발표함으로써 그들이 신뢰할 수 있는 상대자가 아니라는 사실을 증명했다. 하지만 예상보다 이틀이나 앞서 발사된 위성은 평양 스스로 인정할 만큼 대실패로 끝이 났다. 위성은 궤도 진입은 고사하고 발사 직후 황해로 추락했다. 북·미 간의 긴장 상태 역시 빠르게 이완되었다.

하지만 상황은 김정일 서거 기념일이 다가오면서 다시금 악화되었다. 12월 12일, 북한이 지난 4월에 실패한 위성 발사를 이날 성공시킨 것이다. 국제사회는 즉각적인 성토를 쏟아냈다. 워싱턴과 도쿄는 물론 대통령 선거를 일주일 남겨두고 있던 한국 역시 위성 발사를 명백한 군사적 도발로 규정하고 강력하게 비난했다. 깜짝 놀란 UN은 2013년 1월 22일, 투표를 통해 새로운 결의안(n 2087)을 채택함으로써 이 도발을 규탄했지만, 그 아버지에, 그 아들인 김정은은 눈 하나 깜짝하지 않았다. 오히려 반대로 그는 1월 24일, 제3차 핵실험을 실시하겠다고 선언했으며, 실제로 김정일의 생일 나흘 전인 2월 12일, 그 약속대로 핵실험을 강행했다. 똑같은 도발에 똑같은 대응이 뒤따랐다. 다시 한번 더 UN의 결의안(n 2094)을 통해 중국과 러시아를 포함한 국제사회가 평양의 도발을 강력하게 규탄했다. 자! 이 정도면 누구라도 상황 파악이 가능할 것이다.

도발 중독인가, 아니면 전략적 책동인가? 그의 아버지만큼 심각한 존재로 받아들여지기 위해 김정은은 사람들을 놀라게 하고 불안하게 만드는 언어적 위협을 단계적으로 확대하는 전략을 개시했다. 3월 7일, 연례적으로 2월과 3월 사이에 열리는 한·미 군사훈련과 UN의 결의안에 반발하여 그는 1953년 7월의 판문점 정전협정을 파기하겠다고 선언했다. 자동적으로 두 한국은 다시 전쟁 상태로 들어섰다. 양국 사이의 당국자 간 채널 또한 모두 중단되었다. 미디어는 호전적인 구호와 군사적 움직임, 군인들의 준비상황에 대한 기사들로 뒤덮였다.

한국의 군사 당국이 신경질적인 반응을 보이는 가운데 평양은 2013년 4월 2일, 영변의 핵시설을 재가동하겠다고 선언함과 동시에 개성공단을 폐쇄하고 아울러 주한 외교관들에게 한국 영토를 떠날 것을 권고했다. 게다가 김일성의 101주년 기념일이 다가오면서 국제사회는 북한이 무력시위를 할지도 모른다는 우려를 표명하기 시작했다. 북한 당국은 '전면전'을 불사할 준비가 되어있다고 선언하며 벼랑 끝 전략을 추구했다. 이에 워싱턴은 모든 가능성에 대비하기 위해 남한 상공에 스텔스 전투기 B-2를 띄우겠다고 발표했다. 버락 오바마 대통령은 정찰기가 북한 상공을 침범하지 않도록 신중하게 비행할 것을 명령했다. 김정은에게 추가 도발의 빌미를 제공하고 싶지 않았기 때문이다.

그러나 2013년 4월 15일, 북·미 간 긴장이 극도에 이르렀을 때 예상치 못했던 보스턴 마라톤 테러 사건이 발생했다. 미국의 여론이 큰 충격에 빠져있는 사이 김정은은 이 기회를 긴장 완화의 수단으로 사용했다. 테러 사고에 대한 위로의 제스처와 함께, 북한은 "국제사회가 북한의 핵 주권을 문제 삼지 않는다는 조건하에 평화적인 관계를 진전시킬 의향이 있다."며 한발 물러섰으며, 더불어 베이징과 모스크바에 호의적으로 중재를 요청했다. 하지만 주도권을 잃지 않기 위해 워싱턴과 서울을 윽박지르는 행위도 지속했다. 북한에서는 금지된 종교 사업을 펼치다 체포되었다고 공식 발표된 한국계 미국인 케네스 배Kenneth Bae에게 15년간의 강제노동형을 선고했다. 5월 19일과 20일에는 동해를 향해 단거리 미사일을 시험 발사했다. 그러나 6월이 되자 북한은 마치 아무 일도 없었다는 듯이 대화를 재개했다. 서울에는 개성공단의 재가동을 요구했고, 워싱턴에는 "한반도 긴장 완화를 위한 협상을 열자."고 제안했다.

김정은은 과연 자신의 첫 번째 핵 도발을 영광스럽게 이끌었는가? 단기적으로는 매우 성공적이었다. 그는 한국과 전 세계에 자신이 김정일의 기질을 물려받았으며, 그의 정당한 계승자임을 증명했다. 북한 군부는 김정은이 권력을 획득하도록 지원했지만, 2012년 첫 번째 숙청 대상자가 되었었다. 그러기에 그의 권력에 대해 의구심을 가졌지만, 그런 북한 군부도 이제 확신을 갖게 되었다. 이로써 김씨 일가의 왕조적 권력 승계를 강력하게 지원했던 오진우 장군의 아들이자 막강한 예비군 연맹을 지휘하고 있는 오일정 장군과 같은 군 강경파의 존경을 받을 만한 역량을 보여준 것이다. 게다가 북한의 핵 정책이 위험한 도박이며 북한의 능력 밖이라고 주장했던 장성택은 제거되었다.

반면, 장기적인 관점에서는 의문이 든다. 왜냐하면 각각의 위기 때마다 평양은 그들의 위협이 실재함을 보여주기 위해 한 단계씩 강도가 높은 배짱을 보여줘야 하기 때문이다. 힘겨루기의 다른 당사자들이 북한의 반복되는 허풍과 벼랑 끝 전술에 대응하지 않고 어떻게 되는지 지켜보기로 한다면 무슨 일이 벌어질 것인가? 이솝 우화의 양치기 소년처럼 김정은도 자신의 신용을 잃어버릴 것인가? 결국 그는 전격적이고 호전적인 도발과 화해의 제스처를 점점 더 빠른 리듬으로 번갈아가며 사용했다. 2013년 11월, 늘 하던 버릇대로 북한은 서울을 '불바다'로 만들겠다고 위협하더니 2014년 1월에는 무슨 일이 있었냐는 듯 행동했다. 긴장은 몇 달 후 연례적인 한·미 합동군사훈련에 응수하기 위해 북한이 동해를 향해 20여 발의 미사일을 발사함으로써 다시 고조되었다. 그러나 7월 초, 시진핑의 서울 방문에 때를 맞춰 김정은은 남북한의 적대 관계를 끝내자고 새롭게 제안했다. 하지만 한 달이 겨우 지난 8월 중순, 프란체스코 교황의 방한에 발맞추어 북한은 또다시 미사일을 실험 발사했다. 그의 도발은 한 일 년 정도 잠잠했지만, 2015년 말 재개되었다. 평양은 9월 위협적인 미사일 시험 발사에 이어 2016년 1월 6일에는 제4차 핵실험을 강행했다. 비록 국제사회는 믿지 않았지만, 평양은 그것이 수소폭탄 실험이었다고 발표했다. 의심할 여지 없이 김정은은 매우 집요하게 도발하고, 그것을 뚜렷이 각인시켰다.

이렇게 끊임없이 반전에 반전을 거듭하는 행동을 어떻게 이해할 것인가? 이것은 젊은 지도자를 둘러싼 파벌들 간의 주도권 다툼을 보여주는 것인가, 단지 정치적 혼선일 뿐인가, 그도 아니면 단지 하나의 전략에 얽매이지 않겠다는 의지의 표명인가? 어느 경우이든 그들은 목표를 거의 달성하지 못했다. 2013년 2월, 농구 선수 데니스 로드맨이 처음으로 평양을 방문한 후 돌아갈 때 김정은이 전해달라고 한 메시지는 "버락 오바마에 제발 나에게 전화 좀 해달라고 전해줘."였다. 그러나 워싱턴은 북한이 오래 전부터 요구해온 북·미 쌍방 간 대화에 전혀 응하지 않았다. 또한 북한 주민들이 새로운 지도자의 군사적 도발에 이전과 같이 열광하지 않는다는 의심이 일고 있었다. 몇몇 전문가들에 따르면 2013년 4월의 갑작스러운 긴장 완화는 3개월이 넘는 위기 조성 기간 동안 자신들의 생업에 종사하지 못한 시민들의 불안감이 작용한 것이라고 한다. 군사적 무력 시위는 북한 김씨 왕조의 주특기다. 하지만 과도하게 사용해서는 안된다.[13] '전가의 보도'를 다루는 것은 분명 매우 섬세한 예술이다.

---

13) 파스칼 다예즈-뷔르종, '김정은은 무엇을 획책하는가?, 《르 몽드》, 2013년 4월 8일. Pascal Dayez-Burgeon, 'A quoi joue Kim Jong-un', *Le Monde*, 8, Avril 2013.

북한의 싸이

서양 세계가 김정일의 이름을 기억하는 데 5년이 걸렸다. 그의 비상식적인 외모와 약간 얼빠진 사람 같은 분위기, 양 머리 헤어스타일 아래에 집요하고 계산적인 독재자가 존재하고 있다는 것을 깨닫는 데 또다시 5년이 걸렸다. 하지만 김정은은 10배나 빠른 속도로 전 세계가 자신의 이미지를 인식하도록 만들었다. 완강하고 호전적이며 잔인한 그는 폭군의 전형적인 이미지를 이식한 듯 자신의 아버지와 꼭 닮았다. 그의 예측 불가능한 행동은 국제 정치계를 당혹하게 만들었으며, 언제나 반영웅을 갈구하는 여론과 언론을 경악하게 함과 동시에 매혹시켰다. 대중문화는 공포와 매혹을 반씩 품은 채 그에게 열광한다. 단 몇 달 만에 그는 전 세계 공공의 적 No.1 그룹에 들어섰다. 미국의 만화와 공상과학영화에 나올 법한, 그러나 진짜 살과 뼈를 가진 '슈퍼 악당'이 되었다.

과거의 광적인 공산주의자, 그리고 현재의 가학적인 이슬람 지하디스트들처럼, 김정은은 이제 악의 표본으로 구현된다. 권력 승계 이후 그는 실제로 헐리우드 영화에 등장한다. 북한의 테러리스트들이 워싱턴의 백악관을 점령하고 미국 대통령을 인질로 잡는 안투완 후쿠아Antoine Fuqua 감독의 영화 〈백악관 최후의 날(Olympus has Fallen)〉이 한 보기이다. 북한의 지도자가 핵을 보유한 초강대국 지도자들의 모임에 아주 자연스럽게 참여하는 존 츄Jon Chu 감독의 영화 〈지.아이.조2G. I. Joe Retaliation〉, 그리고 북한이 미국을 정복하는 내용의 댄 브래들리Dan Bradley 감독의 영화 〈레드 던Red Dawn〉 등이 또한 그 예들이다. 비록 이 영화들이 그저 그런 액션영화에 불과하더라도 그의 상징성이 커졌다는 사실에는 변함이 없다. 그는 관객들을 영화관으로 불러모으며, 헐리우드 제작자들이 신경쓰는 국제적인 여론을 좌우한다. 〈레드 던Red Dawn〉의 경우는 자세히 살펴볼 가

치가 있다. 이 영화는 1984년에 존 밀리어스John Milius 감독이 만든 편집
증적인 스릴러 영화 〈젊은 용사들(Red Dawn)〉을 다시 만든 것이다. 원작에
서는 소련과 쿠바가 미국을 정복하지만, 30년 후에는 이것이 황인종의
역습으로 변형되었다. 이 작품의 원래 시나리오는 중국이 미국을 공격하
는 것이었다. 그러나, 중국 시장에서 개봉하지 못할 위험을 염려하던 미
국의 영화사 MGM이 신중하게도 생각을 바꿔 중국을 북한으로 대체했
다. 하지만 관객들은 이러한 배경이나 마지막 순간의 시나리오 변경을 거
의 알지 못했다.

한편 디지털 세대는 영화보다 더 빨리 북한의 위협에 설득당했다. 2001
년 비디오 게임 홈프론트Homefront는 "2027년 미국은 거대 한국에 완전히
점령당했다. 당신은 저항운동에 참여해야 하며, 미국의 해방을 위해 싸우
러 떠난다."는 시나리오를 선보이며 이미 대성공을 거두었다. 그 이후 대
재앙 시나리오[14](Scenario catastrophe) 사이트 같은 곳에서 다음과 같은 글이
나돌며 사이버 세계가 들썩이기도 했다. "김정은은 9월 10일(정확한 연도는 나
와 있지 않음) 서울 공격을 명령한다. 150발의 미사일이 한반도 남쪽을 초토
화시키고, 500만 명의 사망자가 발생하자 미군이 15대의 폭격기로 응전
에 나선다. 그러나 11일, 그들이 러시아 전투기 S-400에 의해 모두 격추당
하자 미국은 결국 러시아에 선전포고를 하게 된다. 9시 50분. 중국과 러시
아, 북한이 완벽하게 동시적으로 총 3,000메가톤에 이르는 3,550발의 핵
미사일을 미국과 일본, 유럽에 퍼붓고 30%의 미사일은 도중에 요격되지
만, 그러나 나머지 70%만으로도 추정하기 힘든 피해를 입힌다. 워싱턴은
완전히 초토화되며, 뉴욕은 지도에서 지워지고 사망자는 총 5,900만 명에
이른다. 유럽의 경우 파리, 런던, 브뤼셀이 3,200만 명의 사망자들과 함께
사라지며, 일본은 전 국토의 65%가 파괴되고 사망자 수도 3,500만 명으

---

14) http://www.scenariocatastrophe.com/scenarios/guerre-nucleaire/

로 추산된다." 김정은은 과연 묵시록에 나오는 죽음의 기사인가?

물론 이것은 단순한 환상일 뿐이다. 북한이 비록 핵무기를 보유하고 있다 할지라도 그들은 미국을 '불의 대양'으로 만들 의향도, 수단도 갖고 있지 않다. 비록 북한군이 전 세계 4위에 해당하는 병력 수를 자랑하지만 모든 면에서 주변국의 능력과는 비교의 대상이 되지 않는다. 2013년을 기준으로 미국의 국방비는 6,400억 달러에 이르며, 중국은 1,900억, 러시아는 900억, 일본은 500억, 한국은 340억 그리고 북한은 고작 100억 달러[15]로 미국 예산의 2%에 지나지 않는다. 그러나 미디어는 그런 자세한 정보는 무시한 채 특히 충격적이고 선정적인 뉴스를 양산하기 위해 김정은을 그들의 가장 중요한 토픽으로 만들고 있다. 게다가 일반 독자들이 두려움을 주는 기사에 흥미를 느낀다는 사실을 알고 있는 그들은 북한과 관련된 정보들이 대부분 가짜 뉴스라는 사실에 주의하지 않은 채 가장 그럴듯한 소문들을 확대 재생산하고 있다. 연세대학교의 존 들러리 John Delury 초빙 교수는 "대중들은 북한 관련 일화들을 좋아한다. 그것이 더 끔찍할수록 그들은 더 많은 뉴스를 요구한다."라고 비판했다.[16]

"늑대야!"라고 소리친 자신들을 정당화하기 위해 미디어들은 김정은이 미쳤을 수도 있다는 사실을 넌지시 암시하며, 그것을 증명하기 위해 저급 수준의 심리학까지 동원한다. 소위 미국의 전문가라는 사람에 의하면 김정은은 어린 시절 동물들을 고문하면서 시간을 보냈다고 한다. 갓 30이 넘은 나이에 벌써 알코올 중독과 100kg에 가까운 과체중 문제를 가지고 있기도 하다. 프랑스의 언론인 올리비에 세귀레Olivier Séguret

---

15) 국방비 자료 출처: 스웨덴 스톡홀름 평화 연구소와 한국 국방연구원.

16) 타니아 브래니건, 저스틴 맥커리, "북한 정권, 김정은이 처형 명령을 내렸다고 보도한 언론들을 향해 '비열한 미디어'라고 비난하다.", 《가디언》 2013년 9월 23일자. Tania Branigan & Justin McCurry, "North Korea criticizes 'reptile media' for saying Kim jong-un ordered excutuions", *The Guardian*, 23 septembre 2013.

는 "김정은과 관련된 모든 사항은 그가 미성숙한 어른이라는 사실을 증명한다. 테마공원과 미국 농구선수들에 대한 열정과 마찬가지로 무기에 대한 애착, 배지에 대한 과도한 집착 그리고 버릇 없는 아이의 변덕스러운 기질 등 모든 면에서 그렇다. 심지어 아마추어 심리학자마저도 그가 현실과 괴리된 상태에 있으며 극심한 편집증과 좌절된 절대권력의 욕망이 뒤섞인 상태임을 진단할 수 있다."고 썼다.[17] 결국 프랑스의 유명 철학자 알랭Alain(본명 에밀-오귀스트 샤르티에Emile-Auguste Chartier)이 옳았다. "권력은 사람을 미치게 만들며, 절대권력은 사람을 절대적으로 미치게 만든다."

극단적인 모든 것이 결국 평범해지는 것처럼, 김정은은 모두가 조롱하고 싶어하는 슈퍼 악당이 되었다. 우리는 마치 아이들이 학교 운동장에서 벌이는 놀이처럼 그의 뚱뚱한 체구를 놀려댄다. 2012년에는 미국의 온라인 풍자 신문인 《어니언The Onion》이 그에게 '올해의 최고 섹시남'상을 수여했는데, 베이징의 《인민일보》가 그 사실을 곧이 곧대로 믿고 평양의 주인에게 축하를 보내는 촌극도 벌어졌다. 그의 허풍을 흉내내는 것 또한 토크쇼의 중요 레퍼토리가 되었다. 예를 들어 미국의 인기 프로그램 〈첼시 레이틀리Chelsea Lately〉에서는 뚱뚱한 코미디언인 포춘 화임스터Fortune Feimster가 그의 역할을 맡고 있다. 아울러 농구선수 데니스 로드맨과의 황당한 우정을 비웃기 위해 미국의 피스타치오 브랜드인 '원더풀 피스타치오Wonderful Pistachios'는 그의 이미지를 도용했다. 그것은 북한의 지도자와 똑같이 생긴 사람이 짜증나는 농구선수를 박살내기 위해 핵 단추를 누르는 모습이었다. 이 이미지는 즉각적으로 대성공을 거두었으며, 10여 개의 광고회사들이 그것을 모방하기 시작했다. 2014년 말에 개봉된 영화

---

17) 올리비에 세귀레 Olivier Séguret, 《리베라시옹Libération》 2013년 4월 7일자.

〈인터뷰The Interview〉에서 제임스 프랑코James France와 세스 로겐Seth Rogen
은 김정은을 자신의 나라를 한낱 장난감으로 여기고, 오로지 미국의 팝
스타 케이티 페리Kathy Perry만 받드는 불쌍한 꼭두각시로 그렸다. 결론적
으로, 김씨 가문 3세는 언제나 사람들을 울게 만든다. 그러나 그것은 너
무 웃겨서 나오는 눈물이다.

　　하지만 가장 냉소적인 모습은 당연히 그들의 형제이자 적인 남한에서
나왔다. 2012년 여름쯤 아주 이상한 현상이 서울을 강타했는데, 그것은
싸이라는 이름의 가수가 부른 노래 〈강남 스타일〉의 열풍이었다. 서울에
서 최고로 핫한 동네인 강남을 익살스럽게 풍자한 이 노래는 한국어로
불려졌음에도 불구하고 전 세계적으로도 대성공을 거두었다. 12월, 전
세계 수백만의 사람들이 그가 나오는 비디오 클립을 보고, 그 노래의 일
부를 듣기 위해 유튜브YouTube에 접속했으며, 싸이는 순식간에 전 세계
적으로 가장 인기 있는 가수가 되었다. 우리가 예상했던 수순대로, 다음
해 8월이 되자 한 유쾌한 장난꾼이 북한의 지도자처럼 통통한 싸이를 김
정은으로 대체한 패러디 버전 〈강남 스타일〉[18]을 내보냈다. 평양은 불쾌
감을 감추지 않았지만, 서울 사람들은 열광했다. 함정을 판 사람이 오히
려 자신의 함정에 빠진 것이다. 김정은은 자신의 법칙을 세계에 강요하
고 싶어했지만, 자! 세계가 그에게 돌려보낸 이미지는 패러디 〈강남 스
타일〉의 광대이고, 비디오 게임의 위뷔Ubu왕이자 아버지였다. 결국 본질
적으로 김정은은 북한의 '싸이'다.

---

18) http://www.youtube.com/watch?v=qhw3dlwJNj0

25. 좁은 문

동아시아 전선 이상 없다?

한국엔 '그 아버지에 그 아들'이라는 표현이 있다. 그것은 이전에는 김일성과 김정일 사이에, 그리고 현재는 김정일과 김정은 사이에 나타나는 관점의 유사성, 닮은 외양을 내세우고 심지어 이 둘이 하나라는 주장을 끊임없이 공표하는 붉은 왕조에 딱 들어맞는다. 정권은 자신의 오래된 역사와 일관성, 충실성을 증명하기 위해 이런 식의 환생론에 집착한다. 그러나 언제나 그렇듯 그것은 가공된 이야기이고 거짓말이다. 각각의 김씨는 자신들 특유의 성격과 역사, 세상을 향한 관점 등을 가지고 있다. 비록 권력 유지라는 똑같은 목표를 공유하고 있다 하더라도, 그것에 이르는 방식은 똑같지 않았다. 그들의 정치적 감각에 의해 권력에 오른 처음 두 명의 지도자는 각자가 참여하는 정치적 분할에 맞는 역할을 담당했다. 김일성이 베이징과 모스크바 사이의 등거리 외교를 고수했던 것처럼, 김정일은 대규모의 핵 도발을 시도하기로 결정했다. 아버지의 판단이 옳았다고 확신한 김정은은 현재까지는, 당근과 채찍을 번갈아 사용하며 아버지의 노선을 따라가고 있다. 가문의 오래된 전통과 전후 연결성, 이에 대한 충성심으로 인해 그는 북한 정권의 정통성을 재구현하고자 한다. 앞으로 지속할 것인가? 당연히 그는 자신의 템포에 맞춰 자신의 스타일을 찾고 싶어 한다.

　김정은의 우선 순위는 베이징에 의해 꽉 조여져 있는 북·중 관계의 볼트를 느슨하게 푸는 것에 있는 것처럼 보인다. 한국전쟁 이후 북한은 중국을 형제국으로 여겨왔다. 북한이 공산주의 전당의 무대 위로 올라갈 수 있었던 것도 중국의 너그러운 보호 덕분이었다. 그러나 중국은 수사적인 동료 관계만을 유지하고 있었다. 그들은 이제 북한에 대해 보다 실용적인 관점으로 접근하고 있는데, 그들에게 북한은 우선 천연자원의 저장고로서의 가치가 있어서, 북·중 국경지대인 압록강과 두만강을 따라 만주 남쪽에 세워지고 있는 공업지대에 공급될 자원의 공급처로 생각하고 있다. 또한 북한은 미국과 직접적으로 국경을 맞대는 것을 회피하는 중국 정부에 하나의 완충지로 작용한다. 때때로 그들은 북한을 자신들의 약점을 가리는 바람막이로 사용한다. 이제 존경받는 최강대국이 된 중국은 특히 경제적인 이유에서 더 이상 이전처럼 일본이나 한국, 미국을 직접적으로 자극할 수는 없게 되었다. 하지만 북한은 그러한 조심성도 없고 또 그럴 필요도 없다. 결국 공식적으로 중국은 평양의 핵 도발과 인권 문제 등을 비난하지만, 비공식적으로는 자신들이 체면 때문에 못하는 도발을 북한이 하도록 은근히 방치하며 심지어 평양을 도발 전문가로 이용하기도 한다.

사실, 중국은 북한을 쥐고 있다. 만약 중국이 북한의 천연자원 구매나 원유 공급, 원조 프로그램 등을 거부한다면, 북한 정권은 무너져내릴 것이다. 베이징은 식량 지원을 중단하는 아주 쉬운 방법도 갖고 있다. 중국의 식량 지원은 언제나 평양이 최악의 곤란을 면할 정도로만 이루어졌다. 그러나 북·중 관계는 표면적으로 보이는 것 이상의 무언가가 있다. 2003년 6월과 2010년 2월, 정치적으로 민감한 사태가 있고 난 후 북한으로 향하는 석유 송유관이 갑자기 고장 나는 사고가 발생했다. 평양은 물론 이 메시지를 이해했다. 게다가 군사적으로 평양 정권을 지탱하고 있는 북한군은 중국의 인민군에 비하면 그저 한 입 거리에 불과하다. 북한과 국경을 접하고 있으며, 아직도 많은 수의 조선족이 살고 있는 지린성에서는 이와 관련된 소문이 규칙적으로 흘러나온다. 특히 김정일이 위중한 상태에 빠졌을 때, 중국군이 우발 사태에 대비하기 위해 평양에서 20여km 북쪽에 있는 순안공항 주변을 점령할 것이라는 소문이 떠돈 예가 대표적이다. 또한 장성택이 처형당했을 때, 베이징이 선호하는 김정남이 권력을 장악하도록 쿠데타를 일으킬 것이라는 소문도 있었다. 일본의 매우 보수적인 유명 언론인 사쿠라이 요시코Sakurai Yoshiko는 지난 10여 년 전부터 중국의 역사학자들이 동북공정, 즉 고대 시기에 한반도의 북부 지방은 중국 땅이었다는 주장을 내세우는 이유가 평양 왕조의 허락이 있든 없든 우발 사태가 발생했을 때 중국에 의한 북한 점령을 미리 정당화하기 위해서라고 평가하기도 했다.

물론 김정은이 이러한 사태를 모르는 것은 절대 아니다. 그러나 김정일 시대 말기, 그는 아버지에게 "항시 중국을 경계하라."는 조언을 받았으며, 이러한 유지를 따라 중국의 뜻대로 움직이지 않을 것을 결심했다. 물론 선택의 폭은 매우 좁았지만, 그는 자신의 패를 아주 적절하게 사용했다. 중국은 그들의 영향력을 확대하려 획책하지만, 북한의 권력은 여전히 그가 쥐고 있다. 친중국파의 수장격인 장성택에 대한 끔찍한 처형은 그것을 명백히 증명했다. 이번에는 중국이 그 메시지를 완전히 이해했으며, 강한 거부감을 드러냈다. 그 이후 북·중 관계는 한랭전선 속에 들어갔다. 중국의 새로운 지도자가 된 시진핑은 2014년 7월, 북한 대신 서울을 공식적으로 방문했다. 그러자 2014년 9월에 북한은 통상적으로 동해에 면해 있는 기지에서 미사일을 발사하는 관례를 깨고 중국 국경에 가까운 자강도에서 미사일 발사 실험을 강행했다. 미사일은 전과 같이 동해 쪽을 향해 비행했지만, 베이징은 북한의 이 쌀쌀하고 도전적인 메시지에 불쾌했음이 분명하다.

북한은 교활하고 치사한 방법 또한 마다하지 않았다. 중국의 사업가들이 법정 기한에 우선해 투자이익을 받으려고 했을 때 북한은 그들을 방해할 수단, 즉 언제나 시간을 지체하는 관료주의와 만성적인 부패, 그리고 심지어 필요하다면 사기까지 모두 동원했다. 2012년 8월, 중국의 제철기업 시양Xiyang은 3,000만 달러에 달하는 투자금을 압류당했는데, 북한 정권은 의심스러운 중재자에 의해 거래가 이루어졌다는 변명을 내세웠다. 나중에 알려진 사실이지만, 그 수상한 중재자는 다름아닌 장성택의 측근이었다.

중국의 영향력에서 벗어나기 위해 김정은은 한반도 밖으로 눈을 돌릴 수 밖에 없었다. 왜냐하면 한·중 관계가 날이 갈수록 따뜻해지고 있었기 때문이다. 처음에 그는, 자신의 아버지처럼, 북한에 가스와 석유를 공급해주고 시베리아 개발을 위해 북한 노동자들을 고용하는 러시아의 블라디미르 푸틴에게 손을 내밀었다. 그 후 2014년 6월에는 현재까지도 해결되지 않고 있는 1970년대 일본인 납치 사건을 처리하기 위한 진상 조사단 구성 문제와 관련해서 도쿄와의 대화를 재개했다. 심지어 공식적으로는 여전히 북한의 주적인 미국과도 접촉을 유지했다. 북한의 장학생들이 컴퓨터공학을 연구하기 위해 미국 뉴욕주에 있는 시라큐스대학교를 해마다 방문하고 있다. 미국의 사업가들, 특히 통일교의 자금 지원을 받고 있는 평화모터스 공장의 경영자 박상권이나 2010년에 평양 최초의 사립대학을 설립한 김진경처럼 한국계 미국인인 경우, 북한으로부터 대대적인 환영을 받았다.

그렇지만 김정은은 자신의 선임자들과는 전략이 약간 달랐다. 그는 여러 문제들 중에서 북한의 동부 해안지역 재건사업을 선택했으며, 그것은 첫눈에 보아도 국내의 정치적 주안점에 대한 대응이었다. 고난의 행군 동안 동해안 지역은 철저히 소외당했다. 함흥과 청진 같은 대도시마저 유령도시처럼 변모할 지경이었다. 당연하게도 그곳에서 가장 절망적인 기근과 가장 폭력적인 폭동이 발생한 터였다. 이제 북한의 상황이 개선되었으니 끔찍한 재해를 당한 이 지역들을 국가의 품 안으로 다시 받아들일 때가 된 것이다.

게다가 정권은 김정은의 공식적인 출생지가 백두산 기슭이라고 선전하고 있지만, 믿을 만한 소문에 의하면 그는 김씨 일가 소유의 빌라가 있는 동해안의 도시 원산 출신인 것으로 추정된다. 2009년, 김정은은 그곳에 아름다운 장미 정원과, 요트 정박을 위해 부교 시설을 갖춘 호화로운 별장을 지었으며, 총경비는 무려 4,000만 달러에 이르렀다. 이 시점을 기해 많은 사람은 이 별장을 김정은이 최종적으로 후계자가 된 증거로 간주했다.

그러나 동해안 재개발사업은 또한 국제적인 목적을 갖고 있다. 서해안 쪽에 있는 신의주와 남포항은 중국과의 무역에 얽매여있다. 반면에 원산과 흥남항 등은 동해로 열려있어 러시아와 일본, 그리고 태평양 쪽의 무역에 사용될 수 있다. 중국의 영향으로부터 벗어나기 위한 시도로서 그곳의 항만 시설들을 현대화하고, 정유소를 비롯한 새로운 공장 등을 건설하려는 것이었다. 러시아의 극동 최남단 항구인 블라디보스토크 앞바다가 12월부터 4월 중순까지 결빙되는 상황에서 김정은은 몇 년 안에 자신의 동해안 항구들이 러시아의 겨울 운송 연결망으로 사용될 것을 희망했다. 이미 구한말 러시아 제국이 원산에 라자레프라는 항구를 건설했었다는 사실을 상기하면 김정은의 계산은 확실히 현실적이었다. 이와 더불어 그는 원산을 국제적인 관광지로 탈바꿈시킬 계획을 수립했다. 원산 주변은 그 해변들과 솔밭, 온화한 날씨 그리고 맑은 샘물 등으로 이미 오래 전부터 명성이 높았던 곳이다.

이러한 여름 휴양지로서의 명성에 김정은은 겨울 스포츠를 추가했다.

2014년 1월, 그는 원산에서 남동쪽으로 20여km 떨어진 마식령에 새로운 스키장을 개장했다[19]. 북한의 주장대로라면 공병대에 의해 열 달 만에 건립된 곳이었다. 예상대로 남한의 SNS망이 가장 먼저 그것을 공공연하게 조롱하기 시작했다. 한 냉소적인 인터넷 사용자는 "김정은 혼자 스키 타겠네." 다른 이용자는 2018년에 겨울 올림픽이 개최될 예정인 평창을 연상하며 "북한이 평창을 압도하다."라고 비꼬았다. 사실, 스키는 동아시아에서 급속하게 인기를 얻고 있는 중이다. 아시아 국가, 특히 눈을 접할 수 없는 홍콩과 대만, 베트남, 싱가포르, 인도네시아와 같은 나라들의 많은 관광객들이 일본보다는 저렴한 한국의 스키장으로 몰려들고 있다. 북한은 아마도 중국 자본을 통하지 않고 이러한 유행으로부터 이득을 얻고 싶은 생각일 것이다. 성공할 것인가? 모든 것은 김정은의 도박에 달려있다.

---

19) 니콜라 뷔스카, '스키장 리프트의 김정은', 《리베라시옹》, 2014년 12월 22일자 Nicola Busca, 'Sur le télésiège de Kim Jong-un', *Libération*, 22, 12, 2014. http://koryogroup.com/blog/?p=2565/

'온라인' 김

북한이 중국의 위성국으로 완전히 전락하는 것을 피하기 위해 김정은은 또한 최첨단 테크놀로지에 의지하고 있다. 물론 정치적 동기도 있다. 평양의 새로운 주인은 디지털 파도 위에서 웹 서핑을 하며, 자신이 얼마나 동시대 첨단기술에 익숙한지를 증명하고자 했다. 그것은 또한 이 새로운 성장동력을 북한에 접목시키고자 하는 바람을 나타내는 것이다. 사실, 경제 대국인 중국도 이 새로운 기술을 다루는데 여전히 서툴다. 하지만 한국은 이미 20여 년 전부터 이 분야에 천착해 이제는 지구상의 정보통신의 메카로 인정받는 시점에 이르렀다. 남한이 하는데 북한이라고 못할 것인가? 평양은 인민들의 잠재력을 자극하고, 공장들을 자동화함으로써 신식민주의적 착취의 악순환을 벗어나고, 동시에 경제성장의 잠재력을 향상하고자 했다.

솔직히 말해, 이러한 방향으로의 정책 전환을 처음 시도한 사람은 김정은이 아니었다. 그의 아버지인 김정일도 1980년대부터 많은 노력을 기울인 바 있다. UN의 지원 프로그램 덕에 북한도 상당히 이른 시기에 정보통신장비들을 구축할 수 있었다. 심지어 국제적인 하청 컨소시엄을 통해 컴퓨터 제작에 뛰어들기도 했지만, 그러나 그 컴퓨터들은 수출용으로 제작된 것은 아니었다. 경애하는 지도자의 이름을 실수 없이 칠 수 있도록 특별 자판을 설치하고, 김씨 왕조의 업적이 갖는 정치적 중요성을 선전하는 소프트웨어가 깔려있는 것이었다. 하지만 이러한 노력은 오래 가지 못했다. 고난의 행군 동안 모든 것이 중단되었으며, 이후 김정일은 정보통신산업의 재개 임무를 장남인 김정남에게 부여했다. 2001년 1월, 현장을 둘러보자는 김정남의 조언을 받아들여 김정일은 상하이를 방문한 후 새로운 정보통신산업의 잠재력을 확인했다. 그는 주체사상이 정보

통신과 함께할 것이며, 그렇지 않으면 실패할 것이라는 확신을 갖고 북
한으로 돌아왔다.

　　모든 초보자처럼, 김정일 역시 최신 장비들을 구축하고 전문가인 양,
인터넷망만을 신봉했다. 그는 참모들과 오로지 이메일로만 연락했으며,
국제적 인맥과 소통할 수 있는 이메일 주소를 확인했다. 그중의 한 명이
놀랍게도 바로 당시 미국의 국무부 장관인 메들린 올브라이트Medeleine
Albright였다. 그는 관련 부처에 대학들의 장비 구축을 명령했으며, 만경대
학생궁전에도 자신이 가장 선호하는 브랜드인 애플Apple 컴퓨터를 제공
했다. 2004년, 그는 북한을 새로운 정보통신기술에 개방하고자 평양 국
제박람회를 개최했으며, 2006년에는, 북한 대부분의 학교가 아직 컴퓨터
장비를 갖출 여유도 없고, 심지어 그것이 작동하는데 필요한 전력공급시
설도 없는 상태에서, 정보통신교육을 의무화시켰다. 북한의 실리콘밸리
를 건설하겠다는 꿈도 품었지만, 디지털 혁명이 즉각적으로 발표되지는
않았다. 전문가들을 양성하고, 자본을 끌어모으며, 필요한 제반 시설을
건설하는데 몇 년이 필요했기 때문이다.

　　도약은 2010년 이후에 이루어졌다. 장비 개선과 오랜 기간 동안의 정
치선전 덕택으로 이제 정보통신 문화가 평양의 부르주아 생활 방식으로
퍼지기 시작했다. 유명 대학들의 시설이 정보화되었으며, 아울러 정보통
신학과들이 속속 문을 열어 사회적 신분 상승을 꿈꾸는 학생들을 유치하
기 시작했다. 김정은은 스위스 유학 시절 웹 서핑으로 시간을 보낸 적이
있다. 그의 관심 속에 마침내 북한 체신부는 태국의 회사 록슬리 패시픽
Loxley Pacific과 조인트-벤처를 통해 인터넷에 접속할 수 있게 되었다. 국
영 통신사의 공식 사이트인 '우리 민족끼리'가[20] 2010년 8월에 처음으로

---

20) http://www.uriminzokkiri.com/

인터넷의 문을 열었다. 이어서 정권은 '우리 민족끼리'의 페이스북 페이지와 유튜브 채널(우리 민족끼리 TV), 그리고 트위터 계정 등을 연달아 만들었으며, 이 세 계정의 프로필 사진은 평양의 조국통일3대헌장기념탑 이미지를 쓰고 있다. 구글의 사장 에릭 슈미트는 가상의 세계에 문을 열고 싶어 하는 이 폐쇄적인 나라에 호기심을 느껴 2013년 1월, 평양을 방문하기도 했다. 공식적으로는 인도주의적 방문이라고 선언했지만, 어쨌든 그의 방문 몇 주 후에 구글 어스Google Earth는 이전보다 더욱 정확해진 북한의 지도를 공개했다.

그러나 실상 북한은 자신들이 선전하는 것보다는 훨씬 덜 소통한다. 한국어와 영어, 러시아어로 방송되는 메시지들과 이미지들, 비디오들의 대부분은 김정은의 천재성과 북한 생활의 행복함, 북한군의 영웅주의를 찬양하는데 사용된다. 최고의 수비는 공격이라는 말을 증명하듯, '우리 민족끼리' 채널은 적들을 정기적으로 공격한다. 그들은 남한이 미국의 식민지이며, 친일파들로 채워진 나라라고 비난한다. 또한 어쩌면 〈강남 스타일〉 패러디에 김정은을 이용한 것에 대한 복수로, 대통령에 당선되기 전 박근혜는 강남 부자들의 꼭두각시이자 독재자였던 아버지의 비굴한 딸로 풍자되었다. 그러자 북한 정권 고발에 매우 적극적인 남한의 기독교단체연합은 조롱 섞인 스타일로 "북한은 천국입니다. 그곳에서는 김씨 일가의 덕택으로 의료와 교육이 공짜이며, 또한 세금을 낼 필요가 없습니다."라고 반격했다. 물론 어떠한 것도 독창적인 것은 아니다. 새로운 정보통신수단이 확성기와 라디오 방송, 삐라 투척을 대체한 것뿐이다.

반면에 더 염려스러운 현상은 평양 정권이 사이버 테러리즘으로 빠져들고 있다는 것이다. 미림대학[21] 안에 설립되고, 전문적인 해커들로 구

---

21) 역주: 인민무력부 산하 김일성군사대학으로 사이버 전사 양성소.

성된 육군 특별부대 110호 연구소는 디지털 바이러스를 배포한다. 아울러 사이버 해킹작전을 연이어 전개하고 있다. 한국 당국자가 발표한 통계에 따르면 2008년 28,000건이던 해킹은 2012년에는 40,000건에 달할 정도로 폭증했다. 그들의 목표는 은행과 언론사, 행정 부처 그리고 당연히 군사 시설을 향하고 있다. 남한의 사이버 테러리즘센터에 따르면, 초기 해킹은 매우 초보적인 수준에 머물러 있었다. 2013년 2월과 3월, 핵 위기가 최고조에 이르렀을 때 북한에서 올라온 〈3일 만의 서울 함락〉이나 〈불타는 워싱턴〉과 같은 비디오의 경우 인터넷 이용자들에게 두려움을 안겨주는 커녕 도리어 커다란 웃음을 선사했다. 그러나 2014년 12월, 김정은을 조롱한 영화 〈인터뷰The Interview〉가 개봉할 시점에 이르러 평양의 해커부대들은 이 영화를 제작한 소니 본사를 해킹했으며, 결국 제작사 소니는 영화 개봉을 무기한 연기해야만 했다. 이 사건은 순식간에 전 세계를 강타했으며, 이후 그들은 북한의 사이버 테러리즘을 심각한 문제로 인식하게 되었다.

그렇다면 김정일의 사이버 불장난이 지속될 것인가? 정보통신의 메카로 인정받고 있는 한국의 경우 그렇게 생각하지 않으며, 그것을 용납하지도 않을 것이다. 북한의 모든 사이트는 지속적인 감시를 받고 있으며, 때때로 보복의 대상이 되기도 한다. 2013년 북한의 국영 언론사인 《노동신문》과 국영 항공사 고려항공이 몇 시간에 걸쳐 마비되고, 북한 공식 트위터 계정이 막힌 적도 있었으며, 2014년 3월에는 심지어 북한 전 지역에서 두 시간에 걸쳐 인터넷 접속 자체가 불가능했다. 하지만 북한 정권이 가장 우려하는 경우는 정보통신기술이 자신들을 향해 총부리를 겨누는 상황이다. 공식적으로 김씨 왕조는 새로운 테크놀로지를 좋아하며, 신기술이 북한 정권과 잘 어울린다고 주장한다. 중국에서 은밀하게 생산된 것이 분명한 '아리랑'이라는 이름의 자체 스마트폰이 그렇다. 김정은의 출생 도시의 이름을 딴 '삼지연 태블릿', 언제나 그렇듯 김정은을 연상시키는 최초의 이동전화기용 게임인 '젊은 장군' 등도 그 예다.[22]

그러나 사실 북한 주민들이 인터넷 세계에 흥미를 갖게 되는 것을 방지하기 위해 통제는 점점 더 엄격해지고 있다. 오직 소수의 특권층만이 소수의 제한된 사이트에 접속할 수 있다. 일반 사람들은 '광명성'이라 불리는 일종의 국내용 인트라넷에만 접속할 수 있으며, 김정은이 권력의 정점에 오르기 전부터 북한식의 사이버 경찰인 109그룹이 통신장비와 내용물들을 엄격하게 감시하고 있었으며, 이를 위반한 사람들은 규칙적으로 체포되고, 대중 앞에서 심판을 받았으며 결국 수용소로 끌려갔다. 결국 체제 유지를 위해 정권은 한편으론 신기술을 발전시키면서 동시에 그것을 통제할 수단을 끝없이 강구해야만 한다. 경제학자 마르쿠스 놀랜드Marcus Noland는 "북한 정권은 교리 안에서 자체 모순을 키우고 있다."[23]고 선언했다. 이보다 더 적절한 표현도 없을 것이다.

---

22) 2012년, 김책 공대 학생들이 정보통신기업 노소택, 고려여행사 등과 손잡고 '평양 레이서'라는 게임도 출시했다.

23) '북한 독재자의 새로운 옷들Les habits neufs de la dictature nord-coréenne', 《르 몽드Le Monde》, 2013년 11월 21일자.

민족으로의 회귀

북한 정권 전체에 효력이 있는 공식은 무엇일까? 이탈리아의 작가 주제페 토마시 디 람페두사Lampedusa의 아름다운 소설 《표범(Il Gattopardo)》을 보면, "모든 것이 전과 같이 남기 위해서는 모든 것을 바꾸어야 한다."는 역설이 나온다. 김정은의 경우는 사실 정반대다. 만약 그가 자신의 나라를 변화시키고자 한다면, 특히 적어도 외관상으로는 아무것도 바꾸지 말아야 한다. 사실 북한은 주체사상과 김씨 왕조의 신화를 건립한 자신의 역사와 이데올로기의 포로다. 이러한 건립 원칙들을 재고하는 것은 정권의 기초를 전복하는 것이며, 그 안정을 위험에 빠트릴 수 있다. 주변 강대국의 진화가 그것을 증명한다. 일본의 경우 시장경제에 집중한 결과, 천황은 이제 시대착오적인 꼭두각시가 되어버렸다. 한국 역시 군부는 권력을 완전히 상실했으며, 미하일 고르바초프Mikhail Gorbatchev는 소련제국을 조각조각내버렸다. 중국에서는 정치를 사적 이윤의 도구로 생각하는 계층인 태자당 왕자들이 정치를 장악하고 말았다. 김씨 왕조에게는 민주주의나 사적 이익을 추구하는 정치, 시민 정권, 심지어 개혁마저도 정권을 죽음에 이르게 할 위협이 된다.

자신의 정권을 있는 그대로 보존하기 위해 결국 김정은은 자신이 잘 알고 있는 독재정치, 개인 우상화 정책에 의해 강화된 전제주의, 즉 인기영합적 독재정치를 지속하고 있다. 그는 현대적인 젊은 왕자 역할을 하면서 자신의 왕관을 손질한다. 인민을 내려다보는 듯했던 아버지의 태도 대신 연민을 가지고 친근하게 인민을 대한다. 2014년 5월, 평양 한복판에 있는 23층 규모의 아파트가 붕괴되어 30여 명의 사망자가 발생했다. 그때, 당국은 즉각적으로 인민들에게 사과했으며, 이번 사건과는 별 연관도 없는 김정은이 직접 깊은 애도의 뜻을 표시하기도 했다.

아버지와 할아버지의 혈통으로서 그에 대한 영웅화는 일찍부터 시작되었다. 김정은의 공식 전기에 따르면 그는 2세 때 이미 글을 읽을 줄 알았으며, 3세 때에는 한시를 지었다고 한다. 처음 그의 한자 이름은 '은처럼 완전한'을 의미하는 '正銀'이었는데, 이후 그의 위상에 더욱 걸맞게 '은총의 공정함'을 뜻하는 '正恩'으로 바뀌었다. 모든 스포츠에 뛰어나며, 모든 분야에서 월등한 정신의 소유자이고 천재적인 전략가인 그는 또한 8개 국어를 구사하며 실제 잠잘 필요도, 먹을 필요도 없다고 한다. 하지만 과체중인 그를 볼때 적어도 마지막 말은 절대 사실이 아님이 분명하다. 그의 '천재적인 조언' 덕택으로 농업 생산량이 증가했으며, 공장들이 돌아가고 국가가 현대화된 것은 사실이다. 북한의 언론들은 습관대로 극도의 찬양구들을 쏟아냈다. 김정은은 '주체 혁명의 위대한 계승자'이며, '군과 당, 인민의 비교 불가능한 지도자'이고, '김정일의 현신'이며, 또한 '하늘이 인민들에게 내려준 축복'이었다. 장성택이 처형된 어처구니 없는 이유 중에는 김정은이 단상으로 나설 때 다른 사람들만큼 열렬하게 박수를 치지 않았다는 것도 있었다고 한다. 북한에서 지도자의 소형 동상을 제작하는 것은 범죄 행위에 해당한다. 왜냐하면 김씨 일가는 천상의 거인족이기 때문이다. 그러니 장성택의 행동이 충격적인 것이었다. 어떻게 감히 그럴 수 있단 말인가?

이렇게 극단적인 예에도 불구하고 개인 우상화 현상은 불행하게도 북한에서만 일어나는 일은 아니다. 단지 북한만이 국제적 명성을 떨치고 있을 뿐이다. 1959년 이래, 김씨 일가는 자신들의 영광을 찬양하기 위한 수단으로 만수대 스튜디오를 이용했다. 매일 거의 5,000명에 달하는 예술가들과 화가, 만화 작가, 조각가, 판화가, 보석 및 금은 세공사, 직조공, 자수업자 등이 김씨 왕조를 찬양하기 위해 일을 한다. 비록 창조성에는 약간의 의문이 가지만, 그 결의만은 영국 왕조가 벌이는 '윈저Windsor 비즈니스'를 능가하고도 남는다. 게다가 2000년 이후 만수대는 그들의 영역을 국제적으로 확대해 지구상의 모든 독재자를 위해 일하고 있다. 그들이 만든 대표적인 주문 작품으로는 2010년 4월 세네갈의 수도 다카르에 건립된 52m 높이의 당황스럽고 눈이 번쩍 뜨이는 기념물인 아프리카 르네상스 동상이 있다. 그들의 카달로그는 계속 이어진다. 베냉에 있는 아보메이의 왕 베한진Behanzin의 동상을 비롯, 콩고의 로랑-데지레 카빌라Laurent-Désiré Kabila의 동상, 나미비아의 수도 빈트후크에 있는 무명용사 동상 등을 비롯해 비슷한 성격의 기념물들이 알제리와 시리아, 에티오피아, 마다가스카르, 말레이시아 그리고 캄보디아 등지에 세워졌다. 주체사상의 수도 평양은 이제 폭군들의 배아실로 사용되고 있는 것이다.[24]

그렇지만 이것은 이해관계가 얽힌 겉치레일 뿐이다. 비록 정권은 외화를 가져오는 모든 사람을 접대했지만, 실상은 그들을 역병처럼 불신했다. 평양은 국제관계에서 어려움을 겪고 있는 아프리카 독재국가들과의 우호 관계를 여러 차례에 걸쳐 과시했다. 그렇지만, 2014년 11월, 협력자들과의 모든 관계를 갑작스럽게 중단해버렸다. 김정은은 아프리카 전역이 에볼라 바이러스에 감염되었다고 판단했으며, 해결책은 북한을 이중으로 차단하는 것뿐이라고 생각했음이 분명했다. 실제로 그에게 있어 세상은 하나의 위협이며, 그러한 상황은 장차 인민들에게 약속했던 번영의 방해물이 될 것이었다. 많은 전문가들은 이런 상황들로 인해 정권의 미래를 밝게 보지 못하고 있다. 조지타운대학의 교수 빅터 차Victor Cha에 따르면 "사회 변화에 적응하는데 무능력한 정권과 사회 변화 사이의 모

---

24) http://www.bdfugue.com/blog/bd-et-propagande-en-coree-du-nord/

순은 언젠가 결국 내부 파열로 이어질 것"[25])이며, 안드레이 란코프Andreï Lankov는 북한이 '내전' 상황으로 치달을 염려가 있다고 우려했다.

그렇지만 동아시아의 최근 경향은 김씨 일가에게 유리하게 작용하고 있다. 이데올로기의 시대가 저물고, 경제 침체가 이어지는 상황에서 민족주의의 대두가 동북아시아에서 거대한 야망들의 충돌로 이어질 가능성이 있기 때문이다. 원인이 될 수 있는 분쟁거리가 널려있다는 사실 또한 부인할 수 없다. 중국은 경제적 성장을 발판 삼아 영향력 확대를 극대화하고 있으며, 일본의 경우 잊고 있던 군사적 욕망으로 꿈틀대고 있다. 블라디미르 푸틴은 러시아의 차르를 꿈꾸고 있으며, 심지어 노무현 정권 시절 경제적으로 활력이 넘쳤던 한국마저 과거의 군사정권에 대한 향수가 되살아나고 있는 실정이다. 현재까지는 그저 작은 섬들, 즉 독도나 쿠릴 열도, 남중국해의 섬들이 문제가 되고 있지만, 이 상태가 영원히 지속될 것이라고 생각하는 사람은 거의 없다. 이와 같은 맥락에서 평양 또한 호전적인 분위기에 편승하는 것은 당연하다. 북한의 민족주의 선언과 정치선전에서 풍겨 나오는 민족 우월적인 메시지는, 적국이지만 어쨌든 같은 피를 나눈 형제인 서울을 진동시키며, 동시에 미국을 불신하는 베이징을, 중국의 제국주의적 팽창에 적대감을 가지고 있는 도쿄를 진동하게 만들고 있다. 한때 시진핑이 북한을 냉랭하게 대했던 동안, 일본의 수상 아베 신조는 북한을 방문할 의향이 있음을 공표했다. 김정은은 물론 독재자이지만, 동시에 이 시대 민족주의의 선창자로서 다시 한번 순풍에 돛을 달고 있다.

---

25) 빅터 차, 《불가능한 국가: 북한의 과거와 미래》, 뉴욕, 에코 앤 하퍼 콜린스 출판사, 2012 Victor Cha, *The Impossible State: North Korea, Past and Future*, New York, Ecco & Harper Collins, 2012와 안드레이 란코프, 프랑스 언론인 마크 앱쉬타인과의 인터뷰, '북한의 붕괴가 우려된다.', 《렉스프레스》, 2013년 4월 17일자, Andreï Lankov, 'Je crains un effondrement' *L'Express*. 17 Avril 2013.

결 론

결론

벌거벗은 임금님

최고의 중국 전문가이자 최근에 사망한 시몽 레스Simon Leys는 1971년 안데르센의 우화 《벌거벗은 임금님》(원제 '임금님의 새 옷'(Kejserens nye Klæder)) 에서 영감을 받아 《마오 주석의 새 옷들(Les Habits neuf du president Mao)》이 라는 책을 출간했다.[1] 모두가 알다시피, 안데르센의 우화는 군주에게 아 첨하려는 위선적인 조신들이 벌거벗은 왕을 보자, 그의 새 의복이 맨눈 으로는 볼 수 없는 매우 얇은 천으로 만들어진 옷이라고 확신해, 왕이 알 몸으로 행진하고 있다는 것을 알아차리지 못하는 척했다는 이야기를 담 고 있다. 오직 한 어린이만이 "아버지, 보세요. 임금님이 빨가벗었어요!" 라고 외쳤다. 조신들이 다가와 그 어린이의 입을 틀어막은 것은 물론이 다. 이와 비슷한 현상이 마오 정권에서도 발생했는데, 시몽 레스는 자신 의 책에서 문화혁명으로 인해 중국이 철저히 파괴되고, 수백만 명의 생 명이 죽어가고 있는 와중에 마오의 조신들은 그가 중국 공산주의를 재건 시키고 있다고 확신하게 만들었다는 것이다. 아울러 그에게 영웅적인 구원자라는 끔찍한 가면을 씌어주었다고 설명한다. 사실 당시 서구 세계 에서 마오는 매우 인기가 높았기 때문에, 우리가 지금 알고 있는 문화혁 명의 참상, 즉 마오가 벌거벗고 있었다는 사실을 감히 언급할 용기를 가 졌던 사람은 별로 없었다.

반면 붉은 왕조의 경우, 상황은 정반대이다. 그들이 벌거벗고 있다는 사실, 즉 그들이 부조리하며, 악행을 일삼고 있다는 것을 모르는 사람은

---

1) 시몽 레스, 《마오 주석의 새로운 옷: 문화혁명의 연대기》 파리, Champ Libre 출판사, 1971
Simon Leys, *Les Habits neufs du président Mao, chronique de la Révolution culturelle*, Paris, Champ Libre, 1971

아무도 없다. 그들은 김씨 왕조가 벌거벗고 있다고 고함치며, 현송월 처형과 같은 가짜 뉴스를 유포하고, 나아가 날조된 모든 파렴치한 행위까지 그들의 탓으로 돌리고 있는 상황에 이르렀다. 우리는 심지어 김정은과 그의 아버지 김정일, 그 이전에 그의 할아버지인 김일성은 자신들이 벌거벗고 있다는 사실을 자각하고 있으며, 가신과 측근들이 그들에게 하는 계속되는 거짓말을 냉소적으로 받아들였을지도 모른다고 의심하고 있다. 그러나 북한 주민들은 그 사실을 알고 있지 못하며, 혹은 상황이 어떻든 그런 사실을 알고 싶어 하지도 않는다. 김씨 왕조가 들어선지 70년이 지난 후에도 '위대한 거짓말의 나라'[2]에 사는 사람들은 여전히 평양 황제의 새로운 옷이 너무 얇아 마치 '벌거벗은 것처럼 보일 뿐'이라고 믿고 있다.

어떻게 이런 아연실색할 무지와 완고한 맹목이 가능하단 말인가? 모든 문제는 바로 여기에서부터 시작된다. 프랑스의 철학자 몽테스키외는 "어떻게 페르시아 사람이 될 수 있단 말인가?"라고 자문했다. 어떻게 북한 사람으로 살 수 있는가? 어떻게 그처럼 비열하고 부조리하며 모욕적인 압제를 견딜 수 있단 말인가? 평양을 방문한 사람들이 증언하는 것처럼, 어떻게 그러한 상황이 강요된 것이 아니라는 듯 김씨 일가에 대해 존경과 심지어 애정을 느낄 수 있단 말인가? 이것을 설명하는 것이 바로 김씨 왕조의 3대 지도자를 다룬 이 전기의 목적이다. 더불어 어떻게 북한이 이 지경에 이르렀는지, 어떻게 우리 세계가 이처럼 괴물 같은 정권을 창조해냈는지를 분석해보고자 했다. 그렇지만 분석한다는 것은 그 정

---

2) 이 개념은 소련에 체류했던 크로아티아의 작가 안테 칠리가Ante Ciliga가 1938년에 처음으로 사용하였으며, 프랑스의 언론인 필립 그랑즈로가 북한에 관한 그의 저서에서 다시 사용했다. 필립 그랑즈로, 《위대한 거짓말의 나라》, 파리, 파요 출판사, 2003 Philippe Grangereau, *Pays du grand mensonge*, Paris, Payot, 2003

권을 옹호하는 것도, 그 상태가 지속될 것이라고 체념하는 것도 아니다. 현재로서 김씨 왕조호는 평양의 포구에 견고하게 정박되어 있는 것처럼 보인다. 그러나 역사의 바로미터는 이미 수없이 증명했다. 폭풍으로부터 안전한 곳은 절대 없다는 사실을.

이해하기

우리가 북한이라는 고차원 방정식을 풀고자 할 때 가장 먼저 관통해야 할 표층은 '용이성'이라는 문제이다. 그것은 동방에서 오는 모든 것이 그렇듯 북한도 허황되고 수수께끼 같기 때문에 북한 정권이 이해 불가능하고 부조리하며, 그로테스크할 거라고 치부해버리는 태도를 말한다. 결국 문제를 직시하지 않고 우회하려 한다. 엑소티시즘은 바캉스의 기념물이지 현상을 분석하는 데는 맞지 않다. 김씨 일가의 독재는 분명한 지리적, 역사적 맥락을 가지고 있다. 북한은 한반도의 북쪽을 점하고 있으며, 대부분 산악으로 구성된 이 지역은 수 세기 동안 외세의 침략을 방어하는 것이 목적이었다. 북한은 또한 수천 년간 이어온, 일반 백성의 의견이 한 치의 중요성도 갖지 못하는, 전제군주제를 이어받았다. 1945년, 일본 식민제국이 붕괴되었을 당시 한국은 민주주의가 뭔지 정확히 알지 못했다. 결국 남한에 민주주의가 이식되기까지 40년의 시간이 필요했고, 북한은 여전히 그것에 이르지 못하고 있다. 그들의 준거는 그들이 죽음을 불사하고 싸웠지만 여전히 그들을 매혹시키고 있는 위대한 점령자 일본제국이다. 사실 김씨 일가는 한반도에서 히로히토를 몰아내면서, 동시에 그들의 자리를 그대로 물려받았다.

다음 문제는, 우리가 관례적으로 '중화 세계'라고 부르는 동북 아시아의 맥락 속에 북한을 놓지 않으려고 억지로 반대 방향으로 가는 경향이다. 김일성은 그의 후계자들과 마찬가지로 '왕'이자, '위대한 주석'이며, '마오의 아바타'이다. 그는 한반도 북쪽으로 밀려들었던 모든 종교적 흐름, 이를테면 영적인 샤머니즘과 신비스러운 불교, 도덕적인 유교 그리고 심지어 기독교적인 사상으로부터 영향을 받았다. 그는 또한 한국의 동학혁명을 비롯해 캄보디아의 크메르 루주, 그리고 청제국 말기의 백련

교도 등 주기적으로 아시아를 열병에 빠지게 한 천년왕국설 신앙의 모든 증상을 나타낸다. 조지 오웰의 세상을 보면 영국을 포함한 오세아니아 Oceania는 '영국 사회주의' Anglo-socialism의 권력 아래 놓여있다. 영국을 제외한 전 유럽과 러시아의 유라시아Eurasia는 신볼셰비키의 지배를 받는다. 중국을 비롯한 동아시아(Eastasia)는 개인의 말소, 다른 말로 죽음의 종교에 굴복한다. 놀라운 예지력이 아닐 수 없다. 김일성은 바로 동아시아의 '빅 브라더'였다.

그럼에도 불구하고 북한 정권을 아시아적 특수성으로 제한하는 것 또한 넘어서야 한다. 전 세계의 모든 독재국가처럼, 북한 역시 보편적인 문제들을 제기한다. 먼저 기원의 문제가 있다. 독재는 항시 위기 상황에서 탄생한다. 그것은 충격요법, 즉 사회적으로 병든 육체를 치료하기 위해 예외적인 수단임을 가장한다. 전쟁에 의해 권좌에 오른 김일성은 그것을 정확히 이해했다. 그는 예외로부터 법칙을 만들었다. 두려움은 그의 유용성을 증명하므로 그는 절대로 평화를 재건하지 않는다. 사람들은 평양이 전 세계를 상대로 싸우려고 한다고 비난한다. 맞는 말이지만, 그 전쟁은 무엇보다 내부용이다. 전쟁동원령이 지속되는 이상, 국가는 언제나 과도한 규모의 군대와 훈장을 주렁주렁 단 장군들, 그리고 막강한 권력의 대원수, 즉 독재자 자신을 필요로 한다. 민주주의의 권력은 투표함에서 나오지만, 독재는 위기 상황에서 더 번창한다.

정권을 유지하기 위해 폭군은 또한 열렬한 지지자들을 필요로 한다. 한국의 소설가 이문열은 대표 소설《황제를 위하여》에서 20세기로 전환되는 혼란기에 스스로 한국의 황제임을 선포하기 위해 무정부적인 상태를 이용하는 한 모험가의 놀라운 초상을 그려냈다. 그러나 일단의 부랑배 집단만을 모으는데 그친 그는 결국 더 이상 아무도 믿지 않는 불쌍한 돈키호테 신세로 전락한다. 김씨 일가는 이러한 실수를 저지르지 않았다. 슬로건과 보상금, 그리고 반복적인 숙청을 사용하여, 그들은 나라의 대부분을 충분히 통제할 수 있게 되었다. 인민의 15%에서 20%에 달하는 확고한 지지층을 확보하는데 늘 성공해 왔다. 김씨 일가는 정치선전의 달인들이기 때문이다. 그들은 통치하기 위해서는 예술과 문학, 라디오, 영화 그리고 오늘날의 새로운 정보통신기술 등, 달리 말하면 모든 상징물을 통제해야만 한다는 사실을 깨달았다. 김씨 일가는 '성상 복원주의' 당시의 비잔틴 황제들을 연상시킨다. 즉 이미지를 통해 지배한다는 것을 알았다. 그렇게 함으로써 그들은 북한 인민들이 최면에 걸리도록 만들었다. 어마어마한 동상과 과장되고 유치한 구호들, 정치선전 같은 영화 등은 우리를 구역질 나게 만든다. 그러나 매혹되고, 종속된 북한 인민들은 그것들을 끊임없이 다시 요구한다.

지도자의 성격 또한 아주 중요한 사항임이 입증되었다. 독재정치에서 법을 집행하는 것은 독재자의 의지와 변덕이기 때문에 성격의 문제는 매우 본질적이다. 그들의 기호와 집착, 좌절, 재능 등은 개인적 차원을 벗어난다. 그것들은 민족의 운명에 영향을 미치며, 국제질서에 간섭한다. 따라서 독재자에 대한 성급한 판단은 피해야 한다. 김씨 일가가 분노한 미치광이라거나 그 반대로 그들이 매우 영리하다고 가장하는 것은 세익스피어적이긴 하지만, 그들을 분석하는 데에는 그다지 공헌을 하지 못한다. 스캔들적인 일화에 집착하는 대신, 사실 그대로를 직시하고, 성공은 물론 실패와 정체, 그리고 진화 등에 주목하는 것이 바람직하다. 지난 70년 동안, 김씨 일가는 자신들의 사상을 바탕으로 순간 순간의 기회를 놓치지 않고 상황에 따라 서로 연합하는 전략적 감각의 뛰어남을 증명했다. 하지만, 어떤 때는 운 좋게 성공했지만, 어떤 때는 커다란 판단 착오를 저질렀다. 근본적으로 독재정치에는 우연성 만큼 행운이 또한 필요하다.

기억하기

설명하는 것은 부조리한 것이 아니다. 우리는 현상에 경탄하지 않으면서 그것을 분석할 수 있다. 김씨 일가는 지난 70년 동안 권력을 유지하기 위해, 역사가 증언한 가장 피에 굶주린 독재자라는 사실을 충분히 보여주고 있다. 반복되는 숙청을 대대적으로 선전하면서 그들은 카리굴라와 아틸라 혹은 루이스 캐롤의 소설 《이상한 나라의 앨리스》에 나와 시도 때도 없이 "목을 쳐라."라고 명령하는 하트의 여왕을 꿈꾼다. 결국 '붉은 왕조'에 대해 이야기하는 것은 손 쉬운 냉소에 빠져서도 안되고, 그들의 파렴치한 매력에 굴복되어서도 안되는 매우 위험한 시험이다.

궁정의 음모와 우스꽝스러운 행동 사이에서, 우리는 평양의 왕들이 자신들의 인민을 처형하는 사형 집행인이라는 사실을 잊어서는 안된다. 그들은 밀고와 공격적인 민족주의 그리고 심지어 인종차별주의라는 가장 비열한 본능에 아부하는 선동가일 뿐이며, 또 자기 자신들은 상상을 초월할 정도로 호화롭게 살면서 나머지 인민들은 역사상 가장 참담한 재난 속으로 밀어 넣은 무능력자들이기도 하다. 그들은 또한 끔찍하고 경악스러운 강제수용소 위에 군림하는 비정한 감시자이다. 최근에 세상을 떠난 미국인 교수 루돌프 룸멜Rudolph Rummel은 "북한이 인간 생명에 대해 의도적, 의식적으로 잔인하고 비열하게 결례를 범하고 있다."며, 그 관련자들이 국제사회의 재판을 받아야만 한다고 주장한 바 있다. 평양의 김씨들은 독재정치도 매혹의 대상이 될 수 있음을, 심지어 폭군도 인기인이 될 수 있음을, 그들의 카리스마가 무엇보다도 두려움에 근거를 두고 있다는 사실을 나날이 보여주고 있다. 북한 주민들은 '스톡홀름 신드롬'의 희생자들이다. 그들은 그들을 고문하는 사람들에게 완전히 매혹되어 있다.

더욱이 평양의 전제군주들은 또한 테러리스트들이다. 그들은 무기 밀매와 마약 거래, 납치 그리고 115명의 생명을 앗아간 1987년 11월 29일의 바그다드발 서울행 대한항공 폭파 사건과 같은 폭탄 테러 등 어느 것도 가리지 않는다. 김씨 일가는 해외 순방을 거의 하지 않는다. 충분히 이해할 만한 사항으로 사실 그들은 매우 많은 적을 가지고 있기 때문에 행동에 신중한 편이다. 심지어 그들의 주특기이자 존재 이유인 핵 허풍 또한 테러라는 공포를 그 바탕으로 삼고 있다. 전문가들은 그들이 '약자에서 강자로의 전략'을 구사하고 있다고 설명한다. 정확한 지적이다. 그들이 끼칠 폐해가 어느 정도일지 확실히 모르기 때문에 강대국마저도 평양을 상대하기 꺼려한다. 그러나 사실은 사실대로 말해야 할 것이다. 즉 그것은 테러 협박 그 이상도 그 이하도 아니다. 늑대라고 너무 자주 외치다 보니 그들은 실제로 신용을 거의 잃어버렸다. 서구 언론들은 평양이 핵폭탄을 터트리겠다고 외쳐대는데도 불구하고 그 협박에 별로 개의치 않는 평온한 서울의 분위기에 놀라곤 한다. 물론 몇몇 사람들은 이러한 무감각을 개탄한다. 브라이언 레이놀스 마이어스Brian Reynolds Myers에 따르면 김씨 일가는 게릴라이자 역시 가미가제[3]이다. 그것이 북한의 자폭적인 전쟁을 완전히 배제할 수 없는 이유이다.

이 시점에서 우리는, 지난 몇 년간 북한 정권의 요구를 다 들어주면서까지 평양으로 몰려들고 있는, 극한체험을 원하는 여행자들과 북한 체제의 괴기함을 탐색하려는 사람들의 동기에 대해 자문해보아야 할 것이다. 사실 북한에는 우리가 이미 알고 있다시피 외국인들이 마음대로 가서 볼 곳이 별로 없으며, 우리가 알지 못하는 것을 볼 가능성 또한 거의 없다. 왜냐하면 그들은 자신들의 치부를 외국인들에게 절대 보여주지 않을 것이기 때문이다. 절대 다수 북한 주민들의 인간성이 훼손되고 있는 이 공포의 디즈니랜드를 체험하려는 호기심이 과연 그만한 가치가 있는 일일까?

---

3) 역주: 가미가제(kamikaze, 神國). 제2차 세계대전 때 폭탄이 장착된 비행기를 몰고 자살 공격을 한 일본군 특공대.

준비하기

우리는 자주 김씨 일가를 '천일야화'에 나오는, 육감적인 오달리스크의 시중을 받으며 넥타르를 마시는 파샤로 상상한다. 그러나 이것은 후세인과 루마니아의 독재자 차우셰스쿠의 천박함을 연상시키는 그들의 졸부적인 취향을 오해하는 것이다. 특히 그들이 맹목적이고 천한 기술 관료 군단의 회의, 평가 보고, 그리고 감찰 방문 등을 통해 나라를 통치하고 있다는 것을 망각하는 것이다. 이것이 바로 그들의 행동이 매우 반복적으로 보이는 이유다. 메트로놈의 규칙성처럼, 공식행사는 군사행진과 지방을 순회하는 정치선전 캠페인 그리고 실패한 음모에 대한 피의 숙청 등으로 이어진다. 그것은 이해할만하다. 왜냐하면 한국 속담에 의하면 '10년이면 강산도 변하기' 때문이다. 결국 변하지 않도록 날마다, 달마다, 해마다 김씨 일가는 그들의 권력을 재확인해야 한다. 실로 시시포스의 업보가 아닐 수 없다.

그들의 권력이 지속될 것인지를 예측할 수 있을까? 오늘날 그것을 예견하기는 매우 어렵다. 확실히 정권은 지속적인 압력, 즉 권력을 둘러싼 파벌들 간의 충돌, 군대와 붉은 자본주의자들 간의 주도권 싸움, 평양의 특권층과 4분의 3에 달하는 지방 인민 사이의 갈등, 평양과 워싱턴 사이의 핵 줄다리기 등에 직면해있지만, 이러한 상황들은 전혀 새로운 것이 아니다. 이러한 힘의 대결이 균형을 이루고 있듯이, 갑작스러운 폭발이 내일 당장, 혹은 1년 내에, 아니면 10년 안에, 그것도 아니면 더 이후에 일어날 수도 있다. 이미 몇 차례에 걸쳐 김씨 독재의 종말을 예언하는 외침이 있었다. UN군에 평양을 빼앗기던 1950년 가을을 비롯해, 김일성이 사망했을 때, 고난의 행군 시기, 김정일이 갑작스러운 죽음을 맞았을 때에 그랬다. 그렇지만, 김씨 왕조는 아직도 그들의 왕좌를 견고하게 차지하고 있다. 그들은 여전히 평양을 지배하고 있으며, 근 시일 내에 '아기 김 4세'가 태어난다면, 그 또한 권력 지속에 많은 도움이 될 것이다.

시간 또한 그들에 우호적인 것처럼 보인다. 3대에 걸친 기간 동안 그들은 동맹을 만들었으며, 집단적인 기억의 토대를 건설했다. 그들은 이제 단순한 영웅이 아니며, 북한의 역사 그 자체가 되었다. 한국문학 전문가인 파트릭 모뤼스Patrick Maurus는 그의 저서 《우화 속의 한국(La Corée dans ses fables)》에서 "김일성의 생은 북한의 역사이다.…(중략) 그는 단군의 복제품이며, 봉건주의의 희생자들의 후손이고 오랜 혈통의 아버지이자 자손이며, 항일 독립운동의 실천가이자 이론가임과 동시에 근대 북한의 창시자이다."라고 쓴 바 있다.[4] 한마디로 말해, 김일성의 운명은 바로 민족 전체의 그것이다. 그들을 전복하는 것, 1만여 개가 넘는 그들의 동상을 파괴하는 것은 국가적 자살 행위일 것이다. 물론 이것이 불가능한 것은 아니지만, 조직화된 반대 세력이 존재하지 않는 현재 상황에서 그것을 예상하기는 매우 어렵다. 북한 사람들이 김씨 일가의 몇몇 정책에 반대하고 개혁을 요구할 수도 있다. 그러나 북한에서는 누구도 감히 그것으로 그들의 몰락을 예상하지 않는다. 심지어 꿈에서조차.

또한 그들이 오래 전부터 그 자리를 지켜왔다는 사실을 언급해야 할 것이다. 70년의 세월은 심지어 북한 노인들마저 김씨 이전의 생활이 어떠했는지 기억하지 못하는 오랜 세월이다. 그들의 왕조적 변모는 그들을 방해하지 않고 오히려 이득을 가져다준다. 왜냐하면 서구 언론들이 영국 엘리자베스 2세의 오랜 재위와 모나코 왕자의 시시콜콜한 사건에 열광하면서도 세속적인 경박함만을 보는 것과는 달리 현재 군주제 사상과 유사 군주제는 강력하게 회귀하고 있기 때문이다. 한국에서는 자신의 아

---

4) 파트릭 모뤼스, 《우화 속의 한국》, 아를르, 악트 쉬드 출판사, 2010 Patrick Maurus, *La Corée dans ses fables*, Arles, Actes Sud, 2010.

버지를 이어 대통령이 된 박근혜를 포함해 재벌회사의 자식 상속 승계를 당연시하고 있다. 이러한 상황은 아시아와 아프리카, 그리고 아메리카 대륙에서도 마찬가지다. 모든 곳에서 세습적 정통성이 투표의 정통성을 우회하며 능력의 정통성을 대체하고 있다. 권력을 탈취한 독재자가 매 순간 다른 이가 그의 권력을 빼앗아갈 것을 두려워하는 것과는 반대로 군주들은 자신들의 역사와 전통, 주권 등을 가지고 있다. 아버지와 할아버지를 승계했다는 사실은 그를 약화시키기는커녕 김정은의 입지를 강화시킨다. 물론 김씨 왕조가 공식적으로 군주제는 아니다. 하지만 북한 스스로가 군주제임을 선언하지 않았다고 해서, 어느 누가 아직도 그들이 군주제가 아니라고 생각한단 말인가?

김씨 일가가 권력을 상실하기 위해서는 먼저 누군가가 그들을 쫓아냄으로써 이득을 얻는 상황이 전제되어야 한다. 그렇지만 북한의 경우는 그것이 불확실하다. 물론 우리는 인간 존엄성이 존중받고 법과 정의가 구현되는 아랍의 봄과 같은 상황이 북한에서도 일어난다면 가장 뜨거운 환호를 보낼 준비가 되어있다. 그러나 현재의 상황에서 누군가가 그 혁명을 터뜨려주기를 바라는 것은 부질없는 일이다. 북한군? 절대 아니다. 왜냐하면 그들이야말로 모든 것을 상실할 것이기 때문이다. 경제 엘리트들? 별 이득이 없다. 안드레이 란코프는 중국의 억만장자와 남한의 거대 그룹들이 평양의 초보 자본주의자들을 단 한입에 삼켜버릴 것이라고 강조했다. 장성택의 몰락은 의심의 여지없이 그가 너무 빨리 그리고 너무 멀리 갔기 때문이다. 그러면 북한 인민들은? 그들을 미끼로 유인할 수는 없다. 그들의 경제 상황이 호전되지 않고, 아울러 남한을 부러워하는 사람들도 늘어나고 있지만, 그들은 노예가 될 생각은 추호도 없다. 그들은 김정은과 그의 핵 민족주의가 불확실한 미래와 노예의 신분보다는 더 낫다고 생각하는 것 같다.

심지어 국경 밖에서도 이유를 찾을 수 있다. 북한보다 20배 더 잘사는 남한의 경우 통일은 여전히 애국자들의 가슴을 뛰게 한다. 그러나 통일이 한국 경제의 재도약 기회라고 주장하는 몇몇 경제 전문가들을 제외하고는, 누구도 그 혼란의 비용을 지불하고, 풍요의 달콤함을 맛보기 위해 몰려드는 북한의 이민자들을 받아들일 준비 또한 되어있지 않다. 미국과 일본, 중국, 러시아 역시 한반도 북쪽 국경을 불안정과 불확실성에 개방할 어떠한 의지도 가지고 있지 않다. 요컨대, 김씨 왕조가 그다지 추천할 만한 체제는 아니지만, 모두가 그들의 존재를 감수하고 적응하고 있는 셈이다. 확실히 평양의 주인은 운이 좋다.

물론 어떠한 것도 확정적인 것은 아니다. 35년이 넘는 기간 동안 파라과이를 철권통치하던 독재자, 결코 죽을 것 같지 않던 독재자 알프레도 스트로에스네르Alfred Stroessner가 1987년 위중한 병에 걸렸을 때 사람들은 이번에야 말로 민주화가 이루어질 것이라는 희망을 품게 되었다. 그러나 그는 병상에서마저도 사임할 의사가 눈곱만큼도 없었으며, 그의 와병을 틈타 다른 경쟁자가 출현하는 것 또한 묵과하지 않았다. 거대한 좌절과 환멸을 느낀 반대파가 할 수 있는 것은 스스로를 향한 비틀린 조롱뿐이었다. "이번에도 아직은 때가 아니지만, 어쨌든 스트로에스네르의 세기는 카운트다운에 들어갔다." 20세기가 끝나려면 아직 13년이나 남은 시점에서 뼛속까지 좌절한 파라과이 사람들은 벌써부터 남은 날들을 세기 시작했던 것이다. 그러나 2년 후 그의 체제는 전복되었다. 확실히 평양에도 똑같은 상황이 전개되고 있다. 김씨 왕조는 여전히 얼마 동안은 권력을 유지할 것이다. 그러나 그 기간이 얼마 동안이 될지는 아무도 모른다.

후기
변화의 시간이 왔다

저자와의 인터뷰
**두 겹의 한반도,
전통과 혁신의 절묘한 결합 돋보여**

후기

변화의 시간이 왔다

북한을 지배하고 있는 김일성과 김정일, 김정은의 3대에 걸친 왕조적 특성을 다룬 이 최초의 전기는 2014년 10월, 《붉은 왕조》라는 제목으로 소개되었다. 이 글은 현재 2016년 3월, 문고판으로 프랑스에서 출간된 상태다. 이 두 시기 동안 평양은 그다지 변한 것이 없으며, 심지어 변할 생각조차 없는 것처럼 보였다.

하지만 2018년 이후 모든 것이 돌변했다. 연초부터 김정은은 한국과 미국, 나아가 세계를 향해 손을 내밀어 화해의 제스처를 취함으로써 확고하게 굳어진 상황을 전복하고, 무기력한 정세에 충격을 가하며 새로운 희망을 불러일으켰다. 이제는 남북한 간의 화해와 북미 관계의 개선, 심지어 극동아시아의 평화 등 모든 것이 가능할 것처럼 보인다. 마침내 한국은 70년이 넘는 세월 동안 지나온, 영원히 끝날 것 같지 않은 냉전의 터널을 빠져나와 새로운 세기를 향해 나아갈 수 있게 된 것이다. 인도의 위대한 시인 라빈드라나트 타고르의 예언이 결국 실현되는 것인가? 한국의 등불이 다시금 아시아를 밝힐 것인가?

일찍이 아시아의 황금 시기에
빛나던 등불의 하나인 코리아
그 등불 다시 한번 켜지는 날에
너는 동방의 밝은 빛이 되리라[1]

---

1) 이 시는 1929년 타고르가 일본 방문 중에 저작한 것으로 같은 해 4월 2일자 《동아일보》에 '동방의 등불'이라는 제목으로 소개되었다(번역 주요한). 준거: Judy Wakabayashi and Rita Kothari, *Decentering Translation Studies: India and Beyond*, Philadelphia, John Benjamins Publishing, 2009.

한반도 위로 불고 있는 변화의 바람이 흩어지지 않기를 모두 희망하지만, 그렇다고 역사가들이 그것을 보증할 수는 없다. 역사가의 임무는 과거를 분석하는 것이지 미래를 예언하는 것이 아니기 때문이다. 그렇다고 해도, 2018년 이후 붉은 왕조의 역사를 영속성과 퇴영주의라는 이전과 동일한 스펙트럼으로 고찰하는 것은 더 이상 불가능하게 되었다. 상황이 어떠하든, 성공하든 실패하든, 평양의 정권은 적어도 변화를 시도할 것이다. 이러한 변화가 예상된 것인가? 아울러 그것이 신용할만한 것인가? 역사가들은 이러한 문제에 대해 의견을 내놓아야 한다. 붉은 왕조의 마지막 계승자 김정은은 과연 북한의 운명을 바꿀 수 있는가, 혹은 바꾸기를 원하는가? 이 후기의 목적은 바로 이러한 질문에 대해 역사가로서의 대답이다.

극적인 변화

최근에 발생한 몇 가지 생생한 사건은 많은 의미를 내포하고 있으므로 여기서 재언급할만한 가치가 있다. 2017년 말까지도 북한은 고립과 도발의 전략을 완강하게 고집하고 있었다. 김정은은 마치 자신의 권력을 공고히 하는 것 외에는 다른 집착이 없는 것처럼 행동했다. 2016년 8월, 남한으로 전향한 런던 주재 북한 대사관의 태영호 공사에[2] 따르면, 김정은은 군을 시작으로 당과 정계에 대한 대대적인 숙청 작업을 벌여 4분의 1에 해당하는 고위직을 제거하였다고 한다. 심지어 왕조의 구성원들도 안심할 수 없었다. 고모부 장성택의 숙청 이후 김정은은 2017년 2월, 말레이시아 쿠알라룸푸르의 혼잡한 공항에서 영화에나 나올듯한 수법으로 이복형 김정남을 암살하기에 이르렀다. 평양은 어떠한 연루 가능성도

---

2) 2019년 1월 3일에는 이탈리아 주재 북한 대리 대사 조성길이 한국 정부에 망명을 타진했다.

일축했다. 그러나 평양 이외의 어느 누가 중국의 후원을 받고 있고, 또한 남한과의 연계를 의심받아온 추방된 전 후계자를 제거하는 데 관심을 가지겠는가?

국제정치학적인 상황 또한 최악의 상태로 치달았다. UN의 비난과 함께 최근에는 평양의 오랜 후원자인 중국마저 참여함으로써 훨씬 더 엄격해진 경제제재를 무시한 채, 김정은은 아버지로부터 물려받은 '전가의 보도'를 벼르는 데 매진했다. 그는 2016년 1월 6일에 이어 9월 9일에 새로운 핵실험을 감행했다. 이로써 북한이 20~30여 개로 추정되는 전략 핵무기의 보유국이라는 지위를 얻게 되었다. 아울러 권력 승계 이후 총 80여 차례에 걸쳐 연속적으로 미사일 발사 시험을 함으로써 북한이 때에 따라서는 주변국들을 타격할 수 있음을 증명했다.

2017년 1월, 미합중국 대통령에 취임한 도널드 트럼프는 외교 문제에 관해 전임자들이 보여준 신중함과는 거리가 멀었기 때문에 이런 상황은 용납될 수 없는 것이었다. 그해 4월, 그는 북한을 향해 함대를 파견하겠다고 협박했다. 이를 비웃듯 김정은은 돌발적인 미사일 발사 실험을 강행했으며, 미국 영토 괌 제도를 타격할 수 있다고 위협(8월 9일)함으로써 워싱턴을 노발대발하게 만들었다.[3] 나아가 일본 상공으로 날아간 미사일 발사실험(8월 29일)에 이어 그는 2017년 9월 3일, 이전의 모든 실험보다 더 강력한 핵융합 폭탄, 즉 수소폭탄 실험을 강행했다. 미국이 이러한 도발을 참고 넘어가지 않았음은 물론이다. 9월 19일, UN 총회 기조연설에서 트럼프는 "만약 우리 자신과 동맹국들을 방어해야 한다면, 우리는 북한을 완전히 파괴할 수밖에 없다."고 선언한 후 평양을 향해 전

---

3) "북한은 이제껏 볼 수 없었던 화염과 분노에 직면하게 될 것이다." 2017년 8월 10일 트럼프의 경고.

면전도 불사할 준비가 되어있다고 위협했다. 그러자 김정은은 트럼프를 "늙다리 미치광이"이자, "정치 문외한이며 총질을 더 좋아하는 깡패"라고 맹비난했다.

이로써 워싱턴은 트럼프 대통령이 '꼬마 로켓맨', '북한 주민을 굶주림에 방치하는 미치광이'[4]라고 부른 김정은과 대결하게 되었다. 남한에 거주하는 미국 시민들에게 전쟁 대비 소개령을 고려하는 단계까지 이르렀다. 서울 또한 최악의 상황을 준비하고 있었다. 북한과의 대화를 지지하기에 미국이 남한에 설치한 고고도 미사일 방어 체계(THAAD-사드)[5]에 비우호적인 한국의 새 대통령 문재인마저 북한을 비난하는데 가세했다. 그가 2017년 5월 10일, 대통령직에 취임했을 당시, 상황은 이미 최고의 긴장 상태에 놓여있었다. 연례적인 한·미 군사합동훈련을 빌미로 북한은 "전격전을 전개해 남한을 해방"시키겠다고 위협했다. 그러자 문재인 대통령은 8월 중순, 북한을 향해 '레드 라인'을 넘지 말라고 경고한 후 UN이 가결한 대북 경제제재 정책에 합류했다. 결국 그가 선거기간 동안 내세웠던 남북대화 재개의 공약은 요원한 것처럼 보였다.

그런데 갑자기 모든 것이 일변했다. 2018년 1월 1일, 김정은은 신년사를 통해, 미국을 향한 연례적인 위협(핵 단추가 내 책상 위에 있다.)과는 정반대로 남쪽을 향해서는 2월에 열릴 평창 동계올림픽에 참가할 의향을 내비치며 화해의 손길을 내밀었다. 한국 정부는 북한 선수단과 고위 사절단 앞에 환영의 붉은 카펫을 펼침으로써 이 절호의 기회에 편승했다. 조선민주주의인민공화국의 헌법상 국가 원수인 90세 나이의 김영남이 이

---

4) 2017년 9월 22일과 10월 1일 자 도널드 트럼프 대통령의 트위터.
5) 사드 시스템은 박근혜 정권에 의해 기습적으로 설치되어 2017년 5월부터 운용되고 있다.

끄는 사절단에는 최근 노동당 중앙위원회 제1부부장으로 승진한 김정은의 여동생 김여정도 포함되었다. 그녀는 문재인 대통령에게 대화 재개를 위해 "가능한 빠른 시일 내에 평양을 방문해달라."라는 김정은의 친서를 전달했다.

이리하여 정상회담의 춤판이 2018년 내내 펼쳐졌으며, 국제사회의 여론 또한 진동시켰다. 지난 반세기 동안 남북한 지도자들은 2000년 6월과 2007년 10월, 두 차례 만난 적이 있다. 그러나 김정은과 문재인은 2018년 한 해에만 세 차례, 즉 4월 27일과 5월 26일에 판문점에서, 그리고 9월 18일에서 20일까지 평양에서 정상회담을 개최하였다. 여세를 몰아 김정은은 3월 25일과 5월 7일, 6월 19일 등 세 차례에 걸쳐 시진핑을 방문함으로써 자신의 권력 승계 이래 불편한 관계에 놓여있던 중국과의 상황도 일신했다. 특히 6월 12일, 싱가포르에서 이루어진 미국 현직 대통령 도널드 트럼프와의 정상회담은 자신의 할아버지는 물론, 아버지도 이루지 못한 숙원으로 이제 북한은 오랜 고립의 장을 넘기는 듯 보였다.

북한과 미국 사이의 대화는 여전히 불확실성에 갇혀있다. 그러나 남한과의 관계는 진일보한 협력체계를 성공적으로 구축해나갔다. 김정은과 문재인은 일시에 협력의 장과 상호 신뢰의 상징들을 보여줌으로써 여론을 감동시켰다. 북한은 10년 만에 한반도기를 다시 내걸고[6] 평창 동계올림픽(2018년 2월)에 참여하였다. 두 달 이후 4월 1일에는 한국의 가수 강산에 등이 김정은 부부와 김여정이 참석한 평양 유경 정주영체육관 공연을 통해 북한에도 한류 바람을 불어넣었다. 8월 말에는 남북한 이산가족 상봉이 금강산에서 재개되었다. 평양 정상회담 기간 동안 김정은은 문재

---

6) 한반도기는 2007년 1월, 중국 창춘에서 열린 제6회 동계 아시안게임에서 마지막으로 사용되었다.

인 대통령을 마치 형처럼 극진히 대접했으며, 문재인 대통령은 5·1경기장 연설과 백두산 방문으로 화답했다. 또한 9월 14일에는 사실상 대사관 업무를 하는 '남·북한 연락관'이 판문점 공동경비구역에 설치되어 이후 남북한 간의 경제, 철도, 공동 수역, 문화 및 인도적 지원 사업 분야의 모든 계획을 총괄하게 되었다.

두 정상은 이러한 협력 관계의 성공적 유지를 위해서는 무엇보다도 남북한 간의 긴장 완화가 절실하다고 동의했다. 세 차례의 정상회담 이후 양국은 비무장지대의 지뢰 제거와 감시 초소 완전 파괴, 화력 장비와 인원의 점진적인 철수를 통해 비무장지대(DMZ)를 평화의 상징으로 만들기로 결정했다. 이와 동시에 평양 정권은 워싱턴의 신용을 얻기 위해 2017년 12월 이후 미사일 발사 실험을 중단했으며, 9월 9일 북한 정권 수립 70주년 기념행사에서는 연례적으로 선보이던 대륙간 탄도미사일을 치우고, 아울러 핵 프로그램에 대한 언급을 자제했다.[7] 나아가 동창리의 미사일 발사대를 해체했으며, 결정적으로 영변의 핵 시설도 폐쇄할 의향이 있음을 천명했다. 이러한 조건들은 북한이 평화와 화해를 위해 내세웠던 이전의 어떠한 제안보다도 획기적이고 진일보한 것이었다. 2019년 1월, 신사복 차림의 김정은은 신년사를 통해 북한 지도자로서는 처음이 될 서울 답방 의향을 재차 확인했으며, 첫 번째 정상회담을 호의적으로 평가해준[8] 트럼프 대통령에게 새로운 만남을 제안하는 친서를 보내기에 이르렀다. 제2차 북·미 정상회담은 가까운 시일 내에 이루어질 전망이다.

---

7) 도널드 트럼프 2018년 9월 9일 트위터: "북한이 매우 긍정적인 입장을 내놓은 것으로 김정은 위원장에 고맙다."
8) 2019년 1월 2일 트럼프: "우리는 김정은 위원장과 매우 좋은 관계를 건설했다."

과거로부터의 교훈

북한이 역사적인 전환을 시도한 이래 지속적으로 제기되는 문제는 '과연 김정은이 자신의 도박에서 성공을 거둘 것인가?'에 있다. 현재로선 누구도 정확한 대답을 내놓기 힘들다. 차라리 과거의 경우를 살피는 것이 좋을 것이다. 우리가 김정은과 북한 정권에 대해 알고 있는 점들을 고려할 때, 그가 시도하고 있는 전환이 예견된 것이며, 또한 논리적인 것인가? 만약 그게 아니라면 김정은의 시간 끌기 허풍에 불과한 것인가?

먼저 많은 사항이 그의 진정성을 의심하게 한다. 북한의 모든 것이 불변성을 선호하고 있는데, 그런 상황에서 어떻게 국가 전략의 변혁을 꾀할 수 있다는 말인가? 특히 그는 국가를 진보의 길로 인도하기 위해 선출된 것이 아니라 일본 제국주의자들과 미국의 침략자들 그리고 자본주의의 불의에 맞서 저항의 횃불을 치켜들기 위해 권력을 승계받았다. 이것은 결국 김일성이 건설한 정권의 유지를 위해서는 어떠한 수단이든 간에, 전제주의와 철권 나아가 공포정치마저 용납될 수 있다는 사실을 의미한다. 2016년 5월, 조선노동당은 제7차 대회를 계기로 당의 권력을 부분적으로 부활시켰다. 그러나 김정은은 실제 모든 권력을 독점하고 있으며 자신을 방해하는 어떠한 것도 용납하지 않았다. 또한 NGO 인권단체인 휴먼 라이츠 워치Human Rights Watch와 탈북자들의 증언에 따르면 그는 여전히 20만 명의 정치범들을 수용소에 가두고 있다.

이러한 정권에 대한 지지를 불러일으키기 위해 김정은은 한민족을 찬양하고 북한이야말로 유일한 정통성의 화신이라는 점, 그리고 위대한 영도자들이 그것을 구현한다고 끊임없이 정치선전을 하고 있다. 김정은은 전임자들과 마찬가지로 2016년 5월, 당 대회를 통해 '21세기의 위대한 태양'이라는 칭호를 받음으로써 광적인 개인 우상화의 대상이 되었다. 그리하여 국경일은 물론 아리랑 축전의 또 다른 재탕인 '빛나는 조국 (2018년 9월)' 집단체조공연과 같은 행사 기간 동안 하루도 빠짐없이 찬양되고 있다. 김정은의 요구는 법과 같은 권위를 갖는다. 2016년에 개관된 평양 과학기술전당은 원자구조 모형의 대형 건축물로 김정은의 제안에 의해 1년 만에 완공되었다.

여기서 핵 개발은 중심적인 역할을 한다. 공식적으로 핵 개발은 영원한 주권 독립을 보장하는 억제력을 갖는다는 것이다. 이데올로기적인 측면에서 그것은 가난하고 고립된 나라 북한이 최고의 무기 원자폭탄을 보유하는 것을 뜻한다. 즉 일본을 패배의 나락으로 몰아넣고, 미국에는 승전국의 지위와 함께 초강대국으로서의 헤게모니를 보장한 정치와 기술의 위대함을 찬양하는 것을 뜻한다. 이러한 이유에서 각각의 핵실험과 미사일 발사실험은 위대한 승리로 선언되어 군중들을 긍지와 열광의 도가니 속으로 몰아넣었다. 김일성이 꿈꾸었고, 김정일은 시도하였으며, 김정은은 그것을 확고하게 만들었다. 이제 북한은 핵보유국 클럽의 멤버가 된 것이다.

결국 김정은은 자기 자신이 완성했으며, 붉은 왕조에 정통성을 부여하는 시스템을 전복할 어떠한 논리도 찾을 수 없다. 남한과의 지속적인 교류는 북한 사회의 DNA를 구성하는 호전적인 가치를 경제발전과 시장주의로 대체함으로써 북한 사회를 해체할 위험이 있다. 트럼프 대통령이 강력하게 요구한 '검증 가능하고 불가역적인 완전한 비핵화'는 김정은의 권력 중 가장 강력한 토대를 박탈하려는 것이다. 2011년에 핵 개발 계획을 철회한 후 몰락한 리비아의 독재자 카다피와 같은 최후를 맞이할 수도 있는 것이다.

따라서 결론은 정해져 있는 것처럼 보인다. 김정은은 트럼프를 구슬리며, UN의 경제제재를 느슨하게 만들고 남한으로부터 경제지원을 얻어낼 때까지 시간을 벌기 위해서 대화국면이라는 술책을 쓰는 것이다. 결국 그가 제안한 급격한 변화는 일어나지 않을 것이다. 증거? 북한은 여전히 미국에 어떠한 명확한 약속도 하고 있지 않다. 미사일 발사대와 핵시설의 해체를 선언했지만, 비밀리에 다른 시설을 운용하고 있다는 의심을 받고 있다.[9] 게다가 9월 미국 정부가 2014년 소니 픽처스와 2016년 2월 방글라데시 중앙은행 해킹 관련자들을 기소한 것에서 드러났듯이 북한 정권은 장기판의 병사들을 사이버 전쟁 쪽으로 활발하게 이동시키고 있다.[10]

변화의 시작은 일단 눈속임에 불과한 것처럼 보인다. 자본주의 세계화를 거부하는 진정한 빨치산 정권인 북한은 협상 파트너들을 악용하는데 주저하지 않을 것이다. 결과는 수단을 정당화한다. 오바마 행정부 시절인 2012년 2월에 발생한 사건이 그것을 증명하지 않는가? 북한은 미국으로부터 24만t의 식량 원조를 제공받는 조건으로 핵개발 프로그램의 중단을 약속했지만 한 달 만에 그들은 약속을 휴지 조각처럼 여기며 미사일 발사 실험을 재개했다. 어느 순간이든 북한은 자신들이 불러일으킨 희망적인 분위기를 한순간에 흩어버리며 또다시 강경 자세로 돌변할 위험이 다분하다.

하지만 좀 더 자세히 관찰하면, 상황이 더 복잡하다는 것을 확인할 수

---

9) 2018년 11월 12일 자 《뉴욕 타임스》는 국제전략문제연구센터의 보고서를 인용해 "북한이 16개의 숨겨진 기지에서 탄도미사일 프로그램을 개발하고 있다."고 보도했지만, 한국 정부는 이 보고서에 상당한 과장과 왜곡이 있다고 지적했다.
10) 2018년 9월 6일, 미 법무부는 북한 김책공업종합대학 출신으로 중국 다롄에 있는 북한 기업 '조선 엑스포'에 근무하는 박진혁을 사이버 범죄 혐의로 기소했다.

있다. 마키아벨리가 권장했고, 특히 베트남전 당시의 닉슨 대통령과 같은 사람들에 의해 반복된 냉소적인 '미치광이의 전략'[11]을 북한이 연마했음이 분명하다. 적들을 겁먹게 하기 위해, 북한은 핵전쟁을 포함 어떠한 행동도 불사할 준비가 되어있음을 상대방이 믿게 만든다. 그러나 이러한 전략의 남용은 오히려 자신들의 목을 조르는 결과가 되었다. 국제 여론은 김정은을 세상을 향해 자신의 변덕을 강요하는 분노한 미치광이로 취급하고 있다. 정권의 독재적 과잉 또한 이러한 해석을 사실로 믿게 만든다. 평양의 적들은 북한을 '악의 축'으로 만들고, 그럼으로써 그들의 요구를 영원히 배제하기 위해 그것을 활용한다. 미치광이와 협상을 할 수는 없지 않은가!

가짜 뉴스의 끝없는 물결 또한 김정은을 악의 화신으로 만드는 데 동참한다. 그의 할아버지와 아버지처럼 김정은도 가학적이고, 자신을 신으로 생각하며 전 지구를 지배할 야심을 품고 있다거나, 1997년 고난의 행군 당시 북한이 받은 인도적 지원과 햇볕정책의 틀 안에서 이루어진 경제협력이 모두 핵무기 개발에 쓰였다[12] 등등 가짜 뉴스의 예는 수없이 많다. 미국의 역사가인 브루스 커밍스가 여러 차례에 걸쳐 설명했듯이, 북한은 이제 전 세계가 증오하는 나라가 되었다. 이러한 경향은 미국의 이익, 즉 과거에는 공산주의와 소련에 대항하는 냉전을 위해, 이제는 중국과의 새로운 냉전과 시진핑을 견제하기 위해 미군의 항구적인 한국 주

---

11) 르네상스 시대 이탈리아 정치 사상가인 니콜로 마키아벨리가 1513년부터 저술하기 시작한 《로마사 논고: 티투스 리비우스의 첫 10년에 대한 논고 Dicorsi sopra la prima deca di Tito Livio》에서 설명한 정치 철학.

12) 2017년 12월, 한국 통일부는 이러한 유용을 확인할 어떠한 증거도 찾지 못하였다고 발표했다.

둔이라는 절대적인 전략이 필요한 미국에 그 정당성을 제공한다. 북한과의 관계가 완화되면 남한의 미군 주둔이 문제로 제기될 것이다. 결국 모든 것을 고려하여 긴장 상태를 유지하는 것이 더 이득인 셈이다. 역설적이지만 매우 논리적이다.

게다가 우리가 믿고 있는 것과는 반대로 약속을 저버리고 표변한 것은 북한만이 아니었다. 미국도 마찬가지였다. 그 예로 1994년 10월 제네바협정을 들 수 있다. 북한은 중유와 경수로 건설 사업을 지원받는 조건으로 핵 개발 프로그램의 동결을 수락했지만, 미 중간 선거를 통해 상원을 장악한 공화당은 북한을 믿으려 하지 않았고, 이런저런 이유를 들어 결국 그들의 약속을 저버렸다. 2005년 9월에도 마찬가지였는데, 미국 정부는 북한의 대외 창구역할을 하던 마카오 아시아 델타은행을 제재함으로써 6자회담을 통해 이루어진 합의를 파기해버렸다. 우리는 김대중 대통령에 의해 전개된 햇볕정책에 대한 부시 행정부의 비협조적인 태도를 기억하고 있으며, 워싱턴과의 경제적, 사상적인 우호를 더 중시한 이명박, 박근혜 대통령이 햇볕정책의 철회를 북한에 통보하고 한반도를 긴장 상태 속으로 밀어 넣은 사실도 기억한다.

자! 이러한 사실들은 북한이 남한이나 미국과 친밀한 관계를 맺고 싶어 하지 않는다는 일반적인 여론과 일치하지 않는다. 사실 북한은 여러 차례에 걸쳐 주도적으로 행동했다. 평양은 1960년과 1973년, 1980년 서울에 일종의 고려연방제를 제안했으며, 1972년 7월과 1991년 12월에는 남한과의 화해와 더불어 상호불가침조약을 체결했다. 나아가 김정일은 2000년과 2007년의 평양 정상회담을 받아들였다. 미국과의 관계에서도 마찬가지였다. 사망하기 한 달 전인 1994년 6월, 김일성은 미국과의 협정을 준비하기 위해 지미 카터 전 대통령을 맞아들였지만, 그의 노력은 결국 실패하고 말았다. 2000년 10월, 그의 아들 김정일은 미국 국무부 장관 마들렌 올브라이트와 북미정상회담을 교섭했지만, 클린턴 대통령과의 만남 역시 실현되지 않았다. 종합하면, 이제까지 모든 협상이 성공하지 못한 책임이 북한에만 있는 것은 아니라는 사실이다.

위에 언급한 모든 상황을 고려했을 때, 북한이 원하는 것은 무엇인가? 북한의 대외 선전 매체로서 "서울을 불바다로 만들겠다."고 규칙적으로 위협하는 '조선의 소리'의 신랄한 선언들을 보면, 북한이 여전히 1953년의 판문점 회담에 대한 복수와 주체사상에 의한 한반도 통일을 꿈꾸고 있는 것처럼 보인다. 하지만 이러한 정치선전을 고지식하게 믿을 필요는 없다. 북한 붉은 왕조의 제일 목표는 자신들의 손으로 건설한 정권을 어떠한 일이 있어도 기필코 사수하는 것이다. 그 목적을 달성하기 위해 김일성과 그 후계자들은 북경과 모스크바 사이를 오가는가 하면, 개방과 도발 정책을 번갈아 사용하는 실용주의적인 면모를 보여 왔다. 주체사상의 우월성을 만고에 공포하면서도, 다른 한편으로 그들은 정권 생존에 필수적인 혁신들, 즉 핵기술과 시장 경제, 디지털 문화 등을 북한에 들여오는 것도 주저하지 않았다.

북한의 입장에서 다른 나라와 협상한다는 것은 꼭 정권의 변화를 전제로 하는 것은 아니다. 오히려 60년대 일본에 이어 가장 역동적인 경제거점, 즉 '아시아의 용'이었던 시절의 영광을 재현함으로써 정권의 유지를 공고히 하는 것이다. 이러한 관점에서 한국은 가장 이상적인 파트너이다. 북한의 원동력은 민족주의이고, 한국은 같은 피를 물려받은 동족이니 가장 먼저 손을 내밀 수 있는 것이다. 그러나 중국이나 러시아, 나아가 미국이나 그 외의 국가들 또는 종교[13]와 스포츠 연맹 같은 비정치적인 기관들이, 물론 붉은 왕조에 의문을 제기하지 않는 한도 내에서, 정권에 도움이

---

13) 김정은은 2018년 10월, 교황 프란치스코의 평양 방문을 제안했다.

된다면 협력해서 안될 것은 없다. 이것이 현재 북한의 지배적인 논리이다. 이렇게 외부를 향해 화해의 손짓을 내보내는 것은 UN의 금수 조치가 야기한 경제적 곤란 때문이다. 그러나 이것은 투항이 절대 아니며, 이미 과거에도 사용했듯이, 모든 사정을 고려한 계산된 선택일 뿐이다.

게다가 이러한 실용주의적인 선택은 김정은의 본성과도 잘 부합한다. 권력 승계 이후 그는 워싱턴과 핵 힘겨루기에 몰두함으로써 그가 왕조적 유산에 적합한 인물임을 과시했다. 북한을 강성대국으로 만들겠다는 약속(2013년 1월 1일 신년사)은 2002년, 김정일이 추진한 시장 경제적 요소, 즉 경제관리개선조치의 연장으로 이어졌다. 2016년 5월에 열린 노동당 제7차 대회에서 김정은은 경제, 국방 병진 노선을 공식화하고, 경제 개방 속에서도 계획경제와 국유화 문제 등을 세심하게 관리하였다. 공식적으로는 아무것도 변하지 않았다. 그렇지만 김정은은 자신만의 정통성을 만드는 과제를 안고 있다. 김일성은 혁명을 성취했으며, 김정일은 핵 개발을 이끌어냈다. 김정은의 유산은 무엇이 될 것인가? 그의 통치 기간이 얼마 되지 않았기 때문에 그것을 예측하는 것은 시기상조다. 그러나 그것을 규정하려 하고 있음은 분명하다.

권력 승계 후 7년이 지난 현시점에서 그 결과를 유추해보면, 김정은은 자신과 같은 젊은 세대를 장려하고 있다. 우리는 그가, 잔인한 수단도 주저하지 않고, 기성 정치가와 군인들을 대폭 물갈이한 사실을 알고 있다. 그는 현장 지도로 주민들과의 직접적인 만남의 기회를 늘리면서, 특유의 쾌활함을 선보이면서 높은 인기를 구가하고 있다. 그는 특히 전 인구의 25%를 차지하는 새로운 세대를 선택한 것처럼 보인다. 그들에게 소비와 여가, 디지털 기술이 함께하는 새로운 생활방식을 꿈꾸게 만들고, 그것을 위해 평양 한복판에 광복거리 상업지구의 쇼핑센터를 선보였다. 그는 2018년 4월 20일, 노동당 총회에서 경제재건이 선결과제가 되어야 한다고 선언했으며 동시에 북한 전역의 주요 대도시 벽들은 이와 유사한 슬로건들로 도배되었다. 그러니 이제부터는 그의 약속들이 결실을 보아야만 한다. 2018년 6월, 그는 북한 지도자로는 최초로 현직 미국 대통령과 정상회담을 수행했다. 이때 얻은 큰 점수에 평화와 경제적 활력을 추가한다면 그의 정권은 몇십 년 동안 확고하게 유지될 것이다. 결국 김정은이 내미는 협력의 손길은 자신을 위한 일종의 생명보험이다.

이러한 의도의 이점은 평양을 상대하는 측들의 의향과도 부합한다. 특히 그것은 남한과의 관계에서 더 명확하다. 모든 이들이 알고 있듯이, 한국의 문재인 대통령은 10여 년 동안 보수주의자 대통령들에 의해 폐기되었던 햇볕정책을 재개하기로 결정했다. 우리는 그것을 'Sunshine Policy'에 빗대어 'Moonshine policy'라고 부른다. 한반도의 긴장 완화는 한국인들에게 도덕적인 당위이자 경제성장의 새로운 동력으로 삼을 기회를 제공한다. 남북한 화해를 완수하려면 단호하고 실용주의적이며 동시에 비전과 주도적 능력을 겸비한 파트너가 필요하다. 지금으로서는 김정은이 적합한 인물로 보인다. 서울이 북한 정권의 심기를 건드리지 않도록 조심하듯이 다른 파트너들도 북한 정권을 인정한다면, 김정은은 기업 활동의 자유와 사유 농산물 생산의 확대, 나아가 개성 같은 특별 경제구역의 재가동 등 한마디로 말해 시장 경제를 향해 중심축을 옮길 준비가 되어있다.

게다가 김정은과 문재인은 상호 신뢰와 진정성을 이끌어내고 있다. 경제, 문화, 환경 분야의 협력 프로젝트에 관한 그들의 관심과 남북한 민족 전체를 아우르는 민중에 대한 공감대는 새로운 전쟁 분위기 조성을 방지하자는 약속으로 이어졌으며, 각 체제의 특수성을 인정하면서 남과 북 모두에게 이득이 되는 동등한 동반자가 되겠다는 의지를 보인다. 예컨대, 김정은에게는 변화를 성공적으로 이끌기 위한 내기를 감당할 능력이 있는 것처럼 보인다.

미국과의 관계는 어떻게 될 것인가? 워싱턴과 평양 사이의 협상은 여전히 각자의 정치 역학적 우선순위에 의해 발목이 잡혀있다. 북한의 경우, 정권의 안정과 함께 경제발전을 위해 미국과의 관계 개선이 핵심적 전략이다. 그러나 미국의 관점에서 본 북한은 전에는 공산주의를, 이제는 중국의 헤게모니를 견제하려는 미국의 세계 전략의 전술적인 한 부분에 불과하다. 미국의 대통령들은 특히 김씨 일가의 권력 토대를 의심한다. 그만큼 그들을 직접 상대할 어떠한 이유도 없었다. 하지만 트럼프 대통령은 김정은과 똑같은 도발 화법을 구사하고 그와의 정상회담을 수락하면서 게임의 패를 뒤섞어버렸다. 비록 그가 여전히 북한에 완전한 비핵화를 강경하게 요구하고 있지만, 그는 싱가포르에서 김정은을 인정할 만하고 믿을 만한 상대자로 평가했다. 그들 간의 협상이 성공할 것인지는 현재로선 누구도 알 수가 없다. 하지만 김정은이 없다면 협상 자체가 성립될 수 없다는 사실 또한 분명하다.

자! 2019년 초의 상황을 정리해보자. 근본적으로 북한은 변한 것이 없다. 북한은 여전히 붉은 왕조의 영도 아래 고립되고 민족주의적이며, 전제적인 상태로 남아있다. 그러나 북한은 또한 동아시아의 긴장 완화에 공헌하고, 평양과 서울, 워싱턴 사이의 관계를 정상화할 수 있는 절호의 기회를 맞고 있다. 즉 정권의 생존본능과 지도자의 젊은 혈기, 실용주의 등을 거머쥐고 있다. 김정은은 오랜 적들과의 협상에 힘을 집중할 수 있는 능력을 보여주었다. 그가 끝내 성공할 것인가, 북한을 포위된 성채로 관리했던 붉은 왕조가 성의 모든 도개교를 내리고도 권력을 유지할 것인가, 이것은 미래가 밝혀줄 것이다. 물론 한국인과 우방들이 그토록 꿈꾸는 통일에의 길은 멀고 멀지만, 우리는 긴장 완화를 통해 협력과 공동 번영의 길로 접어들 수도 있을 것이다. 그 길에 도달하려면 붉은 왕조를 거쳐 가야만 한다는 사실, 그것은 한국 역사의 수많은 패러독스 중에 가장 크고 놀라운 역설이다.

2019년 1월
파스칼 다예즈-뷔르종

저자와의 인터뷰

두 겹의 한반도, 전통과 혁신의 절묘한 결합 돋보여

질문자: 한상진/ 응답자: 파스칼 다예즈-뷔르종

한상진: 책을 보면 서구적 취향의 자유주의적 전망과 함께 프랑스적인 '중용'(juste milieu), 말하자면, 한 극단에서 다른 극단으로 왔다 갔다 하면서 중심을 찾는 경향이 있습니다. 따라서 독자가 어떤 반응을 보일지 궁금합니다. 이 책의 주요 고객인 프랑스 독자의 반응은 어떻습니까? 혹시 연령이나 성별, 정치 진영, 이데올로기 등에 따라 반응이 달라지는 경향이 있나요?

파스칼: 역사적인 이유로 프랑스인들은 한국을 잘 모릅니다. 아시아라고 하면 중국, 일본, 그리고 과거 프랑스 식민지였던 베트남이 거의 전부죠. 한국에 관한 주요 정보는 미국 서적들의 번역이나 사건의 극대화를 좋아하는 프랑스 미디어입니다. 그렇다 보니, 북한의 핵 위협에 관심이 쏠릴 뿐이고, 남한은 성형수술이나 영화배우 또는 개고기 같은 정형화된 특이한 일화를 통해 소개되는 정도입니다. 물론 소수의 고급 전문가들이 있죠. 그러나 이들은 대규모 청중에게 말하는 것을 꺼립니다. 이런 배경에서 나는 2011년 이래 한국의 역사에 해당하는 4권의 책을 펴내 한국을 세계의 공중에게 소개하려고 했습니다. 《붉은 왕조》도 그런 목적으로 출판했죠. 한국을 잘 모르는 사람들이 북한, 더 정확히는 북한 정권을 이해할 수 있도록 말입니다. 이 책에 프랑스와 유럽의 역사 비유가 많이 나오는 것은 이 때문입니다. 신문 논평들을 보면, 교육적 차원이나 객

관성, 선정주의의 거부 등에서 이 책이 가치 있다고 지적하고 있는데, 이로 보아 나는 이 목적을 달성한 것이 아닌가 합니다. 프랑스 주요 경제잡지, 《레 제꼬Les Echos》는 붉은 왕조를 2014년의 비소설 부문 10대 저서의 하나로 뽑았습니다. 책이 출판된 이래 프랑스 및 해외 미디어가 계속 나에게 자문을 구하고 있어요. 누가 나의 책을 더 좋아하는지, 남자인지, 여자인지, 학자인지 학생인지는 알 수 없습니다. 프랑스어로 된 한국 역사는 오직 나의 책뿐이기 때문에 학생들은 이 책을 많이 얘기합니다. 그러나 내가 말씀드릴 수 있는 것은 '한불친선협회(Association d'amitié franco-coréenne)'의 웹 사이트(http://www.amitiefrancecoree.org)는 완전히 북한 편향인데(심지어 그 출판인이 최근 평양 첩자로 고발당할 정도) 다른 미디어와는 달리 나의 책이 솔직하고 다양한 지식을 제공한다는 등, 나의 책을 매우 좋아합니다. 이것으로 보아 이 책은 이데올로기의 벽을 넘은 것 같습니다.

한상진: 수수께끼 붉은 왕조는 호기심을 자극합니다. 핵심 용어는 보통 사람들의 '자발적 복종'이죠. 이 책은 북한 독재의 참혹한 현실에도 불구하고 어떻게 자발적 복종이 생길 수 있는가를 설명하려고 합니다. 이 작업을 어느 정도 성공적으로 수행했다고 생각하십니까? 전형적인 이념적, 정치적 접근들에 비해 이 책의 장점은 어디에 있다고 보십니까?

파스칼: 내가 《붉은 왕조》를 쓰게 된 이유는 권력 가운데도 주로 군주적 권력에 대해 내가 관심을 두기 때문입니다. 2011년에 나는 세계 도처의

왕들에 대해 책을 한 권 썼고, 2016년에는 또 다른 절대권력인 비잔틴 제국에 관해 책을 썼습니다. 이를 통해 나는 과거와 현재, 민주적이건 독재적이건 간에 모든 왕정 사이에 연결이 있다는 점을 발견했습니다. 보기로, 자주색은 비잔틴 황제들에 국한되어 사용되듯이, 북한의 김씨 왕조에도 마찬가지입니다. 비잔틴에서 상속 왕자는 일반적으로 아버지 재위 기간에 태어나야 하고, 그전에는 안됩니다. 평양도 마찬가지입니다. 김정은이 김정남을 제친 데는 이런 이유도 있습니다. 미디어는 통상 이념에 관심이 크죠. 북한이 현재의 모습이 된 것은 공산주의 때문이라는 거죠. 나는 그렇다고 생각하지 않습니다. 북한 정권은 훨씬 더 구조적이고 때문에 보편적입니다. 나는 이 점을 보여주고 싶었고, 그렇게 했기를 희망합니다.

한상진: 역사 집필은 이야기를 구성하는 자료 수집에 달렸습니다. 이미 앞에서 언급하셨지만, 서구 문화 또는 미디어 관련 에피소드들을 대거 동원하여 북한에 관한 서구의 이미지가 어떻게 형성되었는가를 보여준 것은 정말 탁월하고 비범하다고 느낍니다. 그렇지만 북한에 관해 수집된 자료 대부분은 붉은 왕조 통치 가문의 얘기거나 가십거리인 반면, 보통 사람들의 목소리는 거의 없어요. 이것이 무엇을 뜻할까요? 저자가 설정한 목적, 즉 보통 사람들의 자발적 복종을 설명하기 위해 상향적 접근 대신 하향적 접근을 택했다고 혹자가 평한다면 어떻게 응답하시겠습니까?
파스칼: 이 점이 아마도 《붉은 왕조》의 모호성일 것입니다. 정확히 말해, 이 책은 북한에 관한 것이 아니고 절대 군주제로서의 북한 정권에 관한

것입니다. 나는 이 정권의 기능 방식을 기술하고, 다른 군주제와 비교하기 위해 김씨 가문에 접근했던 사람들로부터 참고자료와 사례를 모으는 것이 바람직하다고 보았습니다. 단지 북한에 살았거나 북한을 방문한 사람들을 인터뷰하지는 않았습니다. 어찌 됐건 북한 안에서는 이런 일을 할 수 없고, 남한에 있는 북한 이탈 주민을 상대로 내가 이런 일을 하기는 어렵다고 보았죠. 물론 김씨 가문과 접촉한 소수의 사람이 있지만, 그들을 만나 내가 얘기하는 것은 어려울 것으로 보았습니다. 그렇지만 나는 프랑스에서 김정일과 김정은에 접근했던 프랑스인과 북한 외교관을 만났습니다. 그들은 평양의 고위층 행동들에 관해 흥미로운 얘기들을 했지만, 모두 인용은 절대 안 된다고 했습니다. 그래서 인용하지 않았습니다.

한상진: 2018년 김정은의 갑작스러운 리더십 스타일의 변화는 많은 관찰자에게 놀라움과 충격을 주었습니다. 책 후기에서 이에 대해 언급하셨는데, 2016년 프랑스에서 이 문고판을 출간했을 당시 이러한 변화를 예견할 수 있었는지 궁금합니다. 이것은 일종의 돌연변이입니까? 아니면 붉은 왕조 내에 그러한 변화를 허용하거나 심지어 촉진한 어떤 근원이 있습니까? 만약 후자의 경우라면 리더십의 변화가 북한의 보다 광범한 사회적 변화의 일부분임을 뜻할 수 있습니다. 어떻게 생각하시는지요?
파스칼: 《붉은 왕조》에서 나는 정권의 안정성과 지속성만이 아니라 실용성과 심지어 유연성까지 강조했습니다. 북한은 자신을 통념의 정상국가로 생각하지 않습니다. 목표 달성을 위해 모든 것을 할 수 있고 어떤 법

도 존경하지 않는 게릴라 국가라고 생각하는 것 같습니다. 나는 북한의 변화를 정확히 예견하지는 못했다고 해도, 또한 그것을 배제하지도 않았고 문을 열어 두었습니다. 책의 결론이 한 보기입니다. 평양은 생존하기 위해 모든 것을 할 준비가 되어 있습니다. 이것이 북한 정권의 강점입니다. 어제는 군대에 의지했지만, 오늘은 부상하는 평양의 중산층을 유혹하려 합니다. 모순적이지만 이러한 시도를 부끄러워하지 않습니다. 그렇지만 이 강점은 또한 약점이기도 합니다. 북한 정권에는 변할 수 없는 한 가지가 있습니다. 바로 군주제적 배경입니다. 다르게 말하면, 군사적 가치에 기반하고 있는 김씨 왕조는 중동 지역 왕조처럼 다소 시장 지향적 왕조가 되거나 결국 유럽과 같은 상징적 왕조가 되고자 노력할지도 모릅니다. 그러나 이것은 어렵습니다. 비록 시간이 김정은 편이라 해도 극도로 어려울 것입니다.

한상진: 외교관이자 한국 역사에 관심 갖는 작가의 관점에서 볼 때, 표면에 드러난 이념의 분명한 차이에도 불구하고 남한과 북한의 정치 사이에 깊이 깔린 공통성이 있다고 보시는지요?

파스칼: 물론 남북한 사이에 많은 공통 가치가 있습니다. 언어, 문화적 준거(단군, 백두, 세종 등), 샤머니즘, 유교, 민족주의, 일본과 중국에 대한 적대감(및 매혹) 등, 많죠. 그러나 남북한은 또한 왕조 권력의 경향을 공유합니다. 남한의 재벌은 왕조적이고, 일부 대학 총장들은 세습되며, 박근혜는 늘 자신을 그 아버지의 상속 공주라고 간주했기 때문에 대통령이 되었습

니다. 역설적으로 소프트 파워도 남북한 사이의 연결고리라고 믿습니다. 한류는 전체적으로(K팝, 드라마, 영화, 스포츠, 사이버문화) 북을 동화시키는 남한의 무기였고 북한 청소년들에게 바람직한 것이 되었습니다. 그러나 우리는 또한 북한이 스포츠, 매스게임, 영화, 관광 등 자신만의 소프트 파워(조선류?)를 발전시키고 있다는 것을 압니다. 이 두 소프트 파워는 같은 종류에 속하며 같은 목적을 지향한다고 봅니다. 남북한의 상황과 비극에 대해 국제적 여론의 관심을 끌어올리기 위해 이들이 합류할 수 있다는 확신을 가지고 있습니다. 평창 올림픽 이래 두 한국 사이에 일어난 일들은 국제여론을 매혹했으며, 한반도를 보다 매력적으로 만들기 위한 전략적 '드라마'라고 분석될 수도 있습니다.

한상진: 1990년대 중반 이래 오랫동안 북한을 일 년에 몇 번씩 방문해온 보건 관련 국제 NGO 지도자인 동료가 있는데, 그는 북한 사람들을 '시골 촌놈'으로 묘사하고, 남한 사람들을 '도시 깍쟁이'로 대비시켰습니다. 보통은 후자가 전자의 멘탈리티를 조롱합니다. 그러나 때때로 '도시 깍쟁이'는 경쟁적인 도시 생활에서 거의 사라져버린 신뢰와 상호적 공동체 생활과 같은 귀중한 전통을 '시골 촌놈'에서 발견하고 마음이 울리는 것을 느낍니다. 이것은 어쩌면 북한 사회에 다른 종류의 합리성이 있다는 것을 암시하는 것이 아닌가 합니다. 예컨대, 남북 정상회담 당시 김정은은 전통적이고 유교적인 존경의 태도로 문재인을 대우했습니다. 이것은 상당히 감동적이었는데 왜냐하면 이러한 가치가 남한 정치에서는 거의

증발해버렸기 때문입니다.

파스칼: 이 질문은 다시 소프트 파워의 주제로 돌아가네요. 내 생각에, 남한의 한류는 그 모호한 이중성, 즉 한편으로는 하이퍼 근대성(스마트폰, K 팝, 비디오 게임, 블록버스터 영화 등), 다른 한편으로는 전통(드라마의 의상들, 우정, 형에 대한 존경, 자연의 가치 인정 등 유교적 가치)에 대한 존중 때문에 세계를 끌어당기고 있다고 봅니다. 북한도 같은 전략을 쓰고 있다고 생각합니다. 근대성(정치적 혁명, 핵실험, 로켓 발사, 사이버 해킹 등)과 함께 단군과 고려에 대한 언급, 유교적 개념(주체), 그리고 민족의 가치를 강조하니까요. 바로 이런 이유로 김정은은 남한의 여론을 유인하기 위해 전통이라는 카드게임(문 대통령에 대한 유교적 존경, 전통 냉면, 백두산 투어 등)을 하게 됩니다. 북한과는 달리 남한은 전통적 가치를 포기한다는 상투적인 견해에 김정은은 아무튼 맞서 있습니다. 박찬욱 감독의 유명한 영화 〈공동경비구역 JSA〉을 보면, 남측의 젊은 병사가 북측의 연장자 병사인 '형'에 대한 존경이 가득 차 있습니다. 북측에 대한 형제애, 금강산 예찬, 이산가족 상봉 등 남측도 같은 전략을 사용하고 있지요. 나의 눈에, 남북한의 한반도는 두 겹이며, 예외적으로 전통과 혁신을 종합하는 데 능숙하다는 것을 세계에 보여주는 매우 절묘한 게임으로 보입니다.

한상진: 일단 책이 나오면 저자는 아무 권한이 없고 모든 것은 독자에게 달려있습니다. 그런데도 혹시 한국 독자가 이 책을 어떤 식으로 읽으면 저자가 행복하게 느낄 수 있을지, 하시고 싶은 마지막 말이 있습니까?

파스칼: 《붉은 왕조》의 한국어판 출판에 대하여 중민출판사와 편집진에게 감사하는 마음입니다. 나는 한국의 역사에 관한 책이 한국어로 번역되어 한국 독자들의 판단을 받게 된 최초의 프랑스 저자가 될 것입니다. 이것은 정말 영광입니다. 진정 이 책이 그만한 가치가 있기를 희망합니다. 청컨대, 내가 한국인에게 한국을 설명하려는 것이 아니고 단지 북한 정권에 관한 구체적 질문을 내가 어떻게 이해하고 있는지를 보여주려고 했을 뿐이라는 것을 한국 독자들이 이해해주기 바라고, 너무 실망하지 않기만을 희망합니다. 이 야망이 성취된다면, 한국과 프랑스 사이에 일종의 가교를 건설하고 두 나라 국민들이 서로를 더 잘 이해하는 데 도움을 줄 것입니다. 이렇게 된다면 같은 방식으로 한국인들이 프랑스 역사에 대해 한국적인 개념으로 분석해서 쓰도록 이 책이 격려할 수 있기를 희망합니다.

* 저자와의 인터뷰는 이메일로 이루어졌다. 2019년 1월 19일, 7개의 설문을 저자에게 전송했고 저자는 1월 27일 응답을 보내왔다.

부록

김씨 왕조 가계도

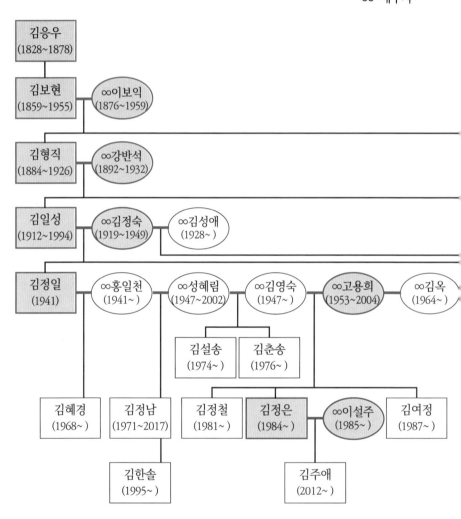

범례
- ━ 부부
- ─ 자녀
- ∞ 배우자

김응우
(1828~1878)

김보현
(1859~1955) ∞이보익 (1876~1959)

김형직
(1884~1926) ∞강반석 (1892~1932)

김일성
(1912~1994) ∞김정숙 (1919~1949) ∞김성애 (1928~)

김정일
(1941) ∞홍일천 (1941~) ∞성혜림 (1947~2002) ∞김영숙 (1947~) ∞고용희 (1953~2004) ∞김옥 (1964~)

김설송 (1974~) 김춘송 (1976~)

김혜경 (1968~) 김정남 (1971~2017) 김정철 (1981~) 김정은 (1984~) ∞이설주 (1985~) 김여정 (1987~)

김한솔 (1995~)

김주애 (2012~)

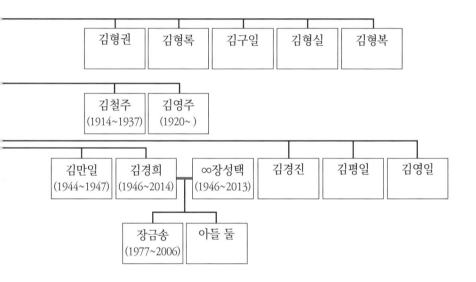

김형권	김형록	김구일	김형실	김형복

김철주 (1914~1937)	김영주 (1920~)

김만일 (1944~1947)	김경희 (1946~2014)	∞장성택 (1946~2013)	김경진	김평일	김영일

장금송 (1977~2006)	아들 둘

달력으로 본 김씨 왕조의 연혁과 기념일

1월 1일   (1912년) : 주체시대(주체력)의 시작

1월 8일   (1982년) : 김정은 공식 출생일

2월 16일   (1942년) : 광명성절(김정일 출생일)

3월 1일   (1919년) : 반일 인민봉기일(3·1절)

4월 15일   (1912년) : 태양절(김일성 출생일)

4월 21일   (1892년) : 강반석(김일성 모) 출생일

4월 25일   (1932년) : 조선인민군 창건일

5월 1일   : 국제노동자절

5월 25일   (2009년) : 제2차 핵실험

7월 1일   (2002년) : 7·1 경제 개혁

7월 8일   (1994년) : 김일성 사망일

7월 27일   (1953년) : 조국해방전쟁 승리 기념일(판문점 정전협정)

8월 3일   (1984년) : 제1회 평양국제상품 전시회 및 8·3 소비품 증산운동

8월 15일   (1945년) : 조국해방기념일(광복절)

8월 25일   (1960년) : 선군정치 선언일 - 김정일이 조선인민군 근위 서울 유경수

                    105전차사단을 방문한 자리에서 주창

9월 9일   (1948년) : 조선민주주의인민공화국 수립일

10월 9일   (2006년) : 제1차 핵실험

10월 10일 (1945년) : 조선노동당 창건일

10월 17일 (1926년) : 타도-제국주의동맹 결성일

11월 16일 (2012년) : 어머니의 날 - 김정은의 모 고용희를 기리기 위해 제정

12월 24일   : 김정숙(김정일의 모) 출생일

*역주: 연혁은 연도별로 작성해야 하지만, 저자는 프랑스 독자들에게 한 해의
일정에서 김씨 왕조와 관련된 기념일이 얼마나 많은지를 강조하기 위해 달력
형식을 취한 것으로 보임.

김일성과 김정일에 헌정된 호칭

-최고 사령관
-경애하는 아버지
-인민의 어버이
-백두 광명성
-최고의 군사전략가
-강철 같은 영도자
-21세기의 위대한 태양
-친애하는 지도자(Le Fils de l'humanite)
-영원한 태양
-령도자가 갖추어야 할 풍모를 완벽하게 지닌 친애하는 지도자
-공산주의 미래의 태양
-향도의 해발
-조국 통일의 상징
-민족의 운명
-백전백승의 강철의 영장
-사회주의의 태양
-21세기의 세계수령
-천출 명장
-주체의 찬란한 태양
-혁명적 동지애의 최고 화신
-만 가지 재능의 천재
-완벽한 수뇌부
-혁명의 지도자
-압제 받는 인민들의 구원자
-전 인류의 교수
-사상의 최고봉
-인류 희망의 등대

*역주: 이외도 아주 많은 호칭들이 있지만, 저자가 프랑스 독자들의 호기심을
불러일으킬 만한 것들만 골라 리스트를 만든 것으로 보임.